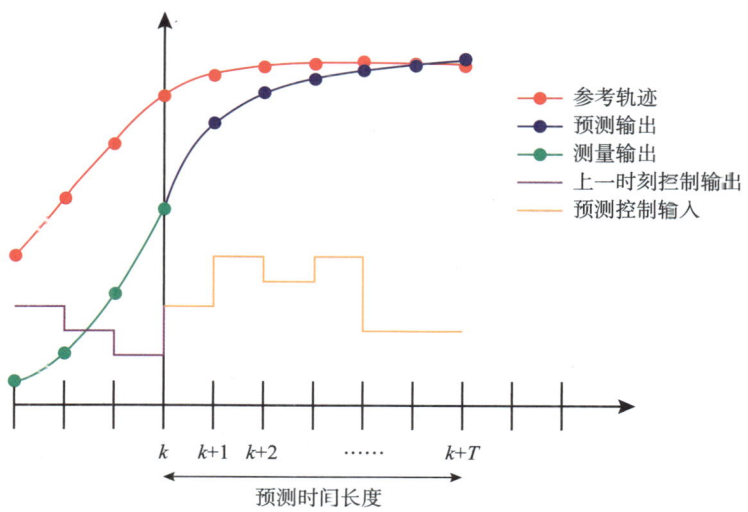

图 1-80 MPC 原理控制曲线

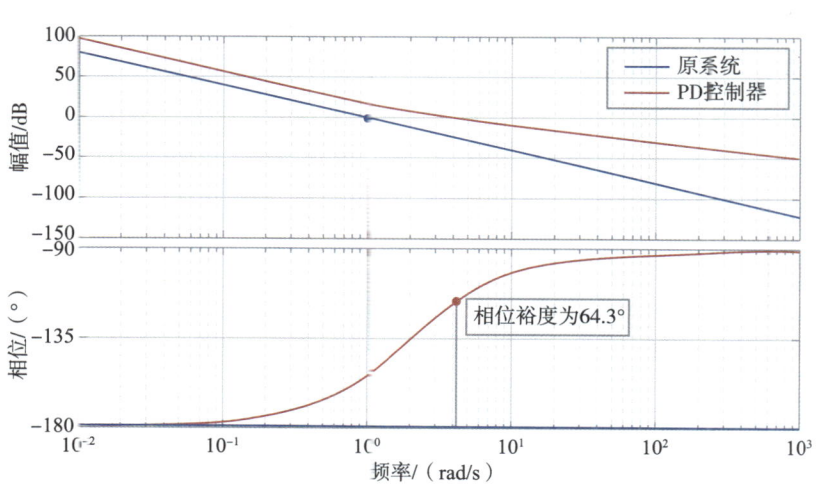

图 2-11 有 PD 控制器的系统的伯德图

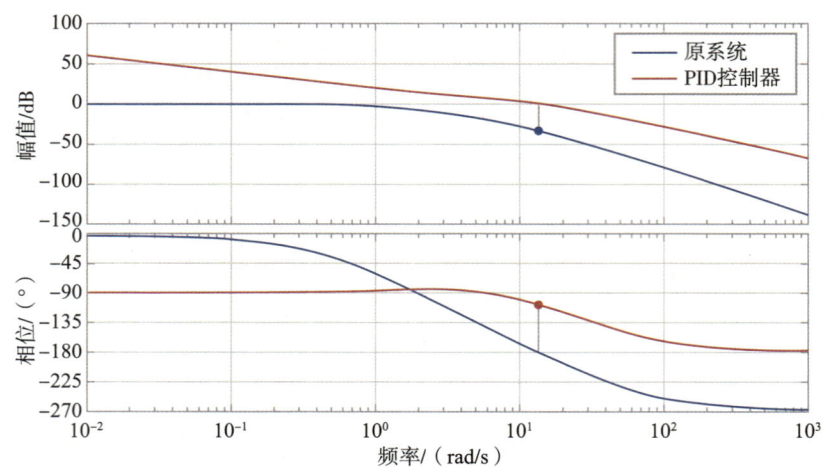

图 2-14　有 PID 控制器的系统的伯德图

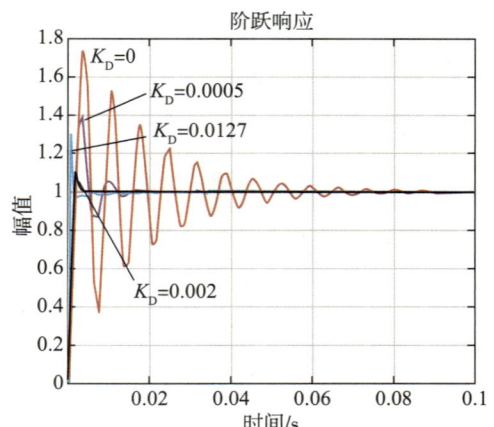

图 2-20　带有 PD 控制器的系统的单位阶跃响应

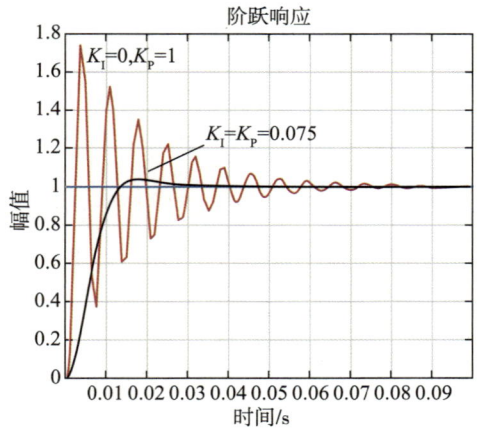

图 2-24　带有 PI 控制器的系统的单位阶跃响应

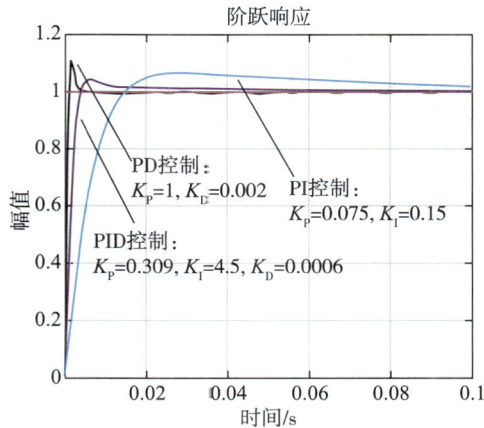

图 2-28　带有 PID 控制器的系统的单位阶跃响应

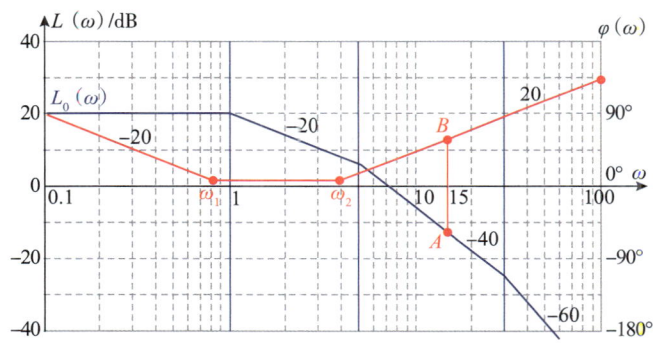

图 2-32　对数幅频渐近特性曲线

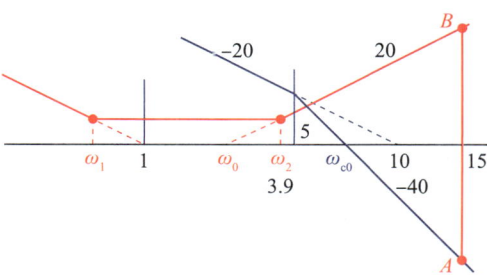

图 2-33　图 2-32 对数幅频渐近特性曲线局部放大

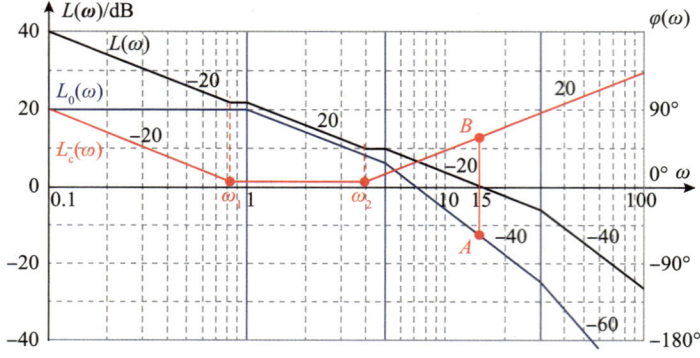

图 2-34 单位反馈系统的对数频率特性曲线

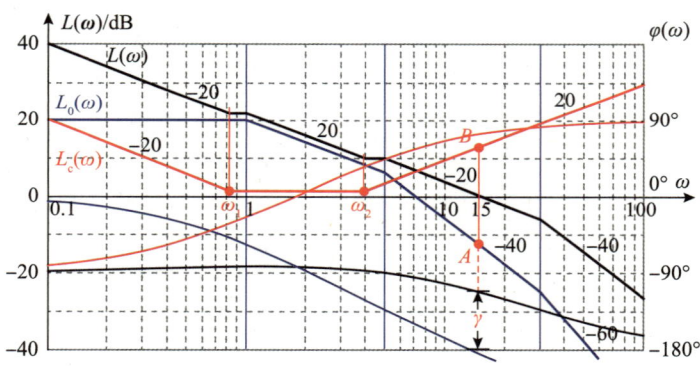

图 2-35 验算得到的对数频率特性曲线

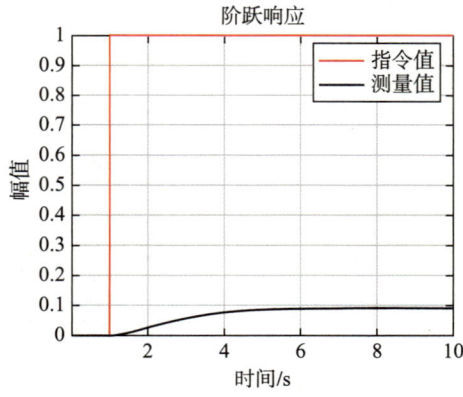

图 2-37 比例系数为 0.1 时的系统响应曲线

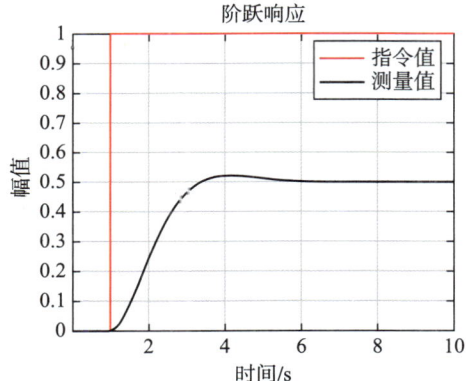

图 2-38　比例系数为 1 时的系统响应曲线

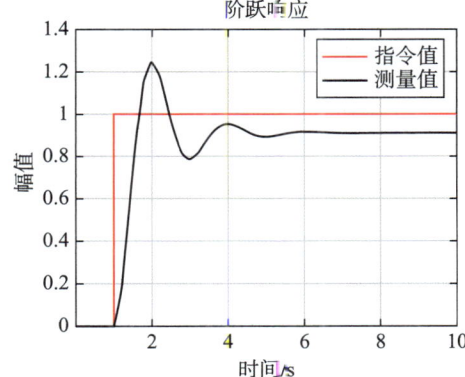

图 2-39　比例系数为 10 时的系统响应曲线

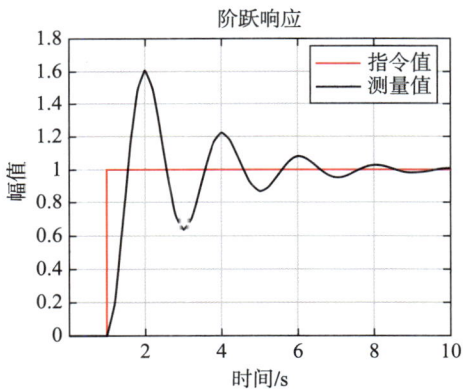

图 2-40　积分系数为 10 时的系统响应曲线

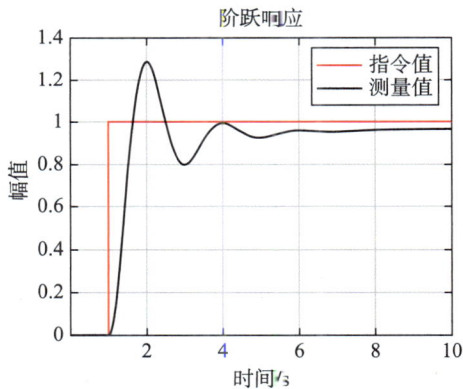

图 2-41　积分系数为 1 时的系统响应曲线

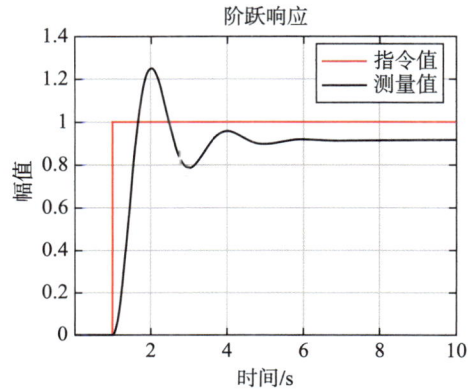

图 2-42　积分系数为 0.1 时的系统响应曲线

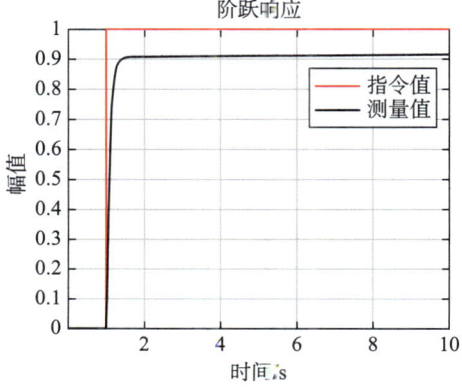

图 2-43　微分系数为 10 时的系统响应曲线

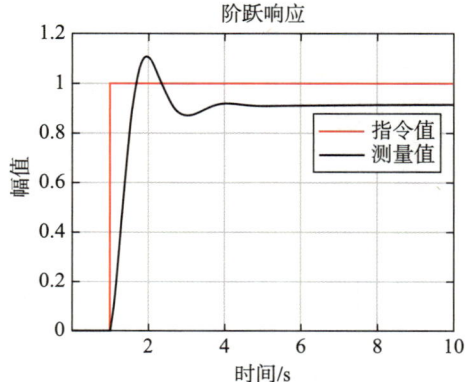

图 2-44 微分系数为 1 时的系统响应曲线

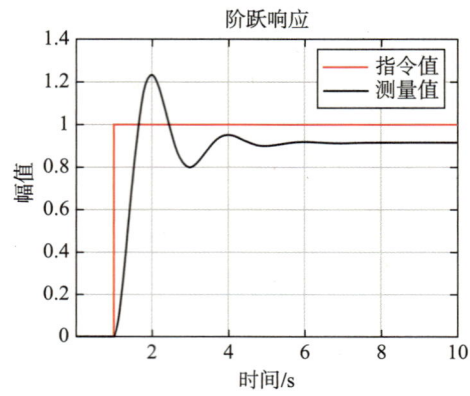

图 2-45 微分系数为 0.1 时的系统响应曲线

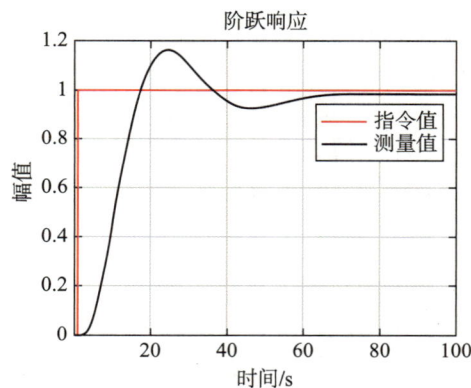

图 2-50 未加扰动的单级 PID 控制响应曲线

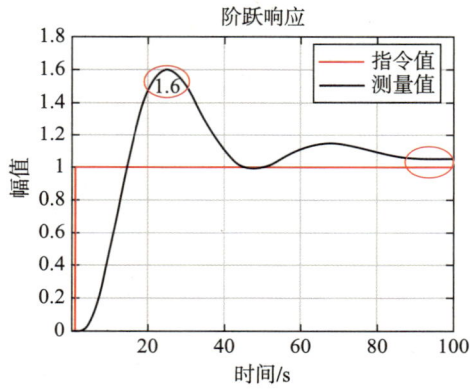

图 2-51 加入一次扰动的单级 PID 控制响应曲线

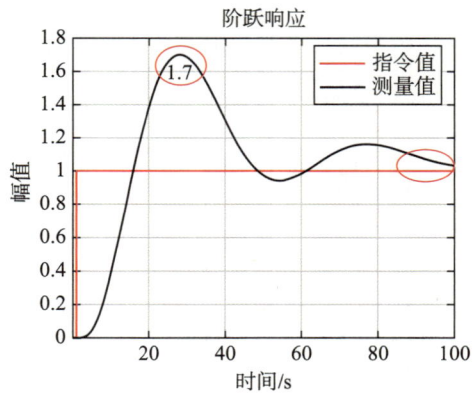

图 2-52 扰动信号同时作用的单级 PID 控制响应曲线

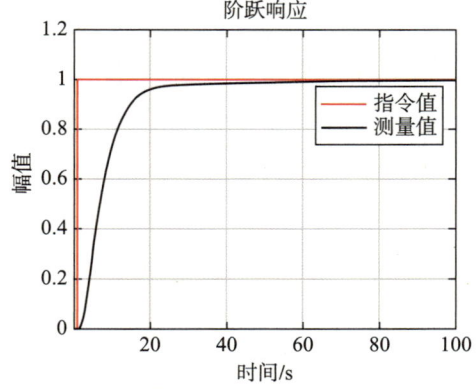

图 2-54 未加扰动的串级 PID 控制响应曲线

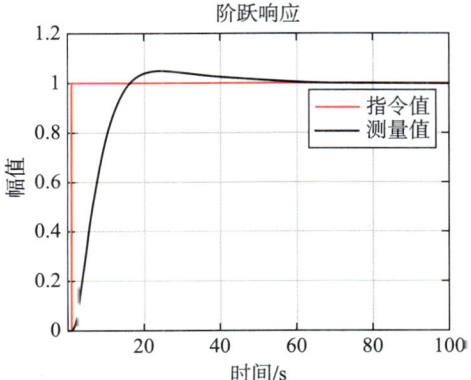

图 2-55 加入一次扰动的串级 PID 控制响应曲线

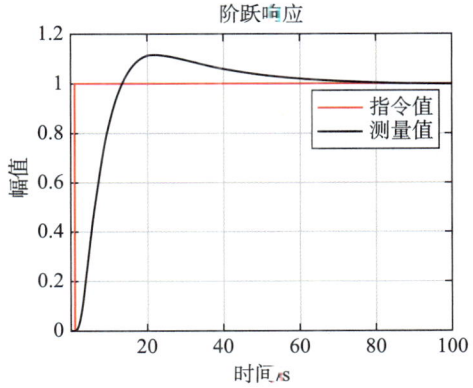

图 2-56 扰动信号同时作用的串级 PID 控制响应曲线

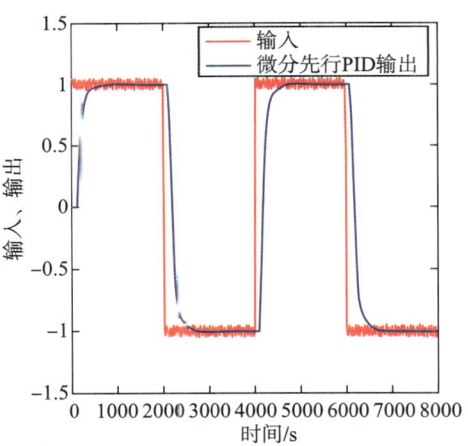

图 2-71 微分先行 PID 输入输出

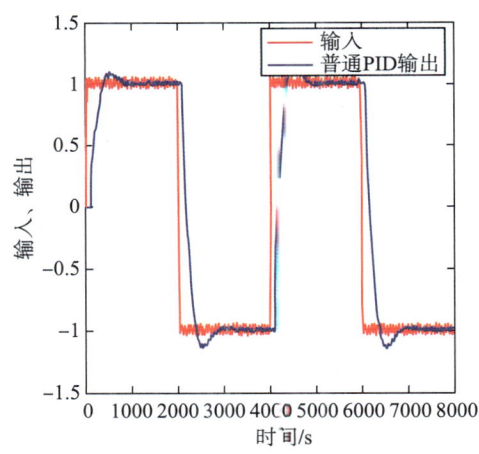

图 2-73 普通 PID 输入输出

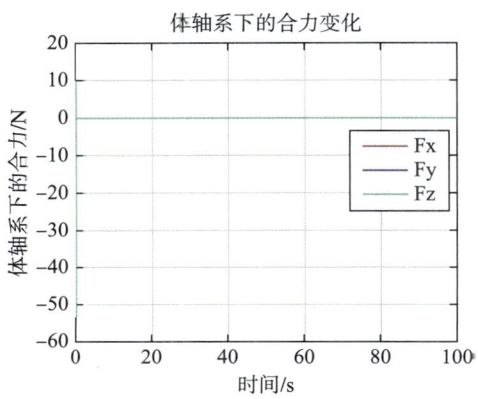

图 6-15 合力变化曲线

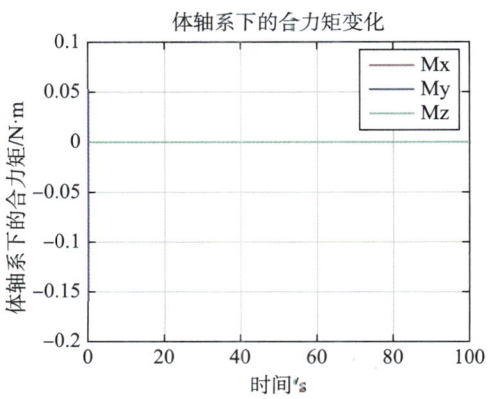

图 6-17 合力矩变化曲线

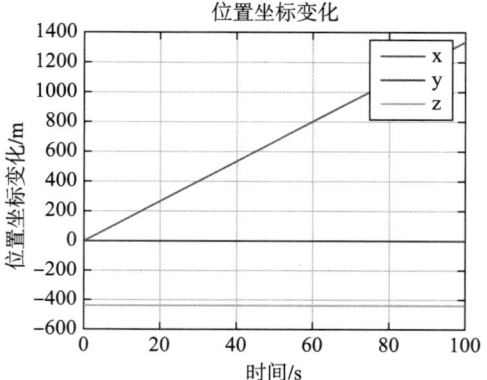

图 6-18　位置坐标变化曲线

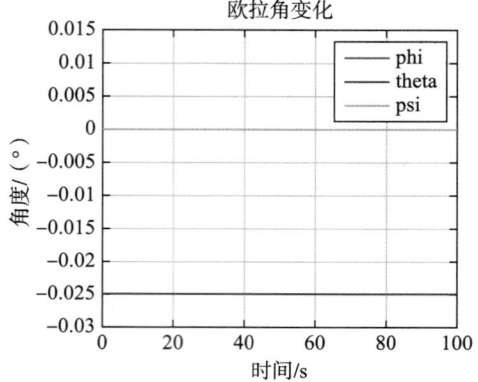

图 6-19　欧拉角变化曲线

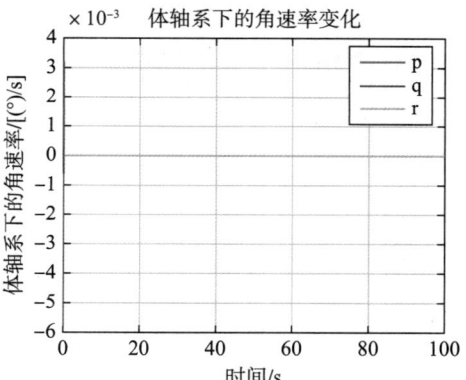

图 6-20　欧拉角速率变化曲线

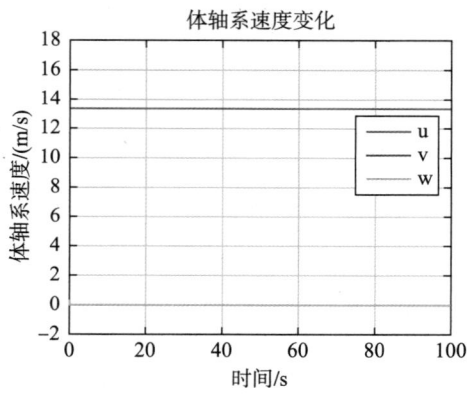

图 6-21　体轴系速度分量变化曲线

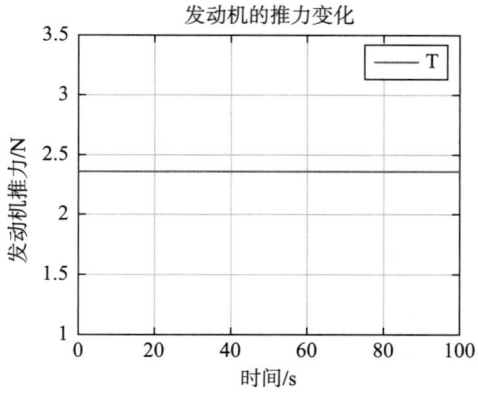

图 6-22　发动机推力变化曲线

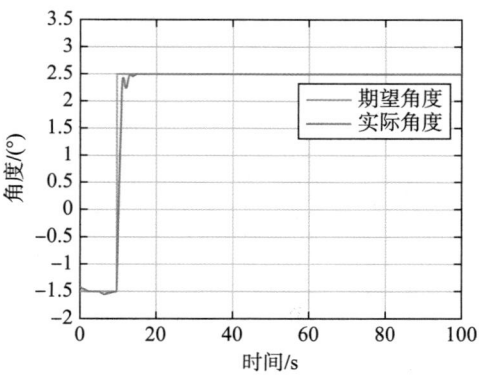

图 6-24　俯仰角跟踪曲线

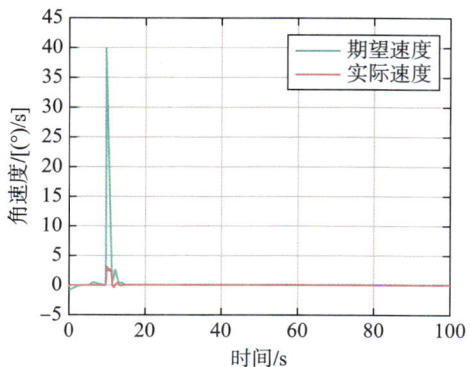

图 6-25 俯仰角速度跟踪曲线

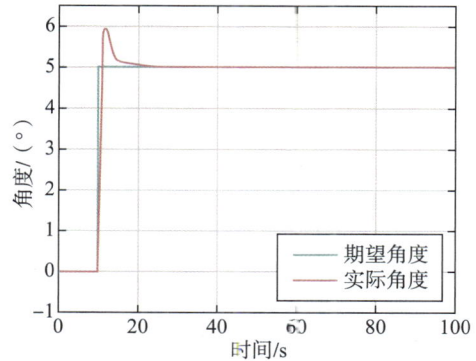

图 6-27 滚转角跟踪曲线

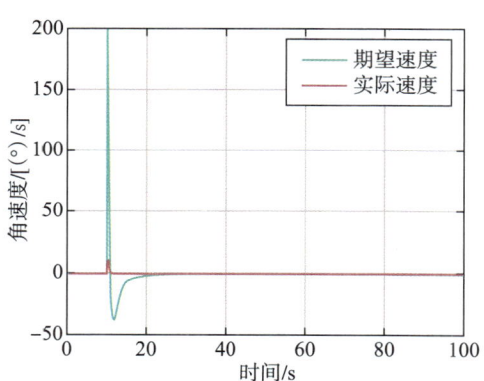

图 6-28 滚转角速度跟踪曲线

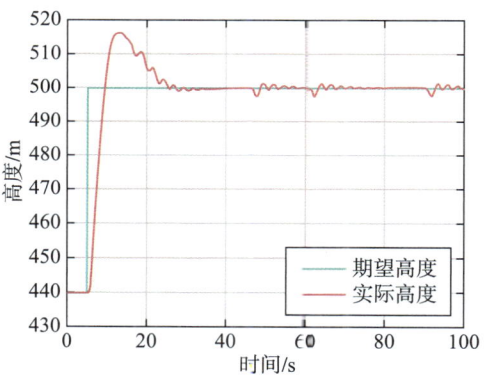

图 6-37 高度跟踪曲线

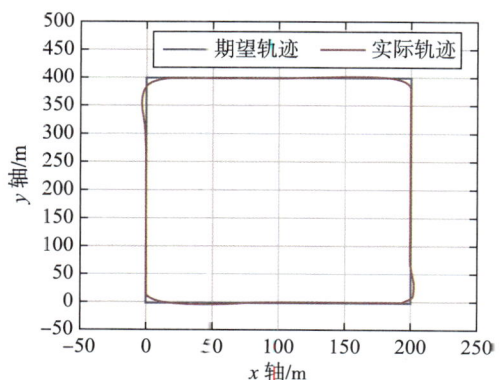

图 6-38 轨迹跟踪的仿真结果

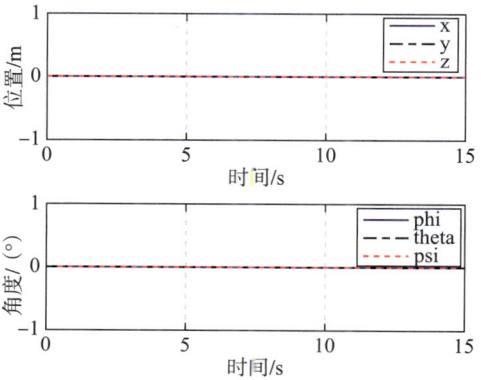

图 6-43 配平状态下的无人机飞行参数

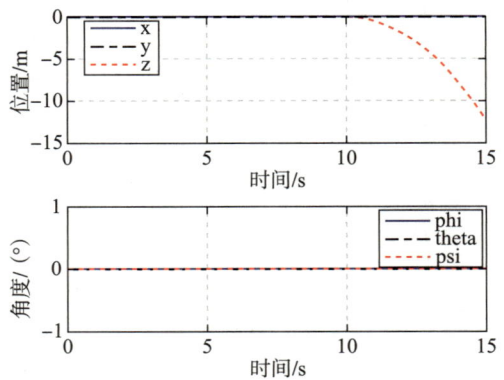

图 6-44 执行器全故障状态下的无人机飞行参数

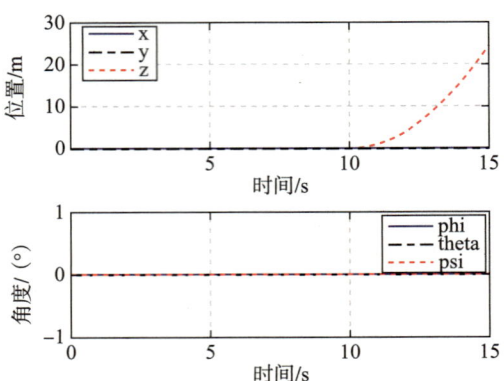

图 6-45 所有螺旋桨转速增大之后的四旋翼无人机飞行参数

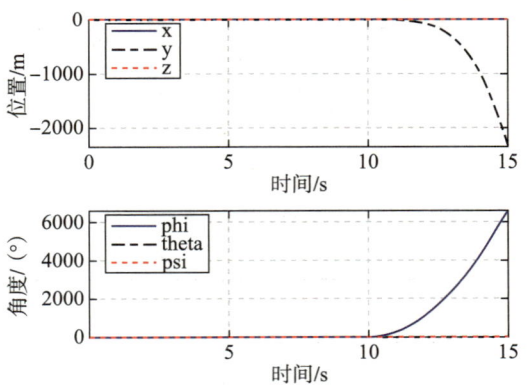

图 6-46 3 号螺旋桨转速增大、4 号螺旋桨转速减小时的无人机飞行参数

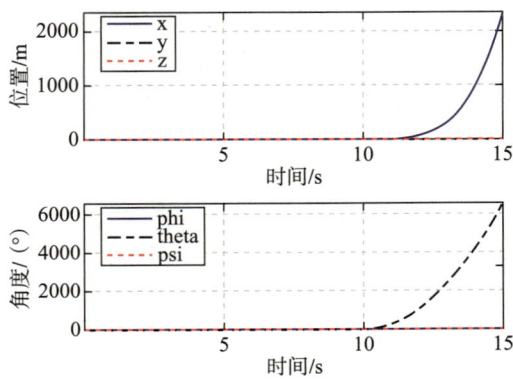

图 6-47 1 号螺旋桨转速增大、2 号螺旋桨转速减小时的无人机飞行参数

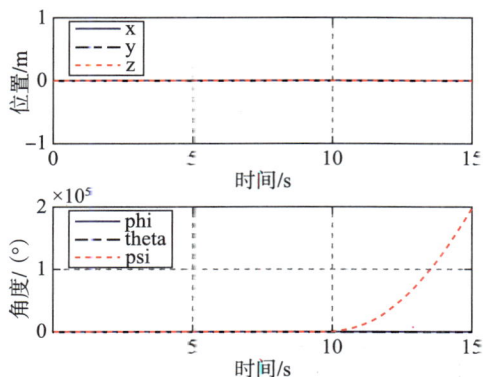

图 6-48　1 号和 2 号螺旋桨转速增大、3 号和 4 号螺旋桨转速减小时的无人机飞行参数

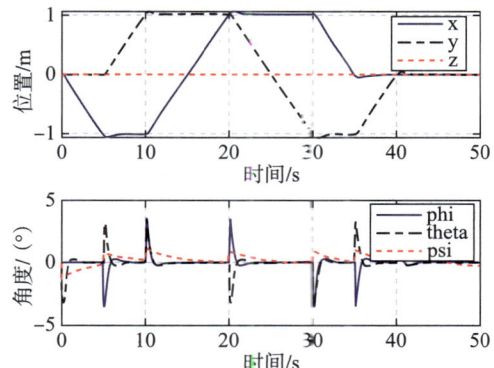

图 6-53　四旋翼无人机的飞行参数 1

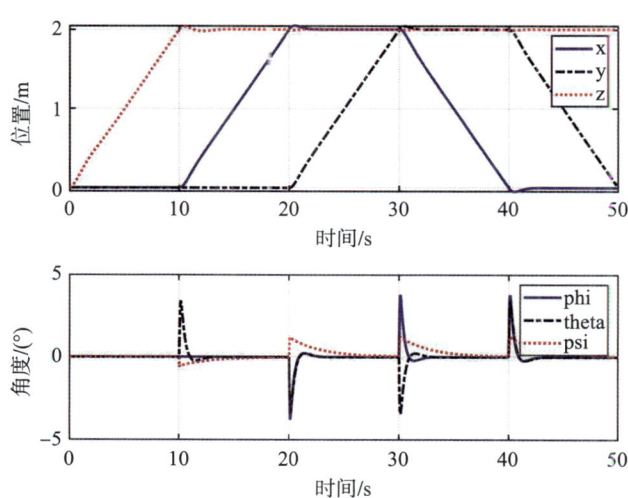

图 6-57　四旋翼无人机的飞行参数 2

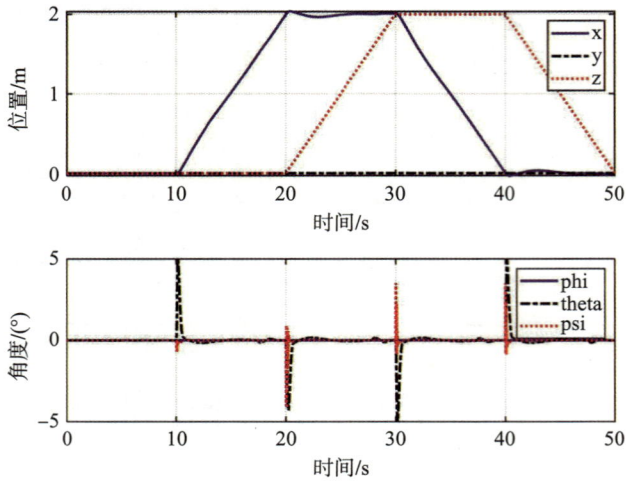

图 6-61 四旋翼无人机的飞行参数 3

小型无人机飞行控制系统原理与设计

王斑 符强 李霓 ◎编著

机械工业出版社
CHINA MACHINE PRESS

先进无人机飞行控制系统有着巨大的市场需求，智能化无人机飞行控制技术也是航空工业领域内发展最迅速的前沿技术之一。本书以作者团队对小型无人机的深厚研究为基础，以真实的代码、模型以及试飞数据作为支撑，系统地讲解了小型无人机的控制系统原理与设计实现。书中不仅有传统的 PID 控制器设计，还引入了先进控制理论，引导读者逐步学习小型无人机飞行控制系统设计。本书由小型无人机的控制理论基础、飞行动力学基础、飞行控制律设计、飞行控制律的仿真实践、飞行控制硬件系统设计以及硬件在环仿真几部分组成，涵盖了小型无人机控制系统设计与实现的全过程。

本书内容翔实、通俗易懂，不仅可以作为研究生和本科生的教材，也可以作为小型无人机研究人员的参考书。

图书在版编目（CIP）数据

小型无人机飞行控制系统原理与设计 / 王斑，符强，李霓编著 . -- 北京：机械工业出版社，2025.7.

ISBN 978-7-111-78589-7

Ⅰ . V279

中国国家版本馆 CIP 数据核字第 20256Z4F04 号

机械工业出版社（北京市百万庄大街 22 号　邮政编码 100037）
策划编辑：姚　蕾　　　　　　　　　责任编辑：姚　蕾　王　荣
责任校对：颜梦璐　李可意　景　飞　责任印制：刘　媛
三河市国英印务有限公司印刷
2025 年 9 月第 1 版第 1 次印刷
186mm×240mm · 23.25 印张 · 6 插页 · 411 千字
标准书号：ISBN 978-7-111-78589-7
定价：89.00 元

电话服务　　　　　　　　　网络服务
客服电话：010-88361066　　机 工 官 网：www.cmpbook.com
　　　　　010-88379833　　机 工 官 博：weibo.com/cmp1952
　　　　　010-68326294　　金 书 网：www.golden-book.com
封底无防伪标均为盗版　　　机工教育服务网：www.cmpedu.com

前 言 | Preface |

现代飞行器正向机电与信息一体、控制与网络综合的方向发展,无人机系统逐渐成为航空工业最激烈的竞争领域和最活跃的产业方向。飞行控制技术作为核心技术之一,可有效改善无人机的飞行品质,提升无人机的自主飞行能力。先进无人机飞行控制系统有着巨大的市场需求,智能化无人机飞行控制技术也是航空工业领域内发展最迅速的前沿技术之一。小型无人机凭借用途广泛和操作简单的优点,逐渐成为行业内使用和研究的热点。针对小型无人机控制理论与实现的研究层出不穷,但是针对小型无人机控制系统设计的书籍和课程相较于固定翼控制系统设计来说起步较晚,数量较少。本书以作者团队对小型无人机的深厚研究为基础,以真实的代码、模型以及试飞数据作为支撑,系统地讲解了小型无人机的控制系统原理与设计实现。书中不仅有传统的 PID 控制器设计,还引入了先进控制理论,引导读者逐步学习小型无人机飞行控制系统设计。

全书共 7 章。第 1 章主要介绍固定翼无人机和旋翼无人机飞行控制系统的组成及其发展历程,并介绍主要涉及的飞行控制算法研究现状。第 2 章主要介绍小型无人机控制的理论基础,主要包括 PID 控制器的基本特性、PID 控制器的设计和参数调节的基本方法、抗饱和积分的改进设计、微分环节的改进设计以及多输入多输出线性定常系统的极点配置设计方法。第 3 章主要介绍固定翼和多旋翼无人机飞行动力学建模的基础理论与方法,最终形成可用于控制系统设计的动力学与运动学模型。第 4 章主要介绍固定翼和多旋翼无人机飞行控制律设计的基本方法,主要包括 L1 制导方法、总能量法、串级 PID 方法、LQR 方法以及滑模控制方法。第 5 章主要介绍飞行控制硬件系统的设计方法,主要包括需求分析、处理器选型、姿态信息测量以及导航信息测量等。第 6 章主要介绍飞行控制律的仿真实践,主要包括仿真环境介绍、仿真模型搭建以及飞行控制律实现等。第 7 章主要介绍飞行控制系统硬件在环仿真实践,主要包括硬件在环仿真系统简介、硬件在环仿真环境搭建以及硬件在环仿真测试与参数调整。

本书以小型固定翼/多旋翼无人机飞行控制系统为研究对象，有机地整合了工程实践应用中的基本原理和设计方法，旨在使读者了解小型固定翼/多旋翼无人机飞行控制系统分析和设计的基本原理与方法。本书不仅可以作为研究生和本科生的教材，也可以作为小型无人机研究人员的参考书。

本书由王斑、符强、李霓编著。其中，王斑主要负责第 1～4、6 章，符强主要负责第 5 章，李霓主要负责第 7 章。在撰写本书的过程中，西北工业大学飞行力学与气动设计数智化研究所、陕西省试验飞机设计与试验技术工程实验室、西安飞行器智能认知与控制重点实验室的研究生做了大量公式、符号和图表的校对工作，在此对他们的付出表示感谢。

我们十分珍惜撰写本书的机会，但由于水平有限，书中难免有疏漏和不妥之处，欢迎读者批评指正。

作　者

目 录 |Contents|

前言

第1章 绪论 ··· 1
1.1 大型固定翼无人机 ··· 1
1.1.1 固定翼无人机结构介绍 ·· 1
1.1.2 飞行控制系统的分类 ··· 3
1.1.3 固定翼飞控系统的发展历程 ·· 5
1.1.4 固定翼飞控系统的组成 ·· 9
1.2 小型无人机 ··· 12
1.2.1 无人机的分类 ·· 12
1.2.2 旋翼无人机的发展历程 ·· 14
1.2.3 旋翼无人机的系统组成 ·· 19
1.2.4 固定翼无人机的发展历程 ·· 33
1.2.5 固定翼无人机的系统组成 ·· 35
1.3 控制算法研究现状 ·· 49
1.3.1 经典控制方法 ·· 49
1.3.2 非线性控制方法 ·· 51
1.3.3 现代控制方法 ·· 57
1.3.4 智能控制方法 ·· 63

第2章 小型无人机控制理论基础 ································ 68

2.1 PID 控制器的基本特性 ································ 68
2.1.1 PID 控制器概述 ································ 68
2.1.2 P、PI、PD、PID 控制的定义 ································ 69
2.1.3 PID 控制器的伯德图 ································ 71

2.2 PID 控制器的设计和参数调节的基本方法 ································ 77
2.2.1 PI、PD、PID 控制器的设计 ································ 77
2.2.2 参数调节方法分类 ································ 90

2.3 串级 PID 控制器的设计和参数调节的基本方法 ································ 98
2.3.1 串级 PID 控制器的结构和实例 ································ 98
2.3.2 串级 PID 控制器参数调节的基本原则 ································ 102

2.4 抗饱和积分的改进设计 ································ 102
2.4.1 积分饱和现象及负面影响 ································ 102
2.4.2 防止积分饱和的基本方法 ································ 104

2.5 微分环节的改进设计 ································ 109
2.5.1 微分环节的特性 ································ 109
2.5.2 抑制微分环节负面影响的方法 ································ 110

2.6 多输入多输出线性定常系统的极点配置设计方法 ································ 116
2.6.1 常用的反馈结构及其对系统特性的影响 ································ 117
2.6.2 单输入单输出系统的极点配置 ································ 123
2.6.3 多输入多输出系统的极点配置 ································ 127

第3章 飞机飞行动力学基础 ································ 138

3.1 固定翼无人机飞行动力学基础 ································ 138
3.1.1 固定翼无人机的基本性能 ································ 138
3.1.2 纵向/横向/航向静稳定性与操纵性 ································ 139
3.1.3 坐标系及坐标系转换 ································ 142
3.1.4 固定翼无人机刚体运动方程 ································ 144
3.1.5 刚体运动方程线性化 ································ 147
3.1.6 气动力及气动力矩计算 ································ 147

3.2 多旋翼无人机飞行动力学基础·····150
  3.2.1 多旋翼无人机飞行原理·····150
  3.2.2 坐标系定义与转换矩阵·····151
  3.2.3 匹旋翼无人机系统整体分析·····154
  3.2.4 动力系统建模·····154
  3.2.5 刚体动力学与运动学方程·····159
  3.2.6 控制效率与控制分配模型·····160
  3.2.7 动力学与运动学方程线性化·····161

第4章 飞行控制律设计·····163
4.1 固定翼无人机飞行控制律设计·····163
  4.1.1 固定翼无人机飞行控制系统概述·····163
  4.1.2 L1 制导控制器设计·····164
  4.1.3 总能量控制器设计·····166
  4.1.4 串级 PID 姿态控制器设计·····169
4.2 多旋翼无人机飞行控制律设计·····171
  4.2.1 多旋翼无人机飞行控制系统概述·····171
  4.2.2 四旋翼飞行控制系统架构·····173
  4.2.3 PID 控制器设计·····173
  4.2.4 LQR 控制器设计·····176
  4.2.5 滑模控制器设计·····181

第5章 飞行控制硬件系统设计·····186
5.1 需求分析·····186
5.2 处理器选型·····187
  5.2.1 嵌入式系统简介·····188
  5.2.2 英特尔微处理器·····192
  5.2.3 ARM 微处理器·····196
5.3 电源系统·····199
  5.3.1 线性稳压器·····200

5.3.2 开关式稳压器 ·················· 203
 5.4 姿态信息测量 ······················ 213
   5.4.1 微机电系统技术简介 ··············· 213
   5.4.2 MEMS 加速度计 ················· 219
   5.4.3 MEMS 陀螺仪 ·················· 230
 5.5 空气动力学参量的测量 ················ 240
   5.5.1 气压高度计 ···················· 240
   5.5.2 空速计 ······················ 244
 5.6 导航信息测量 ······················ 248
   5.6.1 地磁计 ······················ 248
   5.6.2 全球导航卫星系统 ················ 257

第 6 章 飞行控制律仿真实践 ················ 266
 6.1 飞行控制律仿真环境简介 ··············· 266
   6.1.1 MATLAB 及其仿真简介 ·············· 266
   6.1.2 仿真集成环境 Simulink ·············· 269
 6.2 固定翼无人机飞行控制律仿真实践 ·········· 271
   6.2.1 固定翼无人机动力学模型搭建 ·········· 271
   6.2.2 非线性动力学模型配平与线性化 ········· 275
   6.2.3 姿态控制律仿真模型搭建与测试 ········· 281
   6.2.4 位置轨迹跟踪控制律仿真模型搭建与测试 ···· 284
 6.3 多旋翼无人机飞行控制律仿真实践 ·········· 290
   6.3.1 动力系统 Simulink 模型搭建 ··········· 291
   6.3.2 无人机六自由度刚体模型搭建 ·········· 292
   6.3.3 动力学模型配平与开环仿真 ··········· 295
   6.3.4 PID 控制律仿真模型搭建与测试 ········· 297
   6.3.5 LQR 控制律仿真模型搭建与测试 ········· 299
   6.3.6 滑模控制律仿真模型搭建与测试 ········· 302

第 7 章 飞行控制系统硬件在环仿真实践 ……306

7.1 硬件在环仿真系统简介 ……306
7.1.1 硬件在环仿真与软件在环仿真对比 ……306
7.1.2 硬件在环仿真系统架构 ……306
7.1.3 PX4-Autopilot 软件系统简介 ……307

7.2 硬件在环仿真环境搭建 ……329
7.2.1 Ubuntu 桌面 HITL 仿真环境搭建 ……329
7.2.2 Simulink 中 HITL 仿真的环境配置 ……334

7.3 硬件在环仿真测试与参数调整 ……338
7.3.1 Ubuntu 桌面 HITL 仿真流程 ……338
7.3.2 Simulink 中 HITL 仿真的设置和操作流程 ……345

附录 术语表 ……352

参考文献 ……355

|Chapter 1| 第 1 章

绪论

1.1 大型固定翼无人机

1.1.1 固定翼无人机结构介绍

固定翼无人机比较成熟,其飞行过程非常安全,有自稳定的飞行平台,飞行距离远,对于航程远、范围大、时间长的地图测绘、监控有独特优势,在军用飞机中很常见,在一般民用场合不是太多。因为固定翼无人机起降限制条件太多,不能悬停,巡航条件下速度过快,要求飞行高度相对较高,降落时难度大,在很大程度上难以满足一般使用条件。

固定翼无人机在空气中以一定速度飞行时,机翼相对于空气的运动可以看作机翼不动,而空气以一定的速度流过机翼。按照流体力学的原理,流动慢的大气压强较大,而流动快的大气压强较小,这样机翼下表面的压强就比上表面的压强大,两者之间的压力差便形成了固定翼无人机的升力。图 1-1 所示为固定翼无人机的机体结构图。

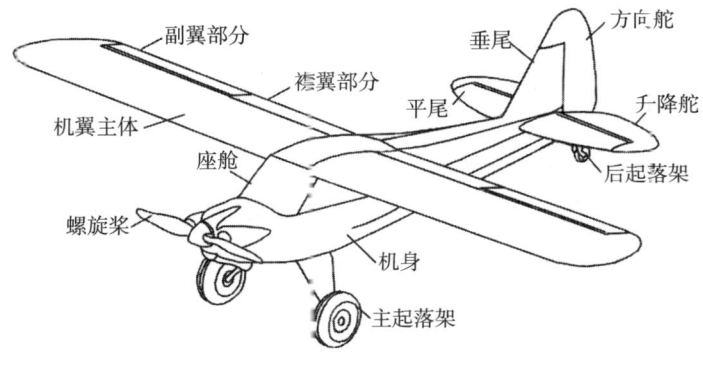

图 1-1 固定翼无人机结构

1. 机翼

机翼是飞机产生升力的部件，机翼后缘有可操纵的活动面，靠外侧的叫作副翼，用于控制飞机的滚转运动，靠内侧的则是襟翼，用于增加起飞着陆阶段的升力。机翼内部通常安装油箱，机翼下面则可供挂载副油箱和武器等附加设备。有些飞机的发动机和起落架也被安装在机翼下方。

根据伯努利定律，机翼的上半部较下半部突起，以机翼侧面剖面来看，这让机翼上半部气流的流动路线比下半部长，因此机翼上半部气流流动速度较下半部快，气压较小，飞机在跑道上冲刺到一定速度后，该气压压力差就产生足够升力让飞机起飞。机翼有各种形状，数目也有不同。在航空技术不发达的早期为了提供更大的升力，固定翼机翼以双翼机甚至多翼机为主，但现代飞机一般是单翼机。

机翼由一根或更多的沿机翼展向（根部到翼尖）的翼梁以及几个沿着弦向（前缘到后缘）的翼肋或肋组成。翼梁有上缘条和下缘条，由坚固的腹板或撑杆连接起来。翼肋形成飞机机翼的空气动力学外形或翼型。并且作为一个刚性的结构或构架来构造，非常坚固，就像一个隔板。翼梁和翼肋之上的机翼蒙皮提供飞机的主要升力。蒙皮如果太薄，可以用较轻的长桁等展向部件来加强。翼梁、翼肋以及加强蒙皮的整体形成盒梁或扭矩盒，盒式梁可能以悬臂梁形式与机身相连，或者从一侧翼尖连通到另一个翼尖。

2. 机身

机身的主要功用是装载人员、货物、设备、燃料和武器等，也是飞机其他结构部件的安装基础，将尾翼、机翼及发动机等连接成一个整体。但飞翼机是个例外，它的机身被隐藏在其机翼的内部。

典型的机身结构是半硬壳结构，通常被分为前部、中部和尾部三部分。应力蒙皮的半硬壳结构中，机身蒙皮由一些沿机身方向的部件加强，当这些部件很轻时，它们被称为长桁；当它们很重时，称为机身大梁。蒙皮的形状由一些横向的结构框或隔板来维持。主要的一根纵向机身梁称为龙骨。

3. 尾翼

尾翼是用来平衡、稳定和操纵飞机飞行姿态的部件，通常包括垂直尾翼（垂尾）和水平尾翼（平尾）两部分。垂直尾翼由固定的垂直安定面和安装在其后部的方向舵组成，水平尾翼由固定的水平安定面和安装在其后部的升降舵组成，一些型号的飞机升降舵由全动式水平尾翼代替。方向舵用于控制飞机的航向运动，升降舵用于控制飞机的俯仰运动。

尾翼部分连于后部机身，通常由一至多个垂尾或垂直安定面和一个定向或全动平尾组成。当机翼的后缘向后延伸至机身的后部末端时，水平安定面便被完全取消，或被安装在前机身两侧的小安定面（称作鸭翼）取代。垂直或水平安定面的结构与机翼相似。安定面被牢牢地安装在机身上，或通过扭矩管及轴承布置来连接，允许整个安定面旋转。安定面的作用是提供升力面，升力面提供用于控制飞机飞行所必需的空气动力。

4. 起落架

起落架是用来支撑飞机停放、滑行、起飞和着陆滑跑的部件，由支柱、缓冲器、制动装置、机轮和收放机构组成。陆上飞机的起落装置一般由减振支柱和机轮组成，此外还有专供水上飞机起降的带有浮筒装置的起落架和雪地起飞用的滑橇式起落架。

5. 推进系统

推进系统的主要功能是提供可控的推力，使空气进出发动机，并为一些附属装置提供动力。推进系统由发动机、螺旋桨、发动机空气进气口和排气口、润滑系统、发动机控制、传动附件以及传动匣等组成。如果飞机有螺旋桨，在高转速的发动机轴和低转速的螺旋桨传动之间的减速齿轮和轴系称为动力传动齿轮系统。

飞机的动力装置的核心是航空发动机，主要功能是用来产生拉力或推力克服与空气相对运动时产生的阻力使飞机前进。次要功能则是为飞机上的用电设备提供电力，为空调设备等用气设备提供气源等。飞机的动力装置除发动机外，还包括一系列保证发动机正常工作的系统，如发动机燃油系统、发动机控制系统等。固定翼无人机的发动机既可以埋在飞机结构中，也可以埋在吊舱中，飞机飞行必需的推力是由发动机驱动的螺旋桨或内部风扇提供的，或由一个或多个发动机的喷气流提供，或由这两种方法联合提供。发动机的类型有活塞式喷气发动机、冲压式喷气发动机以及燃气涡轮发动机。

1.1.2　飞行控制系统的分类

飞机在空中飞行，光有动力和壳体是远远不够的，而飞控就是关键。根据《有人驾驶飞机飞行控制系统通用规范》（GJB 2191—1994）第1.3条的规定，飞行控制系统（Flight Control System, FCS）分为人工飞行控制系统（Manual Flight Control System, MFCS）和自动飞行控制系统（Automatic Flight Control System, AFCS）两大类。机械飞行控制系统（国内习惯称为机械飞行操纵系统或飞行操纵系统)、电传飞行控制系统(即电飞行控制系统)皆属于人工飞行控制系统。

1. 人工飞行控制系统

早期,飞行器的用途并不广泛,飞行任务简单,采用自动控制的必要性不大,飞行效益也不明显,因此当时多数飞行器都是采用人工控制的。人工飞行自动控制系统包含驾驶员(位移)输入信号,即有驾驶员参与操作,包括以下两种类型的系统:①带有阻尼、增稳的人工飞行控制系统,如歼7D、歼8、轰6等;②电传操纵系统,如歼10、F16等三代机以及无人机。图1-2~图1-5所示分别为歼7、歼8、歼10和F16。

图1-2 歼7

图1-3 歼8

图1-4 歼10

图1-5 F16

2. 自动飞行控制系统

随着飞行任务的复杂化程度不断提升,飞机飞行的距离更远、更高,要求飞机的机动性也更高,并且也亟需将飞机驾驶员从复杂的操纵中解放出来,集中精力执行战斗任务,因此,自动飞行控制已成为不可回避的问题。

自动飞行是指用一套控制系统在无人直接参与的情况下,自动控制飞机的飞行,早期的飞行控制系统被称为自动驾驶仪,可对飞机实施自动或半自动控制,协助驾驶员工作或自动控制飞机对抗的响应。具体有两个作用:实现飞机的自动飞行功能;在特定情况下改善飞机的性能,提高飞行品质。飞机的飞行无须人的直接参与,它是完全按照预定的指令来完成各项飞行任务的,即飞机是由驾驶仪来操纵的,无人机的操纵就属于此类。

自动飞行控制系统的控制指令是系统本身自动产生的。飞机的俯仰、滚转和偏航控制,增升和减阻控制,直接力控制以及其他改变飞机的构型控制(如改变机翼后掠角、水平安定面安装角等）也属于飞行控制系统的范畴。

1.1.3 固定翼飞控系统的发展历程

飞行控制系统可用来保证飞行器的稳定性和操纵性、提高完成任务的能力与飞行品质、增强飞行的安全及减轻驾驶员负担。图 1-6 所示为飞行控制系统发展历程的结构图。

早期，自动控制理论处在萌芽阶段，实现飞行器自动控制的设想未付诸实现。飞机功能简单，由人工操纵即可完成飞行。1903 年莱特兄弟驾驶自行研制的固定翼飞机飞行者一号实现了人类史上首次重于空气的航空器持续且受控的动力飞行。图 1-7 所示为飞行者一号的试飞画面。

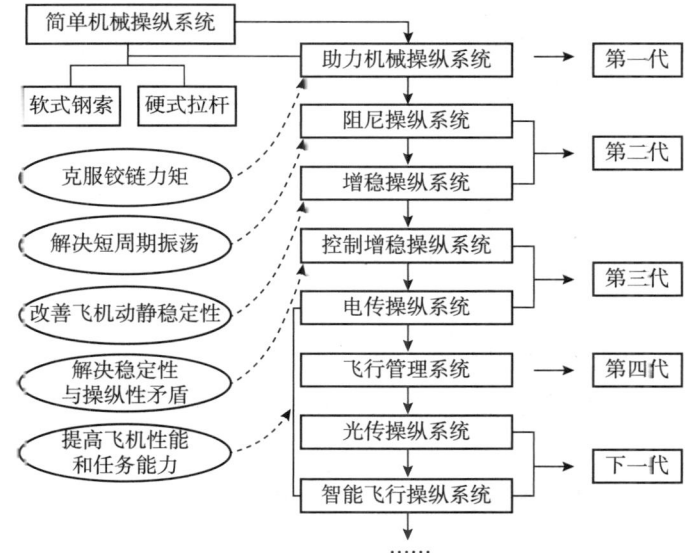

图 1-6 飞行控制系统发展历程

图 1-7 飞行者一号试飞画面

在莱特兄弟首次试飞成功后的 30 年里，飞机的操纵系统均为简单的机械操纵系统，如图 1-8 所示。飞行员移动驾驶杆或脚蹬，经传动机构（包括传送连杆、摇臂钢索和滑轮等）操纵舵面。飞行员依据位移和力的感觉给出适当的舵偏角，通过飞机主操纵系统操纵飞机。

随着舵面尺寸与飞行速度的增加，铰链力矩急剧增加，使得杆力大大增加，如果杆力的增加超过飞行员的体力限度，将无法驾驶飞机。此外，随着飞机飞行速度和高度的增加，也会使杆力梯度、杆位移梯度发生改变，甚至出现反操纵现象，严重影响飞行员操纵飞机。为解决这些问题，在机械操纵系统中增设液压助力器，构成助力操纵系统，如图 1-9 所示。

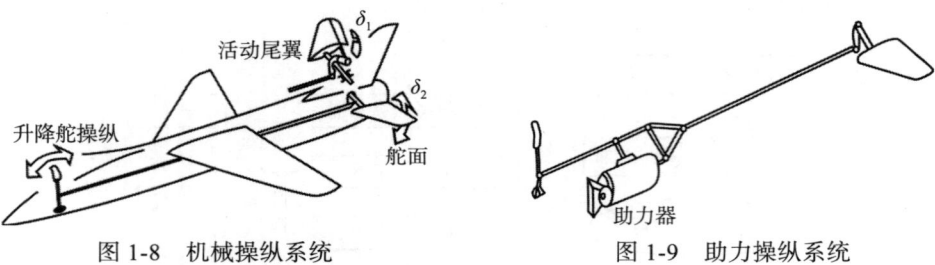

图 1-8 机械操纵系统　　　　图 1-9 助力操纵系统

随着飞机的进一步发展，飞机的飞行已不仅仅是飞行速度的提高，飞机的机动性也大大增强。为了进一步减轻飞行员的操纵疲劳，在助力操纵系统的基础上发展为全助力操纵系统，如图 1-10 所示。

在 20 世纪 50 年代中期到 60 年代，随着飞机向高空高速方向发展，发展了阻尼和增稳系统（Stability Augmentation System，SAS）。这是人工操纵与自动控制的首次结合，增稳系统的采用，提高了飞机稳定性，但同时降低了飞机的操纵效率。如图 1-11 所示。

为解决稳定性与操纵

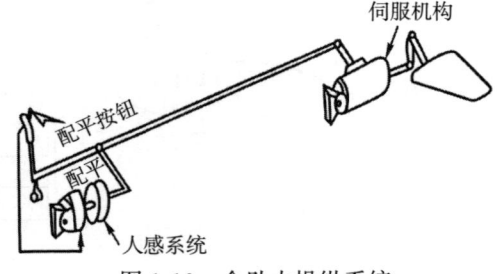

图 1-10 全助力操纵系统

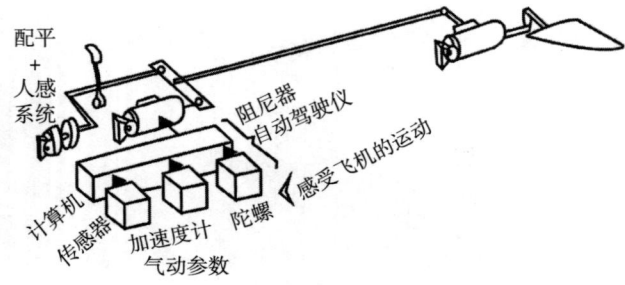

图 1-11 具有增稳功能的全助力操纵系统

性的矛盾，在增稳系统的基础上，发展出了控制增稳系统（Control Augmentation System, CAS），如图 1-12 所示。

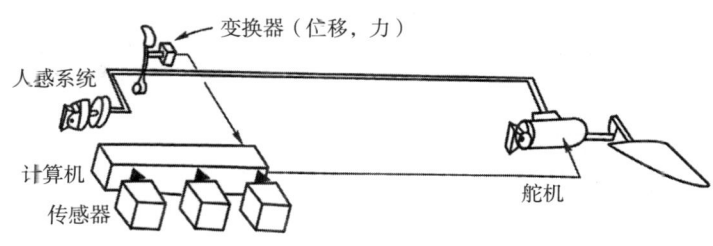

图 1-12 控制增稳系统

该系统在增稳系统基础上，增加一个杆力传感器和一个指令模型。它由机械通道、电气通道和增稳回路组成，其中电气与机械两通道并联。驾驶员操纵信号，一方面通过机械链使舵面偏转某角度；另一方面又通过杆力传感器输出指令信号，经指令模型与反馈信号综合后控制舵面偏转某个角度，总的舵面偏角为上述两舵面偏角之和。

控制增稳系统的优缺点以及机械操纵系统的缺陷如下所示：

1) 控制增稳系统的优点：解决了高空高速飞机由气动布局引起的飞行品质变坏问题；机械操纵与电气控制通道构成余度，提高操纵系统的生存可靠性。

2) 控制增稳系统的缺点：电气通道的操纵权限不是全权限的；没有可靠的安全措施；本质上仍属于机械式操纵，其中驾驶杆到助力器之间的复杂机械杆系仍存在很多弱点，如体积大、质量大及战伤生存能力低。

3) 机械操纵系统的缺陷：在大型飞机上，机械操纵系统尺寸越来越大，越来越笨重；系统为不可避免地存在一些非线性如摩擦力和传动间隙等，其所产生的机械迟滞现象是造成系统自振的重要因素；机械操纵系统直接固定在机体上，容易传递飞机的弹性振动，引起驾驶杆偏移，甚至造成人机诱发振荡；无法彻底解决高性能飞机操纵与稳定中的许多问题。

20 世纪 60 年代后期到 70 年代，在控制增稳系统基础上发展了电传操纵系统（Fly-By-Wire System, FBWS），开始在一些军用飞机以及大型民用飞机上取消机械操纵系统，电传操纵系统的结构如图 1-13 所示。

由此出现了随控布局飞机（Control Configured Vehicle, CCV）及其飞行控制系统，它是电传飞行控制系统与新的气动技术相结合的产物。飞机的布局决定于控制系统，并由于控制系统的作用而获得所希望的气动特性和响应特性。其设计思想是在飞行器设计之初，就将飞行自动控制系统与气动布局、飞行器结构设计和动力系统设计四方面协调配合进行综合设计。

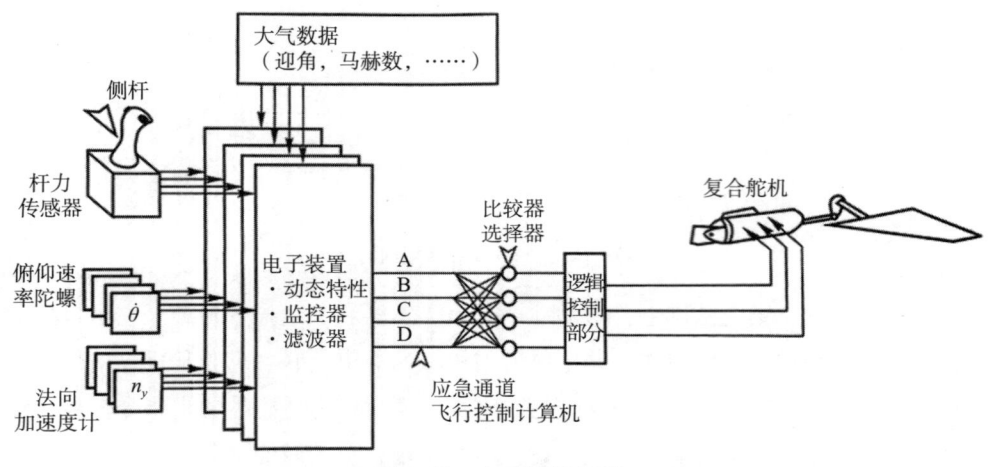

图 1-13　电传操纵系统

电传操纵系统是将飞行员操纵装置（驾驶杆、脚蹬）发生的信号，经过变换器变成电信号，通过电缆直接传输到舵机的一种操纵系统。

与机械操纵系统相比，电传操纵系统的优缺点如下：

1）电传操纵系统的优点：减轻操纵系统的质量、减小体积；节省设计和安装时间；改善飞机的操纵品质；使飞机具有一些特殊的飞行性能；可与飞机上的其他控制系统，如火力、推力控制系统交联；含有自检装置，便于维护。

2）电传操纵系统的缺点：单通道电传操纵系统的可靠性劣于机械操纵系统；易受雷电和环境电磁干扰的影响；为了提高可靠性，电传操纵系统的成本较高。

在信息化战争的驱动下，随着光传飞控技术研究不断深入和完善，光传飞控系统取代电传飞控系统已呈现出不可逆之势，再结合智能控制、容错控制等技术，光传飞控技术必将成为未来飞控系统的主要发展方向。

光传操纵系统（Fly-By-Light System，FBLS）是指采用光纤代替电缆作为信号传输媒介、以光信号形式传递控制指令和反馈信息的飞行控制系统，具有抗电磁干扰性强、光纤重量轻、数据容量大、数据传输速率高、电隔离性和抗腐蚀性好等优点，被认为是最具潜力的未来先进飞行控制系统。

飞行控制系统的发展总是与飞机发展需求的提高相适应，在解决各阶段性能问题的过程中不断完善、革新，反过来又促进飞机平台的革命性飞跃。未来新型飞机必然需要在复杂的信息化环境条件下高效地完成各种飞行和作战任务，这就必须依靠先进的飞行控制系统。

为此，需在以下方面进行发展完善：

1）光传操纵：提高对抗恶劣电磁环境的能力，为信息化和智能化提升以及功能扩展提供技术基础。

2）智能控制：提升在动态、不确定性环境下的自主任务执行和生存能力。

3）成本管理：通过集成化、模块化和综合化设计，降低系统开发维护成本，缩短开发周期。

4）先进部件开发：包括计算机、传感器、作动器等，为先进飞控技术提供部件级支撑。

1.1.4 固定翼飞控系统的组成

1. 控制系统的基本原理

飞行员操纵飞机的过程如图 1-14 所示，为一个反馈系统，点画线框表示飞行员。以飞机做水平直线飞行为例，飞机受干扰偏离原姿态（例如飞机抬头），飞行员用眼睛观测到仪表板上地平仪的变化，用大脑做出决定，通过神经系统传递到手臂，推动驾驶杆使升降舵能向下偏转 产生相应的下俯力矩，使得飞机趋于水平。飞行员又从仪表上看到这一变化，逐渐把驾驶杆收回原位。当飞机回到原位时，驾驶杆和升降舵也相应地回到原位。

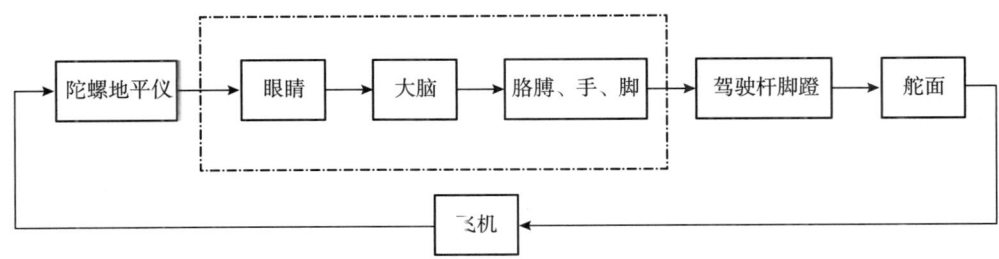

图 1-14 飞机操纵系统原理框图

飞行控制系统的目的是采用一套控制系统来代替驾驶员对飞机的操纵，因此系统必须具备驾驶仪的功能。如图 1-15 所示，自动控制系统中的传感器、放大计算装置和执行机构可代替飞行员的眼睛、大脑神经系统和肢体，能自动地控制飞机的飞行。这三部分是飞行自动控制系统的核心，称之为自动驾驶仪。系统中必须包含与点画线框内三部分相对应的装置，并与升降舵构成一个闭环系统。

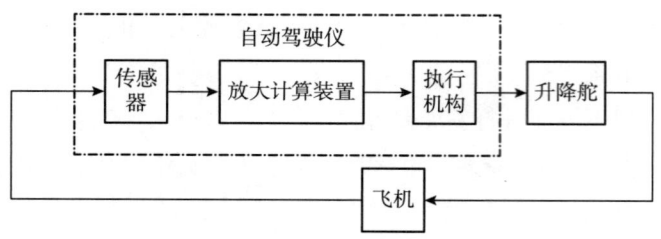

图 1-15　飞行控制系统

2. 自动飞行的原理

飞机受到某种干扰后偏离了原始状态，传感器接收到飞机偏离的方向和大小的信息，并输出相应信号，经放大、计算处理后，操纵执行机构（舵机）控制舵面产生相应偏转。由于整个系统是按负反馈的原则连接的，其结果是使飞机趋向原始状态。当飞机回到原始状态时，敏感元件输出信号为零，舵机以及与其相连的舵面也回到原位，飞机继续按原始状态飞行，如图 1-16 所示。

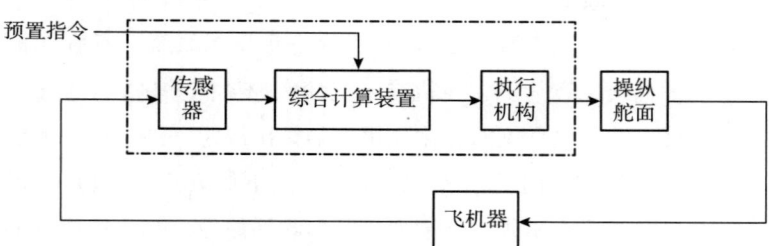

图 1-16　自动飞行的原理图

3. 飞行控制系统基本构成

将复杂的自动飞行回路看成简单的内回路逐渐增添元部件形成新回路而得到的。具体地说，典型的飞行控制系统一般由 3 个反馈回路组成，即舵回路、稳定回路和控制（制导）回路，如图 1-17 所示。

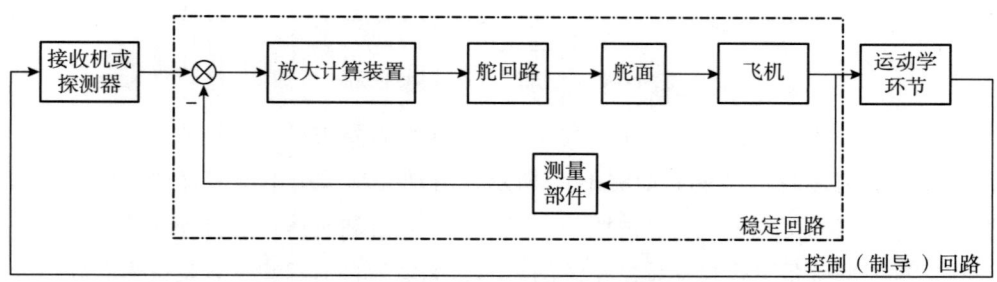

图 1-17　飞行控制系统框图

1) 舵回路。舵回路就是为了改善舵机的性能以满足飞行控制系统的要求,通常将舵机的输出信号反馈到输入端,形成负反馈回路(或称为伺服回路),称为一个随动系统(或称为伺服系统)。舵回路一般包括舵机、反馈部件和放大器,如图 1-18 所示。

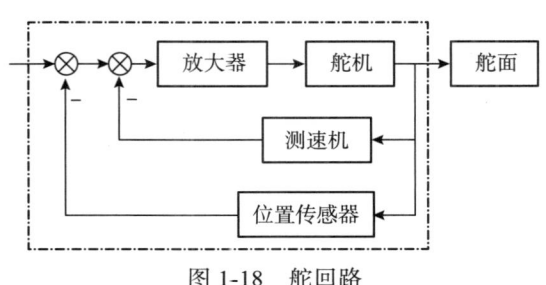

图 1-18　舵回路

舵回路中的两个负反馈回路由位置传感器测量的舵机输出的角位置信号反馈到舵回路的输入端,使控制信号与舵机输出信号形成比例关系(或其他函数关系)。由测速机测量的舵机输出的角速率信号反馈到放大器,以增大舵回路的阻尼,改善舵回路的动态性能。

2) 稳定回路。舵回路加上传感器和放大计算装置组成自动驾驶仪,并与飞机组成新回路称为稳定回路,如图 1-19 所示。作用是稳定和控制飞行器的姿态。

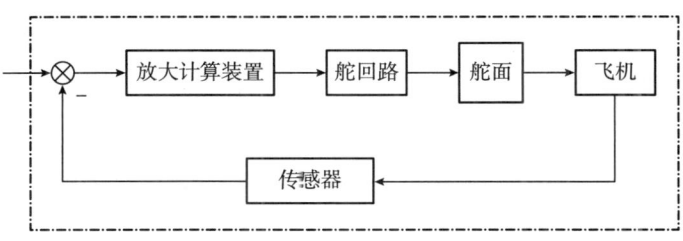

图 1-19　稳定回路

3) 控制回路。稳定回路加上测量飞机轨迹的部件以及运动学环节又组成一个更大的新回路,称为控制回路(或控制与导引回路,简称制导回路)。控制回路如图 1-20 点画线框内所示。作用是稳定和控制飞行器的运动轨迹。

4. 典型的飞行控制系统基本组成

1) 测量部件:测量飞行控制所需要的飞行器运动参数,如常用的垂直陀螺仪、航向陀螺仪、速率陀螺仪以及加速度计等。

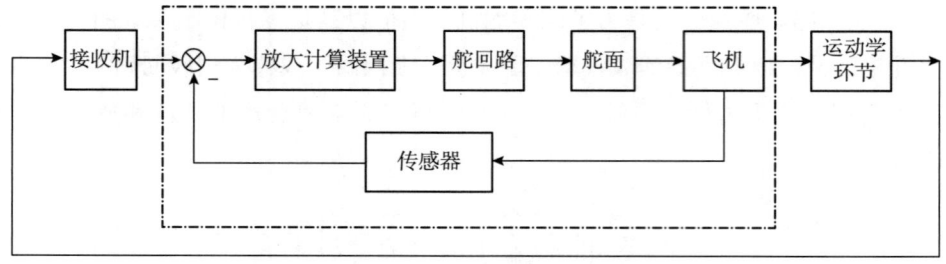

图 1-20　控制回路

2）信号处理部件：将测量部件的测量信号进行处理，形成符合控制要求的信号和飞行自动控制规律，例如，机载计算机等设备。

3）放大部件：将信号处理部件的输出信号进行必要的放大处理，以便驱动执行机构。

4）执行机构：根据放大部件的输出信号驱动舵面偏转。

1.2　小型无人机

1.2.1　无人机的分类

航空器，即大气层中飞行的飞行器，分类如图 1-21 所示[1]。

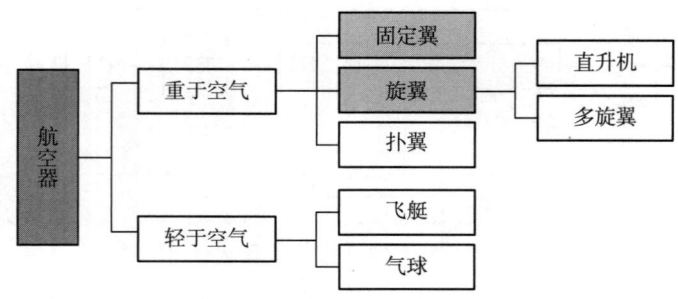

图 1-21　航空器的分类

中国民用航空局对无人机的定义如下：无人机（Unmanned Aerial Vehicle, UAV）是指由控制站管理（包括远程操纵或自主飞行）的航空器，也称为远程驾驶航空器。通俗地说，驾驶员或控制员不在飞机座舱内的能自由飞行的飞行器，称为无人机。无人机可根据外观分为 4 种：固定翼无人机、无人直升机、多旋翼无人机和扑翼机。下文分别对这 4 种无人机进行简要介绍。

1. 固定翼无人机

固定翼无人机,是指有着固定的机翼位置而且后掠角等参数为常数的无人机,它们的升力来自机翼上下方的空气压力差。和其他类型的无人机相比,固定翼无人机在速度、续航时间和机动性方面有着突出的优点,如图1-22所示。

2. 无人直升机

无人直升机,是指由无线电地面遥控飞行或/和自主控制飞行的可垂直起降(Vertical Take Off and Landing,VTOL)不载人飞行器,在构造形式上属于旋翼飞行器,在功能上属于垂直起降飞行器。近十几年来,随着复合材料、动力系统、传感器,尤其是飞行控制等技术的研究进展,无人直升机得到了迅速的发展,正日益成为人们关注的焦点。图1-23所示为垂直起降无人机。

图1-22　固定翼无人机

图1-23　垂直起降无人机

3. 多旋翼无人机

多旋翼无人机,是一种具有3个及以上旋翼轴的特殊的无人驾驶直升机。其通过每个轴上的电动机转动,带动旋翼,从而产生升推力。旋翼的总距固定,而不像一般直升机那样可变。通过改变不同旋翼之间的相对转速,可以改变单轴推进力的大小,从而控制飞行器的运行轨迹。四旋翼无人机如图1-24所示。

4. 扑翼机

扑翼机是指机翼能像鸟和昆虫翅膀那样上下扑动的重于空气的航空器,又称振翼机,如图1-25所示。扑动的机翼不仅产生升力,还产生向前的推动力。

图1-24　四旋翼无人机

图1-25　扑翼机

后续章节主要对旋翼无人机及固定翼无人机的系统组成进行介绍。

1.2.2 旋翼无人机的发展历程

下面以四旋翼无人机为例,阐述小型旋翼无人机的发展历程。

1907 年,国外诞生了第一台旋翼式飞行器,名为"Breguet-Richet Gyroplane No.1",如图 1-26a 所示。它是由法国 Breguet 兄弟成功设计,采用了十字架结构,当时飞行器只能达到 0.60m,后续经过不断改进,最高达到过 4.50m,但飞行时间受到限制,且无法实现飞行的稳定性和自主性,但具有第一次载人旋翼飞行器成功飞行的重要意义,这也为后续研究发展奠定重要意义。

a)　　　　　　　　　　　b)

图 1-26　Breguet-Richet Gyroplane No.1 和 Jerome-de Bothezat

1922 年,George De Bothezat 和 Ivan Jerome 在美国俄亥俄州代顿的空军基地建造了一架大型四旋翼飞行器,名为"Jerome-de Bothezat"(飞行章鱼),如图 1-26b 所示。该飞行器采用了十字形结构,每组旋翼由 6 个桨叶构成,且螺旋桨直径达到 26ft(1ft=0.3048m),而 4 组旋翼只能由一台发动机提供动力,机体高度约为 3m,它的最高飞行高度可达 5m,但由于其机体结构庞大,且机身较重,仍无法实现对飞行状态的稳定控制。

1924 年,法国工程师 Etienne Oehmichen 设计制造了一架多旋翼飞行器,名为"Oehmichen",如图 1-27 所示。首次飞行高度达到 360m,在接下来的试验中,飞行器的高度达到了 525m。而 Etienne 驾驶着这架飞行器在 7min 40s 内成功完成了超过 1km 的闭环飞行。

图 1-27　Oehmichen

1956年，美国Convertawings公司的D.H.Kaplan研发设计了一架四旋翼飞行器，名为"Convertawings Model 'A'"，如图1-28a所示。这架飞行器的体型和重量庞大，螺旋桨直径达到5.79m，利用两个发电机来驱动四个旋翼，而没有用到尾旋翼，通过改变4个螺旋桨的转速使得每个螺旋桨拉力得到改变，从而控制飞行器姿态。这架飞行器多次成功地实现飞行，因此"Convertawings Model 'A'"飞行器是第一个设计成功的真正意义上能够成功向前飞行的四轴飞行器。

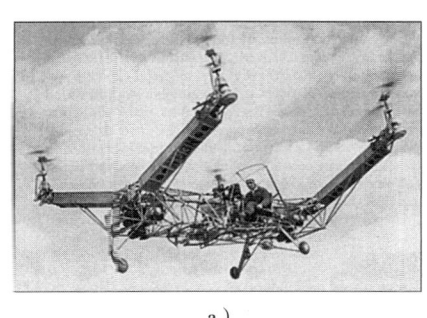 

a)　　　　　　　　　　　　　　b)

图1-28　Convertawings Model "A"和Curtiss-Wright VZ-7

1959—1960年期间，美国陆军邀请荷兰Curtiss-Wright公司研制四旋翼飞行器"VZ-7"（又称为"Flying Jeep"），如图1-28b所示。该四旋翼飞行器是载人飞行器，由一个矩形中央机身组成，机身有4个螺旋桨，通过改变螺旋桨的推力来控制，飞机平台机动性好，飞行容易，但由于并未达到军方要求而没有进一步研发。在这之后的数十年时间里，多旋翼飞行器的发展比较缓慢，没有过多的进展。直到近十几年，伴随着碳纤材料、传感器以及飞行控制理论等技术的成熟，为四旋翼飞行器的发展提供了支持，使得四旋翼飞行器的相关研究再次成了热点。四旋翼无人机的目前的应用领域，不仅是科研领域，也成了大众消费和商用的选择之一。

1989年，日本Keyence推出的遥控式四轴无人机"Gyro Saucer E-170"，如图1-29所示，是最早的室内无人机。随后Keyence又推出了"Gyro Saucer Ⅱ E-570"，这一款迷你四轴飞行器，通过操纵旋翼实现对飞机姿态和方向的控制，并使用聚苯乙烯泡沫材料制作机身和旋翼，充满电可以实现3min的飞行续航。

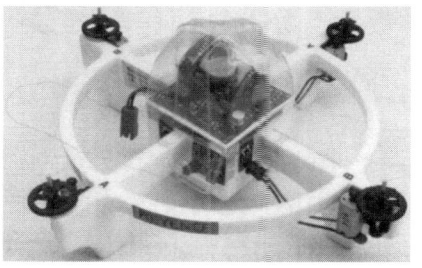

图1-29　Keyence Gyro Saucer E-170

1991年，美国工程师Mike Dammars在明尼苏达州的Spectrolutions实验室开发了由电池供电的四轴飞行器,名为"Roswell Flyer",如图 1-30a 所示,并随着飞行控制和摄像技术的发展取得了重大进步,于 1998 年更名为"Dragan Flyer"。

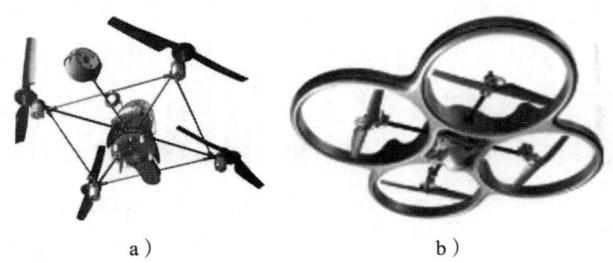

图 1-30　Roswell Flyer 和 Sliverlit X-UFO

2002 年,遥控飞行玩具 Sliverlit X-UFO,在德国年轻研究者比赛被设计发明,如图 1-30b 所示,飞行高度可以达到 100m,是由高强度的碳纤维和发泡聚丙烯(Expanded PolyPropylene,EPP)组成,主要部件为陀螺仪,为了便于定位和观测速度,在螺旋桨上装有 4 个发光二极管(Light Emitting Diode,LED)灯。

2006 年,德国 Micro drones GmbH 推出的 Md4-200 四旋翼飞行器,这是一种垂直起降微型自动驾驶无人机飞行器系统,可执行拍摄、搜索、测量、侦察等多种空中任务。机体和云台完全采用碳纤维材料,自重仅 700g。该公司在 2010 年又推出了 MD4-1000,如图 1-31a 所示,相比于 MD4-200 型,拥有更大的任务载荷、更强的抗风能力、更长的续航时间等。

图 1-31　Md4-1000 和 AR.Drone

2010 年,法国 Parrot 公司与学校共同合作,经过多年努力推出 AR.Drone 四旋翼,如图 1-31b 所示,其技术和理念十分领先,特别是光流和超声波上的应用。四旋翼无人机带有双摄像头和增强现实视屏的无线通信技术,可以直接用手机或平板电脑控制飞行,飞机的安全性很高,机身采用泡沫塑料,可随时进行替换,不用担心坠机的风险。2013 年,加拿大 Draganfly 公司推出了 Dragan Flyer X4-ES 系列无线电控制四旋翼无人机，如图1-32所示，宽3ft，重5 lb（1lb=0.4536kg），内置多个摄像头和传感器，充电后可实现5h的飞行续航，具有可折叠、质量小等特点。

2014年，亚马逊推出Prime Air，但一直为测试阶段。2016年时，亚马逊在英国剑桥展示了Prime Air无人机送货的便捷性，并同年在该地区

图1-32　Dragan Flyer X4-ES

试运行。2017年，西南偏南（South by Southwest，SXSW）大会上，亚马逊展示了Prime Air无人机，参观者首次近距离观察，主要针对2.5kg以内的货物，预计打包后飞行器连同物品质量在25kg以内，飞行高度可以达到120m，采用"Asense and Avoid"避障技术来确保运输中的飞行安全，能够将货物送往10mile（1mile=1609m）外的地点。2019年，微操、自动化与机器人国际会议（International Conference on Manipulation, Automation and Robotics at Small Scale, MARSS）上，亚马逊发布了新版送货无人机，具有6个自由度以及6个经过优化的螺旋桨，不仅能将声音减至最小，而且提高了飞行器的稳定性。Prime Air在投入使用前进行了数万次的试飞，以确保飞机的耐久性与可靠性。如今，亚马逊Prime Air已经逐步成熟，能够实现快速配送，部分地区的消费者在1h内即可收到订购的商品。

在商业领域，国内相关的无人机公司有大疆、零度智控、亿航智能和极飞科技等。2013年左右，大疆推出的小精灵Phantom1是首款内置全球定位系统（Global Positioning System，GPS）模块的消费级无人机，开启一体机时代。2014—2016年，小精灵系列陆续推出到了Phantom4，首次将机器学习和计算机视觉应用到无人机，具有智能跟随等创新功能。2017年，大疆发布第一款工业级无人机M200。2018年，大疆发布了Mavic 2四旋翼无人机，开创空中热成像技术并带有全方位障碍感知的传感器等。2020年Mavic 2升级到了Mavic Air 3。2021年，发布了大疆air 2s（见图1-33a）大疆mini se和Mavic 3（见图1-33b）三款无人机。

a）

b）

图1-33　大疆air 2s和Mavic 3

零度智控目前是混合固定翼和无人飞行器（Unmanned Aircraft System，UAS）的供货商，其研发核心技术和飞控研究已有十年之久，最开始发展固定翼核心控制系统，后来扩展到多旋翼无人机领域，技术池覆盖多方面。2007 年，曾参与"蓝鹰"固定翼无人机的研发，之后又陆续跟进军舰鸟、雨燕等固定翼无人机在内的多个军用项目，并研发了 YS09 固定翼飞控系统。2016 年，发布 Dobby Pocket Drone，如图 1-34 所示，是首次在消费电子展（Consumer Electronics Show，CES）上展示自身研发、运营的消费级无人机产品。2018 年发布的 ZT-3V 是一款复合翼飞行器，设计上取消了尾翼，使得飞行器具有最小的阻力、最大的升阻比和最优载重比，面向警用安防市场、聚焦测绘、巡检领域等。

图 1-34 Dobby Pocket Drone

亿航智能是一家全球领先的智能自动驾驶飞行器科技企业，为全球多个行业领域客户提供各种自动驾驶飞行器和解决方案。2016 年推出亿航 184 自动驾驶载人飞行器和亿航天鹰 Falcon 行业应用无人机。2018 年，亿航 216 机型首次亮相在中国国际航空航天博览会。

现如今，无人机的应用领域从最初的军用领域逐渐扩展到消费领域，国内消费级无人机市场火热，娱乐化成为无人机现在发展的趋势。随着无人机技术的成熟、成本的降低和应用的扩展，无人机将会逐渐普及，成为日常人们生活中常用的主要工具，提供更便捷的服务。

旋翼无人机结构简单，是将电动机直接连接螺旋桨，动力装置带动旋翼，通过改变螺旋桨的速度来改变拉力。旋翼无人机分为半自主和全自主控制方式，前者代表姿态、位置、高度等受控于飞控手，后者则可以完成储存在自驾仪里的预装订任务，飞控手只需要规划任务。固定翼无人机的技术已十分成熟，而旋翼无人机研究起步虽晚，但随着技术发展也可以用于各行各业。旋翼无人机是现如今科研领域中重要的研究对象之一，由旋翼个数不同而有所区分，如图 1-35 ～图 1-39 所示。

图 1-35 双旋翼无人机——"V"形无人机

图 1-36 三旋翼无人机——"Y"形无人机

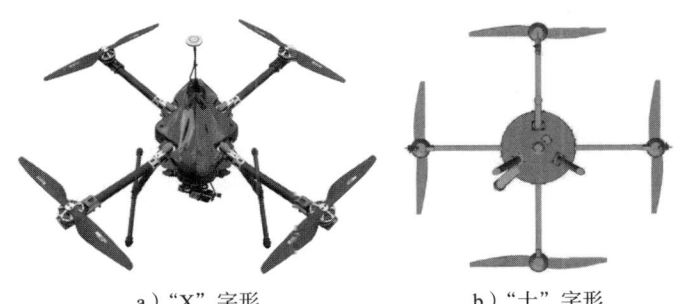

a)"X"字形　　　　　　　b)"十"字形

图 1-37 四旋翼无人机

图 1-38 六旋翼无人机　　　图 1-39 八旋翼无人机

1.2.3 旋翼无人机的系统组成

多旋翼无人机系统组成分为机架、动力系统、飞行控制及地面站系统三部分，如图 1-40 所示。

1. 机架

（1）机身

无人机的机身是整个机体的主体结构，其设计应考虑质量、强度和空气动力学性能等因素。由于无人机需要搭载不同的电子设备和传感器等，因此机身的设计应保证足够的空间、结构强度和稳定性。同时，机身还需要根据所需的特殊功能而进行定制，例如可分离的机身，方便进行不同任务的切换。

（2）机臂

机臂是无人机的支撑结构，起到连接机身和电动机的作用。由于多旋翼无人机需要搭载多组电动机+螺旋桨，机臂首先要保证足够的

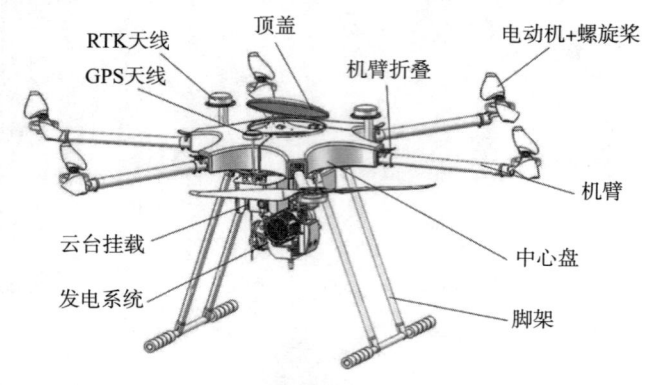

图 1-40　多旋翼无人机结构图

强度和刚度。与此同时，机臂的长度和直径也会影响无人机的稳定性和空气动力学性能。一般情况下，机臂的长度和数量与无人机负载和尺寸成正比。

（3）起落架

起落架是无人机起降时的支撑结构，保护无人机免受碰撞影响和防止螺旋桨等部件受到损坏。起落架的设计应既保证强度和稳定性，又不过于沉重，以减小无人机的整体重量。一些高端的无人机配备可以自行收放的起落架，能够提高机身和飞行器的稳定性和飞行性能。

2. 动力系统

多旋翼无人机的动力系统由电动机、电子调速器、电池和螺旋桨等组成。电池是无人机的能量来源，一般使用锂电池，其容量大小决定了无人机的工作时间。电动机通过电子调速器来控制转速和转向，以调整无人机的飞行姿态和高度。螺旋桨则是产生升力和推力的重要部件，其数量和大小会影响无人机的推进效果和升力性能。同时，螺旋桨的旋转方向和顺序也会影响无人机的姿态和稳定性。整个动力系统需要根据无人机的负载和飞行需求进行匹配和调整，以达到最佳的飞行效果。

（1）电动机

多旋翼无人机通常安装 4 台电动机，每台电动机都固定在机架的一角。电动机的功率和转速决定了无人机的升力和飞行能力。电动机可分为有刷电动机和无刷电动机。有刷电动机转子绕线圈转动，外部嵌入永磁体，电动机转动的时候通过换向器与电刷连接来切换电动机的磁场，如图 1-41 所示。其优点是：直接通直流电源就可以转动，不需要另外的电子调速器来驱动电动机，通过直流电源的电压来调整电动机的转速。其缺点是：寿命低、噪声大，换向时容易产生火花，不适合于对火

花要求严格的场所。无刷电动机由定子线圈组成,转子嵌入磁铁,通过电子调速器控制线圈磁场的变化来驱动转子转动,如图1-42所示。其优点是:寿命长、噪声低,运行时无火花,适合各种要求高的环境。多旋翼无人机一般使用无刷电动机。其缺点是:无刷电动机成本高,需要外加控制来驱动无刷电动机的转动。

图1-41 有刷电动机

图1-42 无刷电动机

(2)电子调速器

电子调速器(Electronic Speed Controller, ESC),如图1-43、图1-44所示,简称电调,是连接电池和电动机之间的一个重要组件,可以控制电动机的转速和输出功率。电子调速器一般就是一个小型的电子速控器,并且通常内置了一些保护机制,例如过热保护、过电流保护、欠电压保护等。

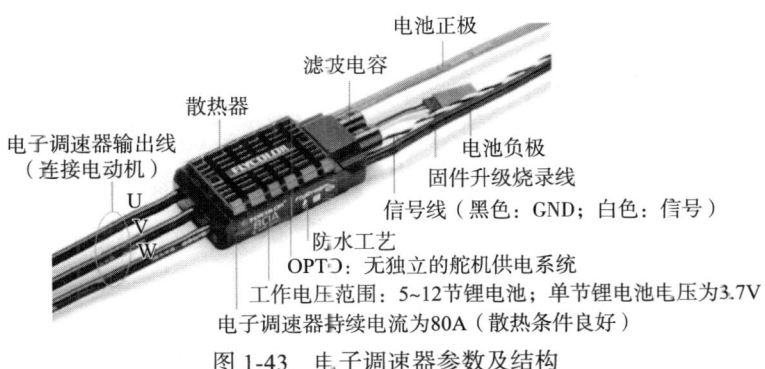
图1-43 电子调速器参数及结构

无人机需要通过电子调速器来控制电动机的转速,从而控制飞行器的运动。电子调速器一般由MOSFET晶体管等组成,包括脉冲宽度调制(Pulse-Width Modulation,PWM)信号输入口、使能开关和测速口等。其中,PWM信号用于控制电动机的转速和方向。

选择电子调速器时,需要考虑飞行器的重量、电动机的额定电流和飞行器的飞行需求。因为只有通过选用适当的电子调速器,才能够确保电动机得到合适的驱动和保护,从而让飞行器更加稳定和安全。

(3)电池

无人机的电池通常采用锂聚合物电池或者锂离子电池,这些电池都具有高能量密度和轻量化的设计特点,以适应多旋翼无人机高强度的飞行需求。不同容量的电池可以提供不同的续航时间和飞行能力。无人机的电池主要分为两类:镍氢电池、锂电池。

(4)螺旋桨

螺旋桨可以通过控制旋转速度来改变无人机的高度和前进方向。螺旋桨通常由塑料或者碳纤维制成,而不同的螺旋桨直径、长度、桨叶数以及形状都会影响多旋翼无人机的飞行性能和稳定性,图1-45~图1-47展示了不同类型的桨叶。螺旋桨的选择,需要考虑到螺旋桨的长度、直径、桨叶数、形状等因素。螺旋桨的直径和长度影响螺旋桨的推力和转速,而桨叶数影响了螺旋桨的噪声和振动。螺旋桨的形状越大,就越容易产生抗阻力,如果螺旋桨太小,则无法产生足够的升力。

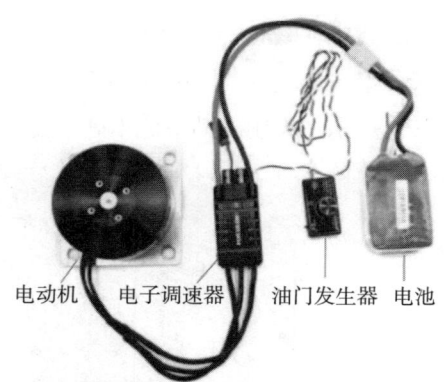

图1-44 电动机、电子调速器、电池连接图

图1-45 桨叶

图1-46 碳纤维正、反桨叶

图1-47 3叶桨叶(左)、5叶桨叶(中)和6叶桨叶(右)

因此,在选择螺旋桨时,需要结合无人机的需求和电动机的KV值⊖进行综合

⊖ 电动机KV值定义为每1V的电压下电动机每分钟空转的转速,单位是r/(min·/V)。

考虑。同时,需要注意螺旋桨的质量和平衡性,因为不平衡或质量不达标的螺旋桨容易引起飞行器振动和不稳定。

(5)涵道

部分多旋翼无人机利用涵道与螺旋桨共同组成动力系统用来实现推进效果,并提供升力和推力。涵道数量、形状、大小的不同会影响无人机的飞行特性和性能。常见的涵道形状包括矩形、圆形、六边形等。涵道大小一般与螺旋桨或飞行器的直径相对应,涵道越大,扭矩升力也越大。此外,还有向心涵道和非向心涵道,其升力和推力差异较大,需要根据不同的应用需求进行选择和调整。

无人机的涵道是否需要设计,取决于无人机的具体应用场景和设计要求。若无人机需要高效的散热和稳定的飞行,设计合适的涵道是非常必要的;而针对一些小型无人机或者应用场景较为简单的无人机,涵道可以不进行设计。图 1-48 所示为无人机的涵道。

图 1-48 无人机的涵道

3. 飞行控制及地面站系统

(1)飞行控制系统

飞行控制系统一般主要由惯性测量单元(Inertial Measurement Unit,IMU)、定位导航系统、LED 指示灯模块、电源管理单元(Power Management Unit,PMU)、智能机载存储设备(Intelligent Onboard Storage Device,IOSD)、姿态传感器、高度传感器、避障系统、遥控器及数传等部件组成,图 1-49、图 1-50 分别为飞控硬件结构示例图和硬件框架图。

常见的多旋翼无人机飞行控制系统采用两种架构。其中一种是采用单个处理器的工作方式,即该处理器承担整个飞控系统的所有任务;另一种是采用双处理器分工协作的方式,即主控制器和从控制器,通常主控制器承担大部分飞控运算,从控制器负责传感器的数据读取、电动机驱动控制等工作,常见的组合架构有 ARM MCU(Advanced RISC Machines Microcontroller Unit)模块和数字信号处理器(Digital Signal Processor,DSP)模块的组合架构、DSP 模块和 AVR 的组合架构、DSP 模块和现场可编程门阵列(Field Programmable Gate Array,FPGA)的组合架构等。

现在较为成熟的飞控系统主要有 KK、MikroKopter、MWC、PAPARAZZI、APM、Pixhawk、AR-Drone、零度智控 YS-X4 和大疆的 WooKong-M 等。下面概述几款较为经典的飞行控制系统。

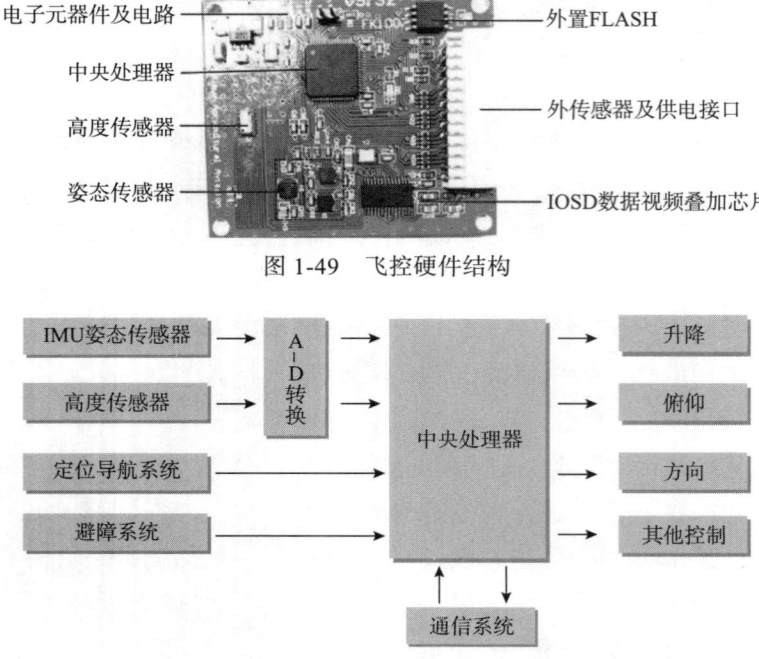

图 1-49　飞控硬件结构

图 1-50　飞控硬件框架

KK 是一款开源飞控系统，如图 1-51a 所示，其硬件设计结构简单、代码量较小，操纵灵活，受到了众多航模爱好者的关注。KK 采用 Atmega168PA-AU 作为控制器，集成 MURATA ENC-03RC 陀螺仪芯片，支持多种机型飞行，飞行模式单一，且不带自稳功能，操控更加直接，可实现特技飞行，一般作为练习机使用。

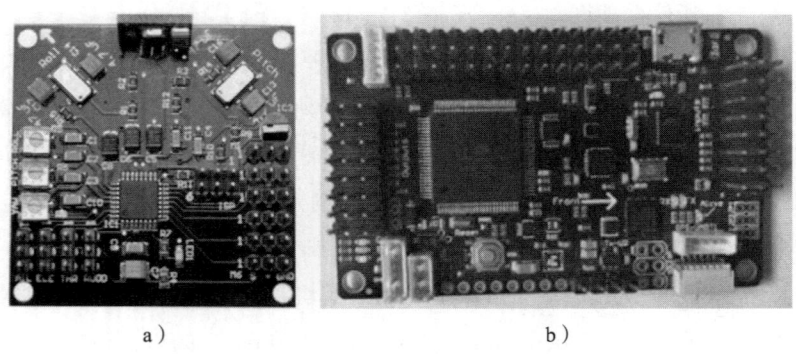

a)　　　　　　　　　　　　b)

图 1-51　KK 控制器和 APM 控制器

APM 也是一款开源飞控，其硬件设计集成度高，如图 1-51b 所示。它采用 Atmega 2560 芯片作为主控制器，集成 MPU-6000 六轴陀螺仪、MS5611 气压计、

HMC5883L 三轴磁阻传感器，还预留一些外接接口，便于系统硬件的拓展。APM 飞控功能强大，通过外接 GPS 模块可实现无人机的定点悬停、航线飞行、自动返航、兴趣点环绕等功能，通过外接无线数传模块可实现与地面站的通信，实现地面站操控飞行、在线调参等功能。APM 飞控支持多种机型，除多种类型多旋翼无人机外，还支持直升机、固定翼等。

Fixhawk 也是一款开源的飞行控制器，采用双 ARM 架构设计，处理能力更强，支持 14 个通道的 PWM 信号输出、黑匣子存储功能，预留出更多的外围接口，通信形式多样化，如控制器局域网（Controller Area Network, CAN）口、串行外设接口（Serial Peripheral Interface, SPI）通信等。该飞控与 APM 相比，集成度更高，功能更加齐全。可通过外接光流传感器，实现室内的定点飞行。Pixhawk 控制器如图 1-52 所示。

图 1-52　Pixhawk 控制器

AR-Drone 是法国 Parrot 公司自主研发的一款飞行器，可以通过手机或平板电脑下载应用程序对其进行遥控。飞行控制器集成有惯性测量元件、磁力计等传感器，除此之外，还集成有摄像头（前置式和直立式）和高度计等，可实现一键起飞、一键降落、定点悬停等多种飞行模式，且 2 台以上 Ar-Drone 可模拟空战飞行。

国内大疆创新公司研发的多旋翼无人机飞行控制系统最为出名，该公司自主研发的飞行控制器主要有 A2、WooKong-M、Naza-M v2 和 Naza-M lite。其中 WooKong-M 得到最广泛的使用，它采用模块化设计的思想，主要有主控制器模块、姿态传感器模块、GPS 电子罗盘模块、电源管理模块等，如图 1-53 所示。该设计便于模块的维修与更换，且可有效地减小模块之间的电磁干扰。

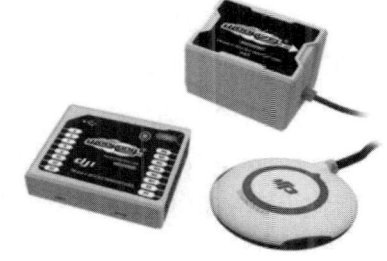

图 1-53　WooKong-M 飞行控制模块

（2）地面站

地面站一般主要由遥控器、数传电台、定位导航系统、姿态传感器和高度传感器组成，下面分别介绍以上组成元素在地面站中所起到的作用。

1）遥控器。遥控器也称为发射机，是控制固定翼无人机、无人直升机与多旋翼无人机飞行的重要工具。不同类型的无人机，其结构不同，相对应的遥控器功能菜单也有所不同，但都大同小异。初期的遥控器需要架设天线，通过无线电控制系统对无人机进行简单的控制，现在可通过数字比例无线电控制系统进行控制。

①类型。遥控器分为板形控制器（简称板控）和枪形控制器（简称枪控）两类，二者在外观和功能上均有不同。

②外观。板形控制器：侧重双手操控，主要由总成座、开关、按键或旋钮组成，如图1-54a所示。枪形控制器：主要由手轮、扳机、开关、按键或旋钮组成，如图1-54b所示。

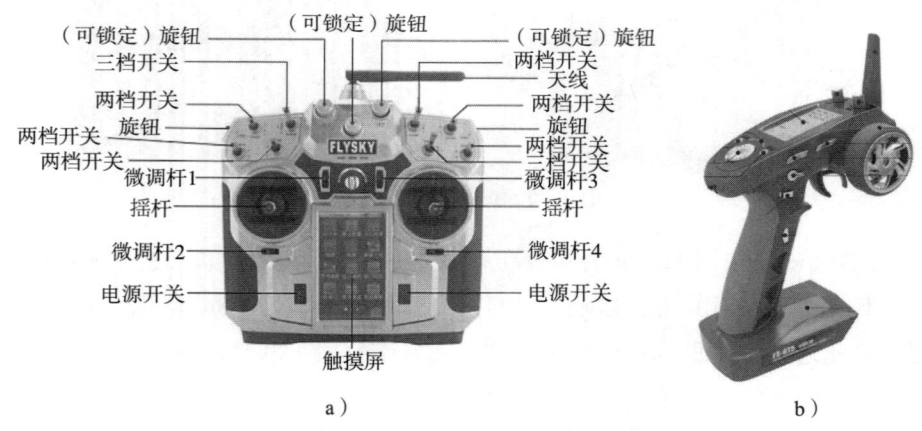

图1-54　板形控制器和枪形控制器

③界面。以图1-54a所示板形控制器为例介绍遥控器界面。

正面：遥控器正面各手柄、开关明细如图1-54a所示。

通道：遥控器的通道负责实现遥控器与接收机的信号交流，共有4条通道，分别是副翼、升降、油门和方向。每个通道既可以执行单独功能，也可以执行多个功能，还可以通过混控，实现更加复杂的功能。4条通道对应无人机的不同结构，不同类型的无人机能够执行不同的动作。

摇杆的功能：摇杆有左、右两个摇杆。操纵摇杆时，无人机的实际移动状态为：

- 副翼（侧飞）：控制无人机上下翻转/倾斜，控制无人机侧飞。

- 升降（俯仰）：控制无人机前飞或后飞。
- 油门（升降）：控制无人机上升和下降，控制飞行高度。
- 方向（偏航）：控制无人机以自身为中心左右水平旋转。

摇杆分为可回中摇杆和不可回中摇杆，不可回中摇杆一般用于油门通道。

摇杆的模式：摇杆有两种常用模式，分别为"美国手"和"日本手"。

美国手是最常见的模式，在美国和大部分地区使用。其中，左摇杆控制油门和偏航，前推与后拉控制飞行器的油门大小，左推与右推控制飞行器的左右偏航；右摇杆控制俯仰和滚转，前推与后拉控制飞行器的低头与抬头，左推与右推控制飞行器的左右滚转。

日本手模式相对较少见，主要在日本和一些东亚地区使用。其中，左摇杆控制油门和滚转，前推与后拉控制飞行器的油门大小，左推与右推控制飞行器的左右滚转；右摇杆控制俯仰和偏航，前推与后拉控制飞行器的低头与抬头，左推与右推控制飞行器的左右偏航。

④微调杆。微调杆遥控器上的微调杆通常为4个，是微调功能的快捷键，其分别对应升降通道、副翼通道、方向通道和油门通道，具体对应关系由摇杆模式确定。

2）数传电台。数据、图像传输是通过通信系统来实现的。无人机数据、图像传输需要控制器与无人机之间有数据链路，如图1-55所示，其数据链路分为两条，一条发射出去，一条接收进来，即常说的上行、下行两部分。

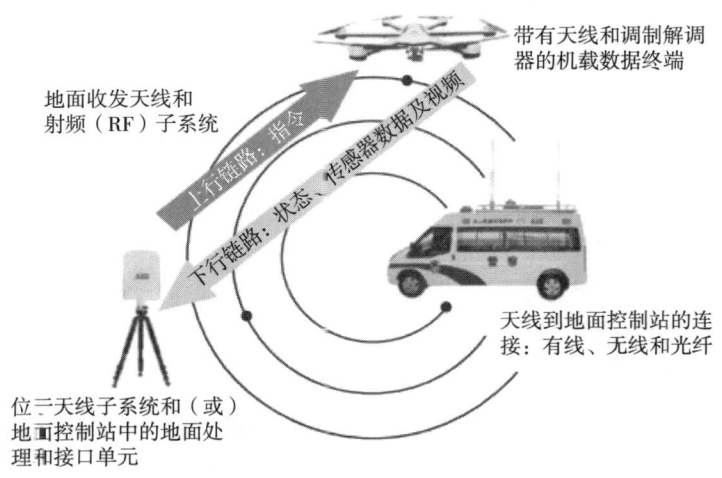

图1-55 数据链路

①上行（从控制器到无人机）。上行通信是指从地面控制器向无人机发送指令、

数据和控制信号的过程。在现代无人机中，通常采用2.4GHz或5.8GHz的无线电波，通过数传模块或者无线差分模块等设备来完成上行通信。这些设备可以和一个手持遥控器或一个基于计算机的地面站连接，通过串口或者USB等接口发送数据、指令和控制信号。

无人机在接收到上行通信信号之后，将信号解码处理，然后执行对应的控制动作。这些控制动作可以包括如起飞、着陆、悬停、飞行的控制，摄像控制等操作。此外，上行通信也会向无人机发送一些状态信息，如电池电量、飞行高度、空速等，以便无人机能够调整姿态和飞行参数，做出更加稳定和安全的飞行表现。

需要注意的是，在无人机的上行通信中，保证通信的稳定性和可靠性非常重要。因为如果通信不稳定或失去连接，无人机可能会失去对地面控制器的控制，出现故障或者迷失信号区。因此，在选择数传模块或无线差分模块等设备时，需要选用品牌质量可靠的产品，并在使用过程中保持良好的状态监控和维护管理，确保无人机的上行通信质量和可靠性。

②天线。无人机通信使用的天线是将无线电信号通过空间传递的载体，用于实现无人机与地面控制站之间的通信。图1-56、图1-57分别为便携式地面站与移动地面站通信指挥车。天线主要有两个作用：

发射作用：天线将来自无人机的无线电信号转化为电磁波的形式，经过天线辐射出去。这使得地面控制站可以接收到无人机发出的信号，以便进行指令下达、数据传输和状态监测等操作。

接收作用：除了将无人机发出的信号传输出去外，天线还可以将地面控制站发出的信号接收并转化为无线电信号。这使得无人机可以接收地面控制站发出的指令以及传输位置等数据，实现通信互动。

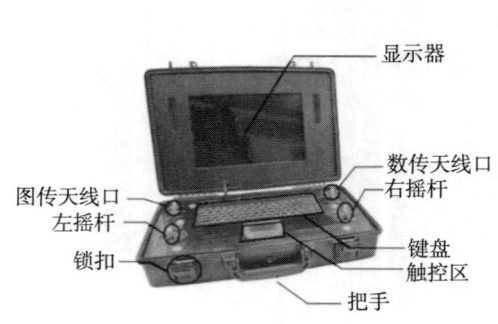

图1-56 便携式地面站

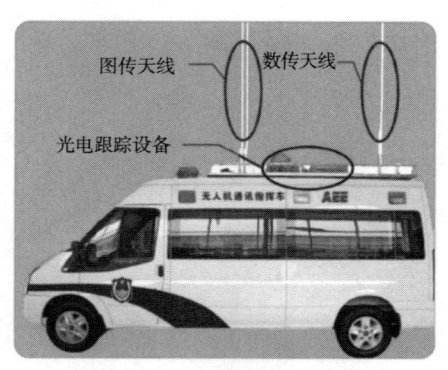

图1-57 移动地面站通信指挥车

无人机通信使用的天线具有不同的特点，如方向性、增益、工作频段等，可以根据需要的通信距离和环境要素进行选择。通信天线是无人机通信系统中非常重要的配件，其质量和性能直接影响无人机的飞行和控制效果，图1-58为机载接收机和自动跟踪天线的示意图。

③下行（从无人机到控制器）。下行是指无人机发射信号到控制器的过程，也称为"数据下传"。在这个过程中，无人机通过通信装置将飞行数据或图像信号等信息，以电磁波形式通过无线电传输技术传输到地面控制站。地面控制站会接收、

图1-58　机载接收机和自动跟踪天线

解码并处理这些信息，以检索有用的数据并对无人机进行实时控制。

从无人机到控制器的下行过程需要用到无线电传输技术，无人机上的通信设备通过发射天线进行无线电传输。地面控制站上的接收器负责接收这些信号，并将其转换为数码数据并传递给控制系统处理。下行信号的传输质量受信号干扰、障碍物遮挡、天气变化等因素的影响，因此需要选择适当的通信技术和天线设置，以确保数据下传的质量和稳定性，图1-59展示了机载发射机、手持式接收机和手提箱式接收机。

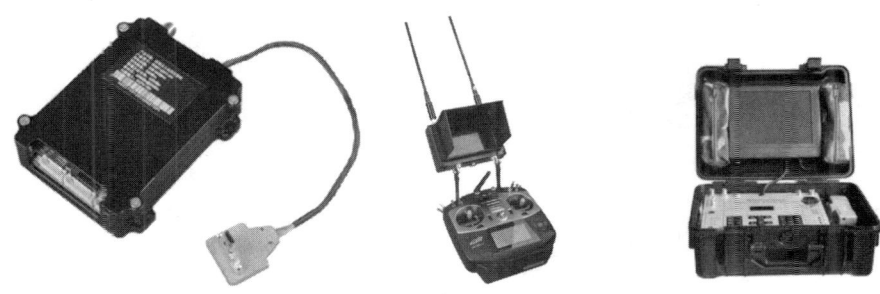

图1-59　机载发射机（左）、手持式接收机（中）和手提箱式接收机（右）

④通信联系。无人机的通信联系可以分为三类：地面对地面、低空对地面以及空间对地面。图1-60展示了多点之间的通信联系，图1-61是空间、地面一体，卫星中继，多点通信联系。

地面对地面：无人机与地面控制站之间的通信。在这种情况下，通信距离较短，一般在几公里的范围内，通信速度快、网络稳定度高。常用的通信方式有无线

电通信、蓝牙通信和红外线通信等。

低空对地面：无人机与地面控制站之间的通信，通常情况下无人机飞行高度在低空，需要保持与地面控制站的通信。这种通信方式通常距离较远，一般在几十公里到几百公里的范围内。通信方式包括无线电通信、卫星通信、LTE（Long Term Evolution，长期演进）通信等。

空间对地面：无人机通过卫星与地面控制站之间的通信。这种方式的通信距离最长，一般在数百公里到上千公里的范围内。通信方式包括卫星通信、激光通信等。这种方式的通信成本较高，但是通信质量较稳定、可靠。该方式通信速度较快，可以实现实时通信和高质量数据传输。

图 1-60　多点之间的通信联系

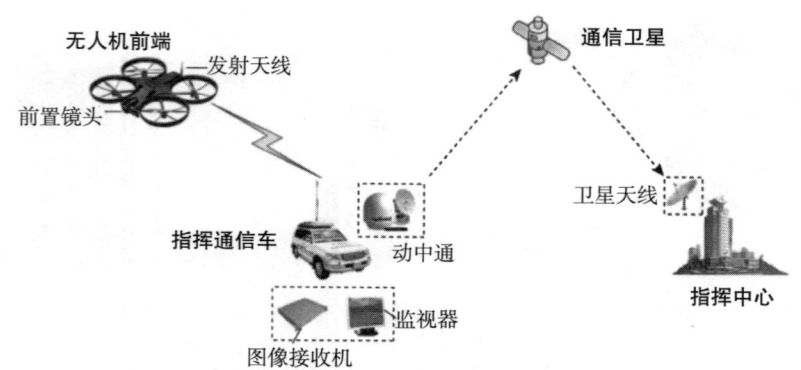

图 1-61　空间、地面一体，卫星中继，多点通信联系

3）定位导航系统。

①室外定位导航系统：使用全球卫星定位系统，如美国的 GPS、俄罗斯的格洛纳斯、我国的北斗、欧洲的伽利略，采用卫星+通信方式，通过定位卫星来进行测

时、测距;定位卫星所处的运动轨道形成一个网状面,按照三点定位,地球表面的任意一点都可以同时接到 3 颗以上卫星的信号。卫星在运动过程中不断发出包含着数据包和时间信号的电波信号,接收机通过接收多颗卫星的数据包、时间信号,用三角向量关系可计算出无人机所在的位置。普通卫星导航的误差在 3m 以内,卫星定位示意如图 1-62a 所示。

为确保高精度的导航,就需要使用实时动态(Real-time Kinematic,RTK)技术、载波相位差分技术,即通过实时处理两个测量站载波相位观测量的差分方法,将基准站采集的载波相位发给用户接收机,通过求差解算出坐标,其最高定位精度可以达到厘米级,RTK 技术如图 1-62b 所示。

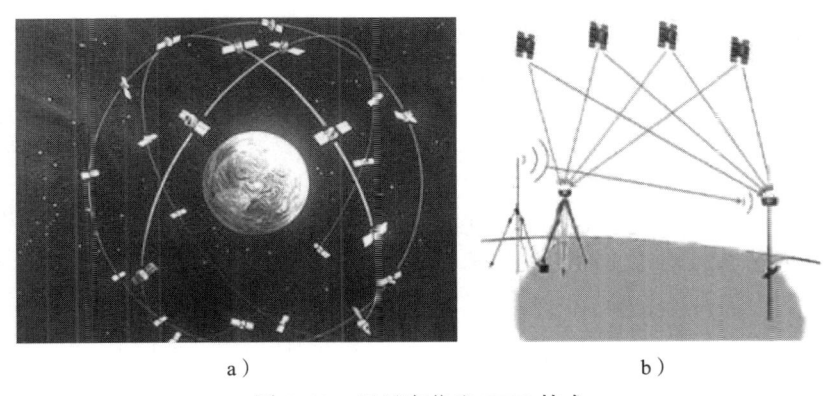

图 1-62　卫星定位和 RTK 技术

②室内定位导航系统:室内定位导航系统是一种用于室内定位、导航的技术体系。它通过利用室内场所内的信号或者地图数据,实现对用户所在位置的定位,并在移动过程中及时提供导航指引,帮助用户在室内场所中精确、快速地到达目的地。进入室内后,GPS 信号就会被建筑物遮挡,导致无人机无法使用卫星定位,此时需要使用光流传感器进行位置辅助定位。

4)姿态传感器。姿态传感器是由陀螺仪、加速度计、磁力计组成的,小型无人机由于可载重量小,所以使用的传感器要求非常轻。陀螺仪和加速度计分别用于测量无人机倾斜角度和无人机加速度。典型的姿态传感器有 MPU6000、MPU6050 等。通过陀螺仪和加速度计,就能使无人机在空中平稳飞行。

①陀螺仪。把一个高速旋转的陀螺放到万向坐标系里,陀螺怎么转都不会倒,这样陀螺在高速旋转时就能保持稳定,从而用来辨认方向、确定姿态、计算角速度,图 1-63 为陀螺仪和陀螺仪传感器。

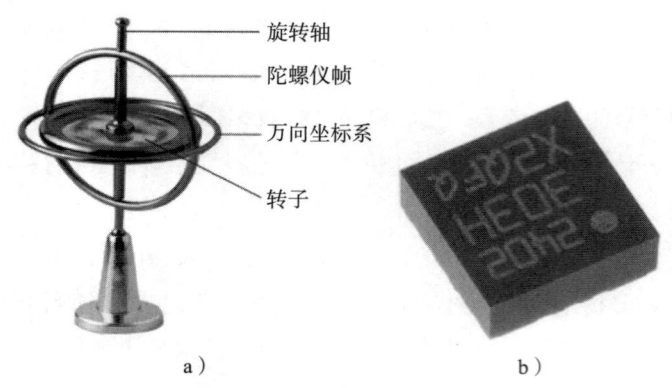

图 1-63 陀螺仪和陀螺仪传感器

②加速度计。加速度计作为无人机惯性导航系统的基本组成元件,是测量无人机三维加速度的传感器。加速度计是一种测量物体加速度的传感器,它可以测量物体在 3 个方向上的加速度,即 x、y、z 轴上的加速度。在物理学中,加速度表示物体在单位时间内速度变化的快慢,它的单位是 m/s²。

现代计算机和移动设备中通常都装备了加速度计,以提供更精确的物体运动和定位数据。加速度计使用各种技术实现,比如压电效应、电磁感应、微机电系统(Micro Electromechanical System,MEMS)等。其中,MEMS 加速度计是最常见的一种实现方式。MEMS 加速度计由微型质量组件和压电传感器电路组成,当物体受到加速度时,微型质量组件会产生位移,从而引起压电传感器电路中的电压变化,这一变化会被转换为加速度信息。

③磁力计。磁力计又称电子罗盘或电子指南针,是非常重要的导航工具,能实时为无人机提供航向和姿态,即为无人机准确提供方向、角度信息。常见的磁力计有 LSM303D、HMC5883l、HMC5893l。

5)高度传感器。高度传感器为飞控系统反馈无人机实时高度信息。常见的高度传感器有气压计、测距传感器两大类。

①气压计:气压计通过实时气压的高低来判断无人机的实际高度,再配合 GPS 所取得的经度和纬度来快速地计算出无人机所在的位置。从理论上来说,GPS 是一个四维空间,它可以获取三维空间坐标和时间坐标,但实际上,大多数无线通信基站需数分钟才能通过 GPS 精确定位无人机的地理坐标,难以实现无人机同步通信。此时就需要通过气压计来进行辅助,GPS 判断出无人机所在的平面(X、Y 坐标)位置,气压计判断出无人机的垂直高度(Z 坐标),并能直接定位。最常见的气压

计有 MS5611、BMP085、BMP180 等。

②测距传感器：通过超声波、激光、激光雷达、红外线等多种手段，可以实时测量无人机及与地面之间的距离。来得到高度信息。

1.2.4 固定翼无人机的发展历程

无人机这一概念最早由英国人卡德尔于 1914 年提出，但是受限于当时的科技水平一直没有研制成功。1917 年，美国的库柏与斯佩里成功研制了世界上第一台自动螺旋稳定仪，该技术被应用于寇蒂斯 N-9 型教练机上，世界上第一架由程序控制飞行的飞行器——斯佩里空中鱼雷号（又称凯特灵小飞虫）就此问世，如图 1-64 所示。1927 年，英国飞机设计师杰哈维兰所设计的"喉"式无人机试飞成功标志着人类历史第一架真正意义上的无人机诞生了，如图 1-65 所示。

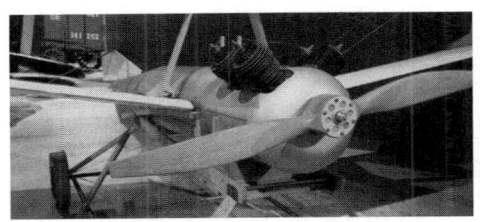

图 1-64　凯特灵小飞虫

图 1-65　"喉"式单翼无人机

1935 年，能够自主回到起飞点的"蜂王"号问世了，如图 1-66 所示，它的出现打破了以往无人机无法重复利用的窘境，标志着人类真正步入了无人机时代。在接下来的 12 年里，"蜂王"号一直服役于英国皇家空军。德国的工程师福鲁则浩于 1944 年发明了"复仇武器一号"无人机，如图 1-67 所示，它已经具备当代巡航导弹的雏形。

图 1-56　"蜂王"号无人机

图 1-67　"复仇武器一号"无人机

1955 年，世界上首台喷气式无人机"火蜂"号在美国诞生，如图 1-68 所示，该机型主要用于情报收集与战场侦察。随着 20 世纪 60 年代末无人机的研制技术全面成熟，无人机在现代信息化作战中也频频亮相，屡立战功。美国根据时代需求成功研制了"先锋"号、"猎人"号、"捕食者"系列、"幻影"系列和"全球鹰"系列等经典战略侦察无人机机型。图1-69为"全球鹰"无人机。

图1-68 "火蜂"号喷气式无人机

图1-69 "全球鹰"无人机

受第二次世界大战影响，我国的无人机研究工作始于20世纪40年代。因为受制于当时的国民经济实力与科技水平，并无重大研究成果。1960年，苏联专家的撤离导致空军试验所需的靶机急缺，我国于此时开始着手自主设计与生产无人靶机与侦查性无人机。1966年冬季，由南京航空学院研制，常州飞机制造厂生产的无人机"长空一号"试飞成功，如图1-70所示。"长空一号"是我国生产的第一架无人机，这标志着我国自此具备了自主研制无人机的能力。但是此时我国的军用无人机技术相较于西方发达国家水平还是落后很多。改革开放之后，随着我国综合国力逐渐强盛，我国的无人机研制水平也在逐步提高，以彩虹无人机系列、"翼龙"无人机系列和"利剑"无人机系列为代表的一系列经典机型纷纷问世。图1-71为"利剑"无人机，是我国首款具备隐身作战功能的无人机。

图1-70 "长空一号"无人机

图1-71 "利剑"隐身无人战机

随着中美竞争日益激烈，贸易战、科技战等无形对抗对于我国自主知识的研发要求越发严格，飞行器纯国产化目标的实现也越发紧迫。2015年5月，国务院正式印发了《中国制造2025》文件，其明确将航空航天装备作为我国制造业转型升级的十大重点对象之一。2017年我国自主研制的大型客机首飞，标志着我国飞行器发展进入了崭新的篇章，此项成就对于我国控制理论和机械、电子技术领域发展具有重大的意义，是我国科技进步的证明，也对我国未来的航空航天技术发展方向做出了更大的要求和指引。

固定翼无人机由于具有续航时间长、巡航范围广、起降方式灵活、设计模块化、使用成本低、作为空中飞行平台能搭载多种仪器完成不同任务的优点，被广泛应用于地图测绘、森林安防、农药喷洒等民用领域。同时，由于其操作无须搭载飞行员，从而大大降低了人员的技术成本与操作门槛，提升装备载荷能力。其在飞行中也无须考虑飞行员可承受的加速度因素，因而能够快速做出各种机动动作，配合图像识别和人工智能技术能够自动执行巡逻侦察、电子干扰、战场支援、空中格斗等军事任务，大大提升了空中作战的机动性，从而取得空中战场优势。因此，固定翼也逐渐成为军队发展的新型空中兵器。

1.2.5　固定翼无人机的系统组成

固定翼无人机的主要组件及主要功能。机翼的主要功能是产生升力，保持飞行器飞行。机身的主要功能是容纳有效载荷，包括摄像机、传感器以及其他有用的载荷通信系统。水平尾翼的主要功能是产生空气动力，使飞行器纵向配平或保持纵向稳定性。同样，垂直尾翼的主要功能是产生空气动力，使飞行器航向配平或保持航向稳定性。发动机是飞行器推进系统中产生动力/推力的主要组件。起落架的主要功能是方便起飞和着陆操作。每个组件的主要功能是其详细设计的驱动力。固定翼无人机的主要组件及其主要功能见表1-1。

表1-1　固定翼无人机的主要组件及其主要功能

序号	组件	主要功能	主要的影响范围
1	机翼	产生升力	飞行器性能、横向稳定性
2	机身	容纳（有效载荷、系统）	飞行器性能、稳定性
3	水平/垂直尾翼	保持纵向/航向稳定性	纵向/航向配平和控制、隐形
4	有效载荷	感知、测量、投放储存物	飞行器重量、阻力、性能、功耗
5	发动机	产生动力/推力	飞行器性能、隐身、成本、控制
6	起落架	方便起飞和着陆	飞行器性能、隐身、成本
7	操纵面	产生滚转、俯仰和偏航力矩	机动性、成本
8	自动驾驶仪	控制、制导（导引）和导航	机动性、稳定性、成本、安全
9	机械系统	动力传动	飞行器重量、功耗
10	回收系统	回收/着陆	飞行器重量、纵向配平控制

（续）

序号	组件	主要功能	主要的影响范围
11	发射/起飞系统	提供起飞环境	纵向配平和控制
12	地面系统	并行控制、指挥、接收数据	成本、通信系统
13	通信系统	与地面站通信	飞行器重量、可探测性、感知和规避系统

1. 机身结构组成

常规固定翼无人飞行器由5个主要单元组成：机身、机翼、水平尾翼、垂直尾翼和操纵面。其中，起落架、发动机吊架、发动机进气口（用于超音速无人飞行器）、整流罩（和整流片）以及起落架舱门也被认为是飞行器机身结构的一部分。机身结构的主要功能是：保持无人飞行器的气动外形、携带载荷。

机身结构组件由多种材料制成。最早的飞行器主要是木制的。随后是钢管和最常见的材料，即航空铝。许多新设计的无人飞行器都采用先进的轻型复合材料，例如，环氧树脂/玻璃、蜂窝材料和碳纤维。

机身的结构组件主要包括桁条、桁梁（纵梁）、舱壁和蒙皮。机翼和尾翼的结构组件有翼梁、翼肋、加强筋和蒙皮。机身、机翼和尾翼的蒙皮可由多种材料制成，从浸渍织物到胶合板、铝或复合材料。在蒙皮下面且附着在结构组件上的是许多支持机身功能的组件。整个机身及其组件通过铆钉、螺栓、螺钉等紧固件连接在一起。此外，还采用了焊接、黏合剂和特殊的黏合技术。

最常见的无人飞行器结构是半硬壳（单壳）结构，这意味着蒙皮受到压力/压强。结构组件旨在承受飞行载荷或处理应力而不发生故障。在设计结构时，对每平方英寸的机翼和机身都必须考虑其材料的物理特性。必须对结构的每个部分进行规划，以承受施加在它上面的载荷。

结构设计人员将确定飞行载荷，计算应力并设计结构，以使无人飞行器组件能够有效地实现其空气动力学功能，同时还要考虑最小结构重量。在结构分析中，最常用的方法是有限元法（Finite Element Method，FEM）。NASTRAN是最早且最著名的计算机软件之一，它是由美国国家航空航天局（NASA）在20世纪60年代中期开发的。应力分析是确定安全系数的基本计算方法。结构组件主要承受5个应力：拉伸、压缩、扭转、剪切、弯曲。单个结构组件经常受到各种应力的联合作用。

机身通常由框架组件、舱壁和隔框组成。蒙皮可由称为桁梁的纵向构件进行加强。孔翼和尾翼通常采用全悬臂设计。一般来说，机翼结构采用 3 种基本设计之一：单梁、多梁与箱形梁。翼梁是机翼的主要结构组件，它们与机身的桁梁相对应。翼梁（参见图 1-72）与飞行器的横向轴线平行，从机身到机翼顶端，通常通过横梁或桁架连接到机身上。一般来

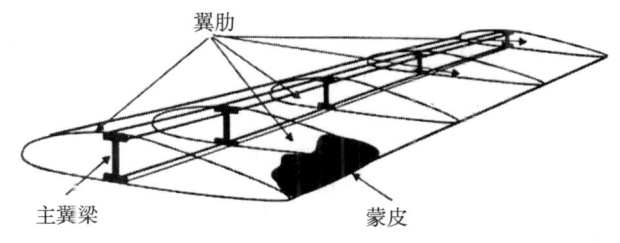

图 1-72　主翼梁和翼肋

说，机翼有两个翼梁。一个翼梁通常位于最大厚度处，另一个翼梁距机翼后缘（在襟翼/操纵面前方）约 2/3。主翼梁负责在各个位置保护机翼的最大厚度。翼肋连接到主翼梁（见图 1-72），并密集分布。翼肋的几何形状与每个位置的翼型截面形状完全相同。

蜂窝结构的翼板通常用于复合材料机翼。短舱（即吊舱）是流线型外壳，主要用于容纳发动机及其组件，发动机底座也在短舱中，这些是固定发动机的总成。在轻型无人飞行器中，它们通常由铬/钼钢管构造，在大型无人飞行器中，它们通常由锻造的铬/镍/钼组件构成。整流罩是一种可拆卸的面板，主要遮盖那些必须定期检查的区域，例如发动机及其配件区。在机身设计中，必须考虑极限载荷、气动载荷（压力分布）、重量载荷（如燃料和发动机）、重量分布、阵风载荷、载荷系数、推进载荷、着陆载荷（如制动器）和气动弹性效应。

隐形是一些军用无人飞行器的设计要求之一。在隐形设计的概念中，使雷达脉冲到接收器的反射最小的 3 种基本方法如下：

1）使用雷达半透明材料（例如凯夫拉或玻璃复合材料）制造无人飞行器的适当区域，如装有雷达扫描仪的雷达罩。

2）用雷达吸波材料（Radar Absorbing Material，RAM）覆盖飞行器的外表面。

3）从外部对飞行器进行整形，使雷达脉冲在远离发射机的航向上反射。用于探测飞行器的声波（即噪声）波长（特征）范围是 2cm～16m。

2. 推进系统组成

所有比空气重的飞行器（无人飞行器）都需要推进系统才能持续飞行。如果没有合适的航空发动机或动力装置，比空气重的飞行器只能进行短时间的滑翔。动力装置产生飞行器前飞的动力，是对飞行器性能影响最大的装置。推进系统的次要功能是为其他子系统（如液压系统、电气系统、压力系统、空调系统和航空电子系

统）提供动力/能量。这些子系统依靠发动机的动力运转。其中，电动机部分在旋翼无人机的组成介绍中有涉及。

（1）通用设计指南

在明确设计要求和约束条件并确定优先级后，推进系统设计人员将开始选择发动机类型。市场上可用于飞行操作的发动机类型有很多，包括：电动机（电池）、太阳能发动机、活塞式螺旋桨发动机、涡轮喷气发动机、涡轮风扇发动机、涡轮螺旋发动机、涡轮轴发动机、冲压喷气发动机，以及火箭发动机。

喷气式发动机（如涡轮喷气发动机、涡轮风扇发动机）直接产生推力，而螺旋桨驱动式发动机（如电动机、太阳能发动机、活塞式螺旋桨和涡轮螺旋桨发动机）使用螺旋桨将发动机动力转换为推力。在巡航飞行中，推力（T）与发动机功率（P）有关，见式（1-1）。

$$T = \frac{P\eta_p}{v} \quad (1-1)$$

式中，η_p 为螺旋桨效率；v 为水平飞行的空速。

固定翼无人飞行器发动机设计的一个重要问题是发动机消耗的燃油类型。对燃油有各种要求，例如，密度、沸点和凝固点。飞行器在高空飞行时，燃油的两个问题是蒸发和冻结。忽视这两个重大问题可能会导致任务失败。一些现役无人飞行器使用的推进系统及其动力参数见表1-2。

表1-2 现役无人飞行器的推进系统及其动力参数

序号	无人飞行器	发动机类型	发动机型号	推力或功率
1	"全球鹰"	涡轮风扇	Rolls-Royce AE 3007H	34 kN
2	"复仇者"	涡轮风扇	Pratt&Whitney PW500	17.7 kN
3	MQ-1A "捕食者" A	活塞式	Rotax 914	115 hp（1hp=745.7W）
4	MQ-9 "收割者"	涡轮螺旋桨	Honeywell TPE333-10	900 hp
5	RQ-7A "影子200"	活塞式	UEL AR 741	28.3 kW
6	诺斯洛普·格鲁曼 "火鸟"	活塞式	Lycoming TO-540	260 kW
7	DJI Mavic 2 Pro	电动	4820 mA·h,15.2V	473 W
8	RQ-11 "大乌鸦"	电动	Aveox burshless 27/26/7	250 W
9	"大角星" T-20	活塞式	Avgas 110 LL	7.5 kW
10	Aurora "英仙座" B	活塞式	Rotax 94	73 kW

"全球鹰"配备了AE 3007H劳斯莱斯涡轮风扇发动机，发动机安装在机身后

部的顶面上，发动机排气管位于 V 形尾翼之间。RQ-7A "影子 200" 的燃油容量为 40L，它的推进式旋转发动机驱动着一个双叶螺旋桨。

MQ-5B "猎人"由诺斯罗普·格鲁曼公司开发的两台重型柴油发动机提供动力，一台发动机安装在机身前端（牵引功能），一台发动机安装在机身后部（推进功能），由于使用了两个发动机，它的升限超过 20000ft，续航时间为 15h。

（2）电动机

电动推进系统包括电动机、电池和螺旋桨。因此，在电动无人飞行器中，动力装置是由电池供电的电动机。电动机将电能转换成机械能，大多数航空模型或无线电控制的小型飞行器（翼展小于 2m）以及所有四旋翼飞行器都使用电动推进系统。典型电动飞行器的其他特点是：速度低（小于 30nmile/h）、航程短（小于 50km）、续航时间短（少于 1h）、成本低（从几百美元到几千美元不等）、体积小、重心恒定、噪声小。

电池或电池组可能提供的最大可行功率通常小于 100hp，持续时间不到 1h。电动机的主要优点是它不需要燃料和机械发动机，无振动、几乎无声，而且成本低。然而，它的主要缺点是电能存储有限。但是，如果利用太阳能电池，航程和续航时间将会大大增加。

模型飞行器主要使用两种不同类型的电动机：有刷电动机和无刷电动机。此外，电动机也可分为两类：直流（Direct Current，DC）电动机和交流（Alternating Current，AC）电动机。配备电推进系统的飞行器通常采用直流电动机。

在远程（或通过无线电）控制的飞行器中，电池供电的电动机应用十分广泛。典型的电动机功率与飞行器质量之比为 100～200 W/kg。遥控飞行器使用的电动机的典型电压为 10～12V。最大电动机功率取决于为电动机提供电能的电池功率。电动机运行时的电压通常比单电池提供的电压高，因此通常会将两个电池串联起来增加电压。例如，如果电动机需要 12V 的电压才能运行，则可以串联连接 6 节 2V 的电池。随着电池数量的增加，可提供给电动机的最大功率也将增加。

电动机的功率等于它消耗的电流（I）乘以终端电压（V），如式（1-2）。

$$P = IV \qquad (1\text{-}2)$$

当电压的单位是伏（V）、电流的单位是安（A）时，功率的单位是瓦（W）。此外，功率是能量相对于时间的变化（消耗）率，如式（1-3）。

$$P = \frac{dE}{dt} \qquad (1\text{-}3)$$

式中，时间（t）的单位是秒（s）。因此，电池提供给电动机的能量为

$$E = \int_0^t IV \mathrm{d}t \tag{1-4}$$

式中，积分上限 t 为飞行操作的持续时间（即续航时间）。当电流和电压恒定时（例如在巡航飞行中），该方程可简化为

$$E = IVt \tag{1-5}$$

式中，能量（E）的单位是焦耳（J）。对于给定的电池，总能量是固定的。另外，对于给定的电动机，电压通常是固定的。因此，电池提供能量的持续时间取决于电动机消耗的功率。这意味着，电动机消耗的电流是可以调节的。

所需的电动机功率随着飞行条件和飞行操作的变化而变化。例如，起飞所需的电动机功率比巡航飞行所需的电动机功率高得多。由于电动机的电压通常是恒定的，因此通常会改变电流。另外，机械功率等于转矩乘以转速，如式（1-6）。

$$P = T\omega \tag{1-6}$$

因此，可粗略得出结论：直流电动机将电流转换成转矩，将电压转换成转速（单位为 r/min），电动机转矩取决于转子转动惯量。

3. 起落架

起落架是将飞行器支撑在地面上，并有助于滑行、起飞和着陆的组件。实际上，起落架的设计往往与其他组件（如机翼、尾翼和机身）和飞行器结构设计存在若干冲突。

起落架通常包括机轮，但有些飞行器配备了滑橇或水上浮子。如果是垂直起降飞行器（例如直升机），则可以用滑橇代替机轮。起落架分为主轮和辅助轮两部分。其中，主轮是离飞行器重心最近的轮。

起落架的主要功能如下：

1）使飞行器在地面上以及在装卸和滑行过程中保持稳定。

2）允许飞行器在滑行过程中自由移动和机动。

3）当飞行器处于地面时，在机翼和机身等其他组件之间提供安全距离，防止与地面接触而造成任何损坏。

4）在着陆过程中吸收着陆冲击。

5）允许飞行器以最小的摩擦力加速和旋转，从而利于起飞。

起落架有 9 种构型：单主起落架、两轮、后起落架、三点式前起落架、四轮、多转向架、可释放的轨道、滑橇、水上降落装置。表 1-3 介绍了一些现役无人飞行器的

起落架特点。"全球鹰"的起落架由加拿大 Heroux 公司提供。前起落架是 F-5 设计的衍生产品,其高度可调节,可适应跑道特征,起落架在 4000ft 的高度自动缩回。

表 1-3 现役无人飞行器的起落架特点

序号	无人飞行器	类型	固定/可伸缩
1	"全球鹰"	三点式	可伸缩
2	通用原子"复仇者"	三点式	可伸缩
3	MQ-1"捕食者"	三点式	固定
4	RQ-7"影子 200"	三点式	固定
5	诺斯洛普·格鲁曼"火鸟"	三点式	可伸缩
6	MQ-5B"猎人"	三点式	与整流罩固连
7	DJI Mavic 2 Pro	四腿滑橇	固定
8	雅马哈 RMAX	滑橇	固定

4. 机械和动力传动系统

操纵无人飞行器所需的动力包括驱动操纵面偏转的动力以及推进动力。驱动操纵面偏转的动力用于调整飞行器的姿态和方向,以实现精准的飞行控制,通常通过液压或电驱动实现;而推进动力用于提供无人飞行器的前进、上升、下降和转向等运动所需的推力。无人飞行器有多种动力系统,是影响无人飞行器操纵面设计的子系统之一。

最初,飞行控制系统是纯机械的,相对于其他传动方式而言,机械传动具有结构简单、性能可靠、便于维护等特点。因此非常适合小型、低速、对性能要求不高的飞行器,然而,现代高性能飞行器需要更大的操纵面力。因此,在 20 世纪,液压助力系统被添加到机械控制中。这种改进保持了飞行员与操纵面之间的直接机械联系。机械飞行控制系统是常用于各种飞行器的基本组件。纯机械飞行控制系统使用一组机械零件(例如控制杆、电缆和滑轮)将指令动作从执行机构传递到操纵面。然而,当前更多应用于空气动力不大的小型无人飞行器的则是机电系统(电气/电子和机械系统的组合),该系统由于重量轻、尺寸小等优点,越来越受人们青睐。

机械飞行控制系统的复杂性和重量随着飞行器的尺寸和性能的提升会显著增加,而液压动力可以克服其中许多限制,液压飞行控制系统包括两部分:机械回路和液压回路,其中,控制指令使机械回路打开液压回路中对应的伺服阀,液压回路可驱动执行机构使操纵面移动。液压系统具有结构尺寸小,惯性小。反应快,易于实现快速启动、制动和频繁换向,工作噪声小,结构布置灵活,磨损小。使用寿命长、易于自动控制等优点。然而，液压系统同样存在着维护不方便，出现故障难以快速准确查找故障原因，对环境较为敏感等缺点。液压系统一般需要较长的液压管路，这可能需要一些冗余空间，并且这些管路可能会产生泄漏，因此也会采取使用局部液压油箱和泵的电静液执行机构，避免使用较长液压管路，并且用电线和连杆代替机械或液压连杆机构可以减轻重量，提高可靠性。

随着飞行器变得更大、更快、更重，且性能也有所提高，它们变得越来越难以控制，飞行员无法直接提供操纵面所需的动力，因此需由作动器提供全部操纵力。为了使飞行器在所有飞行配置下均可飞行，在液压助力机械调节器系统中增加了增稳系统。运动传感器用于检测飞行器的扰动并向 SAS 计算机提供电信号，然后由 SAS 计算机计算出所需的适当伺服执行机构力。

飞行控制系统发展的新阶段是使用电传操纵系统，在这种设计中，自动驾驶仪的所有指令都通过电线传输到操纵面执行机构，因此，从操纵杆到伺服执行机构的所有机械连杆都可以从无人飞行器上拆除。FBW 系统具有减轻重量、提高生存能力和减少维护工作的优点。相对机械和液压系统来说，FBW 系统需要的维护较少，不需要经常进行润滑、张力调节、泄漏检查、液体更换等维护操作。此外，光传飞行控制系统有时被用来代替 FBW 系统，因为它们可以以更高的速度传输数据，并且几乎不受电磁干扰（Electromagnetic Interference，EMI）的影响，FBW 系统的电缆在未来会被光纤电缆取代。

值得注意的是，在 21 世纪的航空航天器中，大多数已经取消了液压系统的使用，而转而采用集成了数字计算机的全电动系统。现代数字计算机通过传感器（如位置和速率陀螺仪）和加速度计接收飞行员指令和信号，并将指令发送到执行机构，形成了数字飞行控制系统（Digital Flight Control System，DFCS）。这种全电动系统不仅提高了飞行控制的精确度和灵活性，还减轻了飞行器的重量和维护成本，因此在现代航空航天领域得到了广泛应用。数字飞行控制系统也能够将"多模式"飞行控制律与不同模式结合在一起，优化每种模式以提高特定飞行阶段的机动性和可控性。此外，在操作人员和飞行器之间放置这种控制电路可以提供各种安全系统，例如：控制系统可防止失速，限制可能使结构承受过大应力的操纵。

5. 电气系统

像"全球鹰"这样的大型无人飞行器，它的各种系统需要使用大量电力。无人飞行器飞行需要多种电气系统（例如飞行控制系统、发动机控制系统、通信和导航系统、摄像机和传感器）的协作。在大型无人飞行器中，可能需要高达 100kW 的电功率。此外，在大型无人飞行器的地面控制站中，电力需求很高，因此需要单独的大型卡车来承载大型发电机，以产生其所需的电能。

实际上，从微型到大型的所有无人飞行器都包含某种形式的电气系统。大型无人飞行器有复杂的电气系统，可以为所有电气设备提供电能。通常，大型无人飞行器配备发电机，小型无人飞行器则使用电池。即使是大型无人飞行器也需要电池来提供辅助电源，因为在交流发电机（或发电机）发生故障的情况下，电池电路可用来提供电源。

林肯实验室（Lincoln Laboratory）开发了一种用于无人飞行器的近全天候广域监视雷达，该雷达由美国陆军和国防部高级研究计划局（Defense Advanced Research Projects Agency，DARPA）赞助。表1-4列举了雷达和辅助设备中各个组件的功率需求明细。从表中可以观察到，无人飞行器的有效载荷系统消耗约1400W的基础功率，所需功率均由无人飞行器电气系统产生，无人飞行器的5个主要动力来源是主发动机、电池、辅助动力装置（Auxiliary Power Unit，APU）、太阳能电池和发电机。

表1-4 无人飞行器雷达和辅助设备消耗功率

序号	系统	组件	功率/W
1	雷达	发射机	355
2		接收机和激励器	95
3		处理器	400
4		天线系统	75
5		电缆和连接器	25
		小计	950
6	辅助设备	惯性导航系统（含散热器）	50
7		数据链	185
8		高度计和全球定位系统（GPS）接收器	20
9		支撑结构	N/A
10		散热（冷却）风扇	150
		小计	405
		合计	1355

"全球鹰"中使用的Kearfott KN-4072 INS单元功率为35W，而RCCT Micro INS功率为3.5W。相比之下，质量为0.441 Da（道尔顿）的FreewaveF系列通信

系统消耗 30W 的功率。而 L-3 Mini TDCL 收发机大约需要 60W 的功率。"全球鹰"通信系统的 UHF RX/TX 发射机/接收机需要 150W 的功率。"全球鹰"通信系统的高压电源（High Voltage Power Supply，HVPS）产生 1800W 的功率。

在使用吸气式发动机的无人飞行器中，只有一个电气系统，它通常由交流发电机或涡轮发电机供电，飞行器电池用作应急电源或用来起动发动机，电能通常通过一个或多个公共点（电力母线或母线）进行分配。

军用无人飞行器装有传感器、天线、处理器、摄像机、遥测系统、无线电、雷达、导航系统、干扰机、散热风扇和电源。它们需要交错排列的电线、电缆、线束和连接器，这占了飞行器重量的很大一部分，并对作战成本和任务表现都产生了重大影响。为最大限度减轻飞行器的重量，应优化电气系统的互连（例如，使用直径较小的电线）。

6. 电池

电池基本上有两种类型：一次性电池和可充电电池（即二次电池）。一次性电池只能使用一次，使用后丢弃，不能像可充电电池那样再次充电并重复利用。与一次性电池不同，可充电电池是一种可以充电、放电并多次充电的电池，可充电电池有许多不同的形状和尺寸。当需要长期存放时，一次性电池很实用，且更具成本效益。可充电电池通常比一次电池的性价比高，它们较高的初始成本和充电系统的购买成本可以分摊到许多使用周期中。

铅酸电池是最早的可充电电池。尽管重量能量密度很低，体积能量密度也很低，但它能够提供高浪涌电流，这意味着铅酸电池具有相对较大的功率重量系数。与新技术相比，铅酸电池价格低廉，因此非常受欢迎并得到了广泛的使用，大多数铅酸电池都用于汽车行业，用于汽车启动。

单个锂离子电池充电过程可分为两个阶段：恒定电流阶段和恒定电压阶段。由于锂离子电池可以采用多种正负极材料，因此能最密度和电压会相应变化。

大型无人飞行器电池通常根据极板所用的材料来识别。最常见的电池类型有铅酸电池、镍镉电池、锂离子电池、锂聚合物电池、镍氢电池和碱性电池。铅酸电池也称为液态或湿电池，镍镉电池由一个金属盒（通常是不锈钢、涂塑钢、涂漆钢或钛材质）组成，其中包含多个独立的电池，这些电池串联起来可获得更高的电压。其中，装有镍镉电池的飞行器通常具有故障保护系统，用来监控电池的状态。电池充电器配备有监控电池状态的系统。表 1-5 介绍了一些可充电电池的包括能量密度在内的技术参数。

表 1-5　几种可充电电池的技术参数

序号	电池类型	能量密度 E_D (W·h/kg)	比功率（功率密度）	简称	标称电压 /V
1	锂离子电池	100～250	300～900 kJ/kg	Li-ion	3.6～3.8
2	锂聚合物电池	100～265	360～950 kJ/kg	Li-Po	—
3	镍镉电池	40～60	150 W/kg	Ni-Cd	1.2
4	铅酸电池	30～42	180 W/kg	—	2.1
5	镍氢电池	60～120	250～100 W/kg	Ni-MH	1.2
6	碱性电池	160W·h/L	—	L	1.5

7. 操纵面

安全飞行的两个前提条件是稳定性和可控性。可控性要求会影响操纵面的设计，并产生各种设计约束；飞行稳定性是指飞行器在受到干扰时，抵抗任何输入并返回原始配平状态的性质。当沿 3 个轴的合力及绕 3 个轴的合力矩均为零时，飞行器处于配平或平衡状态。在这种情况下，飞行器具有恒定的线速度或恒定的角速度。控制是将飞行器飞行状态从初始配平点更改为最终或新配平点的过程。这主要由自动驾驶仪通过移动操纵面/发动机节气门（油门）来执行。

机动性是可控性的一个分支，对战斗机和导弹意义重大。控制系统的设计应具有足够的冗余度，以实现比某些期望水平高两个数量级的可靠性。飞行器的可控性取决于包括操纵面在内的许多因素。

一般来说，操纵面可大致分为两类：常规操纵面和非常规操纵面。常规操纵面也可分为两大类：主操纵面和辅助操纵面。主操纵面负责飞行路线的控制（见图 1-73），在常规飞行器上，主操纵面通常由副翼、升降舵和方向舵控制。

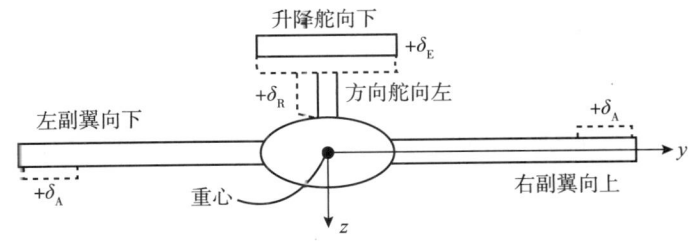

图 1-73　主操纵面正向偏转的约定（后视图）

副翼、升降舵和方向舵的主操纵面分别用于横向控制、纵向控制和航向控制，但是它们在飞行器的横向配平、纵向配平和航向配平中也起到了重要作用。在大多数飞行器构型中,横向和航向运动是耦合的,因此,副翼也会影响航向运动,方向舵也会影响横向运动。常规的主操纵面与襟翼类似,但它们的应用是不同的。当操纵面偏转时,其相关升力面(机翼、水平尾翼或垂直尾翼)的弯曲度会发生变化。因此,控制装置的偏转会改变空气动力,合成力矩将影响飞行器的运动。

为了分析飞行器的控制,必须先进行坐标系定义,常用坐标系有地面坐标系、机体坐标系、风轴坐标系、稳定轴坐标系。其中,机体坐标系的 x 轴沿机身(机体)中心线穿过飞行器重心;y 轴垂直于 x 轴向右(从俯视图看);z 轴垂直于 xy 平面(即向下)。滚转运动正方向定义为从飞行员座位上看(巡航时,右翼向下,左翼向上)绕 x 轴顺时针旋转。类似地,俯仰运动正方向定义为从飞行员座位(机头朝上)绕 y 轴的顺时针旋转。偏航运动正方向定义为从飞行员座位(机头向右)绕 z 轴的顺时针旋转,图 1-74 中展示了飞行器的常规操纵面,图 1-75 中描述了机体坐标系的坐标轴和正向旋转约定。

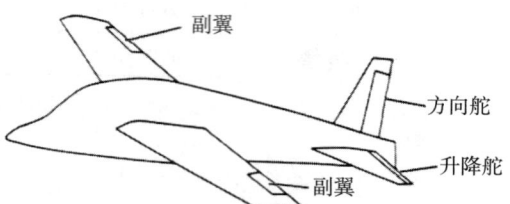

图 1-74 飞行器常规操纵面示意图

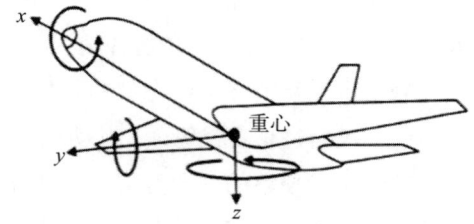

图 1-75 飞行器机体坐标系坐标轴和正向旋转约定

飞行器能够执行各种机动操作和动作,这些动作大致可以分为三类:纵向运动、横向运动和航向运动。

图 1-76 展示了操纵面设计流程。一般来说,操纵面的设计过程从权衡研究开始,在稳定性和可控性要求之间建立明确的界限,并以优化设计结束。在权衡研究中,要检查飞行品质的两个极限,并画出稳定性和可控性之间的边界线。例如,战斗机可以牺牲稳定性来获得更高的可控性和机动性。然后,可以采用自动飞行控制系统来提高飞行器的稳定性。对于民用客机而言,安全是最高目标,因此,稳定性明显优于可控性。

操纵面设计的第一步是选择操纵面构型,飞行操纵面设计的基本思想是确定它们的位置,使其主要起到生成操纵力矩的作用,它们可实现滚转、俯仰和偏航 3 种旋转运动。常规构型包括升降舵、副翼和方向舵,这种经典构型的变化会导致操纵面的布置发生一些变化。表 1-6 列出了几种操纵面构型和飞行器构型。某些类型的操纵面与特定的飞行器构型有关,所以对于一些特定的飞行器构型必须选择特定的操纵面。

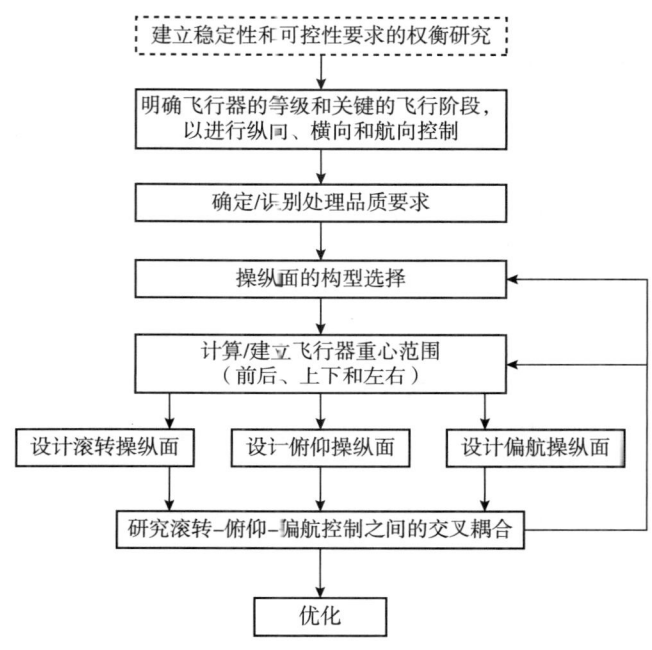

图 1-76 操纵面设计流程

表 1-6 操纵面和飞行器构型选项

序号	操纵面构型	飞行器构型
1	常规(副翼、升降舵、方向舵)	常规
2	全动水平尾翼、方向舵、副翼	水平尾翼与升降舵组合
3	全动垂直尾翼、升降舵、副翼	垂直尾翼与方向舵组合
4	襟副翼、升降舵、方向舵	襟翼与副翼组合
5	尾部升降副翼、方向舵	全动水平尾翼与副翼组合
6	升降副翼、方向舵	副翼与升降舵组合
7	方向升降舵、副翼	V 形尾翼
8	阻力方向舵、升降舵、副翼	无垂直尾翼
9	鸭舵、副翼	升降舵作为鸭翼的一部分,加上副翼
10	四操纵面	交叉(+ 或 ×)尾翼构型
11	副翼、升降舵、分体式方向舵	无垂直尾翼
12	扰流板、升降舵、方向舵	扰流板与副翼组合
13	推力矢量控制	增强或无操纵面

操纵面构型的选择取决于飞行器构型（例如机翼、尾翼和发动机）、成本、性能、可控性、动力传动和操作要求。一些飞行器构型设计最终的结果是具有特定类型的操纵面，例如，在飞行器概念设计阶段选择了 V 形尾翼构型时，方向升降舵是控制偏航力矩和俯仰力矩的最佳选择。再比如，当设计人员决定采用没有尾翼的三角翼时，升降副翼是一种控制俯仰速率和滚转速率的良好选择。

操纵面构型最终根据权衡研究的结果确定，以最佳方式平衡并满足所有设计要求，一般来说，非常规操纵面的设计更具挑战性，制造起来更加复杂，也更难分析。但是，当在具有挑战性的设计环境中需要更高的控制能力时，非常规操纵面将更有效。

根据性能要求，无人飞行器需要多个操纵面，如升降舵、副翼、方向舵、襟副翼、方向升降舵和升降副翼。固定翼无人飞行器所聚焦的操纵面为升降舵、副翼和方向舵，所延伸出的 3 个参数是 C_l（滚转力矩系数）、C_m（俯仰力矩系数）和 C_n（偏航力矩系数）。这些数据需求可以用于根据操纵面偏转最小化特定的目标。其他特定于约束控制分配技术的数据需求，包括控制最小和最大位置限制以及执行机构速率限制。

该数据也可能取决于其他变量。例如，许多控制律在软件中实现了由施加到可用的表面偏转上的动压等变量决定的约束。例如，由于铰链力矩和其他空气动力学因素通常随飞行条件的变化而变化，因此可能需要改变指令控制执行机构的速率，以在整个飞行包线内保持恒定的飞行器旋转速率。

推力矢量的使用是控制执行机构的创新，其中一种是 F-15 主动式飞行器上的飞行控制设计，它使用推力矢量产生俯仰、滚转和偏航控制力矩，英国皇家空军、英国皇家海军和美国海军陆战队使用的"鹞式"战斗机也是最早使用推力矢量的飞行器之一。美国国家航空航天局的研究人员基于改进型 F-18 的高 α（攻角）研究飞行器（High Alpha Research Vehicle，HARV），在极高攻角下研究了推力矢量控制。F-16 多轴推力矢量（Multi-Axis Thrust Vectoring，MATV）研究计划也为满足推力矢量设计要求和灵活性优势做出了重要贡献。X-31、F-22 和 F35 均使用推力矢量进行控制，也从侧面证明了推力矢量的优势。

图 1-77 展示了具有常规操纵面的飞行控制系统。在经典的三控制/三自由度系统中，可通过副翼、升降舵及方向舵这 3 个操纵面对飞行器的三轴运动进行控制。根据操纵面和飞机运动的关系，可以将系统转化为一个数学方程组，该方程组包含 3 个方程（指令力矩）和 3 个未知数（所需的控制偏转角度）。也就是说，通过对

飞行器的控制系统进行精确建模和分析,可以确定每个控制面的控制效果,并根据期望的飞行姿态和运动生成相应的控制指令。这样的设计过程确保了飞行器在不同飞行阶段能够稳定、准确地响应操纵输入,并实现所需的飞行任务。

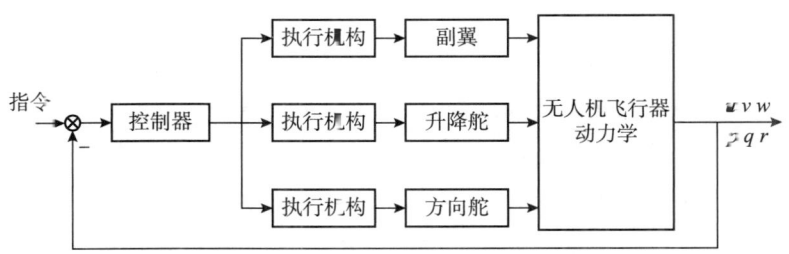

图 1-77　具有常规操纵面的飞行控制系统

操纵面的设计标准是通过系统操作要求的定义来确定的,而系统操作要求又是从无人飞行器任务演变而来的。操纵面可能会对自动飞行控制系统施加限制(例如,抗饱和限制)。尽管操纵面的设计会尽可能满足可控性要求,但也必须考虑某些系统工程因素,包括结构因素(疲劳、颤振和气动弹性)、可制造性、操纵面偏转能力、总成本(制造成本和运营成本)、控制输入饱和、可维护性、可靠性和可生产性等。在操纵面设计中,有些参数必须最小化,有些参数必须最大化,而其他参数必须进行评估,以确保它们在可接受范围内。在某些情况下,操纵面的设计可能会在概念设计过程中对无人飞行器构型造成轻微甚至相当大的影响。

1.3　控制算法研究现状

1.3.1　经典控制方法

经典控制方法是应用于线性时不变系统的传统控制方法,几种常见的经典控制方法原理简述如下。

1. 比例控制(P 控制)

当反馈控制信号与系统误差成线性比例时,称之为比例反馈,其控制器的传递函数为

$$\frac{U(s)}{E(s)} = k_{\text{P}} \tag{1-7}$$

如果受控对象是二阶系统,假设其传递函数形式如下:

$$G(s) = \frac{A}{s^2 + a_1 s + a_2} \tag{1-8}$$

则使用比例控制的特征方程为

$$1 + k_P G(s) = 0 \tag{1-9}$$

$$s^2 + a_1 s + a_2 + k_P A = 0 \tag{1-10}$$

式中，k_P 为常数项，决定系统的固有频率，但不能控制方程的阻尼系数。对于 0 型系统，为了获得合适的稳态误差而选择较大的 k_P，那么在比例控制下，必须使用非常小的阻尼系数才能获得满意的瞬态响应。根据当前误差的大小，直接给出控制量的比例关系，它能够对系统的稳态性能进行调节，但不能消除偏差。

2. 比例积分控制（PI 控制）

在上述控制器中再加入一个积分器，就构成比例 – 积分（Proportional Integral，PI）控制，根据累积误差的大小来调节控制量，用于消除稳态误差。积分控制可以弥补比例控制的不足，在系统存在稳态误差时非常有用。该控制器的传递函数可以表示为

$$\frac{U(s)}{E(s)} = D_{cl}(s) = k_P + \frac{k_I}{s} \tag{1-11}$$

式中积分项的引入是为了将系统提升为 1 型，因此系统可以完全抑制定常的偏差干扰。例如，考虑将 PI 控制应用于速度控制系统中，其中受控对象可以描述为

$$Y = \frac{A}{\tau s + 1}(U + W) \tag{1-12}$$

则经变换后的控制器方程为

$$U = k_P(R - Y) + k_I \frac{R - Y}{S} \tag{1-13}$$

加上控制器后的系统变换方程为

$$(\tau s + 1)Y = A\left(k_P + \frac{k_I}{s}\right)(R - Y) + AW \tag{1-14}$$

如果将两边乘以 s，然后合并同类项，得到

$$\left[\tau s^2 + (Ak_P + 1)s + Ak_I\right]Y = A(k_P s + k_I)R + sAW \tag{1-15}$$

由于 PI 控制器具有动态特性，所以使用这种控制器将改变系统的动态响应。系统特征方程如下：

$$\tau s^2 + (Ak_P + 1)s + Ak_I = 0 \tag{1-16}$$

式（1-16）的两个根可能均为复数，则此时系统的固有频率为 $\omega_{\text{n}} = \sqrt{\dfrac{Ak_{\text{I}}}{\tau}}$，阻尼系数为 $\zeta = \dfrac{Ak_{\text{F}}+1}{2\tau\omega_{\text{n}}}$。这两个参数都取决于控制器的增益。

3. 比例积分微分控制（Proportional Integral Derivative，PID）

PID 控制结合了比例、积分和微分控制，通过综合考虑误差的大小、积累和变化率来调节控制量。它是经典控制方法中最常用的控制算法之一，具有广泛的应用。

在经典控制器中，微分控制对突变信号的响应非常强烈。如图 1-78a、b 所示，这两种结构中参考输入到输出的传递函数的零点是不同的，因为在反馈通道中使用微分环节，所以参考输入没有参与微分过程，则当参考输入发生突变时，可以得到更为平稳的控制器输出。

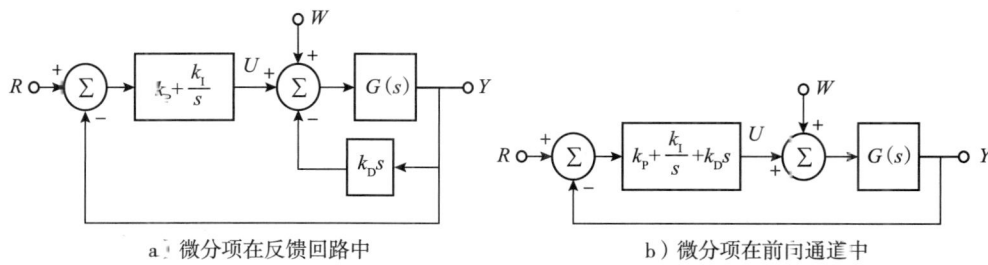

a）微分项在反馈回路中　　　　b）微分项在前向通道中

图 1-78　微分项在不同回路中

为了阐明在 PID 控制中微分环节的作用，以速度控制为例，假设受控对象为二阶系统，则系统的特征方程为

$$s^2 + a_1 s + a_2 + A\left(k_{\text{P}} + \dfrac{k_{\text{I}}}{s} + k_{\text{D}} s\right) = 0 \tag{1-17}$$

$$s^3 + a_1 s^2 + a_2 s + A\left(k_{\text{P}} s + k_{\text{I}} + k_{\text{D}} s^2\right) = 0 \tag{1-18}$$

将上述两式合并同类项后可得到

$$s^3 + \left(a_1 + Ak_{\text{D}}\right)s^2 + \left(a_2 + Ak_{\text{P}}\right)s + Ak_{\text{I}} = 0 \tag{1-19}$$

其中，该特征方程有 3 个自由的参数 k_{P}、k_{I} 和 k_{D}，它的 3 个根决定了系统动态响应的特性，通过选择这 3 个参数，理论上可以唯一且任意地配置系统的特征根，若没有微分项，特征方程只有两个自由的参数，但有 3 个根，会限制特征方程根的选择。

1.3.2　非线性控制方法

飞行控制中的非线性控制方法是针对飞行器动力学系统中存在的非线性特性而

设计的控制策略。这些非线性特性可能源自空气动力学、惯性力、动量守恒等复杂因素,传统的线性控制方法难以有效处理这些非线性影响。因此,非线性控制方法被广泛应用于飞行器的姿态控制、轨迹跟踪和飞行稳定性控制等方面。常用的几种非线性控制方法原理简述如下。

1. 反馈线性化

反馈线性化方法通过将非线性系统转换为等效的线性系统进行控制设计,该方法基于系统反馈,通过选择适当的反馈变量和引入虚拟控制器来实现系统线性化。以一般的非线性二阶系统为例,系统方程如下:

$$\ddot{x} = f(x,t) + g(x,t)u \qquad (1\text{-}20)$$

式中,f,g 为已知的非线性函数。定义误差项 $e = x_d - x$,其中 x_d 为理想信号或者位置指令,根据线性化反馈的理论,设计控制律为

$$u = \frac{v - f(x,t)}{g(x,t)} \qquad (1\text{-}21)$$

式中,v 为控制器的辅助项,将设计的控制律 u 代入该二阶系统,得

$$\ddot{x} = v \qquad (1\text{-}22)$$

设计辅助控制输入项 v 如下:

$$v = \ddot{x}_d + k_1 e + k_2 \dot{e} \qquad (1\text{-}23)$$

式中,k_1 和 k_2 可使多项式 $\ddot{e} + k_1 e + k_2 \dot{e}$ 为赫尔维茨(Hurwitz)多项式,将设计的辅助项 v 代入 $\ddot{x} = v$ 中,得到

$$\ddot{e} + k_1 e + k_2 \dot{e} = 0 \qquad (1\text{-}24)$$

显然,当 t 趋于 0 时,$\dot{e}$ 趋于 0,$\ddot{e}$ 也趋于 0。这意味着系统在稳态时,误差项会逐渐减小至零,从而实现系统对理想信号或位置指令的准确跟踪和稳定控制。

2. 滑模控制

滑模控制方法(Sliding Mode Control,SMC),又称变结构控制,是苏联学者 Utkin 和 Emelyanov 在 20 世纪 60 年代提出的非线性控制方法[2,3]。滑模控制的发展经历了漫长的过程,控制对象从最初的单输入单输出(Single Input Single Output,SISO)的低阶线性对象,发展到高阶线性对象,再到如今常见的离散系统、非线性系统等复杂系统,随着技术的进步,也逐渐朝着更为智能的方向发展[4],其通过设计滑模面来实现对系统状态的鲁棒控制,该方法具有良好的鲁棒性和快速的响应特性,适用于处理系统中的非线性和不确定性,具备快速响应、对参数变化

及扰动不灵敏、实现过程简单等特点[2]。

滑模控制采用不连续控制策略处理系统的不确定性，它利用了切换控制律实现两个目的，首先将非线性系统的轨迹驱动到指定的滑模面上，接着在之后的所有时间内会将系统的轨迹保持在该曲面上。与其他非线性控制方法相比，滑模控制的主要优点是其对外界干扰、模型不确定性和系统参数变化的鲁棒性，但缺点在于当状态轨迹到达滑模面后，很难沿着滑模面向着平衡点滑动，而是在滑模面两侧来回穿越，产生振颤。而对无人机来说，在控制设计阶段，对于其自身故障和环境干扰，很难获得精确的不确定界，所以滑模控制通常配合自适应控制使用，来适应系统模型的不确定性和故障等，不需要预先设置精确的不确定界限。

滑模控制的原理简述如下：假设有如下所示的系统

$$\dot{x} = f(x), x \in \mathbf{R}^n \quad (1-25)$$

在其状态空间中，有一个超曲面 $s(x) = s(x_1, x_2, \cdots, x_n) = 0$，也称切换面，如图 1-79 所示，在滑模变结构中，通常点与起始点基本无意义，重要的是终止点，因为若在切换面上的某区域内所有点皆为终止点，则一点运动点趋于该区域，就被"吸引"到该区域内运动。称切换面上所有运动点为终止点的区域为"滑模区"。在滑模区内的运动称为"滑模运动"。

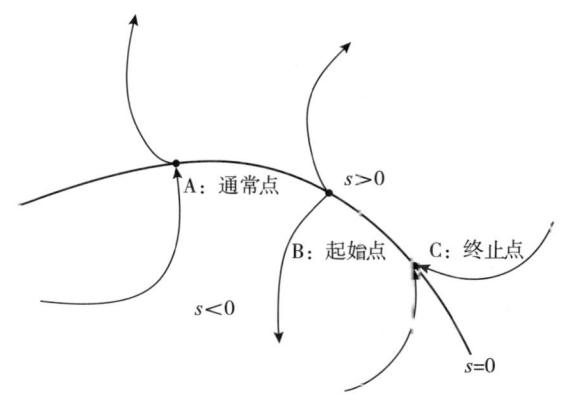

图 1-79 切换面上的 3 种点的特性

按照如上要求，当运动点到达切换面附近时，有

$$\lim_{s \to 0} s\dot{s} \leq 0 \quad (1-26)$$

此不等式对应李雅普诺夫函数的必要条件为

$$v(x_1, x_2, \cdots, x_n) = [s(x_1, x_2, \cdots, x_n)]^2 \quad (1-27)$$

可以推断出，在 $s=0$ 附近，v 是非增函数，则系统本身也稳定于条件 $s=0$。

滑模运动包括趋近运动和滑模运动两个过程，系统从任意初始状态趋向切换面，直到到达切换面的运动被称为趋近运动，即 s 趋近于 0 的过程，因此可以采用趋近律设计（即设计距切换面不同距离下的趋近运动速率）的方式改善趋近运动的动态性能。

比较典型的趋近律有等速趋近律、指数趋近律、幂次趋近律，这3个趋近律都是学者高为炳开创性提出的[5]，一些改进趋近律的著作有文献[6-8]。在文献[6]中还进一步讨论了常数和比例项结合的设计参数选择问题，提出了一种新的使趋近时间与期望输出跟踪误差水平相关设计方法，而不是仅仅考虑到达时间，此方法可以实现在操纵力度不改变的情况下获取快的跟踪速度。

3. 非线性模型预测控制

非线性模型预测控制方法利用系统动态的非线性模型进行优化控制设计，它通过在一段时间内预测系统的响应，并优化控制信号，来实现对系统性能的优化。考虑如下的离散非线性系统：

$$\boldsymbol{\alpha}(t+1) = f(\boldsymbol{\alpha}(t), \boldsymbol{\mu}(t)), \boldsymbol{\alpha}(t) \in \chi, \boldsymbol{\mu}(t) \in \Omega \tag{1-28}$$

式中，$f(.,.)$ 为离散非线性系统的状态转移函数；$\boldsymbol{\alpha}(t) \in \mathbf{R}^n$，为 n 维状态变量；$\boldsymbol{\mu}(t) \in \mathbf{R}^m$，为 m 维控制输入变量；$\chi \in \mathbf{R}^n$，为状态量集合；$\Omega(t) \in \mathbf{R}^m$，为控制输入量集合。假设系统的原点为 $f(0,0)=0$，以该点为系统的控制目标。对于任意 $N \in \mathbf{Z}^+$，考虑如下代价函数：

$$J_N(\boldsymbol{\alpha}(t), U(t)) = \sum_{k=t}^{t+N-1} l(\boldsymbol{\alpha}(t), \boldsymbol{\mu}(t)) + p(\boldsymbol{\alpha}(t+N)) \tag{1-29}$$

式中，$J_N(\boldsymbol{\alpha}(t), U(t))$ 为代价函数：$\boldsymbol{\alpha}(t) \in \mathbf{R}^n$，$U(t) = [\boldsymbol{\mu}(t), \boldsymbol{\mu}(t+1), \cdots, \boldsymbol{\mu}(t+N-1)]$ 为 N 个 m 维控制输入序列的集合，二者共同构成一个非负实数集合，即 $\mathbf{R}^{n \times 1} \times \mathbf{R}^{m \times N} \to \mathbf{R}^+$；$\boldsymbol{\alpha}(k)(k=t, t+1, \cdots, t+N-1)$ 是系统在控制输入序列 $U(t)$ 作用下所得到的轨迹状态量序列；$l(\boldsymbol{\alpha}(t), \boldsymbol{\mu}(t))$ 为即时代价函数，它衡量了系统在时刻 t 的状态和控制输入所带来的成本或性能，用于描述系统当前的表现或控制目标的偏差；$p(\boldsymbol{\alpha}(t+N))$ 为终端代价函数，它表示系统在时刻 $t+N$ 的状态 $\boldsymbol{\alpha}(t+N)$ 对最终性能的贡献，用于描述系统在未来某一时刻所需要达到的性能目标。每一步长所求解的有限时域的优化问题如下：

$$\min_{U_t, \alpha_{t+1}, \cdots, \alpha_{t+N, t}} J_N(\boldsymbol{\alpha}(t), U(t)) = \sum_{k=t}^{t+N-1} l(\boldsymbol{\alpha}(t), \boldsymbol{\mu}(t)) + p(\boldsymbol{\alpha}(t+N))$$

$$\text{subj.to} \quad \alpha_{k+1,t} = f(\alpha_{k,t}, \mu_{k,t}), \quad k=t, t+1, \cdots, t+N-1$$

$$\alpha_{k,t} \in \chi, \quad k=t, t+1, \cdots, t+N-1$$

$$\mu_{k,t} \in \Omega, \quad k=t, t+1, \cdots, t+N-1$$

$$\alpha_{t,t} = \chi(t)$$

$$\alpha_{N,t} \in \chi_f \tag{1-30}$$

通过求解式（1-30）所表示的优化问题，可得到 t 时刻的最优控制量序列 $U_t^* = \left[\mu_{t,t}^*, \mu_{t+1,t}^*, \cdots, \mu_{t+N-1,t}^* \right]$，系统在最优控制量序列 U_t^* 的作用下，即可得到最优轨迹状态量序列 $\alpha_k^* (k = t, t+1, \cdots, t+N)$。

在方程求解过程中，包含了 $N \times (m+n)$ 个最优变量和 $N \times n$ 个非线性状态约束，以及由控制量约束和状态量约束所组成的线性约束。因此，对于非线性模型预测控制，其求解的复杂程度与系统状态方程的阶数有关，其求解难度随着系统阶数的增加而迅速增加。对于阶数较高的非线性系统，若不进行适当的简化，非线性模型预测控制算法很难在线实时求解。

4. 反步控制

反步控制是由美国控制学教授 Kokotovic 在 1991 年所提出的一种控制系统设计方法，通常称为反步法或后推法，在非线性控制领域得到了广泛的使用。其主要思想是把整个控制器的设计分解成若干步来完成，在每一步的设计中，选择一个虚拟的控制量来进行设计，并使前面的系统达到渐进稳定，从而逐步修正控制算法，直至系统能实现调节或者跟踪控制。这种控制方法既适用于线性系统，同时又可用于解决严格反馈形式的非线性系统的控制问题。

反步控制方法本质：利用微分几何理论将系统本身所具有结构特点（积分链式结构等）显示地表示出来，然后将一个对高阶系统的设计问题分为一系列对低阶系统的设计问题，整个系统的李雅普诺夫函数可以通过递归构造获得，保证李雅普诺夫函数的导数为负定的状态反馈镇定控制器也可递归地设计出来。考虑单输入单输出 n 维系统：

$$\begin{cases} \dot{x}_1 = x_2 + f_1(x_1) \\ \dot{x}_2 = x_3 + f_2(x_2) \\ \quad \vdots \\ \dot{x}_k = x_{k+1} + f_k(x_1, x_2, \cdots, x_k) \\ \quad \vdots \\ \dot{x}_n = f_n(x_1, x_2, \cdots, x_n) + u \end{cases} \quad (1\text{-}31)$$

其中，$x = [x_1 \ x_2 \cdots x_{n-1} \ x_n]^T \in \mathbf{R}^n$ 表示系统的 n 维向量；$u(t) \in \mathbf{R}$ 代表系统的输入信号；$f_i(\cdot): \mathbf{R}^i \to \mathbf{R}$，$i = 1, \cdots, n$ 为已知的非线性函数。

对于式（1-31）所示系统，采用反步法设计控制器时，从第一个子系统开始，逐步往下设计，最终实现控制目标。在第 k 步中，通过选择合适的虚拟控制 $x_{k+1,d}$ 使前面的各个状态达到期望值，其中，$x_{k+1,d}$ 表示期望值 x_{k+1} 的轨迹。为了使状态 x_{k+1}

能逼近 $x_{k+1,d}$，在第 $k+1$ 步中，需要设计 $x_{k+2,d}$ 使 x_{k+1} 渐进跟踪 $x_{k+1,d}$。依次类推，直到在第 n 步设计真正的控制量 $u(t)$ 实现各个子系统的目标。如果不考虑非线性函数项 $f_i(x_1,x_2,\cdots,x_i)$，每个一阶微分方程式中所含的状态变量正好是 n 个串联起来的积分，从控制输入信号 u 积分后为 x_n，再积分为 x_{n-1}，直到系统输出 x_1。而非线性函数项 $f_i(x_1,x_2,\cdots,x_i)$ 只含本一次微分方程的状态和前面各一次微分方程的状态，不含后面微分方程的状态。这种结构具有严格的反馈形式的系统被称为下三角结构的系统。反步法在设计不确定系统（特别是当干扰或不确定性不满足匹配条件时）的鲁棒或自适应控制器方面已经显示出优越性。

5. 最优控制

当所研究的系统是线性且性能指标为状态变量和控制变量的二次型函数，则最优控制问题称为线性二次型问题。由于线性二次型问题的最优解具有统一的解析表达式，且可导致一个简单的线性状态反馈控制律，易于构成闭环最优反馈控制，便于工程实现[9]。

线性二次型调节器（Linear Quadratic Regulator，LQR），其对象是现代控制理论中以状态空间形式给出的线性系统，而目标函数为对象状态和控制输入的二次型函数。LQR 最优设计是指设计出的状态反馈控制器 K 要使二次型目标函数 J 取最小值，K 由权矩阵 Q 与 R 唯一决定，故此 Q、R 的选择尤为重要。LQR 理论是现代控制理论中发展最早也最为成熟的一种状态空间设计法。可得到状态线性反馈的最优控制规律，易于构成闭环最优控制。应用 LQR 控制器要求系统线性化到 $\dot{x} = Ax + Bu$ 的形式，此时假设设计的状态反馈控制为

$$u = -Kx \tag{1-32}$$

则可推出闭环控制系统为

$$\dot{x} = (A - BK)x \tag{1-33}$$

由此可知，闭环矩阵为 $A_{cl} = A - BK$，通过改变最优控制增益矩阵 K，来改变 A_{cl} 的特征值，从而控制系统的性能。根据对闭环控制系统的要求，为了权衡瞬态响应和控制效果，引入了目标函数 J，并寻找使该目标函数最小的 K 值。目标函数 J 的表达式如下：

$$J = \frac{1}{2}\int_0^\infty \left[x^T(t)Qx(t) + u^T Ru(t)\right]dt \tag{1-34}$$

式中，$x(t) \in \mathbf{R}^n$；$u(t) \in \mathbf{R}^m$；Q 为 $n \times n$ 的对称正半定矩阵；R 为 $m \times m$ 的对称正定矩阵。由式（1-34）可推出

$$J = \frac{1}{2}\int_0^\infty x^{\mathrm{T}}(t)\left(Q + K^{\mathrm{T}}RK\right)x(t)\mathrm{d}t \qquad (1\text{-}35)$$

故可推出 **K** 的表达式为

$$K = R^{-1}B^{\mathrm{T}}P \qquad (1\text{-}36)$$

式中，**P** 为代数里卡蒂方程的唯一对称的半正定解，如下所示：

$$PA + A^{\mathrm{T}}P + Q - PBR^{-1}B^{\mathrm{T}}P = 0 \qquad (1\text{-}37)$$

这里对 **K** 值的计算可以直接通过 MATLAB 实现。这些非线性控制方法在处理非线性或线性系统和非理想环境下的控制问题时具有一定的优势，能够提供更好的性能和鲁棒性。然而，它们也存在着计算复杂性高和对系统建模的要求高等挑战，在实际应用中需要综合考虑具体问题的需求和限制。

LQR 控制技术可以基于模型准确地进行控制，在控制领域被广泛地应用。文献 [10] 中，段镇基于鲁棒伺服 LQR 控制及经典控制相结合的方法设计了无人机空中飞行纵向运动及横侧向运动的控制律。文献 [11] 中，马敏等人采用现代控制理论与传统控制论相结合的方法，针对姿态角速率、姿态角分别设计内环 LQR 控制器，及外环 PID 控制的双回路闭环控制器。文献 [12] 中，梁子斌等人结合 LQR 控制器提出一种全流程改进遗传算法，提高了四旋翼无人机抗复杂干扰的能力。

1.3.3 现代控制方法

现代控制方法是指在经典控制方法基础上发展起来的一些先进的控制技术和算法，用于处理非线性、时变和复杂系统等的控制问题，常见的几种现代控制方法原理简述如下。

1. 模型预测控制

模型预测控制（Model Predictive Control，MPC）通过使用系统的数学模型来预测未来的系统行为，然后基于这些预测结果来生成最优的控制策略，是一种基于求解每个采样时刻的有限时域开环优化问题的控制算法。它能够处理具有多个变量和约束条件的复杂系统，并且具有强鲁棒性和良好的跟踪性能。在基于优化的方法中，MPC 作为目前唯一能显式处理约束的控制方法，已经成为处理复杂约束变量控制问题的公认标准[13]。MPC 采用滚动优化、反馈矫正的形式，即在每一个采样周期会在线修正预测轨迹，具有很强的抗干扰能力[14]。

其被控系统通常由一个或多个常微分方程（Ordinary Differential Equation，ODE）描述（或其近似方程），由于 MPC 是一种离散算法，因此通常将常微分方程转换为离散差分方程，MPC 的目标成本函数通常采用以下形式来表示：

$$V(k) = \sum_{i=1}^{T} Q(i)\left(\hat{x}(k+i|k) - r(k+i|k)\right)^2 + R(i)\left(\hat{u}(k+i|k)\right)^2 \tag{1-38}$$

式中，$\hat{x}$ 为状态估计值；r 为参考轨迹；$\hat{u}$ 为最佳控制序列；T 为预测时间步长。$V(k)$ 中的第一项表示状态 x 应跟踪参考值 r；不同状态的权重用 $Q(i)$ 进行描述，以反映各个状态之间的相对重要性；成本函数中的第二项将带有权重因子 $R(i)$ 的惩罚函数引入控制输入 u。

MPC 控制方法的主要优点是它能够处理约束条件，不管是输入约束（针对控制输入 u 的约束，例如执行器的位置和速率限制）还是状态约束（针对状态量 x 的约束，例如在某状态边界条件下维持控制器性能），都可以纳入考虑，通过最小化以上代价函数便可在各种约束条件下实现控制能力。系统模型使用最新的状态样本进行初始化，控制器使用这些状态和内部模型的组合来优化代价函数，以使得成本最小化并考虑所有约束，控制器仅使用计算出的第一步控制序列作为模型输入。这种基于优化的方法与传统控制策略的主要区别在于，传统策略在每个时刻计算控制律并直接应用于模型，而 MPC 可以通过对未来控制动作的预测来优化当前时刻的控制决策。

MPC 的原理示意图如图 1-80 所示，在 k 时刻对当前模型状态进行采样，在约束条件下最小化成本函数，从而获得最佳效果。预测的最佳输出是收敛到红色参考轨迹的蓝线，最佳控制输入用橙色线表示。

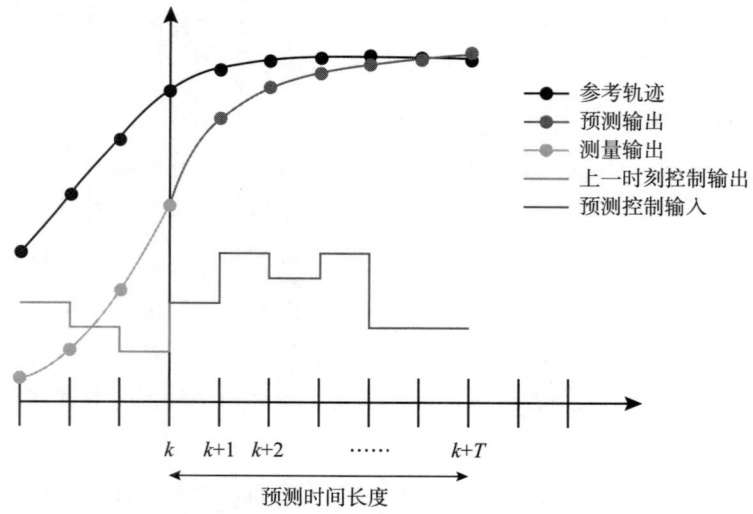

图 1-80　MPC 原理控制曲线（见彩插）

MPC 由于计算量大的缺点，直到高性能计算设备的不断进步才得到普及[15]。同时，由 MPC 拓展得到的分布式模型预测控制（Distributed Model Predictive Control，DMPC）以其灵活的结构、较低的计算成本和较低的通信负担等优点引起众多学者关注，并广泛应用于无人机编队控制等领域。文献［16］中，Zhang 等人基于 DMPC 给出了一种领导者跟随编队避障方法，其使用自适应差分进化算法求解优化问题。文献［17］中，Cai 等人在考虑维护拓扑连通的情况下，基于一致性理论和 DMPC 提出一种无人机编队形成方法，且同时使用软约束和硬约束处理避碰和避障。文献［18］中，Wu 等人研究了无人机编队避障问题，将粒子群算法与改进一致性算法结合来处理静态障碍物，同时又将粒子群算法和 MPC 算法结合来处理动态障碍物。

2. 自适应控制

自适应控制根据实际系统特性的变化来自动调整控制器参数或结构，以实现对系统变化的适应，适用于系统参数随时间变化或系统模型不确定的情况，并能够提供更好的稳定性和鲁棒性。自适应控制的种类很多，包括增益自适应控制、模糊自适应控制以及自校正控制等。自适应控制系统的结构框图如图 1-81 所示。

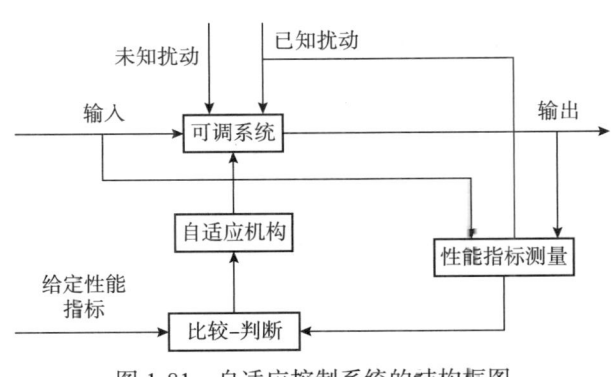

图 1-81　自适应控制系统的结构框图

自适应控制具有以下特点：

1）具有一个测量或估计环节，能对过程和环境进行监视。通常体现为，对过程的输入输出进行测量，基于此进行某些参数的实时估计。

2）具有衡量系统控制效果优劣的性能指标，并且能够测量或计算性能指标，判断系统是否偏离最优状态。

3）具有自动调整控制规律或控制器参数的能力。

自适应控制典型控制结构由两个环路组成，如图 1-82 所示。内回路包括被控对象和普通线性反馈调节器；外回路由递推参数估计器和设计机构组成，其作用是辨识过程参数，再按选定的设计方法综合出控制器参数，进而修改内环控制器。这类系统的特点是必须对过程或者被控对象进行在线辨识（估计器），然后用对象参数估计值和事先规定的性能指标，在线综合计算出调节器的控制参数，并根据此控制参数产生的控制作用对被控对象进行控制。经过多次辨识和参数综合调节，可以使系统的性能指标趋于最优。在这个过程中，自校正控制可以看作由参数估计和控制器这两部分组成。

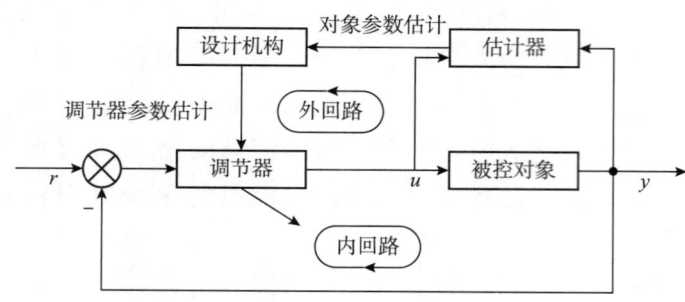

图 1-82　自校正控制结构框图

近年来，基于模型的容错控制方法得到了快速发展，取得了丰富的研究成果，其中基于自适应控制技术的容错控制方法较为常见。文献 [9] 中，Jiang 等人基于自适应控制技术，通过在线估计执行器故障大小提出了一种用于近空间航天器姿态控制系统的自适应容错控制方法。文献 [19] 中，Gao 等人利用非线性观测器和自适应滑模控制方法为可重复使用运载航天器设计了主动容错控制系统以保证系统在发生执行器故障情况下的稳定性。针对执行器故障和饱和约束问题，文献 [20] 中，Xiao 等人针对航天器姿态控制问题，提出一种自适应滑模容错控制方法以实现跟踪误差的渐进收敛。

3. 鲁棒控制

鲁棒控制方法可在系统参数变化或存在外部扰动时，维持控制系统的稳定性和性能，其通过设计具有良好鲁棒性的控制器，来抵御系统模型和环境不确定性的影响，即鲁棒控制对应的反馈控制系统具有承受不确定性影响的能力[21]。

鲁棒性具体表现为以下几个方面的特性：

1）鲁棒稳定性：在不确定性的作用下仍然能保证反馈控制系统的稳定性；

2）鲁棒动态特性：即灵敏度特性，即要求动态特性不受不确定性的影响；

3）鲁棒稳态特性：在不确定性影响下仍可实现反馈控制系统的渐近调节功能。

常用的鲁棒控制方法如下所述：

1）H_∞ 控制：H_∞ 控制是一种基于优化理论的鲁棒控制方法，它通过最小化系统对干扰和不确定性的敏感性来设计控制器。H_∞ 控制方法可以有效地抑制干扰和噪声的影响，提高系统的稳定性和性能。

2）μ合成：μ合成也是一种基于优化理论的鲁棒控制方法，它通过优化带约束的频域性能指标来设计控制器。μ合成方法可以处理多个性能指标和多个不确定性的情况下的控制问题。

3）鲁棒自适应控制：鲁棒自适应控制是将自适应控制和鲁棒控制相结合的方法，它利用自适应算法来估计系统的未知参数，并设计鲁棒性强的控制器以应对参数变化和干扰。

4）非线性鲁棒控制：非线性鲁棒控制是针对非线性系统的鲁棒控制方法，它通过在设计控制器时考虑非线性系统的特性和不确定性，提供稳定性和鲁棒性。

5）鲁棒滑模控制：鲁棒滑模控制是一种应用滑模控制思想的鲁棒控制方法，它通过引入鲁棒项来增强滑模控制器对于不确定性和干扰的抑制能力。

这些鲁棒控制方法在处理具有不确定性和干扰的控制问题时具有较好的鲁棒性能，可以适用于广泛的应用领域，如航空航天、机器人、工业控制等。选择适合的鲁棒控制方法需要根据系统特性、不确定性的程度和性能要求等因素进行综合考虑。文献［22］中，杨柳等人针对四旋翼无人机提出了一种基于干扰观测器的轨迹跟踪鲁棒控制算法。文献［23］中，江琼等人针对无人机飞行过程中出现的参数摄动和外部扰动带来的影响，在经典PID控制的基础上，加入H_∞鲁棒控制，形成一种混合控制方式。文献［24］中，张艳等人针对无人机广泛采用先进操纵面带来的控制分配问题，提出了基于闭环广义逆的鲁棒控制分配新方案。

4. 状态反馈控制

在现代控制理论中，控制系统的基本结构和经典控制理论仍然是由受控对象和反馈控制器两部分构成的闭环系统。由于状态反馈能提供更丰富的状态信息和可供选择的自由度，因而使系统容易获得更为优异的性能。

状态反馈是将系统的每一个状态变量乘以相应的反馈系数，然后反馈到输入端与参考输入相加形成控制律，作为受控系统的控制输入。图1-83所示为多输入多输出系统状态反馈的基本结构。

图中，受控系统的状态空间表达式为

$$\dot{x} = Ax + Bu \tag{1-39}$$

$$y = Cx + Du \tag{1-40}$$

式中，$x \in \mathbf{R}^n$，$u \in \mathbf{R}^r$，$y \in \mathbf{R}^m$，$A \in \mathbf{R}^{n \times n}$，$B \in \mathbf{R}^{n \times r}$，$C \in \mathbf{R}^{m \times n}$，$D \in \mathbf{R}^{m \times r}$。若$D = 0$，则受控系统为

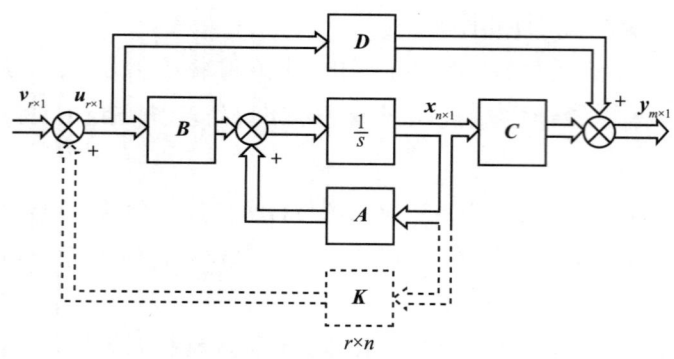

图 1-83 多输入多输出系统的状态反馈结构

$$\begin{cases} \dot{x} = Ax + Bu \\ y = Cx \end{cases} \quad (1\text{-}41)$$

简记 $\Sigma_0 = (A, B, C)$。状态线性反馈控制律 u 为

$$u = Kx + v \quad (1\text{-}42)$$

式中，v 为 $r \times 1$ 维参考输入；K 为 $r \times n$ 维状态反馈系数阵或状态反馈增益阵。对但输入系统，K 为 $1 \times n$ 维行矢量。整理可得状态反馈闭环系统的状态空间表达式为

$$\dot{x} = (A + BK)x + Bv \quad (1\text{-}43)$$

$$y = (C + DK)x + Dv \quad (1\text{-}44)$$

若 $D = 0$，则

$$\dot{x} = (A + BK)x + Bv \quad (1\text{-}45)$$

$$y = Cx \quad (1\text{-}46)$$

简记 $\Sigma_k = ((A + BK), B, C)$。闭环系统的传递函数矩阵为

$$W_k(s) = C[sI - (A + BK)]^{-1}B \quad (1\text{-}47)$$

状态反馈控制广泛应用于工程、自动化、航空航天、机器人技术等领域，文献 [25] 中，罗建军等人在采用伺服补偿器和基于特征根配置设计的镇定补偿器的基础上，引入状态反馈解耦控制器，设计了滑翔式高超声速飞行器的控制系统。文献 [26] 中，白龙等人研究了一种适用于多电飞机供电系统的新型混合整流电路，并针对航空机电作动器负载特殊的用电特性，提出了一种基于全状态反馈的混合整流控制方法。文献 [27] 中，王明昊等人针对高超声速飞行器提出了一种多胞形线性变参数系统变增益状态反馈 H_∞ 控制器的设计方法。

这些现代控制方法通常需要较复杂的数学模型和计算算法，在处理复杂系统和非理想环境下的控制问题时提供了更好的性能和鲁棒性。然而，它们也存在着计算复杂性高、调试困难和对系统建模的要求高等挑战。因此，在实际应用中需要根据具体问题选择合适的控制方法。

1.3.4 智能控制方法

在飞行控制中，智能控制方法是指利用先进的人工智能技术，如模糊控制、神经网络控制、遗传算法控制、强化学习等，来设计和实现飞行器的控制系统。这些智能控制方法能够帮助飞行器在复杂、动态的环境中做出智能决策和精确控制，提高其自主性、适应性和鲁棒性。几种常见的智能控制方法原理简述如下：

1. 模糊控制

1965 年，Lotfi A. Zadeh 发表了关于模糊集的论文，提出并介绍了模糊集理论。1974 年，E. H. Mamdani 在对蒸汽锅炉的温度进行控制时，由于传统的控制方法实现较困难，首先使用了模糊控制语句组成的模糊控制器，标志着模糊控制论的诞生[28]，自此模糊控制技术的应用领域迅速扩展，从航空航天工业领域，扩展到经济社会医疗领域[29]。

模糊控制通过建立模糊规则和模糊推理机制来实现对系统的控制，其能够处理系统模型不确定或难以建模的问题，适用于复杂系统的控制，它是从行为上模仿人的模糊推理和决策过程的一种智能控制方法[30]。该方法首先将操作人员或专家经验编成模糊规则，然后将来自传感器的实时信号模糊化，将模糊化后的信号作为模糊规则的输入，完成模糊推理，将推理后得到的输出量加到执行器上，模糊控制原理框图如图 1-84 所示。

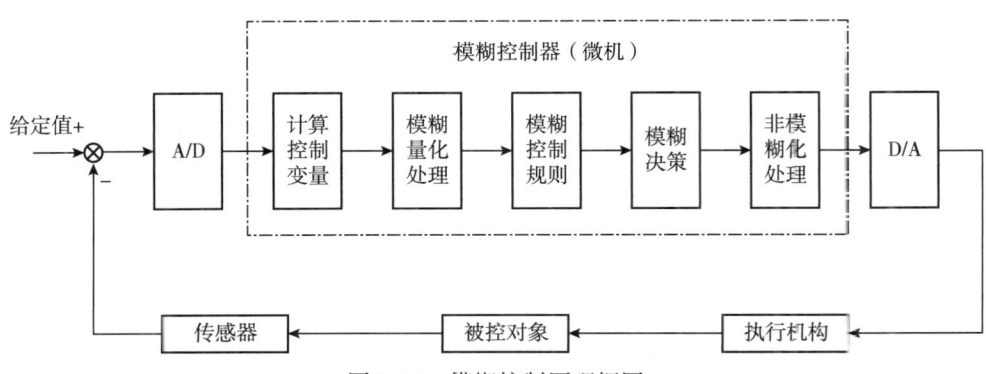

图 1-84 模糊控制原理框图

模糊控制器也称模糊逻辑控制器，由于所采用的模糊控制规则是由模糊理论中模糊条件语句来描述的，因此模糊控制器是一种语言型控制器，故也称模糊语言控制器，模糊控制器的组成框图如图 1-85 所示。

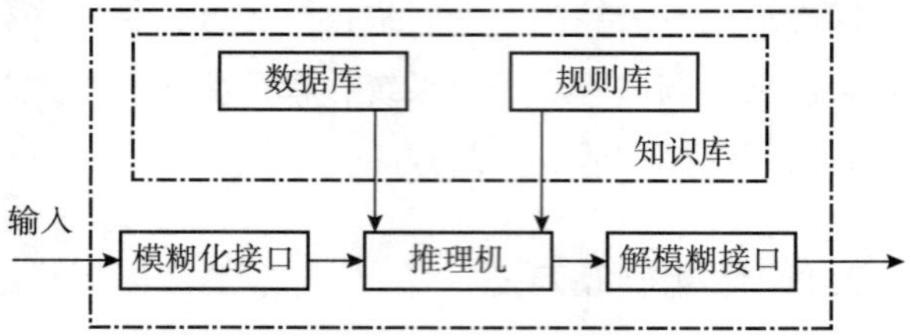

图 1-85　模糊控制器的组成框图

2. 神经网络控制

1957 年，美国计算机科学家 F. Roseblatt 提出感知机，这是在人工神经网络中提出最早的训练算法。1959 年，Widrow 和 Hoff 在对自适应线性元素进行模式识别研究时，提出了最小均方算法[31]。此后的几年，神经网络领域逐渐开发出许多新技术，并迅速发展。1974 年，Werbos 提出了误差反向传播训练算法并首次发表。如今神经网络是人工智能领域的研究热点，广泛应用于神经生理学领域、自动控制领域和模式识别领域等，推动了相关学科领域的发展建设。

神经网络控制是由大量人工神经元（处理单元）广泛互联而成的网络，是在现代生物学对人类信息处理研究的基础上提出来的，具有很强的自适应性和学习能力、非线性映射能力、鲁棒性和容错能力。常用的神经网络控制方法有径向基函数（Radial Basis Function，RBF）神经网络、循环神经网络以及模糊神经网络等。

相比于反向传播（Back Propagation，BP）神经网络，RBF 神经网络结构简单，泛化能力强，能够减少系统不必要的计算量，且具有强大的非线性逼近能力，理论上能够在任意精度下逼近任何非线性函数。

如图 1-86 所示，RBF 神经网络结构一共有 3 层节点，分别为输入层、隐含层和输出层。输入层节点的输入值一般为系统的状态变量，每个隐含层节点都包含一个径向基函数，即激活函数，其输出如下：

$$h_j(t) = \exp\left(-\frac{\|x(t)-c_j(t)\|^2}{2b_j^2}\right), j=1,2,\cdots,m \quad （1\text{-}48）$$

式中，$c_j(t)$ 为隐含层节点的中心向量；$\|x(t)-c_j(t)\|$ 为输入向量与中心向量的欧几里得距离；b_j 为宽度；m 为隐含层节点数。输出层节点输出值表示为

$$y_i(t) = \sum_{j=1}^{m} w_{ji} h_j(t), i=1,2,\cdots,n \quad （1\text{-}49）$$

式中，n 为输出层节点数；w 为输出层节点的权值；$h_j(t)$ 为隐含层输出值，将其加权可得 RBF 神经网络输出值。

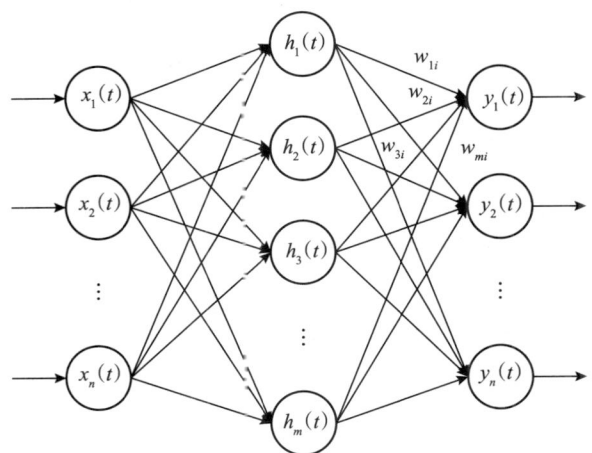

图 1-86 RBF 神经网络结构

单一的智能控制技术具有一定的缺陷和局限性，于是出现了将两种或多种控制技术相结合的情况，包括了神经网络 PID 控制技术、遗传算法 PID 控制技术、模糊 PID 控制技术和模糊神经网络 PID 控制技术等[32-33]。在文献[34]中，包睿利用两个结构相同的三层前向网络，调整发动机转速控制回路和压比控制回路中的 PID 控制器参数，实现对发动机的控制。文献[35]中，史超设计了一种新型结构的自适应姿态协同控制器，采用前馈神经网络的非线性映射能力解决外部干扰、执行器失效情况等问题。

3. 遗传算法控制

遗传算法是由美国 Michigan 大学的 Holland 教授于 1969 年提出，后经 Dejong、Goldberg 等人归纳总结所形成的一类模拟进化算法[36-38]。它来源于达尔文的进化论、魏茨曼的物种选择学说和孟德尔的群体遗传学说。遗传算法是模拟自然界生物进化过程与机制求解极值问题的一类自组织、自适应人工智能技术[39]，遗传算法广泛应用于自动控制、计算科学、模式识别、工程设计、智能故障诊断、管理科学和社会科学等领域，适用于解决复杂的非线性和多维空间寻优问题。

遗传算法控制利用遗传算法进行优化搜索，通过不断迭代适应度函数来优化控制策略，它能够在多目标优化问题中找到最优解，适用于参数较多复杂系统的控制。

在求解函数最值的优化问题时，数学规划模型可近似表述为

$$\max f(\boldsymbol{X})$$
$$\text{s.t. } \boldsymbol{X} \in R \qquad\qquad (1\text{-}50)$$
$$R \in U$$

式中，$f(\boldsymbol{X})$为需求解的函数；$\boldsymbol{X}$为函数的变量，可以用向量表示为$\boldsymbol{X}=[x_1,x_2,\cdots,x_n]^{\mathrm{T}}$；函数的变量$\boldsymbol{X}\in R$，$R\in U$，其中$U$代表全集，包含了研究内容中所涉及的所有元素，$R$是$U$的子集，如果在子集$R$中能够求解出函数变量$\boldsymbol{X}$，那么称函数$f(\boldsymbol{X})$有可行解，属于$R$内并能够满足函数$f(\boldsymbol{X})$解的所有可行解便构成了可行解的集合，可行解、可行解集合与全集空间之间的关系如图 1-87 所示。

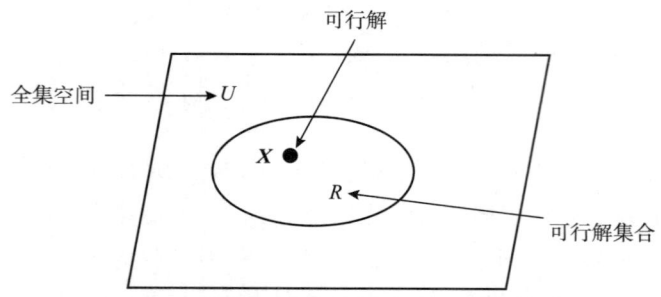

图 1-87 最优化问题的可行解及可行解集合

面对需要求解多种类型的目标函数或者函数的约束条件较多的情况，遗传算法（GA）可以在允许的范围内求得函数的近似最优解，从而解决函数的极值优化问题，将函数的变量$\boldsymbol{X}$向量用符号串表示出来，即$\boldsymbol{X}$向量为$\boldsymbol{X}_i(i=1,2,\cdots,n)$，记作

$$\boldsymbol{X}=X_1X_2\cdots X_n \rightarrow \boldsymbol{X}=[x_1,x_2,\cdots,x_n]^{\mathrm{T}} \qquad (1\text{-}51)$$

因此，$\boldsymbol{X}_i$便由n个元素构成，在遗传算法中，将其中的每个元素作为遗传算法的基因，也就是说$\boldsymbol{X}$为由n个遗传基因构成的染色体。通常其长度n是固定不变的，但在某些问题里也能够改变。遗传算法将染色体转化为编码进行操作，通常可以将染色体用二进制符号表示出来，即基因是由简单的 0 和 1 组成。遗传算法通过对二进制符号的选择、交叉和变异，得到更加优秀的个体，直到满足函数的最优值条件或者达到迭代约束次数，可以求得满足函数的近似最优解。

4. 强化学习

强化学习通过智能体与环境的交互来学习最优控制策略，它基于试错机制和奖励信号，通过学习和调整行动策略来实现对系统的优化控制[40]。

与监督学习不同的是，强化学习要求人们通过经验和与环境的互动来学习，而监督学习中的数据是明确标注的。无监督学习要求人们深入探索数据之间的隐藏关系，但不会得到任何实质性的结果反馈。而强化学习则要求智能体通过与环境的互动，以及接受奖励和惩罚的形式，从而学习到从环境到行动之间的映射关系，最终目标是通过最大限度地利用智能体从环境中获得的累积收益来实现这一目标。

这个过程涉及 5 个关键要素：状态、行动、奖励、折扣因子和转移概率，它们共同构成了这个过程的基础。状态是指智能体在特定时刻所处的环境，而行动则是指智能体可以采取的各种行动，以及它们之间的关系。当智能体采取行动后，奖励会根据其行动结果给予相应的奖励，包括当前的奖励和未来的奖励。折扣因子是一个重要的参数，它决定了模型中未来奖励和即时奖励的权重。当折扣因子接近 0 时，模型会更加关注即时奖励，而当折扣因子接近 1 时，模型会更加关注未来奖励。通过这种互动的学习过程，强化学习模型能够在复杂和不确定的环境中实现稳健的、面向目标的行为，强化学习模型如图 1-88 所示。

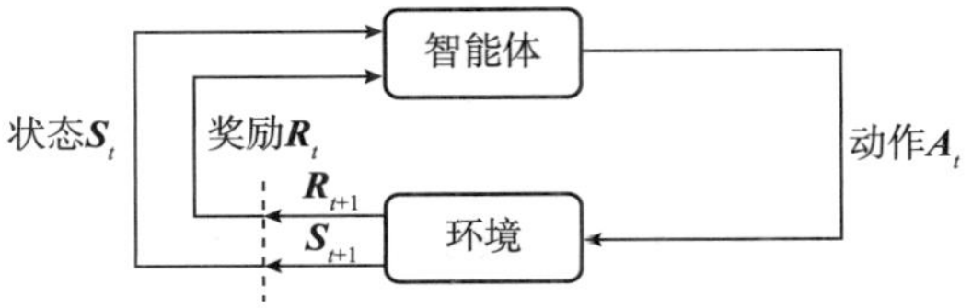

图 1-88 强化学习模型

上述的这些智能控制方法的优势在于能够处理复杂、非线性和不确定性系统，并具有自适应、学习和优化的能力。然而，需要注意的是，智能控制方法也有其局限性，如计算复杂性高、训练数据需求大等问题，因此在实际应用中需要谨慎选择和综合考虑。

| Chapter 2 | 第 2 章

小型无人机控制理论基础

2.1 PID 控制器的基本特性

2.1.1 PID 控制器概述

PID 控制是最早发展起来的控制策略之一，由于其算法简单、鲁棒性好和可靠性高，被广泛应用于工业过程控制，尤其适用于可建立精确数学模型的系统。

在工程实际中，应用最为广泛的控制律为比例积分微分控制，简称 PID 控制，又称 PID 调节。PID 控制器问世至今已有近 90 年历史，它以结构简单、稳定性好、可靠性高、便于调节等优点成为工业控制的主要技术之一[41]。当不能完全了解被控对象的结构和参数，或得不到精确的数学模型时，控制理论的其他技术难以应用，系统控制器的结构和参数必须依靠经验和现场调试来确定，这时应用 PID 控制技术最为方便。即当我们不完全了解一个系统和被控对象，或不能通过有效的测量手段来获得系统参数时，最适合用 PID 控制技术，在实际应用中也常采用 PI 和 PD 控制。PID 控制器就是根据系统的误差，利用比例、积分、微分计算出控制量进行控制的[42]。

从信号变换的角度而言，超前校正、滞后校正、滞后 – 超前校正可以总结为比例、积分、微分 3 种运算及其组合[43]。PID 调节控制是一种传统控制方法，它适用于温度、压力、流量、液位等几乎所有应用场景，不同的场景下 PID 控制器的区别仅仅是参数设置不同，只要参数设置得当均可以达到很好的效果。

PID 控制算法的一般形式如图 2-1 所示。

但 PID 控制也存在明显的不足。首先，在实际工业生产过程往往具有非线性、模型不确定性等，难以建立精确的数学模型，常规的 PID 控制器不能达到理想的控制效果[44]；其次，在实际生产过程中，由于受到参数整定方法烦杂的困扰，常规 PID 控制器参数往往整定不良、效果欠佳，对运行工况的适应能力很差。

2.1.2 P、PI、PD、PID 控制的定义

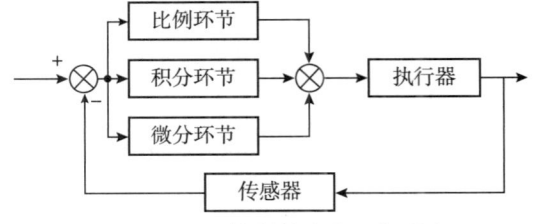

图 2-1 PID 控制算法的一般形式

PID 控制算法是结合比例、积分和微分 3 种环节于一体的控制算法，它是连续系统中技术最为成熟、应用最为广泛的一种控制算法。该控制算法出现于 20 世纪三四十年代，适用于精确的被控对象模型。实际运行的经验和理论分析都表明，运用这种控制规律对工业过程进行控制时，都能得到比较满意的效果。PID 控制的实质就是根据输入的偏差值，按照比例、积分、微分的函数关系进行运算，运算结果用来控制输出[45]。

1. P 控制

具有比例控制规律的控制器，称为 P 控制器，如图 2-2 所示，其中 K_P 称为 P 控制器增益。P 控制器实质上是一个具有可调增益的放大器，在信号变换过程中，P 控制器只改变信号的增益而不影响其相位。在串联校正中，加大控制器增益 K_P，可以提高系统的开环增益，减小系统的稳态误差，从而提高系统的控制精度，但会降低系统的稳定性，甚至可能造成闭环系统不稳定。因此，在系统校正设计中，很少单独使用比例控制规律。

图 2-2 P 控制器

2. PI 控制

具有比例积分控制规律的控制器，称为 PI 控制器，其传递函数为

$$G_c(s) = K_P + \frac{K_I}{s} = K_P\left(1 + \frac{1}{T_I s}\right) \tag{2-1}$$

式中，K_P 为比例系数；T_I 为时间常数，$T_I = K_P / K_I$。这两个参数为可调参数，PI 控制器如图 2-3 所示。

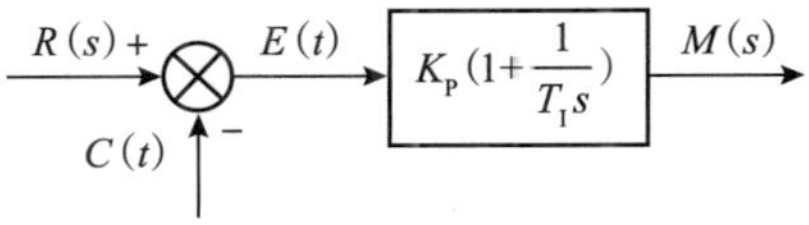

在串联校正时，PI 控制器相当于在系统中增加了一个位于原点的开环极点，同时也增加了一个位于 s 左半平面的开环极点。位于原点的极点可以提高系统的型别，以消除或减小系统的稳态误差，改善系统的稳态性能；而增加的负实极点则用来减小系统的阻尼，

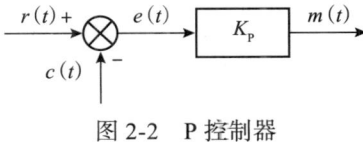

图 2-3 PI 控制器

削弱 PI 控制器极点对系统稳定性及动态过程产生的不利影响。只要积分时间常数 T_I 足够大，PI 控制器对系统稳定性的不利影响可大为减弱。在控制工程实践中，PI 控制器主要用来改善控制系统的稳态性能。

3. PD 控制

具有比例微分（Proportional Derivative，PD）控制规律的控制器，称为 PD 控制，其传递函数为

$$G_c(s) = K_P + K_D s = K_P(1 + \tau s) \tag{2-2}$$

式中，$\tau = K_D / K_P$，K_P 为比例系数，τ 为时间常数。K_P 与 τ 都是可调的参数。PD 控制器如图 2-4 所示。

PD 控制器中的微分控制规律，能反映输入信号的变化趋势，产生有效的早期修正信号，以增加系统的阻尼，从而改善系统的稳定性。在串联校正时，可以使系统增加一个

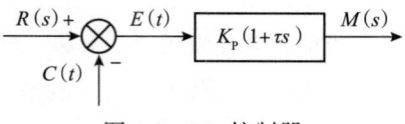

图 2-4 PD 控制器

$-1/\tau$ 的开环零点，以提高系统的相位裕度，因而有助于系统动态性能的改善。

需要指出，因为微分控制只对动态过程起作用，对稳态过程没有影响，且对系统噪声非常敏感，所以单一的 D 控制器在任何情况下都不宜与被控对象串联起来单独使用。通常，微分控制规律总是与比例控制规律或比例积分控制规律结合起来，构成 PD 或 PID 控制器，应用于实际的工程实践当中。PD 控制器提高系统的阻尼，可通过参数 K_P 及 τ 来调整。

4. PID 控制

具有比例积分微分控制规律的控制器，称为 PID 控制器。这种组合具有 3 种基本规律各自的特点，其运动方程为

$$m(t) = K_P e(t) + \frac{K_P}{T_I} \int_0^t e(t) \mathrm{d}t + K_P \tau \frac{\mathrm{d}e(t)}{\mathrm{d}t} \tag{2-3}$$

相应的传递函数为

$$G_c(s) = K_P + \frac{K_I}{s} + K_D s = K_P\left(1 + \frac{1}{T_I s} + \tau s\right) = K_I \frac{\left(\dfrac{1}{\omega_1}s + 1\right)\left(\dfrac{1}{\omega_2}s + 1\right)}{s} \tag{2-4}$$

式中，$\omega_1 \omega_2 = K_I / K_D, \omega_1 + \omega_2 = K_D / K_P$。

PID 控制器如图 2-5 所示，若 $4\tau / T_I < 1$，式（2-4）可以写为

$$G_c(s) = \frac{K_P}{T_I} \cdot \frac{(\tau_1 s+1)(\tau_2 s+1)}{s} \quad (2\text{-}5)$$

式中

$$\tau_1 = \frac{1}{2}T_I\left(1+\sqrt{1-\frac{4T}{T_I}}\right); \tau_2 = \frac{1}{2}T_I\left(1-\sqrt{1-\frac{4T}{T_I}}\right) \quad (2\text{-}6)$$

由传递函数的表达式可知，当利用 PID 控制器进行串联校正时，除可使系统的型别提高一级外，还将提供两个负实零点。与 PI 控制器相比，PID 控制器除了同样具

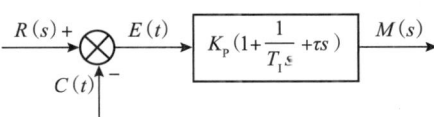

图 2-5 PID 控制器

有提高系统的稳态性能的优点之外，还多提供一个负实零点，从而在提高系统的动态性能方面，具有更大的优越性。因此，PID 控制器得到了广泛的使用，通过调节 PID 控制器各部分的参数，能够提高系统的稳态性能。

调节比例增益 K_P 的优点是提高系统的稳态精度以及加快响应速度；缺点是如果 K_P 过大会使系统的超调量增大，而且会使系统稳定裕度变小，甚至不稳定。

调节积分增益 K_I 的优点是可以消除稳态误差；缺点是引入积分项会对系统的稳定性产生影响，会使系统的稳定裕度减小。

调节微分增益 K_D 的优点是使系统的稳定速度变快，减小超调，微分控制有助于减轻振荡；缺点是微分控制对干扰噪声十分敏感，会导致系统抑制干扰的能力降低。

PID 控制算法的局限性主要来自以下几方面。

1）算法结构的简单性决定了 PID 控制比较适用于 SISO 最小相位系统，在处理大时滞、开环不稳定过程等难控对象时，需要通过多个 PID 控制器或与其他控制器的组合，才能得到较好的控制效果[1-6]。

2）算法结构的简单性同时决定了 PID 控制只能确定闭环系统的少数主要零极点，闭环特性从根本上是基于动态特性的低阶近似假定的。

3）出于同样的原因，常规 PID 控制器无法同时满足跟踪设定值和抑制扰动的不同性能要求。

2.1.3 PID 控制器的伯德图

1. PI 控制器的伯德图

由 2.1.2 节可知，PI 控制器的传递函数为

$$G_c(s) = K_P + \frac{K_I}{s} = K_P\left(1 + \frac{1}{T_I s}\right) \quad (2\text{-}7)$$

令 $K_P = 13.125, K_I = 10$，系统的伯德（Bode）图如图 2-6 所示。

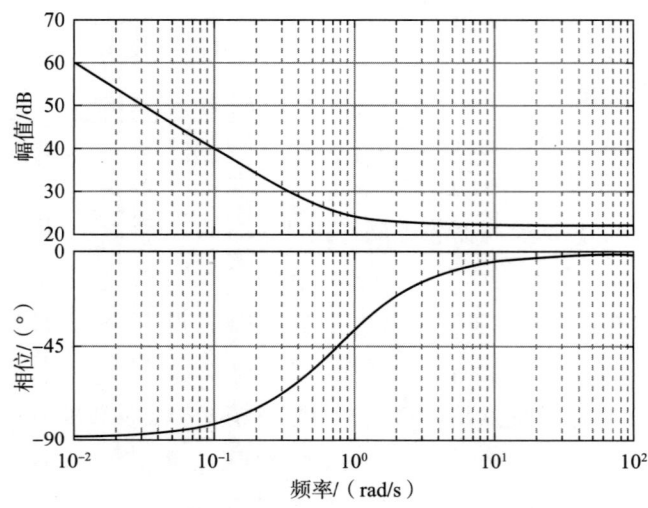

图 2-6 PI 控制器的伯德图

通过如图 2-7 所示的 PI 控制系统分析 PI 控制器对系统性能的影响，系统未加 PI 控制器的开环传递函数为

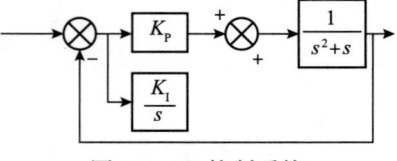

$$G_0(s) = \frac{1}{s^2 + s} \quad (2\text{-}8)$$

图 2-7 PI 控制系统

稳态误差为

$$e_{ss} = \lim_{s \to 0} s\Phi_e(s)R(s) = \lim_{s \to 0} s\frac{s(s+1)}{s(s+1)+1}\frac{1}{s^2} = 1 \quad (2\text{-}9)$$

加入 PI 控制器后，系统的开环传递函数与稳态误差为

$$G(s) = G_0(s)G_c(s) = \frac{K_P(1 + T_I s)}{T_I s^2(s+1)} \quad (2\text{-}10)$$

$$e_{ss} = \lim_{s \to 0} s\Phi_e(s)R(s) = 0 \quad (2\text{-}11)$$

从系统的开环传递函数可见，随着 PI 控制器的引入，系统由原来的 I 型提高到 II 型。若系统的输入信号为斜坡信号 $r(t) = t$，在无 PI 控制器情况下，系统的稳态误差为 1；而接入 PI 控制器后，系统的稳态误差为 0。I 型系统采用 PI 控制器后，

可以消除系统对斜坡输入信号的稳态误差，控制准确度大为改善。

利用 PI 控制器可提高低频段特性，提升系统型别，减小稳态误差。

2. PD 控制器的伯德图

由 2.1.2 节可知，PD 控制器的传递函数为

$$G_c(s) = K_P + K_D s = K_P(1+\tau s) \quad (2\text{-}12)$$

令 $K_P = 13.125, K_D = 3.125$，系统的伯德图如图 2-8 所示。

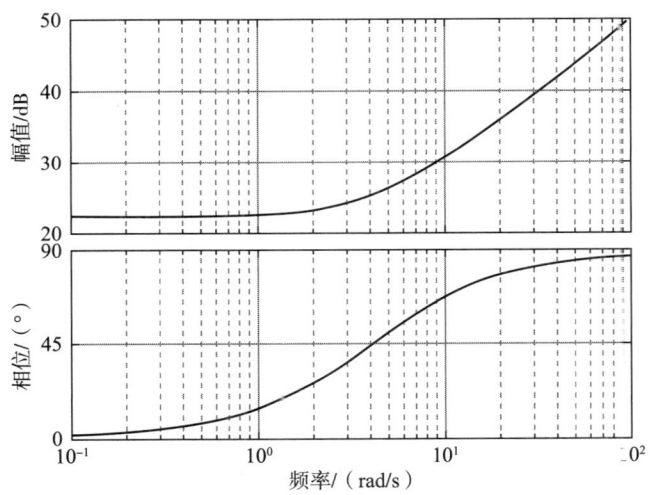

图 2-8 PD 控制器的伯德图

PD 控制器的相频特性为

$$\varphi(\omega) = \arctan \tau \omega \quad (2\text{-}13)$$

因此，PD 校正可以看作相位超前校正。对于一个闭环系统，其开环传递函数可以看成 n 个典型环节组合形式，于是系统的对数幅频特性和对数相频特性可以化为如下形式：

$$\begin{aligned}
L(\omega) &= 20\lg A(\omega) = 20\lg[A_1(\omega)A_2(\omega)\cdots A_n(\omega)] \\
&= 20\lg A_1(\omega) + 20\lg A_2(\omega) + \cdots + 20\lg A_n(\omega) \\
&= L_1(\omega) + L_2(\omega) + \cdots + L_n(\omega)
\end{aligned} \quad (2\text{-}14)$$

$$\varphi(\omega) = \varphi_1(\omega) + \varphi_2(\omega) + \cdots + \varphi_n(\omega)$$

因此，可以利用 PD 控制器的相位超前特性对系统进行校正。

通过如图 2-9 所示的比例微分控制系统分析 PD 控制器对系统性能的影响。系

统未加 PD 控制器的开环传递函数为

$$G_0(s) = \frac{1}{s^2} \qquad (2\text{-}15)$$

其对数幅频特性与对数相频特性分别为

$$\begin{cases} L(\omega) = 20\lg\left(\dfrac{1}{\omega^2}\right) = -40\lg\omega \\ \varphi(\omega) = -180° \end{cases} \qquad (2\text{-}16)$$

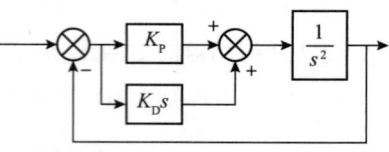

图 2-9 比例微分控制器

当 $K_P = 7.5$，$\tau = 0.5$ 时，系统未加 PD 控制器的伯德图如图 2-10 所示。

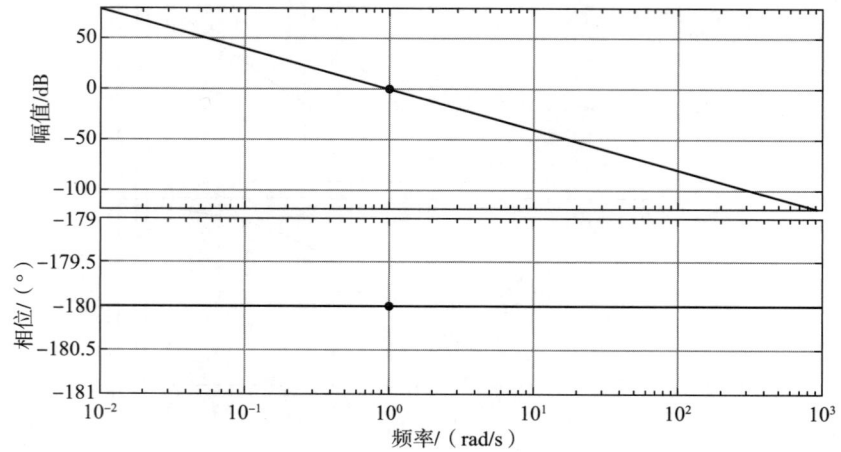

图 2-10 未加 PD 控制器的系统的伯德图

对数幅频曲线在 $\omega_c = 1\ \text{rad/s}$ 处通过 0dB 线，斜率为 -40dB/dec；系统的相位裕度为 $-180°$，系统处于临界稳定状态。加入 PD 控制器后，系统的开环传递函数为

$$G(s) = G_0(s)G_c(s) = \frac{K_P(1+\tau s)}{s^2} \qquad (2\text{-}17)$$

对数幅频特性与对数相频特性分别为

$$\begin{cases} L(\omega) = 20\lg\dfrac{\sqrt{K_P^2 + (K_P\tau\omega)^2}}{\omega^2} \\ \varphi(\omega) = \arctan\tau\omega + 180° \end{cases} \qquad (2\text{-}18)$$

当 $K_P = 7.5$，$\tau = 0.5$ 时，有 PD 控制器的伯德图如图 2-11 所示。从图 2-11 中可以看出，系统在低频段斜率为 -40dB/dec，斜率小，位置高，并且以 -20dB/dec 斜率穿过 0dB 线，系统的相位裕度为 $64.3°$，截止频率为 4.16rad/s。利用三频段理论分析，PD 控制器在低频段提高了开环增益，减小了稳态误差；改善中频段特性，增

大系统的截止频率和相位裕度,提高了系统的相对稳定性和系统响应的快速性;但PD校正使系统抗高频干扰能力降低。

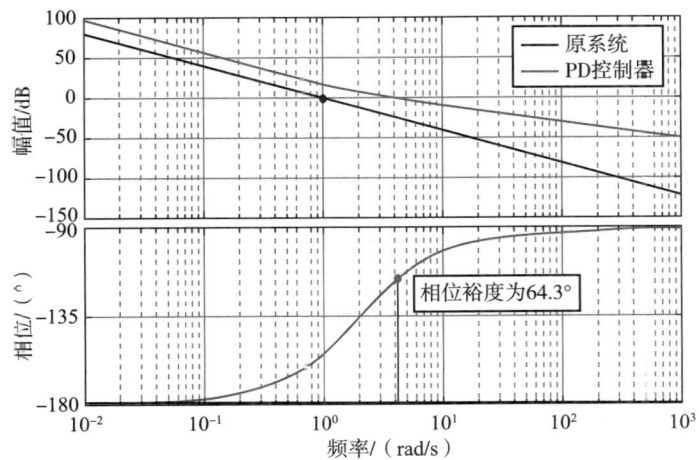

图 2-11　有 PD 控制器的系统的伯德图(见彩插)

3. PID 控制器的伯德图

由 2.1.2 节可知,PID 控制器的传递函数为

$$G_c(s) = K_P + \frac{K_I}{s} + K_D s = K_P\left(1 + \frac{1}{\tau_I s} + \tau s\right) = K_I \frac{\left(\dfrac{1}{\omega_1}s+1\right)\left(\dfrac{1}{\omega_2}s+1\right)}{s} \qquad (2\text{-}19)$$

将 PID 校正看作相位滞后 – 超前校正,令 $K_P = 13.125, K_I = 10, K_D = 3.125$,系统的伯德图如图 2-12 所示。

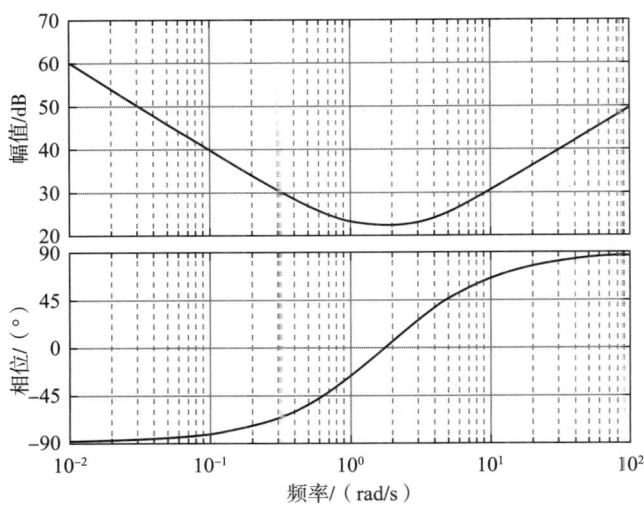

图 2-12　PID 控制器的伯德图

设系统未加 PID 控制器的开环传递函数为

$$G_0(s) = \frac{1}{(s+1)\left(\frac{s}{5}+1\right)\left(\frac{s}{30}+1\right)} \quad (2\text{-}20)$$

利用 PID 控制器对系统进行校正，可以使系统的稳态速度误差 $e_{ssv} \leq 0.1$，相位裕度 $\gamma \geq 67°$，截止频率 $\omega_c \geq 13.6\text{rad/s}$。系统未加 PID 控制系统的伯德图如图 2-13 所示。

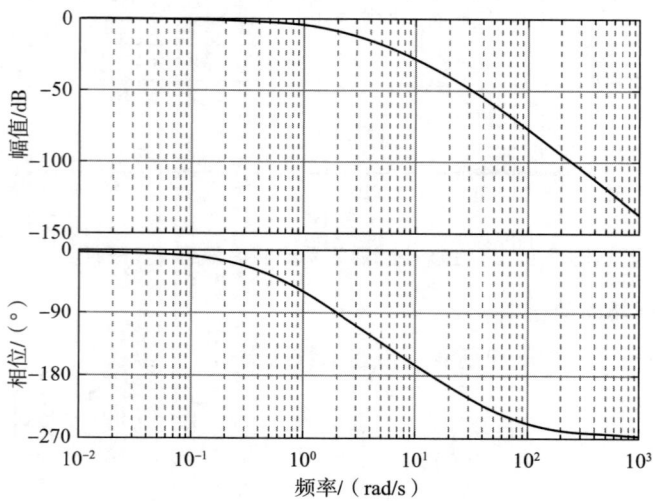

图 2-13　系统未加 PID 控制器的伯德图

从图 2-13 中可知，原系统对数幅频曲线在 0dB 线以下，虽然是稳定系统，但稳定裕度很小，稳定误差大，调节时间长，系统性能差。

设计如下 PID 控制器：

$$G_c(s) = \frac{10(0.3125s^2 + 1.3125s + 1)}{s} \quad (2\text{-}21)$$

得到校正后的系统开环传递函数为

$$G(s) = G_0(s)G_c(s) = \frac{10\left(\frac{s}{3.2}+1\right)}{s\left(\frac{s}{5}+1\right)\left(\frac{s}{30}+1\right)} \quad (2\text{-}22)$$

加入 PID 控制器的系统的伯德图如图 2-14 所示。从图 2-14 中可以看出，校正后系统的相位裕度为 72.3°，截止频率为 13.7rad/s，在低频阶段，系统幅值为

40dB，在中频阶段，系统以 -20dB/dec 的斜率通过 0dB 线。利用 PID 控制器提高低频段特性，提升系统型别，减小稳态误差。同时可以改善系统中频段特性，有效增加了系统的相位裕度和截止频率，提高了系统的相对稳定性。

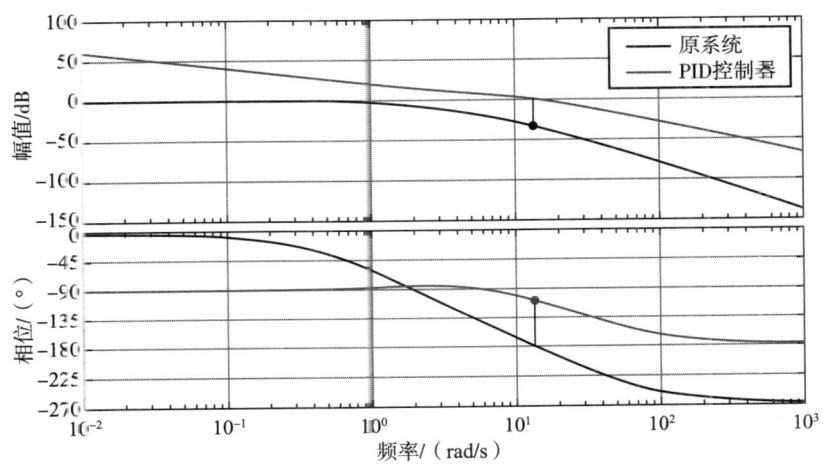

图 2-14 有 PID 控制器的系统的伯德图（见彩插）

2.2 PID 控制器的设计和参数调节的基本方法

2.2.1 PI、PD、PID 控制器的设计

1. PD 控制器的设计

PD 控制器设计框图如图 2-15 所示。系统的传递函数为

$$G_c(s) = K_P + K_D s = K_P\left(1 + \frac{K_D}{K_P}\right) = K_P(1 + T_D) \qquad (2\text{-}23)$$

PD 控制器的作用包括：

1）微分控制反应误差信号的变化趋势，具有"预测能力"。因此，它能在误差信号改变之前给出校正信号，防止系统出现过大的偏离和振荡。

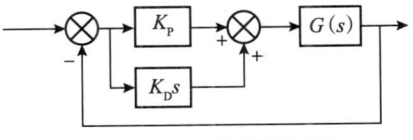

图 2-15 PD 控制器框图

2）改善阻尼并减少超调量。

3）减小上升时间 t_r 和调节时间 t_s。

4）增大系统的截止频率和相位裕度。

5）系统抗高频干扰能力下降。

下面举例说明 PD 控制器的设计。某单位反馈系统结构图如图 2-16 所示，阶跃响应如图 2-17 所示，其中系统的开环传递函数为

$$G(s) = 1.5 \times \frac{10^7 K}{s(s^2 + 3408.3s + 1204000)} \quad (2\text{-}24)$$

要求设计 PD 控制器，使得系统性能满足：

1）由斜坡信号引起的稳态误差 $e_{ss} \leqslant 0.000443$。

2）超调量 $\sigma\% \leqslant 12\%$。

3）上升时间 $t_r \leqslant 0.005\text{s}$。

4）调节时间 $t_s \leqslant 0.005\text{s}$。

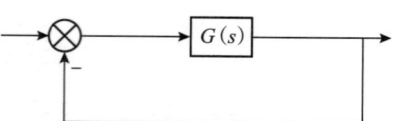

图 2-16　某单位反馈系统结构图

首先，令 $e_{ss} = 0.000443$，可得 $K = 181.17$，图 2-16 所示系统的单位阶跃响应如图 2-17 所示，此时 $\sigma\% = 78.88\%$，不满足要求。为了改善系统的阻尼和最大超调，在单位阶跃反馈系统上加入 PD 控制器，如图 2-18 所示，同时保持斜坡信号输入的稳态误差为 0.000443。

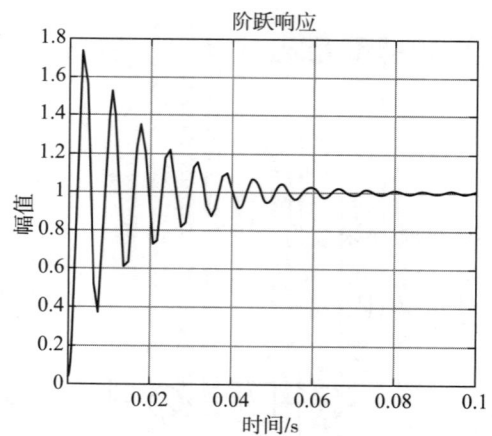

图 2-17　单位反馈系统阶跃响应

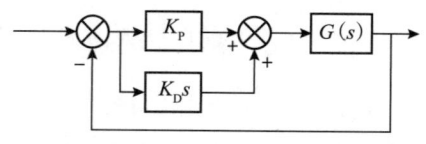

图 2-18　引入 PD 控制器的反馈系统结构图

令系统的开环传递函数为

$$G_c(s) = K_P + K_D s = K_P \left(1 + \frac{K_D}{K_P}\right) \quad (2\text{-}25)$$

则前向通道传递函数变为

$$G'(s) = G_c(s)G(s) = \frac{2.718 \times 10^9 (K_P + K_D s)}{s(s^2 + 3408.3s + 1204000)} \quad (2\text{-}26)$$

进而得到系统的闭环传递函数为

$$\varphi(s) = \frac{2.718 \times 10^9 (K_P + K_D s)}{s^3 + 3408.3s^2 + (1204000 + 2.718 \times 10^9 K_D)s + 2.718 \times 10^9 K_P} \quad (2\text{-}27)$$

令 $K_P = 1$,则系统的特征方程为

$$s^3 + 3408.3s^2 + (1204000 + 2.718 \times 10^9 K_D)s + 2.718 \times 10^9 = 0 \quad (2\text{-}28)$$

采用根轨迹法应用于特征方程,令

$$1 + G_{eq}(s) = 1 + 2.178 \times \frac{10^9 K_D s}{s^3 + 3408.3s^2 + 1204000s + 2.718 \times 10^9} = 0 \quad (2\text{-}29)$$

则

$$G_{eq}(s) = \frac{2.718 \times 10^9 K_D s}{(s + 3293.3)(s + 57.49 + j906.6)(s + 57.49 - j906.6)} \quad (2\text{-}30)$$

根轨迹如图 2-19 所示。从相对稳定性的角度来看,两个复根的理想位置靠近根轨迹的弯曲处,其中阻尼比约为 0.707。并查表 2-1 可知,当 K_D 约为 0.002 时,最大超调量为 11.37%;上升时间 t_r 随着 K_D 的增加而减小;K_D 值过高会大大增加最大超调量和调节时间 t_s。

表 2-1 K_D 与系统性能的关系

K_D	最大超调量(%)	t_r/s	t_s/s	特征方程的根
0	78.88	0.00125	0.0495	$-3293.3, -57.49 \pm j906.6$
0.0005	41.34	0.00120	0.0106	$-2843.07, -282.62 \pm j936.02$
0.00127	17.97	0.00100	0.00398	$-1523.11, -942.60 \pm j946.58$
0.00157	14.05	0.00091	0.00337	$-805.33, -1301.43 \pm j1296.00$
0.00200	11.37	0.00080	0.00255	$-531.89, -1438.20 \pm j1744.00$
0.00500	17.97	0.00042	0.00130	$-191.71, -1608.29 \pm j3404.52$
0.01000	31.14	0.00026	0.00093	$-96.85, -1655.72 \pm j5032$
0.05000	61.80	0.00010	0.00144	$-19.83, -1694.30 \pm j11583$

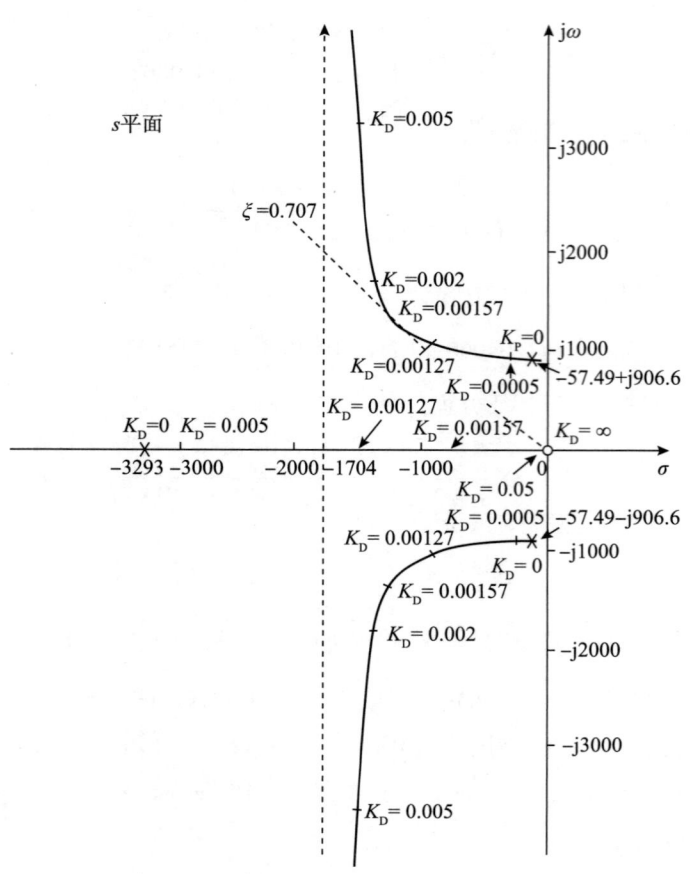

图 2-19 根轨迹图

带有 PD 控制器的系统的单位阶跃响应如图 2-20 所示,据图 2-20 可知,合适的参数选择改善了系统阻尼,减小了最大超调量、上升时间和调节时间。

2. PI 控制器的设计

PI 控制器设计框图如图 2-21 所示,系统的传递函数为

$$G_c(s) = K_P + \frac{K_I}{s} = K_P\left(1 + \frac{1}{T_I s}\right) \quad (2\text{-}31)$$

PI 控制器的作用包括:

1)PI 控制器引入积分环节,提高

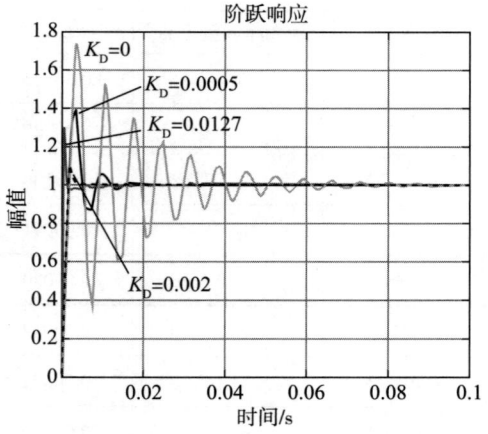

图 2-20 带有 PD 控制器的系统的单位阶跃响应(见彩插)

系统级别，可以改善系统的稳态精度。

2）改善阻尼并减小超调。

3）增加上升时间 t_r。

4）提高抗高频干扰的能力。

举例说明 PI 控制器的设计。单位反馈系统结构图如图 2-22 所示，开环传递函数为

$$G(s) = \frac{1.5 \times 10^7 K}{s(s^2 + 3408.3s + 1204000)} \tag{2-32}$$

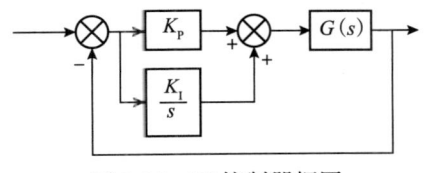
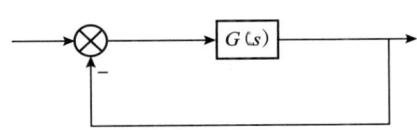

图 2-21　PI 控制器框图　　　　图 2-22　单位反馈系统结构图

要求设计 PI 控制器，使得系统性能满足：

1）由单位加速度信号引起的稳态误差 $e_{ss} \leq 0.2$。

2）超调量 $\sigma\% \leq 5\%$。

3）上升时间 $t_r \leq 0.01\text{s}$。

4）调节时间 $t_s \leq 0.02\text{s}$。

引入如图 2-21 所示的 PI 控制器，其中，系统的开环传递函数为

$$G_c(s) = K_P + \frac{K_I}{s} = K_P\left(1 + \frac{1}{T_I s}\right) \tag{2-33}$$

则系统前向通道的传递函数变为

$$G'(s) = G_c(s)G(s) = \frac{1.5 \times 10^7 KK_P\left(s + \frac{K_I}{K_P}\right)}{s^2(s^2 + 3408.3s + 1204000)} \tag{2-34}$$

加速度误差系数为

$$K_a = \lim_{s \to 0} s^2 G'(s) = 12.46 KK_I \tag{2-35}$$

由单位加速度信号引起的稳态误差为

$$e_{ss} = \frac{1}{K_a} = \frac{0.08026}{KK_I} (\leq 0.2) \tag{2-36}$$

取 $K = 181.17$，得到 $K_I = 0.002215$，闭环系统的特征方程为

$$s^4 + 3408.3s^3 + 1204000s^2 + 2.718 \times 10^9 K_P s + 2.718 \times 10^9 K_I = 0 \quad (2\text{-}37)$$

根据劳斯判据得

$$K_I > 0$$
$$K_P < 1.5098 \quad (2\text{-}38)$$
$$K_I < 353.255 K_P - 233.98 K_P^2$$

选择 K_I / K_P 相对较小的值，当 $K_I / K_P = 2$ 时的根轨迹如图 2-23 所示。

为了减小上升时间和调节时间，应该选择合适的 K_P，使优势根为共轭的复根。当 K_I / K_P 取不同值时，系统的性能如表 2-2 所示。由表 2-2 可知，当 $K_P = 0.075$ 与 $K_I = 0.15$ 时，系统的上升时间和调节时间最佳。

表 2-2 K_I / K_P 取值与系统性能的关系

$\dfrac{K_I}{K_P}$	K_I	K_P	最大超调量(%)	t_r/s	t_s/s	特征方程的根
0	0	1	76.2	0.00158	0.0487	$-3293.3, -57.5, \pm j906.6$
20	1.6	0.08	15.6	0.0077	0.0471	$-3035, -22.7, -175.3, \pm j180.3$
20	0.8	0.04	15.7	0.0134	0.0881	$-3021.6, -259, -99, -28$
5	0.4	0.08	6.3	0.00883	0.0202	$-3035, -5.1, -184, \pm j189.2$
2	0.08	0.04	2.1	0.02202	0.01515	$-3021.7, -234.6, -149.9, -2$
5	0.2	0.08	4.8	0.01796	0.0202	$-3021.7, -240, -141.2, -5.3$
2	0.16	0.08	5.8	0.00787	0.01818	$-3035.2, -185.5, \pm j190.8, -2$
1	0.08	0.08	5.2	0.00792	0.01616	$-3035.2, -186, \pm j191.4, -1$
2	0.15	0.075	4.9	0.0085	0.0101	$-3033.5, -187.2, \pm j178, -1$
2	0.14	0.075	4.0	0.00917	0.01212	$-3031.8, -187.2, \pm j164, -1$

带有 PI 控制器的系统的单位阶跃响应如图 2-24 所示，由该图可知，合适的参数选择改善了系统的阻尼，减小了最大超调量，但与此同时，上升时间有所增加。

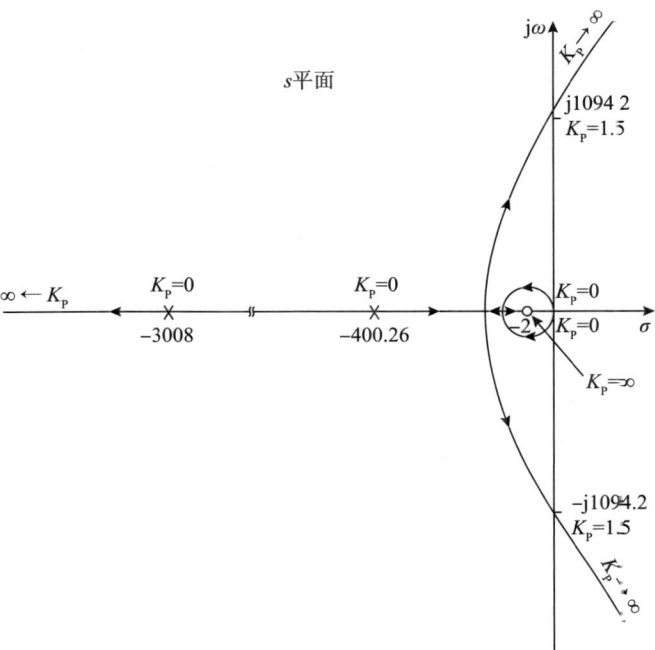

图 2-23 $K_I / K_P = 2$ 时的根轨迹图

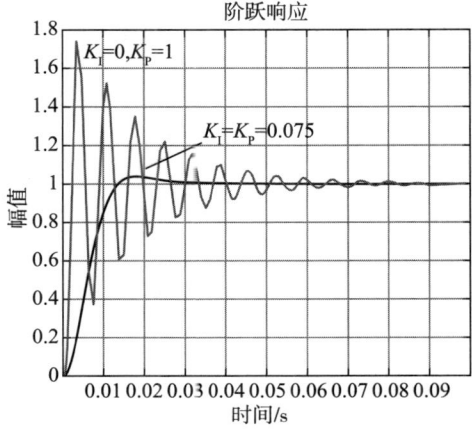

图 2-24 带有 PI 控制器的系统的单位阶跃响应（见彩插）

3. PID 控制器的设计

PID 控制器设计框图如图 2-25 所示，系统的传递函数为

$$G_c(s) = K_P + \frac{K_I}{s} + K_D s \tag{2-39}$$

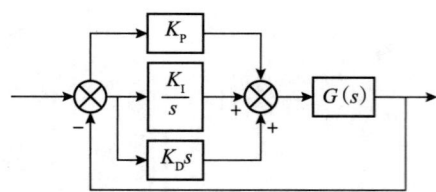

图 2-25 PID 控制器框图

将 PID 控制器视为由 PI 部分与 PD 部分串联，PID 控制器的传递函数改写为

$$G_c(s) = K_P + \frac{K_I}{s} + K_D s = (1 + K_{D1} s)\left(K_{P2} + \frac{K_{I2}}{s}\right) \tag{2-40}$$

将 PD 部分的比例常数设置为 1，因此 PID 控制器中只需要考虑 3 个参数，令等式左右两边相等，得

$$K_P = K_{P2} + K_{D1} K_{I2}$$
$$K_D = K_{D1} K_{P2} \tag{2-41}$$
$$K_I = K_{I2}$$

下面举例说明 PID 控制器的设计。单位反馈系统结构图如图 2-26 所示，其中开环传递函数为

$$G(s) = \frac{2.718 \times 10^9}{s(s+400.26)(s+3008)} \tag{2-42}$$

要求设计 PID 控制器，使得系统性能满足：

1）由单位阶跃信号引起的稳态误差 $e_{ss} \leq 0.2$。

2）超调量 $\sigma\% \leq 5\%$。

3）上升时间 $t_r \leq 0.005\text{s}$。

4）调节时间 $t_s \leq 0.005\text{s}$。

引入 PID 控制器，如图 2-27 所示。

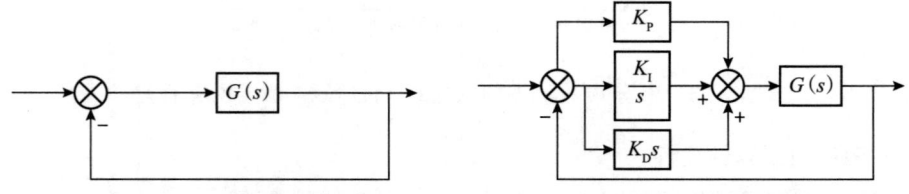

图 2-26 单位反馈系统结构图　　图 2-27 加入 PID 控制器的系统结构图

上面提到的 PD 和 PI 控制器单独作用时均不能满足题目要求，故选择 PID 控

制器。首先引入 PD 控制器，PD 控制器传递函数如下：

$$G_1(s) = \frac{2.718 \times 10^9 (1 + K_{D1}s)}{s(s + 400.26)(s + 3008)} \qquad (2\text{-}43)$$

由表 2-3 可知，根据最大超调量，当 $K_D = 0.002$ 时，最大超调量为 11.37%，上升时间和调节时间均在要求范围内。再引入 PI 控制器，PI 控制器的传递函数如下：

$$G_1(s) = \frac{5.436 \times 10^6 K_{P2}(s + 500)\left(s + \dfrac{K_{I2}}{K_{P2}}\right)}{s^2(s + 400.26)(s + 3008)} \qquad (2\text{-}44)$$

表 2-3 K_D 与系统性能的关系

K_D	最大超调量（%）	t_r/s	t_s/s	特征方程的根
0	78.88	0.00125	0.0495	$-3293.3, -57.49 \pm j906.6$
0.0005	41.34	0.00120	0.0106	$-2843.07, -282.62 \pm j936.02$
0.00127	17.97	0.00100	0.00398	$-1523.11, -942.60 \pm j946.58$
0.00157	14.05	0.00091	0.00337	$-805.33, -1301.48 \pm j1296.00$
0.00200	11.37	0.00080	0.00255	$-531.89, -1438.20 \pm j1744.00$
0.00500	17.97	0.00042	0.00130	$-191.71, -1608.29 \pm j3404.52$
0.01000	31.14	0.00026	0.00093	$-96.85, -1655.72 \pm j5032$
0.05000	61.80	0.00010	0.00144	$-19.83, -1694.30 \pm j11583$

表 2-4 为 K_{P2} 取不同值时的时域性能及特征方程的根。根据使得 K_{I2}/K_{P2} 相对较小的原则，令 $K_{I2}/K_{P2} = 15$，得

$$G_1(s) = \frac{5.436 \times 10^6 K_{P2}(s + 500)(s + 15)}{s^2(s + 400.26)(s + 3008)} \qquad (2\text{-}45)$$

令 $K_{P2} = 0.3$，则 $K_{D1} = 0.002, K_{I2} = 15K_{P2} = 4.5$，得

$$\begin{aligned} K_P &= K_{P2} + K_{D1}K_{I2} = 0.309 \\ K_D &= K_{D1}K_{P2} = 0.0006 \\ K_I &= K_{I2} = 4.5 \end{aligned} \qquad (2\text{-}46)$$

表 2-4　K_{P2} 与系统性能的关系

K_{P2}	最大超调量（%）	t_r/s	t_s/s	特征方程的根
1.0	11.1	0.00088	0.0025	$-533.2, -1430 \pm j\,1717.5$
0.9	10.8	0.00111	0.00202	$-538.7, -1427 \pm j\,1571.8$
0.8	9.3	0.00127	0.00303	$-546.5, -1423 \pm j\,1385.6$
0.7	8.2	0.00130	0.00303	$-558.4, -1417 \pm j\,1168.7$
0.6	6.9	0.00155	0.00303	$-579.3, -1406 \pm j\,897.1$
0.5	5.6	0.00172	0.00404	$-626, -1382 \pm j\,470.9$
0.4	5.1	0.00214	0.00505	$-1993, -700 \pm j\,215.4$
0.3	4.8	0.00271	0.00303	$-2355, -519 \pm j\,263.1$
0.2	4.5	0.00400	0.00404	$-2613, -390 \pm j\,221.3$
0.1	5.6	0.00747	0.00747	$-284, -284 \pm j\,94.2$
0.08	6.5	0.00895	0.04545	$-286.3, -266 \pm j\,4.1$

图 2-28 展示了带有 PID 控制器的系统的单位阶跃响应，以及分别采用 PD 和 PI 控制器的系统的单位阶跃响应，如果设计得当，PID 控制可以同时发挥 PD 与 PI 控制的优势。

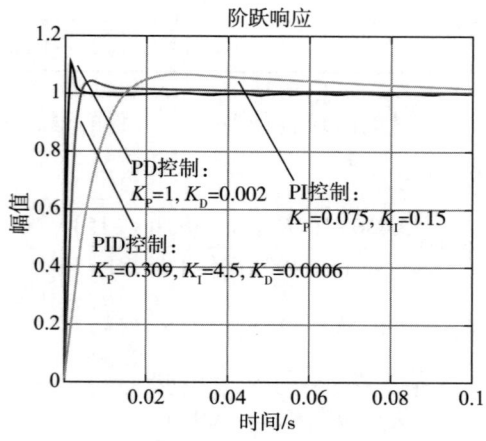

图 2-28　带有 PID 控制器的系统的单位阶跃响应（见彩插）

4. PID 控制器的频域设计

具有比例积分微分控制规律的控制器，称为 PID 控制器，其传递函数为

$$G_c(s) = K_P + \frac{K_I}{s} + K_D s = K_P\left(1 + \frac{1}{T_I s} + T_D s\right) = K_I \frac{(T_1 s + 1)(T_2 s + 1)}{s} \quad (2\text{-}47)$$

PID 校正可以看作相位滞后 – 超前校正，PID 控制器的对数幅频曲线与对数相频曲线如图 2-29 与图 2-30 所示。

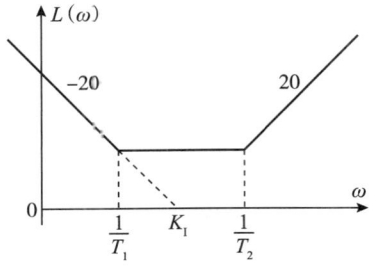

图 2-29　PID 控制器的对数幅频曲线　　图 2-30　PID 控制器的对数相频曲线

举例说明 PID 控制器的频域设计过程：已知单位反馈系统的开环传递函数为

$$G_0(s) = \frac{K}{(s+1)\left(\dfrac{s}{5}+1\right)\left(\dfrac{s}{30}+1\right)} \quad (2\text{-}48)$$

设计 PID 控制器，要求

$$\begin{cases} r(t) = t \rightarrow e_{ss}^* \leqslant 0.1 \\ \sigma\% \leqslant 20\% \\ t_s \leqslant 0.5 \end{cases} \quad (2\text{-}49)$$

试确定 $G_c(s)$。

根据上述要求可以求得

$$\begin{cases} K = 10\ (v = 1) \\ \gamma^* \geqslant 65° \\ t_s = \dfrac{6.8}{\omega_c^*} \leqslant 0.5 \rightarrow \omega_c^* \geqslant \dfrac{6.8}{0.5} = 13.6 \end{cases} \quad (2\text{-}50)$$

绘制 $L_0(\omega)$ 曲线如图 2-31 所示。

由图 2-31 可知，系统的截止频率 $\omega_{c0} = \sqrt{5 \times 10} = 7.07 < 13.6 = \omega_c^*$。系统的截止频率对应的相位裕度为

$$\gamma_0 = 180° - \arctan 7.07 - \arctan \frac{7.07}{5} - \arctan \frac{7.07}{30} \quad (2\text{-}51)$$

$$= 180° - 81.95° - 54.74° - 13.26°$$
$$= 30° < 65° = \gamma^* \qquad (2\text{-}51 \text{ 续})$$

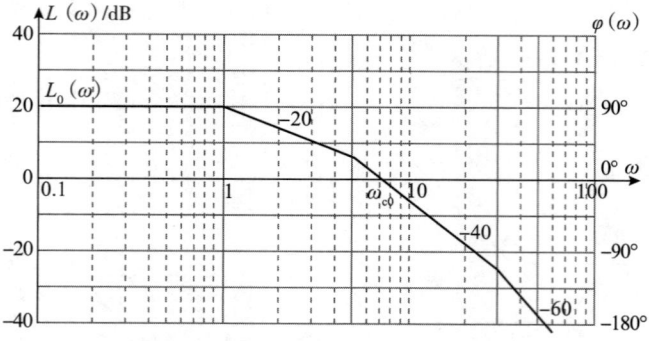

图 2-31　单位反馈系统的对数幅频渐近特性曲线

当 $\omega_c^* = 13.6$ 时，对应的相位裕度为

$$\gamma_0(\omega_c^*) = 180° - \arctan 13.6 - \arctan \frac{13.6}{5} - \arctan \frac{13.6}{30}$$
$$= 180° - 85.79° - 69.81° - 24.39°$$
$$= 4.789° < 65° = \gamma^* \qquad (2\text{-}52)$$

由上述分析确定校正形式为 PID 控制。

将单位反馈系统的对数幅频渐近特性曲线与 PID 控制器的对数幅频渐进特性曲线放在同一张图中，如图 2-32 所示。选择 $\omega_c = 15 > 13.6$，对应的相位裕度为

$$\gamma_0(15) = 180° - \arctan 15 - \arctan \frac{15}{5} - \arctan \frac{15}{30}$$
$$= 180° - 86.2° - 71.6° - 26.5°$$
$$= -4.3° \qquad (2\text{-}53)$$

$$\varphi_m = \gamma^* - \gamma_0(\omega) + 6° = 65° + 4.3° + 6° = 75.3° \qquad (2\text{-}54)$$

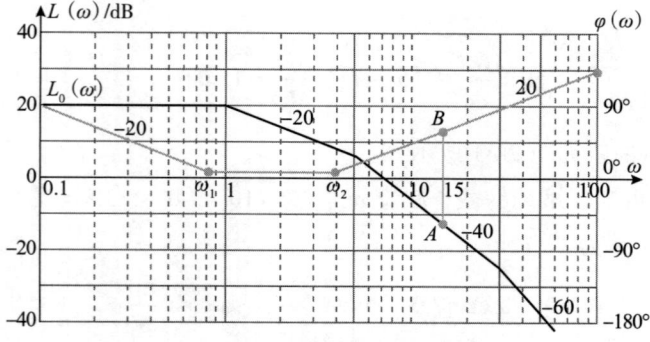

图 2-32　对数幅频渐近特性曲线（见彩插）

假设第二个转折频率为 ω_2，则有

$$\angle\left(1+\frac{s}{\omega_2}\right)_{s=j15} = \arctan\frac{15}{\omega_2} = \varphi_m = 75.3° \tag{2-55}$$

可以得到 ω_2 如下所示：

$$\omega_2 = \frac{15}{\tan 75.3°} = 3.9 \tag{2-56}$$

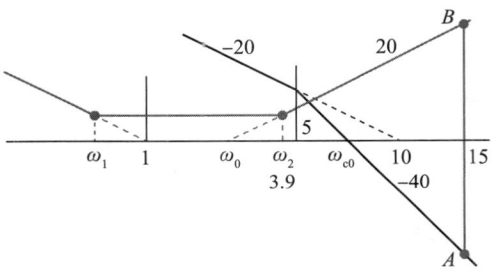

图 2-33　图 2-32 对数幅频渐近特性曲线局部放大（见彩插）

由图 2-33 可得以下关系式：

$$\frac{15}{\omega_{c0}} = \frac{\omega_{c0}}{\omega_0} \rightarrow \omega_0 = \frac{\omega_{c0}^2}{15} = \frac{50}{15} = \frac{10}{3} \tag{2-57}$$

$$\frac{\omega_2}{\omega_0} = \frac{1}{\omega_1} \rightarrow \omega_1 = \frac{\omega_0}{\omega_2} = \frac{10}{3 \times 3.9} = 0.855 \tag{2-58}$$

本节所研究的单位反馈系统的对数频率特性曲线如图 2-34 所示。经计算，系统的传递函数可以表示为

$$G_c(s) = \frac{\left(\dfrac{s}{\omega_1}+1\right)\left(\dfrac{s}{\omega_2}+1\right)}{s} = \frac{\left(\dfrac{s}{0.855}+1\right)\left(\dfrac{s}{3.9}+1\right)}{s}$$

$$= \frac{0.3s^2 + 1.426s + 1}{s} = \frac{K_D s^2 + K_P s + K_I}{s} \tag{2-59}$$

根据对应关系，解得 $K_D = 0.3, K_P = 1.426, K_I = 1$。

下面验算以上得到的结果的正确性。

$$G(s) = G_c(s)G_0(s) = \frac{10\left(\dfrac{s}{0.855}+1\right)\left(\dfrac{s}{3.9}+1\right)}{s(s+1)\left(\dfrac{s}{5}+1\right)\left(\dfrac{s}{30}+1\right)} \tag{2-60}$$

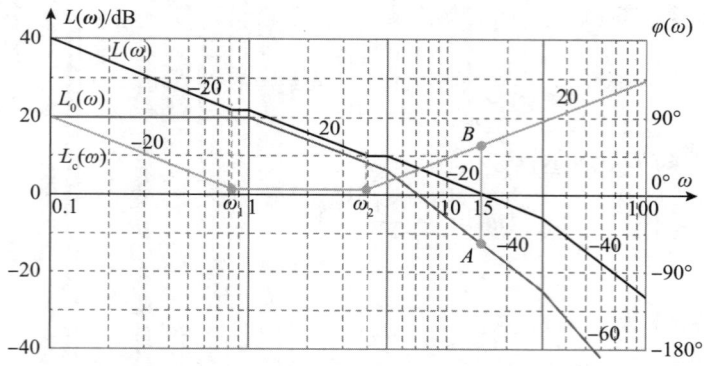

图 2-34　单位反馈系统的对数频率特性曲线（见彩插）

$$\omega_c = 15 \geqslant 13.6 = \omega_c^* \quad (2\text{-}61)$$

$$\begin{aligned}\gamma &= 180° + \arctan\frac{15}{0.855} + \arctan\frac{15}{3.9} - 90° - \arctan 15 - \arctan\frac{15}{5} - \arctan\frac{15}{30}\\ &= 180° + 86.7° + 74.5° - 90° - 86.2° - 71.6° - 26.5°\\ &= 67.85° > 65° = \gamma^*\end{aligned} \quad (2\text{-}62)$$

验算得到的对数频率特性曲线如图 2-35 所示。

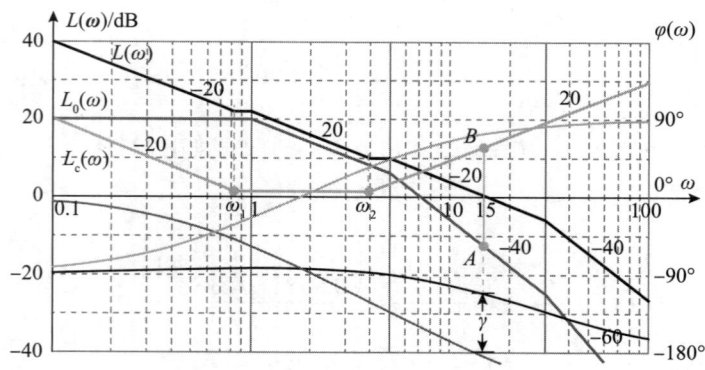

图 2-35　验算得到的对数频率特性曲线（见彩插）

2.2.2　参数调节方法分类

1. PID 中各参数的作用

（1）比例（P）系数

比例控制直接决定控制作用的强弱，大的比例系数不仅可以减小系统的稳态误差，还可以提高系统的动态响应速度，但加大比例系数的同时也会带来一定风险，可能引起被控量振荡甚至系统发散。

（2）积分（I）系数

积分控制可以消除系统的稳态误差，因此只要存在偏差，它的积分所产生的控制量总是用来消除稳态误差的，直到积分的值为零，控制作用才停住。但它将使系统的动态过程变慢，而且加大积分也会带来一定风险，会让系统的超调增大，破坏稳定性。

（3）微分（D）系数

微分控制的作用与偏差的变化速率有关，控制系统在调节时可能会出现振荡甚至发散，原因是控制效果总落后于误差变化。而微分控制能够预测偏差，产生超前校正的作用，所以当有了微分控制时能使系统趋于稳定，并能加快系统的响应速度，减小调整时间，还能减少超调和振荡，但是加大微分也会放大噪声信号。

2. 参数调节方法分类

PID 控制器的参数整定是控制系统设计的核心内容，它是根据被控过程的特性确定 PID 控制器的比例系数、积分系数和微分系数的大小。PID 控制器参数整定的方法很多，概括起来有理论计算整定法、工程整定方法两大类。

理论计算整定法，包括根轨迹法、频率特性法等，它主要是依据系统的数学模型，经过理论计算确定控制器参数，这种方法依赖于被控对象数学模型的准确性，所得到的计算数据未必可以直接用，还必须通过工程实际进行调整和修改。

工程整定方法，它主要依赖工程经验，直接在控制系统的试验中进行，且方法简单、易于掌握，在工程实际中被广泛采用。PID 控制器参数的工程整定方法，主要有临界比例度法、反应曲线法和衰减法和试验试凑法等。几种方法各有其特点，其共同点都是通过试验，然后按照工程经验公式对控制器参数进行整定。

但是，无论采用哪一种方法所得到的控制器参数，都需要在实际运行中进行最后调整与完善。首先介绍的是模拟、数字 PID 控制器参数整定方法。

（1）模拟 PID 控制器参数整定

模拟 PID 控制器参数整定方法的简介和特点见表 2-5。

表 2-5 模拟 PID 控制器参数整定方法表

整定方法	简介	特点
经验法	通过闭环运行或模拟，观察系统的响应曲线，然后根据各参数对系统的影响，反复试凑参数，直至出现满意的响应，从而确定 PID 控制参数	广泛用于各种控制系统。特别适用于干扰频繁、记录曲线重复性差的控制系统。但花费时间长，需要整定人员具有丰富经验

（续）

整定方法	简介	特点
临界比例度法	通过试验得到临界比例度 δ_k 和临界周期 T_k，然后根据经验总结出来的关系求出控制器各参数值	简便，过渡过程曲线易于判别，但只适用于输出量恒定或能得到等幅振荡的系统，不适用于被控对象的时间常数和滞后时间较小的系统
衰减曲线法	闭环控制系统中，先将控制器变为纯比例作用并将比例度预置在较大的数值上。再加入阶跃干扰，从大到小改变比例度至出现 4:1 衰减比为止，记下此时的比例度 δ_s，得到衰减周期 T_s	整定质量较高，较准确可靠、安全。但对外界干扰大的系统不适用，因为此时记录曲线很不规则，很难得到正确的 4:1 衰减曲线。且对周期长的系统，试验费时
响应曲线法	给定阶跃信号输入，记录被调参数在此阶跃作用下的变化过程曲线。在曲线最大斜率处做切线，求出滞后时间 t、对象时间常数以及它们的比值，根据所求得数据，查表得到参数	试验较省时。但有些过程不允许做开扰动试验，此外，干扰强烈而频繁的系统，由于响应曲线测不准，不宜采用此法

（2）数字 PID 控制器参数整定

数字 PID 控制系统和模拟 PID 控制系统一样，需要通过参数整定才能正常运行，数字 PID 控制器参数整定方法的特点见表 2-6。所不同的是除了整定比例度 δ、积分时间 T_I、微分时间 T_D，还要确定系统的采样（控制）周期 T。

表 2-6 数字 PID 控制器参数整定方法表

整定方法	特点
扩充临界比例度法[①]	基于系统临界振荡的闭环整定，这一方法是对模拟 PID 控制中的临界比例度法的扩充，适用于能自平衡的被控对象
扩充响应曲线法[①]	与上述闭环整定方法不同，扩充响应曲线法是一种开环整定方法。如果可以得到被控对象的动态特性曲线，那么就可以与模拟调节系统的整定一样，采用扩充响应曲线方法进行数字 PID 的整定
PID 归一参数整定法	人为规定了约束条件式，对 4 个参数的整定（T、K_P、T_I 和 T_D）简化为对一个参数（K_P）的整定，简化了整定工作
基于偏差积分指标最小的整定参数法	由于计算机的运算速度快，这就为使用偏差积分指标整定 PID 控制参数提供了可能，常用以下 3 种指标：ISE（平均误差积分）、IAE（绝对误差积分）、ITAE（时间加权绝对误差积分），最佳整定参数应使这些积分指标为最小。一般情况下，ISE 指标的超调量大，上升时间快；IAE 指标的超调量适中，上升时间稍快；ITAE 指标的超调量小，调整时间也小。采用偏差积分指标，可以利用计算机寻找最佳的 PID 控制参数
继电反馈法自整定	用一个继电器取代调节器，从而使系统强制振荡，然后根据振荡频率和幅值，计算出 PID 值，这种方法比较简单，应用比较广泛。由于现场存在干扰，如用于实战，需要重点考虑干扰问题，如果继电器带有回滞，一定程度上可以克服干扰影响

（续）

整定方法	特点
Ziegler-Nichols 方法	Ziegler-Nichols 方法是处于经验和计算法之间的中间方法。齐格勒（Ziegler）和尼科尔斯（Nichols）基于大量的实验，提出了调整 PID 参数的两种规则，被广泛应用于工程中。按照如何进行整定实验，可将 Z-N 整定方法分为阶跃响应方法和频率响应方法

① 扩充临界比例度法与扩充响应曲线法可近似看作"纯滞后加一阶惯性"环节的被控对象。如果对象不能用这种形式近似，则应考虑其他方法。

3. 基于经验的试凑法

（1）定义

用经验法整定控制器参数又称为试凑法，是应用最为广泛的一种控制器参数整定方法[48]。首先根据经验将控制器的参数调整在某些数值上，然后闭环运行，观察系统的响应（如阶跃响应），再以各调节参数对系统的影响为理论指导，在线调整控制器的相应比例度 δ（它是输入的相对变化量与输出的相对变化量之间的比值，$\delta = 1/K_P$），将积分时间常数 T_I 和微分时间常数 T_D 反复地进行试凑，直到控制效果达到满意为止。

考虑 δ、T_I、T_D 的不同影响，采用"先比例，后积分，最后微分"的步骤调节参数。δ、T_I、T_D 对系统的影响见表 2-7。

表 2-7 控制器参数优缺点

参数	优点	缺点
比例度 δ	当控制器减小比例度 δ，系统响应速度加快，在有静差的情况下有利于减小静差	过小的比例度会使系统有较小的超调，甚至会产生振荡而使稳定性变坏
积分时间常数 T_I	积分时间常数 T_I 增大，有利于减小超调，减小振荡，使系统更加稳定	系统静差的消除减慢
微分时间常数 T_D	微分时间常数 T_D 增大，有利于加快系统的响应，减小超调量，增加稳定性	系统对扰动的抑制能力减弱，对扰动敏感性降低

（2）试凑步骤

1）整定比例部分。

①设置 PID 控制器中的 $T_I \to \infty$，$T_D = 0$，使之成为比例控制器。

②由大到小的调节比例度 δ，观察相应的响应，使系统输出过渡过程达到可容许的衰减振荡和较小的静差。

2）加入积分环节。

①若只使用比例调节，系统的静差不能满足要求，则需要加入积分环节。

②先将比例度增加10%～20%，以补偿因加入积分而引起的系统稳定性下降的问题。

③然后由大到小调节T_I，在保持系统良好动态性能的前提下消除静差。

④在此过程中，可以根据响应曲线的好坏反复调节比例度和积分时间。

3）加入微分环节。

①若使用比例积分控制器消除了静差，但动态过程经反复调整仍不满足要求，则加入微分环节，构成PID控制器。

②先置T_D为0，然后在第二步整定的基础上增大T_D。

③相应的改变比例度和积分时间，逐步试凑以获得满意的调节效果和控制参数。

PID控制器的参数对控制质量的影响不十分敏感，所以在整定中参数的选定并不是唯一的。事实上，在比例、积分、微分三部分产生的控制作用中，某部分的减小往往可由其他部分的增大来补偿。因此应用不同的整定参数完全有可能得到同样的控制效果。

（3）试凑法PID整定实例

要求：衰减比在4～10之间最佳，也就是响应曲线的前两个峰值$B:B_1$的比值在4～10之间；稳态误差趋近于0；系统响应越快越好。系统的阶跃响应输入为1，系统如图2-36所示。

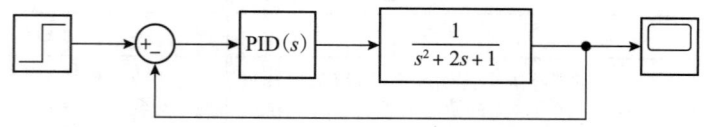

图2-36　需调节的系统实例

1）比例调节。设定$K_P=0.1, K_I=0, K_D=0$，观察系统响应如图2-37所示。

由图2-37可以看出，系统虽未出现超调，但响应速度较慢，达到指令值耗时较长，这表明比例系数K_P所产生的控制作用力度不足，导致响应速度受限。增大比例系数后，分别令$K_P=1$与$K_P=10$，观察系统响应如图2-38与图2-39所示。

由图2-38所示，当比例系数$K_P=1$时，出现了超调量且只有一个波形，意味着超调时间太慢。继续增大K_P，观察系统响应如图2-39所示。当$K_P=10$时，调节时间显著下降，此时的数量级已调整完成，系统可以在较短的时间内达到指令值，此时的K_P只需要微调。

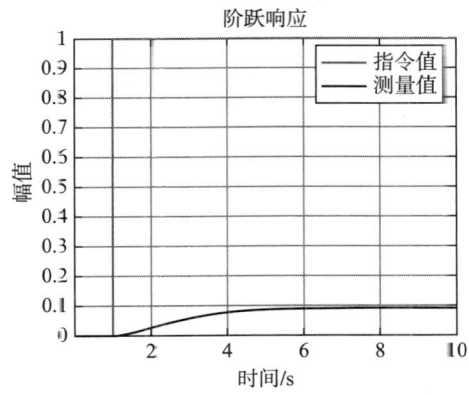
图 2-37 比例系数为 0.1 时的系统响应曲线（见彩插）

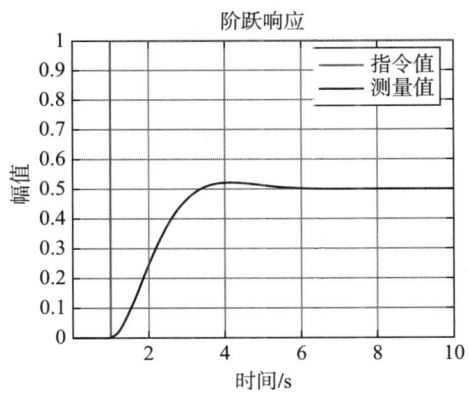
图 2-38 比例系数为 1 时的系统响应曲线（见彩插）

2）积分调节。K_I 主要调节稳态输入，消除扰动。由于系统没有扰动输入，因此看不到 K_I 对于消除扰动的效果。令 $K_P=10, K_I=10, K_D=0$，观察系统响应如图 2-40 所示。由图 2-40 可以看出，当积分系数 K_I 过大时会导致系统振荡加剧。

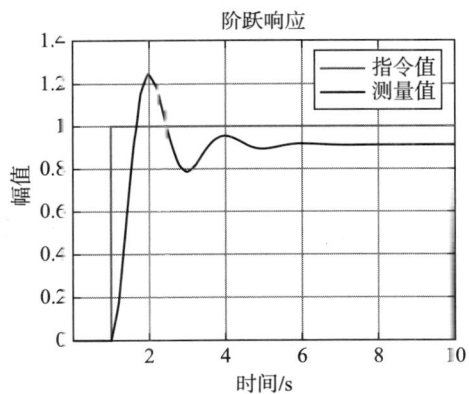
图 2-39 比例系数为 10 时的系统响应曲线（见彩插）

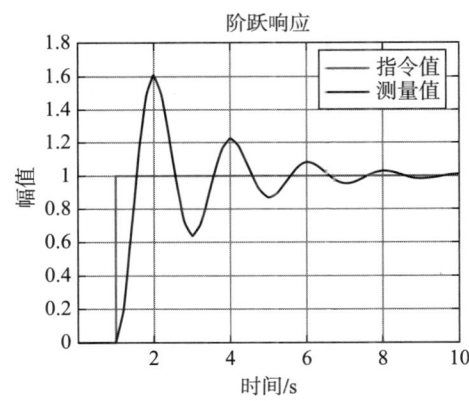
图 2-40 积分系数为 10 时的系统响应曲线（见彩插）

为了减小系统振荡，改变积分系数 K_I，令 $K_I=1$，观察系统响应如图 2-41 所示。由图 2-41 可知，当 $K_P=10, K_I=1, K_D=0$ 时的响应波形基本符合预期，稳态输出约为 0.963。进一步减小积分系数 I，令 $K_P=10, K_I=0.1, K_D=10$，系统的响应曲线如图 2-42 所示，由图 2-42 可以看到响应波形相较于 $K_I=1$ 时几乎没有变化，说明在没有扰动的情况下，K_I 只要不过大，对于系统的影响不大，此时的稳态输出约为 0.916。

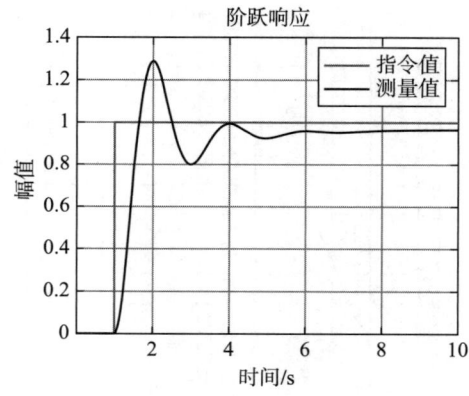
图 2-41 积分系数为 1 时的系统响应曲线（见彩插）

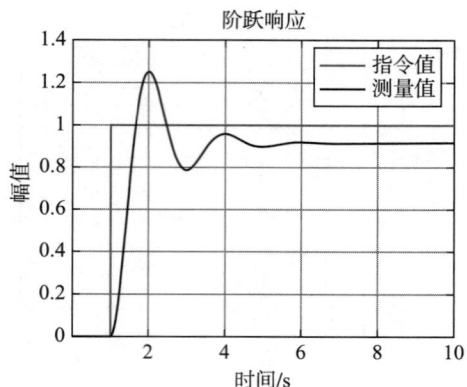
图 2-42 积分系数为 0.1 时的系统响应曲线（见彩插）

3）微分调节。K_D 抑制超调和振荡，K_D 过小系统会产生超调，K_D 过大系统响应速度减慢。K_D 还能抵抗外界的突发干扰，阻止系统的突变。当 $K_P=10, K_I=0.1, K_D=10$ 时的响应曲线如图 2-43 所示，据图 2-43 可知，加入微分系数后，振荡消失。

减小微分系数 K_D，当 $K_P=10, K_I=0.1, K_D=1$ 时的响应曲线如图 2-44 所示，由图 2-44 可知，此时的衰减比显然不符合要求。继续减小积分系数 K_D，当 $K_P=10, K_I=0.1, K_D=0.1$ 时，满足设计要求，系统响应如图 2-45 所示，设计完成。

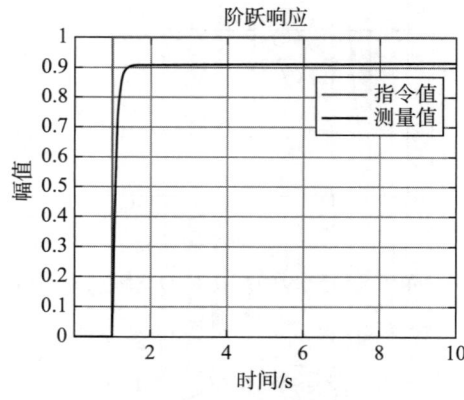
图 2-43 微分系数为 10 时的系统响应曲线（见彩插）

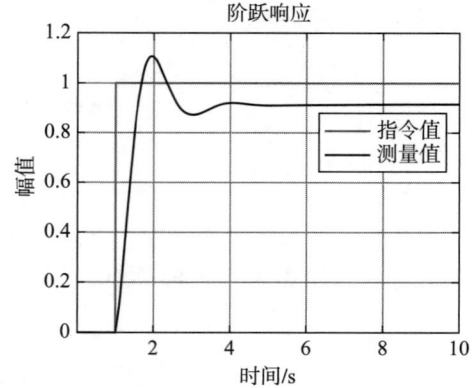
图 2-44 微分系数为 1 时的系统响应曲线（见彩插）

4. Ziegler-Nichols 方法参数整定

本节将介绍 Ziegler-Nichols 整定 PID 的方法，Ziegler-Nichols 方法已经发展成

为一种在参数设定中，处于经验和计算法之间的中间方法[48]。这种方法可以为控制器确定非常精确的参数，在此之后也可进行微调。

（1）Ziegler-Nichols 基于时域响应曲线的整定

1）反应曲线法：用阶跃响应曲线来整定控制器的参数。

设想对被控对象（开环系统）施加一个阶跃信号，通过实验方法，测出其响应信号，根据这条阶跃响应曲线定出一些能反映控制对象动态特性的参数。如图 2-46 所示，在曲线的拐点处作一条切线得到 3 个参数：K 为控制对象的增益，L 为等效滞后时间，T 为等效滞后时间常数。则输出信号可由图 2-46 中的形状近似确定参数 K、L 和 T（或 α），其中 $\alpha = KL/T$。如果获得了参数 K、L 和 T（或 α）后，则可根据表 2-8 确定 PID 控制器的有关参数。

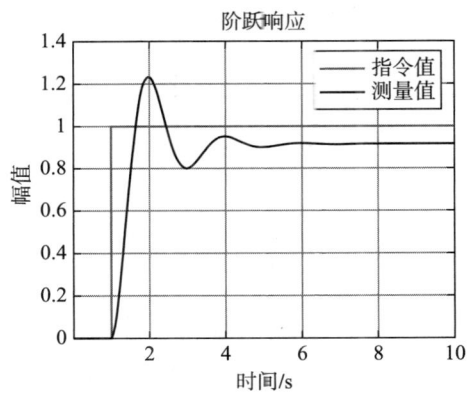

图 2-45　微分系数为 0.1 时的系统响应曲线（见彩插）

表 2-8　PID 参数整定表 1

调节器类型	阶跃响应整定		
	K_P	T_I	T_D
P	$1/\alpha$	∞	0
PI	$0.9/\alpha$	$3.33L$	0
PID	$1.2/\alpha$	$2L$	$0.5L$

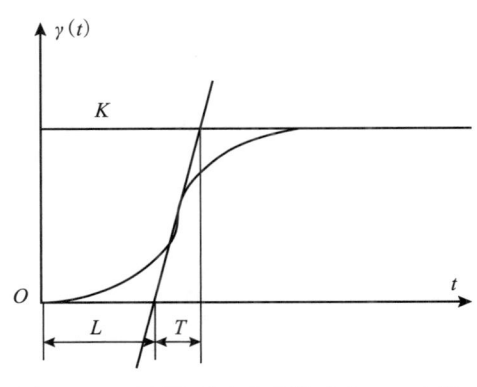

图 2-46　开环阶跃响应曲线确定 PID 参数

2）稳定边界法：利用系统的等幅振荡曲线来整定控制器参数。

先测出系统处于闭环状态下的等幅振荡曲线，再根据等幅振荡曲线确定一些能反映控制对象动态特性的参数，如图 2-47 所示。设系统为只有比例控制的闭环系统，则

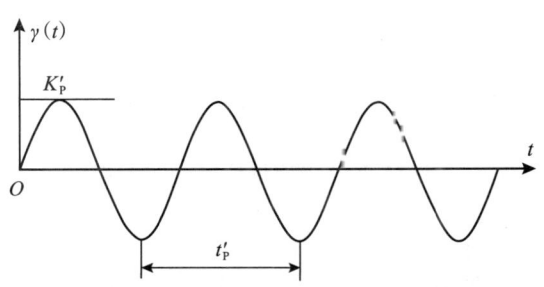

图 2-47　等幅振荡曲线确定 PID 参数

当 K_P 增大时,闭环系统若能产生等幅振荡,则测出其振幅 K'_P 和振荡周期 t'_P,然后由表 2-9 整定 PID 参数。

表 2-9　PID 参数整定表 2

调节器类型	等幅振荡整定		
	K_P	T_I	T_D
P	$0.5K'_P$	∞	0
PI	$0.455K'_P$	$0.833t'_P$	0
PID	$0.6K'_P$	$0.5t'_P$	$0.125T$

上述两种方法也适用于系统模型已知的系统。但是这两种方法在应用中也有约束,因为许多系统并不与上述系统匹配,例如第一个方法无法应用于开环传递中含积分项的系统,第二个方法就无法直接应用于二阶系统。如 $G(s)=\dfrac{200}{s(s+4)}$ 就无法应用 Ziegler-Nichols 法进行整定。

（2）Ziegler-Nichols 基于频域法的整定

如果实验数据是由频率响应得到的,则可先画出其对应的奈奎斯特（Nyquist）图,从图中易得系统的剪切频率 ω_c 与系统的极限增益 K_c,若令 $T_c=\dfrac{2\pi}{\omega_c}$,同样我们从表 2-10 给出的经验公式可以得到 PID 控制器对应的参数。事实上,此方法即时域法的第二个方法。

表 2-10　PID 参数整定表 3

控制器类型	K_P	T_I	T_D
P	$0.5K_c$	∞	0
PI	$0.4K_c$	$0.8T_c$	0
PID	$0.6K_c$	$0.5T_c$	$0.12T_c$

2.3　串级 PID 控制器的设计和参数调节的基本方法

2.3.1　串级 PID 控制器的结构和实例

随着工业生产的发展,生产过程对自动控制要求日益提高,单回路 PID 控制虽然具有结构简单、容易实现、控制效果好等特点,但系统往往已经不能满足生产工艺的要求，尤其是在复杂的工业过程控制中该方法的缺陷尤其明显。而在常规串级控制系统中，由于串级 PID 控制系统具备良好的抗干扰能力、快速性、适应性和控制性能，能够显著改善控制品质，因而在生产过程控制中该方法的应用越来越广泛。

串级 PID 控制在回路系统上增加了一个副回路，来使控制性能得到改善。首先，副被控变量检测到扰动的影响，并通过副回路的定值作用及时调解操纵变量，使副回路被控变量恢复到副设定值，从而使扰动对主被控变量的影响减少。即副环回路对扰动进行粗调，主环回路对系统进行细调。因此，串级控制系统能够迅速地克服进入副环扰动的影响，并使系统误差大大减小。

计算机串级控制系统的典型结构如图 2-48 所示，系统中有两个 PID 控制器。图 2-48 中，控制器 PID_2 称为副控制器，包含 PID_2 的内环称为副回路；PID_1 称为主控制器，包含 PID_1 的外环称为主回路；主控制器的输出控制量 u_1 作为副回路的给定量。

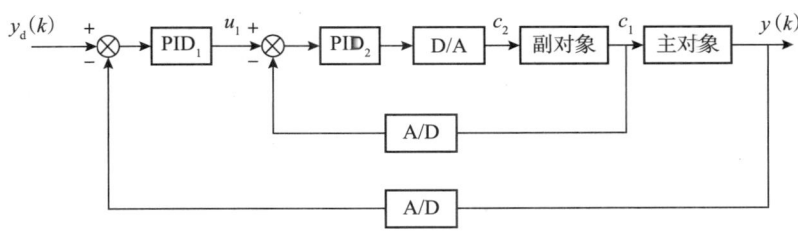

图 2-48 串级控制系统框图

串级控制系统的计算顺序是先主回路（PID_1）后副回路（PID_2）。控制方式有两种：一种是异步采样控制，即主回路的采样周期 T_1 是副回路采样控制周期 T_2 的整数倍，这是因为一般串级控制系统中主控对象的响应速度慢、副控对象响应速度快。另外一种是同步采样控制，即主、副回路的采样控制周期相同，这时应根据副回路选择采样周期，因为副回路的受控对象的响应速度较快。

串级控制的主要优点如下所示：

1) 副回路所受到的干扰，当还未影响到被控量 c_1 时，就已经被副回路控制。
2) 副回路中的参数变化，由副回路给予控制，对被控量 c_1 的影响大为减弱。
3) 副回路的惯性环节由副回路给予调节，因而提高了整个系统的响应速度。

串级 PID 控制是改善控制系统品质的有效方法之一，在工业过程控制中应用广泛。以燃烧室温度控制为例，利用仿真软件建立单级 PID 控制系统与串级 PID 控制系统，对比分析两种 PID 控制的特点：某燃烧室系统由主、副两个燃烧室构成，副室内浓混合气首先点燃，然后火焰从火焰孔喷出，进入主燃烧室，与主室混合气混合燃烧。以主燃烧室的温度为主变量，副燃烧室温度为副变量，主副燃烧室的传递函数如下：

$$G_{01}(s) = \frac{1}{(30s+1)(3s+1)} \quad (2\text{-}63)$$

$$G_{02}(s) = \frac{1}{(10s+1)(s+1)^2} \quad (2\text{-}64)$$

单级 PID 控制回路框图如图 2-49 所示，给系统一个单位阶跃信号，系统的 PID 参数选择为：$K_P = 5.5, K_I = 0.1, K_D = 30$，观察系统的响应如图 2-50 所示。

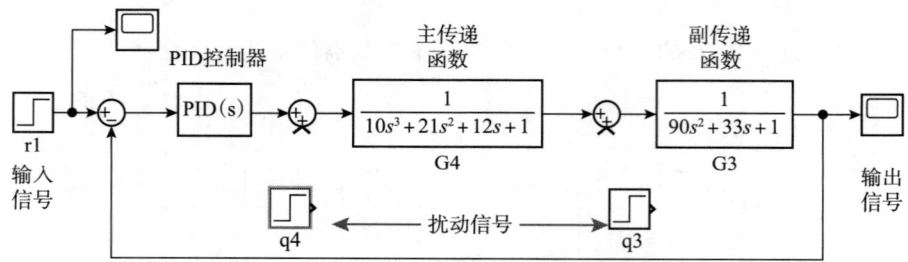

图 2-49　单级 PID 控制回路框图

由图 2-50 可知，系统对于给定的输入信号在振荡两次后趋于稳定。通过参数调整可以控制系统响应的超调量、稳定时间、衰减比等一系列相关参数。令一次扰动信号单独作用，观察系统的响应波形如图 2-51 所示。从图中可以看出，加入单次扰动后，振荡次数增加，收敛速度变慢。令扰动信号同时作用，观察系统的响应波形如图 2-52 所示，振荡次数幅度明显增加，收敛速度变慢。综上可知，单级 PID 控制系统对二次扰动的抑制效果并不理想。

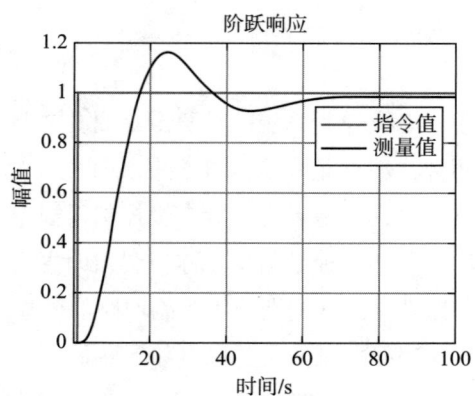

图 2-50　未加扰动的单级 PID 控制响应曲线（见彩插）

串级 PID 控制回路框图如图 2-53 所示。按照从内环到外环的顺序，先断开外环，输入信号直接作用于内环，内环调好之后加上外环继续调试即可。

第 2 章 小型无人机控制理论基础 101

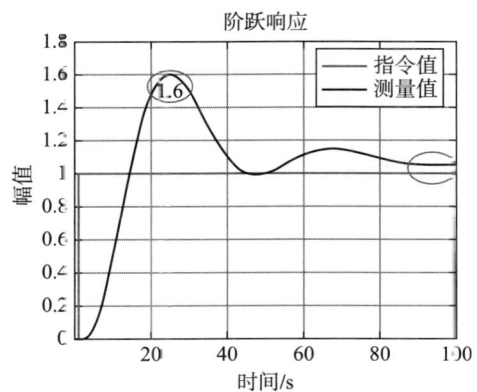

图 2-51 加入一次扰动的单级 PID 控制响应曲线（见彩插）

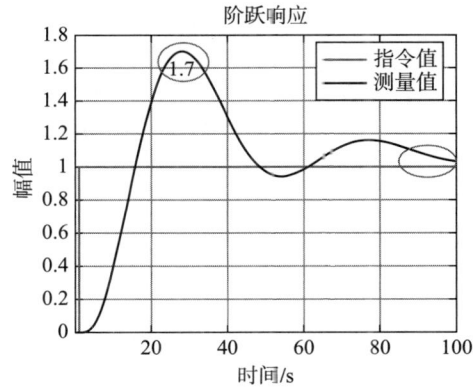

图 2-52 扰动信号同时作用的单级 PID 控制响应曲线（见彩插）

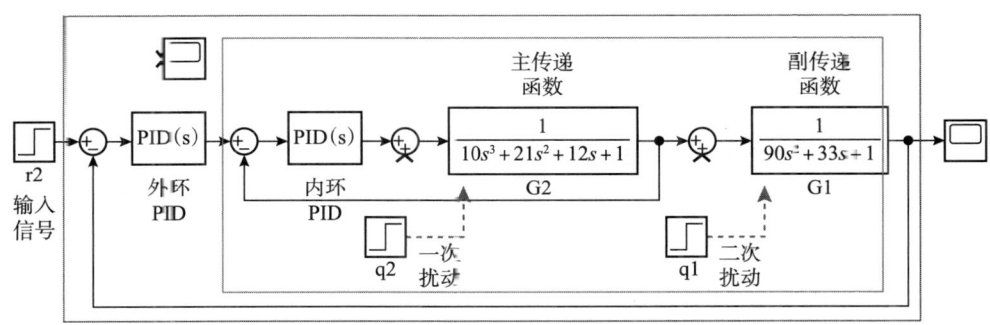

图 2-53 串级 PID 控制回路框图

无扰动信号作用时，观察系统的响应波形如图 2-54 所示。由图 2-54 可以看出，相比于单级 PID 控制，串级 PID 控制的振荡次数、幅度明显降低，收敛速度变快，且无超调。

一次、二次扰动信号作用时，观察系统的响应波形如图 2-55 与图 2-56 所示。相比单级 PID 控制回路，串级 PID 控制回路振荡次数、幅度明显降低，收敛速度变快。

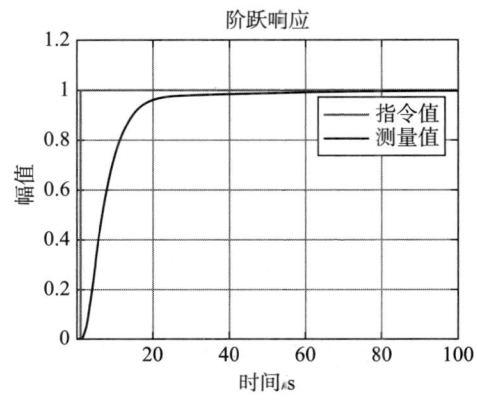

图 2-54 未加扰动的串级 PID 控制响应曲线（见彩插）

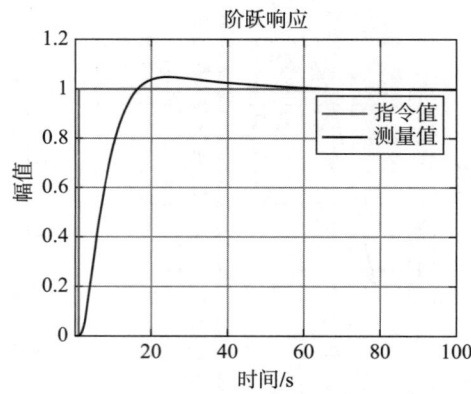

图 2-55 加入一次扰动的串级 PID 控制响应曲线（见彩插）

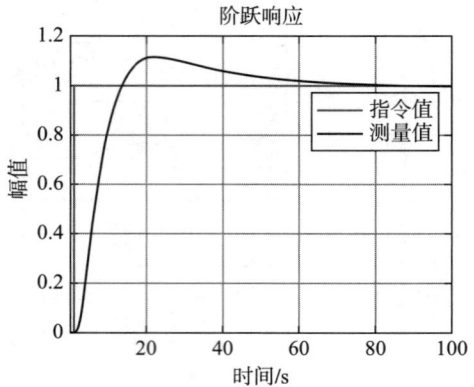

图 2-56 扰动信号同时作用的串级 PID 控制响应曲线（见彩插）

2.3.2 串级 PID 控制器参数调节的基本原则

在进行串级 PID 控制参数调节之前，首先明确各个控制参数在控制回路中所起到的作用。比例参数 K_P 可以反映系统的基本（当前）偏差 $e(t)$，比例系数大，可以加快调节，减小误差，但过大的比例使系统稳定性下降，甚至造成系统不稳定；积分参数 K_I 反应系统的累计偏差，积分作用的强度与积分时间成反比，积分时间过短容易引起或加剧系统振荡，当积分时间过长时系统的稳定性增强，但稳态时间也会随之增长；微分参数 K_D 反映系统偏差信号的变化率 $e(t)-e(t-1)$，具有预见性，能预见偏差变化的趋势，产生超前的控制作用，在偏差还没有形成之前，已被微分调节作用消除，因此可以改善系统的动态性能。

串级 PID 参数整定步骤如下：

1）根据副环参数类型，按照经验法选择好副调节器的比例度。

2）将副调节器按经验值设定好，然后按照单回路系统整定主调节器参数。

3）观察调节过程，根据主调节器和副调节器放大系数匹配的原理，适当整定主、副调节器参数，使主参数品质最好。

2.4 抗饱和积分的改进设计

2.4.1 积分饱和现象及负面影响

尽管基于线性理论的控制方法能解释控制系统的诸多方面，但仍需考虑一些非线性因素的影响。所有的执行器都有限制：电机有速度限制，其油门值不能超过油门开度等。对于具有广泛操作条件的控制系统，可能会出现控制变量达到执行机构限制的情况。当这种情况发生时，由于执行器保持在极限状态且与过程输出无关，故反馈回路被破坏，系统作为开环运行。如果算法没有被正确地设计，PID 控制器的输出由于积分作用的不断累加而加大，从而导致执行机构达到极限位置，这种现象被称为积分饱和现象[49-50]。此后若控制器输出继续增大，执行器的位置也不会再增大，即系统输出超出正常运行范围而进入了饱和区。一旦出现反向偏差，执行器位置从饱和区退出。进入饱和区越深，则退出饱和区时间越长。此段时间内，执行机构仍停留在极限位置而不能随着偏差反向立即做出相应的改变，这时系统像是失去控制一样，造成系统控制性能恶化。

例 2-1 积分饱和现象阐述。

图 2-57 表示在控制信号饱和的情况下的控制信号、测量信号和设定点。在第一设定点改变之后，将控制信号增加到其上限 u_{max}，该控制信号不足以消除控制误差，因此，控制误差与控制信号的积分部分增加。由于期望的控制信号 u 增加，因此在期望的控制信号与所需的控制信号 u_{out} 之间存在差异。

图 2-57 显示了当设定点低于能够使控制器消除稳态误差的值之后的一段时间的现象。由于控制误差的符号为负，所以控制信号开始减小。但是由于期望的控制信号 u 高于控制输入的极限 u_{max}，所以实际的控制信号 u_{out} 会在极限值处停留一段时间，并且延迟响应。

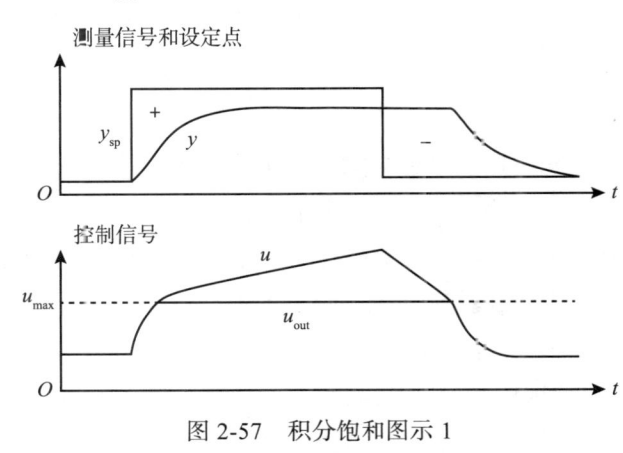

图 2-57 积分饱和图示 1

以下示例显示当控制过程不稳定时，由于积分饱和器的存在而出现的其他的一些影响。

例 2-2 积分饱和现象阐述。

图 2-58 展示了积分饱和现象，图中显示了过程输出 y、设定值 y_{sp}、控制信号 u 和积分部分 I，呈现了使用 PI 控制器对积分过程的控制情况。初始设定点变化很大，以至于执行器在高极限处饱和，积分项最初增加是因为误差是正的，当误差为

0 时，它在时间 $t=10$ 时达到最大值。由于积分项的值较大，输出在这一点上保持饱和，且输出会一直维持在饱和极限处，直到误差在足够长的时间内为负，使积分部分降到一个小的值。应注意，控制信号在其极限之间多次反弹，净效应是大的超调和阻尼振荡，其中控制信号从一个极限翻转到另一个极限，输出最终非常接近设定点，以至于执行器不会过度饱和。然后系统线性运行并稳定下来。

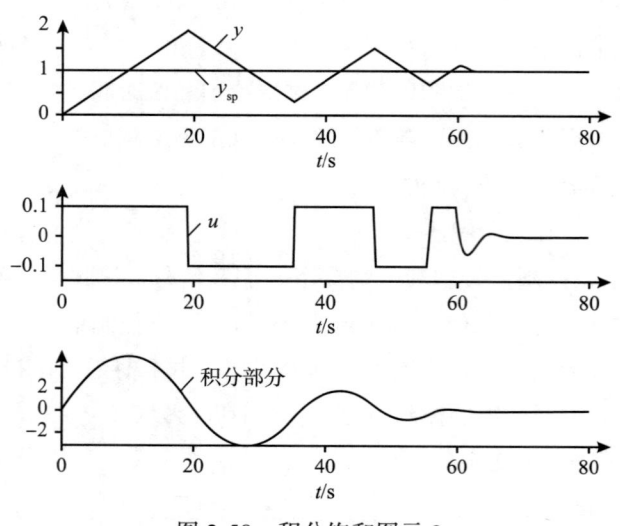

图 2-58　积分饱和图示 2

积分饱和可能与大的设定值变化有关，也可能是由大的扰动或设备故障引起的，当使用选择器以使多个控制器驱动同一个执行器时，也可能会发生积分饱和。在串级控制中，当副控制器切换到手动模式、使用其本地设定点或其控制信号饱和时，主控制器可能会出现饱和。

积分器的作用是消除系统稳态误差，如果出现积分饱和，往往会对系统造成负面的影响：

1）系统输出会产生较大的过冲（超调量）。

2）如果产生正向饱和，则系统对于反向的变化会偏慢。

2.4.2　防止积分饱和的基本方法

1. 积分分离

PID 控制器中引入积分的目的主要是消除稳态误差，提高精度，但在过程的启动、结束、大幅值增减设定值或出现较大扰动时，短时间内系统的输出会出现很大的偏差，致使积分部分幅值快速上升。由于系统存在惯性和滞后，这就势必引起系统输出部分出现较大的超调和长时间的波动，特别对于温度等变化缓慢的过程，这一现象更为严重，有可能引起系统振荡。为防止这种现象，采用积分分离式 PID 控制算法，其基本思想是：在偏差较大的情况下，去掉积分作用，以避免积分作用使系统稳定性变差；小偏差时，加入积分作用，以便消除稳态误差，提高控制精度。这样既保证了系统的动态性能，又能使系统无稳态误差。具体算法如下：

PID 控制规律为

$$u(t) = K_P \left[e(t) + \frac{1}{T_I} \int_0^t e(t) \mathrm{d}t + T_D \frac{\mathrm{d}e(t)}{\mathrm{d}t} \right] \quad (2\text{-}65)$$

式中，$e(t)$ 为偏差信号；$u(t)$ 为控制器输出；K_P 为比例系数；T_I 为积分时间；T_D 为微分时间。对式（2-65）进行零初始条件下的拉普拉斯变换，得 PID 控制器的传递函数为

$$D(s) = \frac{u(s)}{E(s)} = K_P \left(1 + \frac{1}{T_I s} + T_D s \right) \quad (2\text{-}66)$$

积分分离 PID 控制算法可表示为

$$u(k) = K_P e(k) + \beta K_I \sum_{j=0}^{k} e(j) T + \frac{K_D \left[e(k) - e(k-1) \right]}{T} \quad (2\text{-}67)$$

式中，T 为采样时间；$u(k)$ 为 k 时刻控制器的输出量；$e(k)$ 为当前时刻系统的位置与期望值之差；$e(k-1)$ 为上次采样时刻的系统的位置与期望值之差；β 为积分项的开关系数，有

$$\beta = \begin{cases} 1, & |e(k)| \leq \varepsilon \\ 0, & |e(k)| > \varepsilon \end{cases} \quad (2\text{-}68)$$

式中，ε 为设定的阈值，根据实际情况，设定阈值 $\varepsilon > 0$。积分分离 PID 控制算法的程序框图如图 2-59 所示。

- 当 $|e(k)| \leq \varepsilon$，引入积分作用，采用 PID 控制，以消除静态误差，保证系统的控制精度。
- 当 $|e(k)| > \varepsilon$，取消积分作用，采用 PD 控制，以避免由于积分作用使系统的超调增大，产生较大的振荡。

2. 遇限削弱积分

PID 控制算法中，积分项过大是导致积分饱和的原因，解决积分饱和的方法有多种，遇限削弱积分就是其中的一种。这一方法是考虑了在实际过程中，控制变量 U 因受到执行元件机械和物理性能的约束而被控制在有限范围内，即 $U_{\min} \leq U \leq U_{\max}$。

该方法的思想是：开始运行时，将比例项增大，一旦控制变量达到设定值的 70% 时，将比例项减小，与此同时，当控制进入饱和区以后，便执行削弱积分项的运算而停止进行增大积分项的运算。也就是说，在计算 $U(k)$ 时，将判断上一时刻的控制量 $U(k)$ 是否已超出限制范围，如果已超出，那么将根据偏差的符号判断系统输出是否在超调区域，由此决定是否将响应偏差计入积分项。

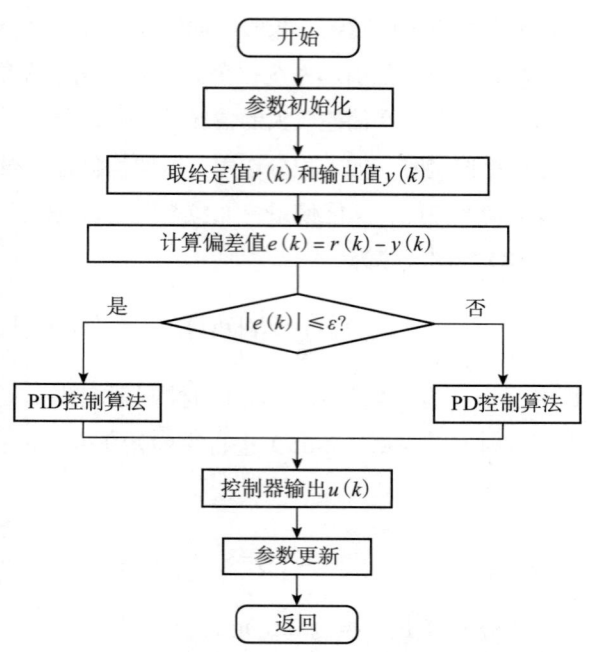

图 2-59 积分分离 PID 控制算法程序框图

变结构遇限削弱积分 PID 的表达式为

$$U(k) = K_P e(k) + K_I \left[\sum_{j=0}^{k} e(j) + \beta f(x) \right] + K_D \left[e(k) - e(k-1) \right] \quad (2\text{-}69)$$

$$\beta = \begin{cases} +1 & u \leq u_{\min}, e(k) > 0 \\ -1 & u \geq u_{\max}, e(k) < 0 \\ 0 & u_{\min} \leq u \leq u_{\max} \end{cases} \quad (2\text{-}70)$$

$$K_P = \begin{cases} K_{P1} & u \leq 70\% u_{\max} \\ K_{P2} & u > 70\% u_{\max} \end{cases} \quad (2\text{-}71)$$

根据实际情况，可以做出适合该系统的变结构遇限削弱积分法。首先为了提高系统的快速性，先增大比例项，因为实际情况下，不允许系统产生超调，所以要及时调整积分项。$f(x)$ 为一个变化的函数，当 u 小于限值时，积分项逐步递增，同时调整比例项和积分项；当 u 大于限值时，积分项逐步递减，同时调整比例项和积分项；当 u 在阈值范围内时，变化函数为 0，变为普通的 PID。变结构遇限削弱积分算法流程如图 2-60 所示。

3. 反向计算

反向计算是指当输出饱和时，重新计算控制器中的积分项，确定其在饱和极限下的值，该方法的优点在于不是立即复位，而是以时间常数 T_t 动态地复位。

图 2-61 显示了具有反向计算的反饱和 PID 控制器的框图。该系统具有另外的反馈路径，该反馈路径通过测量实际执行器输出或饱和执行器的数学模型的输出并形成误差信号 e_s 作为控制器的输出 v 与执行器的输出 u 之间的差而产生的。误差信号 e_s 通过增益 $1/T_t$ 变为积分器的输入，当没有饱和时信号为零。因此，当执行器没有饱和时，它不会对正常操作产生任何影响；当执行器饱和时，信号 e_s 非零。

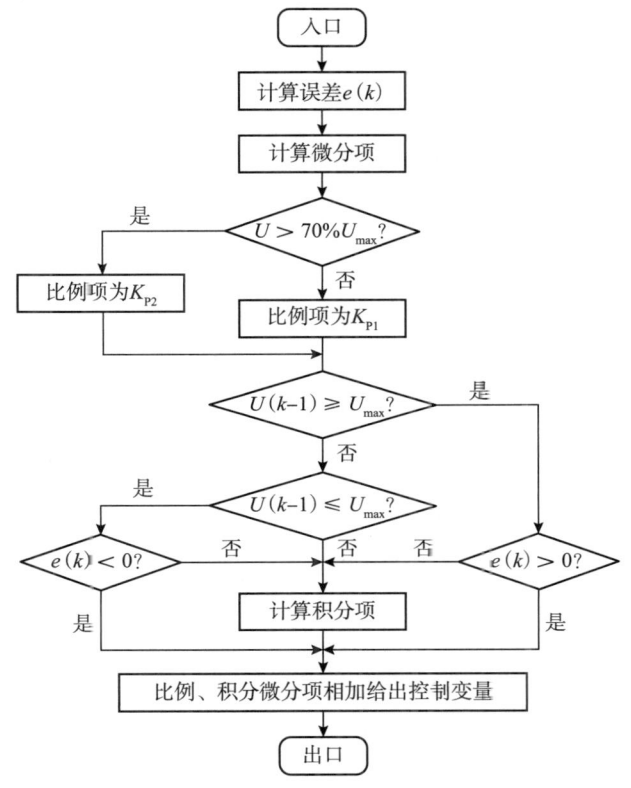

图 2-60 变结构遇限削弱积分算法流程图

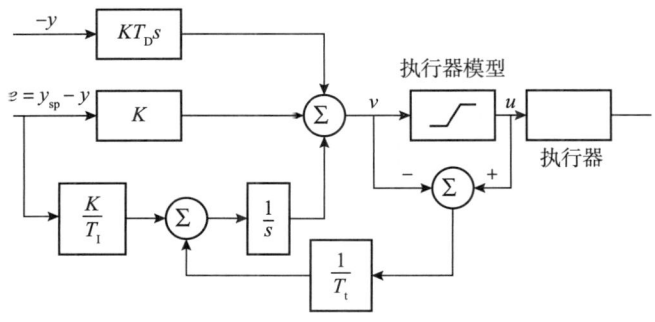

图 2-61 反积分饱和 PID 控制器

由于该过程的输入保持不变，其周围的反馈路径被破坏。然而在积分器周围有一条反馈路径，因此，积分器的输出被驱动到一个值，使得积分器输入变为零。积分器的输入为

$$\frac{1}{T_t}e_s + \frac{K}{T_I}e \qquad (2\text{-}72)$$

式中，e 为控制误差，因此

$$e_s = -\frac{KT_t}{T_I}e \qquad (2\text{-}73)$$

处于稳定状态，由于 $e_s = u - v$，故有

$$v = u_{\lim} + KT_t \qquad (2\text{-}74)$$

式中，$u_{\lim}$ 为控制变量的满偏值，因此信号 v 与 $u_{\lim}$ 总是具有相同的符号。由此可见，v 的幅值总是大于 $u_{\lim}$，这样可以防止积分饱和。控制器的输出被重置的速度由反馈增益 $1/T_t$ 控制，其中 T_t 可以理解为时间常数，其确定积分被重置的速度，我们称之为跟踪时间常数。

图 2-62 显示了将具有积分饱和的控制器应用于图 2-58 所示仿真系统时发生的情况。注意到积分器的输出被快速重置为一个值，使得积分器的输出处于饱和极限，并且在执行器饱和的初始阶段积分具有负值。这种响应与图 2-58 中的响应不同，图 2-58 中的积分值在初始瞬态为正值。注意，与图 2-58 中使用的普通的 PI 控制器相比，性能有了显著提高。

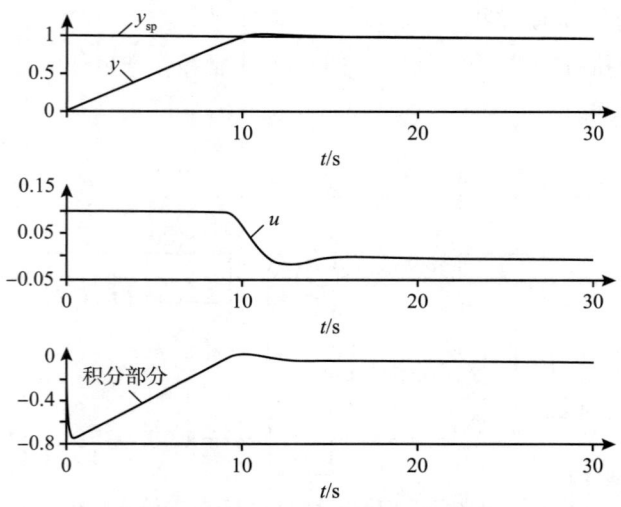

图 2-62　图 2-58 所示系统采用的饱和控制器

改变跟踪时间常数值，如图 2-63 所示。从图中可以看出，选择一个小的时间常数似乎总是有利的，因为积分器随之被快速重置。然而，在具有微分作用的系统中引入积分饱和时，必须格外小心。如果选择的时间常数太小，小的误差可能会导致输出饱和，从而意外重置积分器，跟踪时间常数 T_t 应大于 T_D 小于 T_I，建议的经验法则为 $T_t = \sqrt{T_I T_D}$。

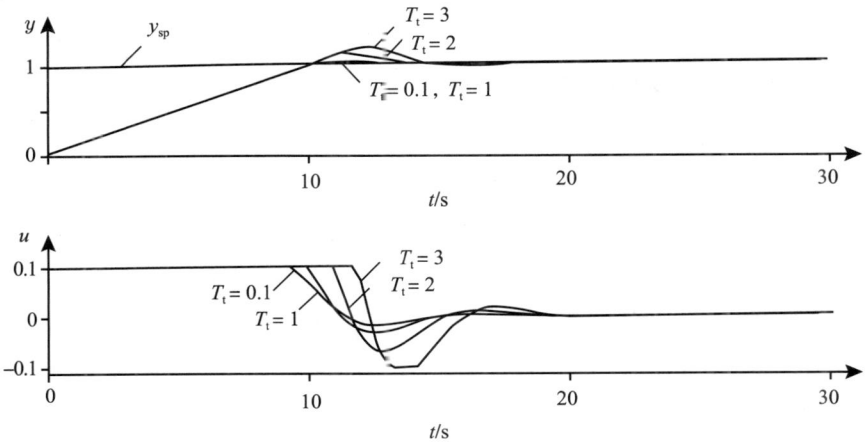

图 2-63　图 2-58 中系统对不同跟踪时间常数 T_t 值的阶跃响应

2.5　微分环节的改进设计

2.5.1　微分环节的特性

微分作用的缺点是理想的导数对于高频信号具有非常高的增益。这意味着高频噪声测量信号将会引起控制信号非常大的变化。为了验证这一点，我们考虑测量输出：

$$y = \sin t - a \sin \omega t \tag{2-75}$$

式中，第一项为有用信号，第二项表示噪声，因此噪声与信号之比为 a，控制器的导数项为

$$D = KT_D \frac{dy}{dt} = KT_D (\cos t + a\omega \cos \omega t) \tag{2-76}$$

式中，信号的幅值是 KT_D，噪声的幅值是 $KT_D a\omega$，噪声和信号的比值为 $a\omega$，如果频率足够高，即使 a 很小，这个比值也可以是任意大的。通过设置导数项可以在一定

程度上消除测量噪声的影响，将导数项设置为

$$D = -\frac{sKT_D}{1+sT_D/N}Y \quad (2-77)$$

这可理解为采用时间常数为 T_D/N 的一阶滤波系统来近似理想导数。对于小 s，传递函数约为 sKT_D；对于大 s，传递函数等于 KN。该近似值作用于低频信号分量的导数，高频信号增益限制为 KN。高频测量噪声最多被放大一个因子 KN，N 的峰值为 $2 \sim 20$，注意到图 2-64 中给出的导数项自动给高频信号增益设置了极限值。

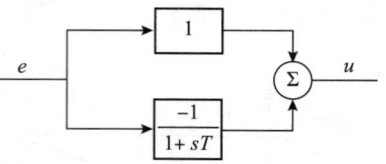

图 2-64 导数作用的经典实现

具有滤波导数的 PID 控制器的传递函数为

$$C(s) = K\left(1 + \frac{1}{sT_I} + \frac{sT_D}{1+sT_D/N}\right) \quad (2-78)$$

控制器的高频增益为 $K(1+N)$，因此，高频测量噪声可以在控制信号中产生显著的变化，故使用较重的过滤是有利的。

可以对测量信号进行滤波，并将滤波后的信号用于理想的 PID 控制器，而不是仅对导数进行滤波，当使用具有相对阻尼 $\zeta = 1/\sqrt{2}$ 的二阶滤波器时等效控制器传递函数为

$$C_{eq} = G(s)G_f(s) = K\left(1 + \frac{1}{sT_I} + sT_D\right)\frac{1}{a+sT_f+(sT_f)^2/2} \quad (2-79)$$

PI 控制器的滤波时间常数 T_f 通常选择为 T_I/N，PID 控制器的滤波时间常数为 T_D/N，其中 N 的范围为 $2 \sim 20$。由式（2-79）可以看出，当高频控制器增益变为零后，这种特性既保证了高频测量噪声不会产生大的控制信号，也增加了闭环系统的鲁棒性。

2.5.2 抑制微分环节负面影响的方法

1. 不完全微分

不完全微分控制的结构图如图 2-65 所示，在标准的 PID 算法中加入了一个一阶惯性环节（低通滤波器） $G_f(s) = \frac{1}{1+T_f s}$，其传递函数为

$$U(s) = \left(K_P + \frac{K_P/T_I}{s} + \frac{K_P T_D S}{T_f s + 1}\right)E(s) = u_P(s) + u_I(s) + u_D(s) \quad (2-80)$$

式中，K_P 为比例系数；T_I 与 T_D 分别为积分时间常数和微分时间常数；T_f 为滤波系数。

将式（2-30）离散化，得

$$u(k) = u_P(k) + u_I(k) + u_D(k) \qquad (2-81)$$

下面推导 $u_D(k)$ 的表达式：

$$u_D(s) = \frac{K_P T_D s}{T_f s + 1} E(s) \qquad (2-82)$$

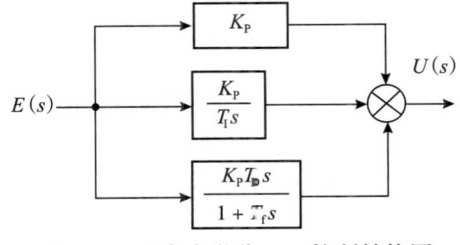

图 2-65 不完全微分 PID 控制结构图

将式（2-32）写成微分方程形式：

$$u_D(s)(T_f s + 1) = K_P T_D s E(s) \qquad (2-83)$$

$$u_D(s) + u_D(s) T_f s = K_P T_D s E(s) \qquad (2-84)$$

对式作拉普拉斯反变换，$e(t)$ 用 error(t) 表示

$$u_D(t) + T_f \frac{du_D(t)}{dt} = K_P T_D \frac{d\text{error}(t)}{dt} \qquad (2-85)$$

假设采样时间为 T_s，将式（2-85）进行离散化为

$$u_D(k) + T_f \frac{u_D(k) - u_D(k-1)}{T_s} = K_P T_D \frac{\text{error}(k) - \text{error}(k-1)}{T_s} \qquad (2-86)$$

$$u_D(k) = \frac{T_f}{T_s + T_f} u_D(k-1) + K_P \frac{T_D}{T_s + T_f} \big(\text{error}(k) - \text{error}(k-1)\big) \qquad (2-87)$$

令 $\alpha = \dfrac{T_f}{T_s - T_f}$，$1 - \alpha = \dfrac{T_s}{T_s + T_f}$，$\alpha < 1$，可以表示为

$$u_D(k) = K_D(1-\alpha)\big(\text{error}(k) - \text{error}(k-1)\big) + \alpha u_D(k-1) \qquad (2-88)$$

式中，$K_D = K_P T_D / T_s$。

标准的 PID 算法中

$$u_D(k) = \frac{K_P T_D \big(\text{error}(k) - \text{error}(k-1)\big)}{T_s} \qquad (2-89)$$

根据式（2-88）、式（2-89）比较可知，不完全微分 u_D 多了一项 $\alpha u_D(k-1)$，原微分系数由 K_D 降为 $K_D(1-\alpha)$。若输入单位阶跃响应 error$(k) = \beta, k = 0, 1, 2, \cdots$，则有

$$u_D(0) = \frac{K_P T_s}{T_s + T_f} \beta \qquad (2-90)$$

因为 $\alpha<1$，则输出 $u_D(k)$ 是按照指数形式衰减的曲线，可以保证由于被控对象的滞后作用而起到超前调节的目的。

例 2-3 智能车不完全微分控制。

智能车转向系统中存在系统的纯滞后问题，纯滞后时间即信息采集到执行器动作的时间。纯滞后时间由信号采集、数据处理时间、输出控制生效时间 3 部分构成，直流电动机的动态模型如下：

$$G_1(s) = \frac{1/C_e}{T_m T_1 s^2 + T_m s + 1} \tag{2-91}$$

增加一个延迟环节 $G_2(s) = e^{-\tau s}$，则总的传递函数为

$$G(s) = \frac{1/C_e}{T_m T_1 s^2 + T_m s + 1} e^{-\tau s} \tag{2-92}$$

式中，C_e、T_m 和 T_1 均为电动机的固定参数，取延迟时间 $\tau = 100\text{s}$，采样时间 $T_s = 20\text{s}$，依据电动机的固定参数，得到电动机的传递函数为

$$G(s) = \frac{1}{0.02s^2 + 60s + 1} e^{-100s} \tag{2-93}$$

低通滤波器的传递函数为

$$G_f(s) = \frac{1}{1 + 280s} \tag{2-94}$$

在对象输出端加幅值为 0.01 的随机信号 $n(k)$，取 PID 的控制器参数为 $K_P = 0.30$，$T_I = 0.0071$，$T_D = 140$。

2. 设定点加权

图 2-66 所示系统被称为具有误差反馈的系统，因为控制器作用于误差，即设定点和输出之间的差。通过对设定点和过程输出分别进行处理，可以获得更灵活的控制结构。这种形式的 PID 控制器由下式给出：

$$u(t) = K\left(e_P + \frac{1}{T_I}\int_0^t e(s)\mathrm{d}s + T_D \frac{\mathrm{d}e_D}{\mathrm{d}t}\right) \tag{2-95}$$

式中，比例部分的误差为

$$e_P = by_{sp} - y \tag{2-96}$$

微分部分的误差为

$$e_D = cy_{sp} - y \tag{2-97}$$

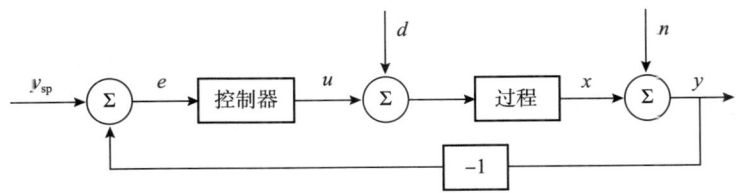

图 2-66 简单反馈回路的框图

为了避免稳态控制误差,积分部分的误差必须是控制误差,即

$$e = y_{sp} - y \tag{2-98}$$

对于不同 b 和 c 的值获得的不同的控制器将以相同的方式响应负载扰动和测量噪声,对设定点变化的响应取决于 b 和 c 的值,这两个值被称为设定点权重[50]。

具有设定点权重的控制器系统的特性如图 2-67 所示,该图显示了 PID 控制器对设定点变化、负载扰动和不同 b 值的测量误差的响应。

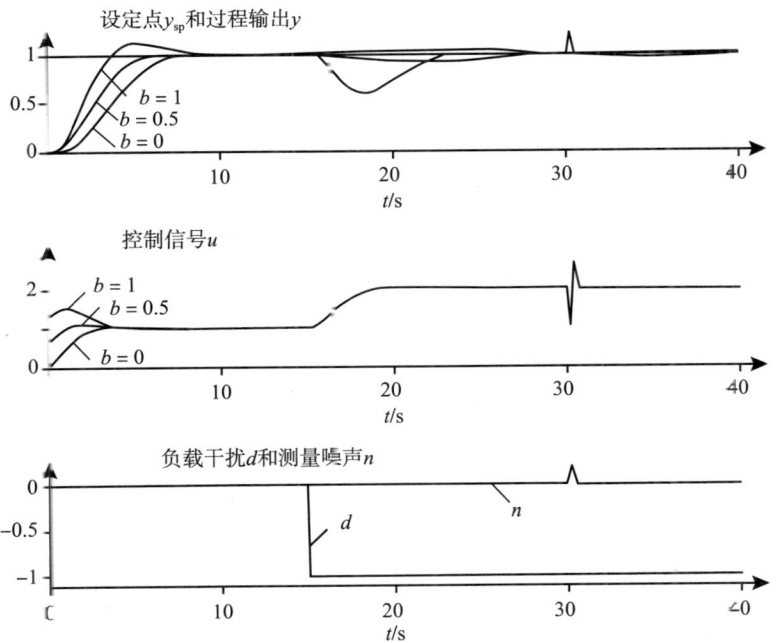

图 2-67 对于设定点权重 b 的不同值,对设定点变化、负载扰动和测量误差的响应

参数 c 通常被选择为 0,以避免由于设定点的突变而导致的控制信号瞬时突变的情况。一个例外情况是,当控制器为串联耦合的二阶控制器时,设定点会平滑变化,这是因为它由一阶控制器的输出决定。注意到如果积分是在如图 2-68 所示的

滞后周围用正反馈来实现的，那么参数 b 等于 1。

$b=0$ 与 $c=0$ 的控制器有时被称为 I-PD 控制器，$b=1$ 与 $c=0$ 的控制器有时被称为 PI-D 控制器。

在图 2-68 所示框图中，控制器输出是由误差 $e=y_{sp}-y$ 给定的。注意到，当使用上式方程定义的控制律以及误差时，该图不可再用。图 2-69 给出了 PID 控制系统的框图，其中传递函数 $C(s)$ 由下式给出：

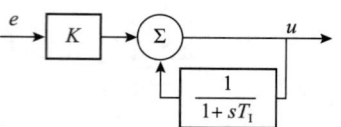

图 2-68 积分作用的实现：作为滞后周围的正反馈

$$C(s)=\frac{b+\dfrac{1}{sT_I}+scT_D}{1+\dfrac{1}{sT_I}+sT_D}=\frac{cT_IT_Ds^2+bsT_I+1}{T_IT_Ds^2+sT_I+1} \quad (2\text{-}99)$$

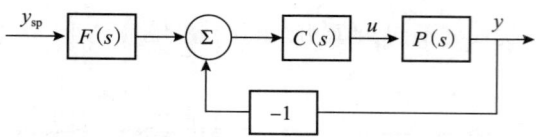

图 2-69 具有两自由度结构的 PID 控制器的简单反馈回路框图

3. 微分先行

微分先行 PID 控制是只对输出量进行微分，而对给定指令不起微分作用，因此它适合于给定指令频繁变化的场合，可以避免指令的改变导致超调过大，微分先行的基本结构图如图 2-70 所示。

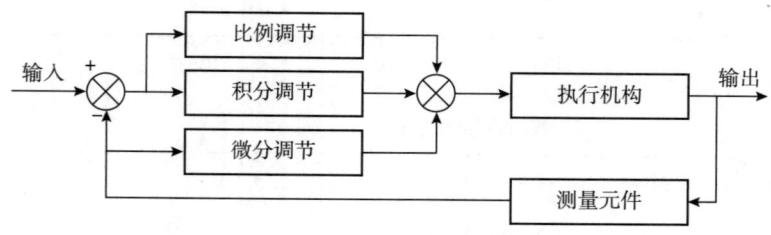

图 2-70 微分先行结构图

根据上面的结构图，我们可以推导出 PID 控制器的输出公式，比例和积分是不变的只是微分部分变为只对对象输出微分，记为 y。我们对微分部分引入一阶惯性滤波 $\dfrac{1}{\gamma T_D+1}$，可记微分部分的传递函数为

$$\frac{U_D(s)}{Y(s)}=\frac{T_Ds+1}{\gamma T_Ds+1} \quad (2\text{-}100)$$

于是微分部分可以推导出如下的公式：

$$U_D(k) = \left(\frac{\gamma T_D}{\gamma T_D + T}\right) U_D(k-1) + \left(\frac{T_D + T}{\gamma T_D + T}\right) y(k) + \left(\frac{T_D}{\gamma T_D + T}\right) y(k-1) \quad (2\text{-}101)$$

前面我们在推导 PID 公式时，曾规定 $K_D = K_P T_D / T$，将其代入到式（2-101）可得

$$U_D(k) = \left(\frac{\gamma K_D}{\gamma K_D + K_P}\right) U_D(k-1) + \left(\frac{K_D + K_P}{\gamma K_D + K_P}\right) y(k) + \left(\frac{K_D}{\gamma K_D + K_P}\right) y(k-1) \quad (2\text{-}102)$$

于是可以得到微分先行的离散化公式：

$$U(k) = K_P e(k) + K_I \sum e(k) + U_D(k) \quad (2\text{-}103)$$

这即是位置型 PID 的计算公式，我们也可以使用前面的方法推导增量型的计算公式：

$$\Delta U_D(k) = \left(\frac{\gamma K_D}{\gamma K_D + K_P}\right) \Delta U_D(k-1) + \left(\frac{K_D + K_P}{\gamma K_D + K_P}\right) \Delta y(k) + \left(\frac{K_D}{\gamma K_D + K_P}\right) \Delta y(k-1)$$

$$(2\text{-}104)$$

$$\Delta U(k) = K_P\big(e(k) - e(k-1)\big) + K_I e(k) + \Delta U_D(k) \quad (2\text{-}105)$$

由式（2-105）可以看出，微分部分只与测量值有关，而与设定值没有关系，设定值的阶跃变化不会造成高频的干扰。

例 2-4　微分先行 PID 控制算法与普通 PID 控制算法对比。

控制对象为 $G_0(s) = \dfrac{e^{-80t}}{70s+1}$，采样时间为 20s，输入信号为带有高频干扰的方波信号：$r(t) = \text{sign}\big(\text{square}(0.005\pi t)\big) + 0.005\sin(0.03\pi t)$，执行机构输出限制在 $[-10,10]$，仿真时间为 8000s；其中 $K_P = 0.3, K_I = 0.006, K_D = 18, \gamma = 0.4$。采用微分先行的 PID 控制算法和标准 PID 控制算法实现后，比较两种控制算法的输出、输入与控制量。

通过上面的公式计算得到微分先行 PID 计算结果与普通 PID 计算结果如图 2-71～图 2-74 所示。通过比较两种 PID 算法的输出可发现，当输入 $r(t)$ 具有高频信号干扰时，采用微分先行 PID 算法，只对输出进行微分，可以避免给定值频繁变化引起的振荡，改善系统动态特性。

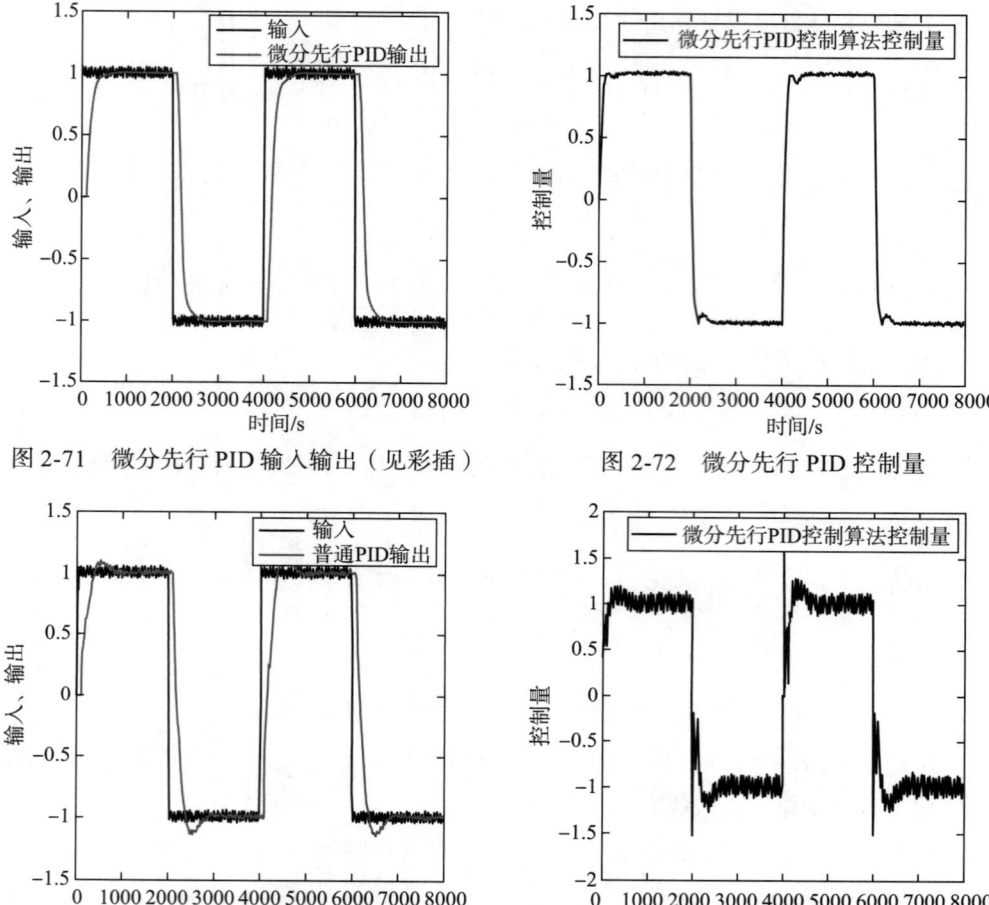

图 2-71 微分先行 PID 输入输出（见彩插）

图 2-72 微分先行 PID 控制量

图 2-73 普通 PID 输入输出（见彩插）

图 2-74 普通 PID 控制量

2.6 多输入多输出线性定常系统的极点配置设计方法

在抗扰动及适应参数变化方面，反馈系统的性能远优于非反馈系统。本节将主要讨论在不同形式的性能指标下线性定常反馈系统控制规律的综合方法，包括建立可综合的条件及建立控制规律及其算法。

综合问题中的性能指标可区分为非优化型性能指标和优化型性能指标两种类型，它们都规定着综合系统运动过程的期望性能。两者的差别是：非优化型指标是一类不等式型的指标，即只要性能值达到或好于期望指标就算实现了综合目标；优化型指标则是一类极值型指标,综合目的是要使性能指标在所有可能值中取极值。本节讨论的综合问题主要涉及的是非尤化型指标,它们可能以一组期望的闭环系统极点作为性能指标,讨论极点配置问题。系统运动的状态也即其动态性能,主要由系统的极点位置所决定。把闭环极点组配置到所希望的位置上,实际上等价于使系统的动态性能达到期望的要求。

2.6.1 常用的反馈结构及其对系统特性的影响

无论是在经典控制理论还是在现代控制理论中,反馈都是系统设计的主要方式,但由于经典控制理论是用传递函数来描述的,因此它只能以输出量作为反馈量,而现代控制理论由于是采用系统内部的状态变量来描述系统的物理特性,因而除了输出反馈外,还可采用状态反馈这种新的控制方式。

1. 两种反馈结构

(1) 状态反馈

设有 n 维线性定常系统

$$\dot{x} = Ax + Bu, y = Cx \tag{2-106}$$

式中,x、u、y 分别为 n 维、p 维和 q 维向量;A、B、C 分别为 $n \times n$、$r \times p$、$q \times n$ 阶实矩阵。由式(2-106)可画出该系统结构图如图 2-75a 所示。

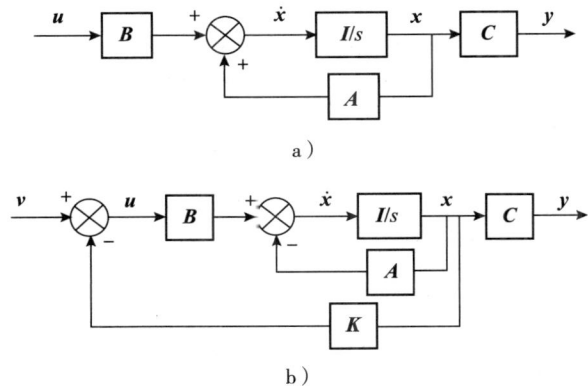

图 2-75 系统结构图和加入状态反馈后的结构图

在此,我们研究形如 $u = v - Kx$ 的线性状态反馈对于原线性定常态方程的影响。其中,v 为 p 维系统参考输入向量,K 为 $p \times n$ 阶反馈增益矩阵,按要求,K 应为实矩阵。在研究状态反馈时,我们默认了这样的一个假定,即所有的状态变量都是可以用来反馈的，因此，将系统的控制量 u 取为如下所示的状态变量 x 的线性函数：

$$u = v - Kx \tag{2-107}$$

称其为线性的直接状态反馈，简称为状态反馈。由式（2-106）、式（2-107）可以得出加入状态反馈后系统结构图如图 2-75b 所示，将式（2-106）、式（2-107）进行组合得到状态反馈系统动态方程为

$$\dot{x} = (A - BK)x + Bv, \quad y = Cx \tag{2-108}$$

其传递函数矩阵可以表示为

$$G_b(s) = C(sI - A + BK)^{-1}B \tag{2-109}$$

因此可用系统 $\{(A - BK) \ B \ C\}$ 来表示引入状态反馈后的闭环系统，而从上式可以看出状态方程则没有变化。

（2）输出反馈

系统的状态常常不能测量到，状态反馈方法有一定的工程限制，在此情况下，人们常采用输出反馈方法。输出反馈的目的是首先使闭环系统成为稳定系统，然后在此基础上进一步改善闭环系统的性能。

当把线性定常系统的控制量 u 取为输出 y 的线性函数时，相应的称为线性非动态输出反馈，简称为输出反馈，如下所示：

$$u = v - Fy \tag{2-110}$$

加入输出反馈后系统的结构图如图 2-76 所示。

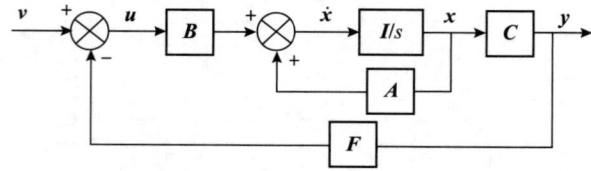

图 2-76　加入输出反馈的系统

由式（2-110）可导出输出反馈的状态空间描述为

$$\dot{x} = (A - BFC)x + Bv, \quad y = Cx \tag{2-111}$$

其传递函数矩阵则为

$$G_F(s) = C(sI - A + BFC)^{-1}B \tag{2-112}$$

不难看出，无论是状态反馈还是输出反馈，均可改变状态的系数矩阵，但这

并不意味着两者性能相同。由于状态能完整地表征系统的动态行为，因而利用状态反馈时，其信息量大而完整，可在不增加系统维数的情况下，自由地支配响应特性；而输出反馈仅利用状态变量的线性组合来进行反馈，其信息量较小，所引入的串、并联补偿装置将使系统维数增加，且难于得到任意期望的响应特性。一个输出反馈系统的性能，定有对应的状态反馈系统与之等同，这时只需令 $FC = K$。但是，一个状态反馈系统的性能，却不一定有对应的输出反馈系统与之等同，这是由于令 $FC = K$ 来确定 F 的解时，或形式上过于复杂而不易实现，或 F 阵含有高阶导数项而不能实现，或对于最小相位的受控对象，如含有右极点，而选择了右校正零点来加以对消时，便会潜藏有不稳定的隐患。不过，输出反馈所用的输出变量总是容易测得的，因而实现是方便的；而有些状态变量不便测量或不能测量，需要重构，给实现带来困难。通过引入状态观测器，利用原系统的可测量变量 y 和 u 作为其输入以获得 x 的重构量 $\hat{x}$，并以此来实现状态反馈（见图 2-77）。有关状态观测器和带有状态观测器的状态反馈系统的分析，将在本章的最后几节中研究。

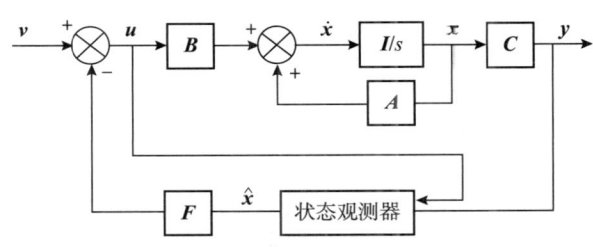

图 2-77　利用观测器来实现状态反馈

2. 反馈结构对系统特性的影响

由于反馈引入后，系统状态的系数矩阵有了变化，对系统的能控性、能观测性、系统的稳定性、系统的响应等都有影响。本节我们将研究反馈对能控性、能观测性、稳定性的影响，及对闭环极点位置的影响问题。

（1）对能控性与能观测性的影响

对此，有如下两个结论。

结论 1　状态反馈的引入，不改变系统的能控性，但可能改变系统的能观测性。

证：

设受控系统 Σ_0 动态方程为

$$\dot{x} = Ax + Bu, \quad y = Cx \tag{2-113}$$

则由 Σ_0 状态反馈后的系统 Σ_K 的动态方程为

$$\dot{x} = (A - BK)x + Bv, \quad y = Cx \tag{2-114}$$

首先证明：状态反馈系统 Σ_K 为能控的充分必要条件是受控系统 Σ_0 为能控，表示 Σ_0 和 Σ_K 的能控性判别阵分别为

$$\boldsymbol{Q}_c = \begin{bmatrix} \boldsymbol{B} \vdots \boldsymbol{AB} \vdots \cdots \vdots \boldsymbol{A}^{n-1}\boldsymbol{B} \end{bmatrix} \tag{2-115}$$

和

$$\boldsymbol{Q}_{cK} = \begin{bmatrix} \boldsymbol{B} \vdots (\boldsymbol{A}-\boldsymbol{BK})\boldsymbol{B} \vdots \cdots \vdots (\boldsymbol{A}-\boldsymbol{BK})^{n-1}\boldsymbol{B} \end{bmatrix} \tag{2-116}$$

由于

$$\boldsymbol{B} = \begin{bmatrix} \boldsymbol{b}_1 & \boldsymbol{b}_2 & \cdots & \boldsymbol{b}_p \end{bmatrix}, \boldsymbol{AB} = \begin{bmatrix} \boldsymbol{Ab}_1 & \boldsymbol{Ab}_2 & \cdots & \boldsymbol{Ab}_p \end{bmatrix} \tag{2-117}$$

$$(\boldsymbol{A}-\boldsymbol{BK})\boldsymbol{B} = \begin{bmatrix} (\boldsymbol{A}-\boldsymbol{BK})\boldsymbol{b}_1 & (\boldsymbol{A}-\boldsymbol{BK})\boldsymbol{b}_2 & \cdots & (\boldsymbol{A}-\boldsymbol{BK})\boldsymbol{b}_p \end{bmatrix} \tag{2-118}$$

式中，$\boldsymbol{b}_i$ 为列向量，将 $\boldsymbol{K}$ 表示为行向量组 $\{\boldsymbol{k}_i\}$，即

$$\boldsymbol{K} = \begin{bmatrix} \boldsymbol{k}_1 \\ \boldsymbol{k}_2 \\ \vdots \\ \boldsymbol{k}_p \end{bmatrix}, (\boldsymbol{A}-\boldsymbol{BK})\boldsymbol{b}_i = \boldsymbol{Ab}_i - \begin{bmatrix} \boldsymbol{b}_1 \boldsymbol{b}_2 & \cdots & \boldsymbol{b}_p \end{bmatrix} \begin{bmatrix} \boldsymbol{k}_1\boldsymbol{b}_i \\ \boldsymbol{k}_2\boldsymbol{b}_i \\ \vdots \\ \boldsymbol{k}_p\boldsymbol{b}_i \end{bmatrix} \tag{2-119}$$

令式中 $c_{1i} = \boldsymbol{k}_1\boldsymbol{b}_i, \cdots, c_{pi} = \boldsymbol{k}_p\boldsymbol{b}_i, c_{ij}(j=1,2,\cdots,p)$ 均为标量，故 $(\boldsymbol{A}-\boldsymbol{BK})\boldsymbol{b}_i = \boldsymbol{Ab}_i - (c_{1i}\boldsymbol{b}_1 + \cdots + c_{pi}\boldsymbol{b}_p)$，该式表明 $(\boldsymbol{A}-\boldsymbol{BK})\boldsymbol{B}$ 的列是 $[\boldsymbol{B} \ \boldsymbol{AB}]$ 的列的线性组合。同理，有 $(\boldsymbol{A}-\boldsymbol{BK})^2\boldsymbol{B}$ 的列是 $[\boldsymbol{A} \ \boldsymbol{AB} \ \boldsymbol{A}^2\boldsymbol{B}]$ 的列的线性组合，如此等等，故 $\boldsymbol{Q}_{cK}$ 的每一列均可表示为 $\boldsymbol{Q}_c$ 的列的线性组合，由此可得

$$\operatorname{rank}\boldsymbol{Q}_{cK} \leq \operatorname{rank}\boldsymbol{Q}_c \tag{2-120}$$

另一方面，Σ_0 又可看成为 Σ_K 的状态反馈系统，即

$$\dot{\boldsymbol{x}} = \boldsymbol{Ax} + \boldsymbol{Bu} = \begin{bmatrix} (\boldsymbol{A}-\boldsymbol{BK}) + \boldsymbol{BK} \end{bmatrix}\boldsymbol{x} + \boldsymbol{Bu} \tag{2-121}$$

所以，同理可得

$$\operatorname{rank}\boldsymbol{Q}_c \leq \operatorname{rank}\boldsymbol{Q}_{cK} \tag{2-122}$$

由式（2-120）和式（2-122）可推导出

$$\operatorname{rank}\boldsymbol{Q}_c = \operatorname{rank}\boldsymbol{Q}_{cK} \tag{2-123}$$

从而，Σ_{cK} 能控的充要条件是 Σ_c 能控。

再来证明状态反馈系统不一定能保持能观测性。对此只需举反例说明，设 Σ_0 为能观测的，但 Σ_K 不一定为能观测。如考察系统

$$\dot{\boldsymbol{x}} = \begin{bmatrix} 1 & 2 \\ 0 & 3 \end{bmatrix}\boldsymbol{x} + \begin{bmatrix} 0 \\ 1 \end{bmatrix}\boldsymbol{u}, y = \begin{bmatrix} 1 & 1 \end{bmatrix}\boldsymbol{x} \tag{2-124}$$

其能观测性判别阵

$$Q = \begin{bmatrix} c \\ cA \end{bmatrix} = \begin{bmatrix} 1 & 1 \\ 1 & 5 \end{bmatrix} \quad (2\text{-}125)$$

满足 $\mathrm{rank} Q_0 = n = 2$，故 Σ_0 为能观测。现引入状态反馈，取 $K = \begin{bmatrix} 0 & 4 \end{bmatrix}$，则状态反馈系统为

$$\dot{x} = (A - bK)x + Bv = \begin{bmatrix} 1 & 2 \\ 0 & -1 \end{bmatrix} x + \begin{bmatrix} 0 \\ 1 \end{bmatrix} v, \ y = \begin{bmatrix} 1 & 1 \end{bmatrix} x \quad (2\text{-}126)$$

其能观测性判别阵

$$Q_{0K} = \begin{bmatrix} c \\ c(A - bK) \end{bmatrix} = \begin{bmatrix} 1 & 1 \\ 1 & 1 \end{bmatrix} \quad (2\text{-}127)$$

显然有 $\mathrm{rank} Q_{0K} = 1 < n = 2$，故 Σ_K 为不完全能观测。而若取 $K = \begin{bmatrix} 0 & 5 \end{bmatrix}$，则通过计算可知，此时 Σ_K 为能观测的。从而表明状态反馈可能改变系统的能观测性，这是由于人为地使用配置极点和零点相互消造成的。

结论 2 输出反馈的引入能同时不改变系统的能控性和能观测性，即输出反馈系统 Σ_r 为能控（能观测）的充分必要条件是受控系统 Σ_0 为能控（能观测）。

证：

首先，由于任一输出反馈系统都可以找到一个等价的状态反馈系统 $K = FC$，而已知状态反馈可保持能控性，从而证明输出反馈的引入不改变系统的能控性。

其次，表示 Σ_0 和 Σ_r 的能观测判别阵分别为

$$Q_0 = \begin{bmatrix} C \\ CA \\ \vdots \\ CA^{n-1} \end{bmatrix}, \ Q_{0F} = \begin{bmatrix} C \\ C(A - BFC) \\ \vdots \\ C(A - BFC)^{n-1} \end{bmatrix}$$

且由于

$$C = \begin{bmatrix} c_1 \\ c_2 \\ \vdots \\ c_q \end{bmatrix}, \ CA = \begin{bmatrix} c_1 A \\ c_2 A \\ \vdots \\ c_q A \end{bmatrix}, \ C(A - BFC) = \begin{bmatrix} c_1(A - BFC) \\ c_2(A - BFC) \\ \vdots \\ c_q(A - BFC) \end{bmatrix}$$

式中，c_i 均为行向量，将 F 表示为列向量组 $\{f_i\}$，即 $F = \begin{bmatrix} f_1 & f_2 & \cdots & f_q \end{bmatrix}$，则会有

$$\begin{aligned} c_i(A - BFC) &= c_i A - c_i B(f_1 c_1 + f_2 c_2 + \cdots + f_q c_q) \\ &= c_i A - \left[(c_i B f_1) c_1 + (c_i B f_2) c_2 + \cdots + (c_i B f_q) c_q \right] \end{aligned} \quad (2\text{-}128)$$

令式中 $c_i Bf_j = \alpha_j, j=1,2,\cdots,q, \alpha_j$ 为标量，该式表明 $C(A-BFC)$ 的行是 $\begin{bmatrix} C^T & A^T C^T \end{bmatrix}^T$ 的行的线性组合。同理，有 $C(A-BFC)^2$ 的行是 $\begin{bmatrix} C^T & A^T C^T & (A^T)^2 C^T \end{bmatrix}^T$ 的行的线性组合，如此等等。故 Q_{0F} 的每一行均可表示为 Q_0 的行的线性组合，由此可得

$$\operatorname{rank} Q_{0F} \leqslant \operatorname{rank} Q_0 \tag{2-129}$$

进而，可把 Σ_0 看成 Σ_F 的输出反馈系统，又有

$$\operatorname{rank} Q_0 \leqslant \operatorname{rank} Q_{0F} \tag{2-130}$$

从而，由式（2-129）、式（2-130）可得

$$\operatorname{rank} Q_0 = \operatorname{rank} Q_{0F} \tag{2-131}$$

这表明输出反馈可保持能观测性，证毕。

（2）稳定性与镇定

状态反馈和输出反馈都能影响系统的稳定性，加入反馈，使得通过反馈构成的闭环系统成为稳定系统，就称为镇定。鉴于状态反馈的优越性，这里只讨论状态反馈的镇定问题。对于线性定常受控系统

$$\dot{x} = Ax + Bu \tag{2-132}$$

如果可以找到状态反馈控制律

$$u = -Kx + v \quad (v\text{ 为参考输入}) \tag{2-133}$$

使得通过反馈构成的闭环系统

$$\dot{x} = (A - BK)x + Bv \tag{2-134}$$

是渐近稳定的，也即其特征值均具有负实部，则称系统实现了状态反馈镇定。在镇定问题中，综合的目标不是要使闭环极点严格地配置到任意指定的一组位置上，而是使其配置于复数平面的左半平面上，因此这类问题属于极点区域配置问题，是指定极点配置的一类特殊情况。利用这一点，可以很容易导出镇定问题的相应结论。

根据极点配置的基本定理可知，如果系统 $\{A \quad B\}$ 为能控，则必存在状态反馈增益矩阵 K，使得 $(A-BK)$ 的全部特征值配置到任意指定的一组位置上。当然，这也包含了使 $\operatorname{Re}\lambda_i(A-BK) < 0, i=1,2,\cdots,n$（其中，$\lambda_i(A-BK)$ 代表矩阵 $A-BK$ 的特征值）。因此，$\{A \quad B\}$ 为能控是系统可由状态反馈实现镇定的充分条件。状态反馈镇定的充分必要条件则由下述结论给出。

结论 线性定常系统是由状态反馈实现可镇定的，当且仅当其不能控部分是渐

近稳定的。

证:

由 $\{A\ B\}$ 为不完全能控,则必可对其引入线性非奇异变换而进行结构分解:

$$\bar{A} = PAP^{-1} = \begin{bmatrix} \bar{A}_c & \bar{A}_{12} \\ 0 & \bar{A}_{\bar{c}} \end{bmatrix}, \bar{B} = PB = \begin{bmatrix} \bar{B}_c \\ 0 \end{bmatrix} \quad (2\text{-}135)$$

并且对任意 $\bar{K} = \begin{bmatrix} \bar{K}_1 & \bar{K}_2 \end{bmatrix}$ 可导出

$$\begin{aligned} \det(sI - A + BK) &= \det(sI - \bar{A} + \bar{B}\bar{K}) \\ &= \det\begin{bmatrix} sI - \bar{A}_c + \bar{B}_c\bar{K}_1 & -\bar{A}_{12} + \bar{B}_c\bar{K}_2 \\ 0 & sI - \bar{A}_{\bar{c}} \end{bmatrix} \\ &= \det(sI - \bar{A}_c + \bar{B}_c\bar{K}_1)\det(sI - \bar{A}_{\bar{c}}) \end{aligned} \quad (2\text{-}136)$$

但知 $\{\bar{A}_c\ \bar{B}_c\}$ 为能控,故必存在 $\bar{K}_1$,使 $\bar{A}_c - \bar{B}_c\bar{K}_1$ 的特征值均具有负实部,而状态反馈对不能控子系统的极点毫无影响。从而可知,欲使 $(A-BK)$ 的特征值具有负实部,也就是上述系统由状态反馈实现可镇定的充分必要条件是:不能控部分 $\bar{A}_{\bar{c}}$ 的特征值具有负实部。证毕。

(3) 极点配置问题

当反馈形式确定之后,极点配置问题就是依据希望的指定极点位置来计算反馈增益矩阵的问题。对于反馈问题,单输入系统的反馈增益阵是唯一的,多输入系统的反馈增益阵不唯一;但无论是单输入或多输入系统,只要系统状态完全能控,则系统的极点可以实现任意配置。关于状态反馈极点配置问题将在 2.6.2 节与 2.6.3 节中详细介绍。

2.6.2 单输入单输出系统的极点配置

由于一个系统的性能和它的极点位置密切相关,因此极点配置问题在系统设计中是很重要的。这里,需要解决两个问题:一个是建立极点可配置的条件。也就是给出受控系统可以利用状态反馈而任意地配置其闭环极点所应遵循的条件;另一个是确定满足极点配置要求的状态反馈增益矩阵 K 的算法。

1. 极点可配置条件

我们来给出利用状态反馈的极点可配置条件,应该说明得是,该条件既适用于单输入单输出系统,又适用于多输入多输出系统。

定理 设受控系统状态方程为

$$\dot{x} = Ax + Bu \tag{2-137}$$

要通过状态反馈的方法，使闭环系统的极点位于预先规定的位置上，其充分必要条件是系统完全能控。

证：

下面就单输入单输出系统的情况证明本定理。这时式（2-137）中的 B 为一列，记为 b。

先证充分性。考虑到一个单输入能控系统通过 $x = P^{-1}\bar{x}$ 的坐标变换可换成能控规范型

$$\dot{\bar{x}} = \bar{A}\bar{x} + \bar{b}u, y = \bar{C}\bar{x} \tag{2-138}$$

式中

$$\bar{A} = \begin{bmatrix} 0 & 1 & 0 & \cdots & 0 \\ 0 & 0 & 1 & \cdots & 0 \\ \vdots & \vdots & \vdots & & \vdots \\ 0 & 0 & 0 & \cdots & 1 \\ -a_0 & -a_1 & -a_2 & \cdots & -a_{n-1} \end{bmatrix}, \bar{b} = \begin{bmatrix} 0 \\ 0 \\ \vdots \\ 0 \\ 1 \end{bmatrix}, \bar{C} = \begin{bmatrix} \beta_{10} & \beta_{11} & \cdots & \beta_{1(n-1)} \\ \beta_{20} & \beta_{21} & \cdots & \beta_{2(n-1)} \\ \vdots & \vdots & & \vdots \\ \beta_{q0} & \beta_{q1} & \cdots & \beta_{q(n-1)} \end{bmatrix} \tag{2-139}$$

即 $\bar{A} = PAP^{-1}, \bar{b} = P \cdot b$，在单输入情况下，引入下列状态反馈

$$u = v - kx = v - kP^{-1}\bar{x} = v - \bar{k}\bar{x} \tag{2-140}$$

式中，$\bar{k} = kP^{-1}$，则引入状态反馈向量 $\bar{k} = \begin{bmatrix} \bar{k}_0 & \bar{k}_1 & \cdots & \bar{k}_{n-1} \end{bmatrix}$ 后，状态反馈构成的闭环系统状态阵为

$$\bar{A} - \bar{b}\bar{k} = \begin{bmatrix} 0 & 1 & 0 & \cdots & 0 \\ 0 & 0 & 1 & \cdots & 0 \\ \vdots & \vdots & \vdots & & \vdots \\ 0 & 0 & 0 & \cdots & 1 \\ (-a_0 - \bar{k}_0) & (-a_1 - \bar{k}_1) & (-a_2 - \bar{k}_2) & \cdots & (-a_{n-1} - \bar{k}_{n-1}) \end{bmatrix} \tag{2-141}$$

对于式（2-141）这种特殊形式的矩阵，很容易写出其闭环特征方程

$$\det\left[sI - (\bar{A} - \bar{b}\bar{k})\right] = s^n + (a_{n-1} + \bar{k}_{n-1})s^{n-1} + \cdots + (a_1 + \bar{k}_1)s + (a_0 + \bar{k}_0) = 0 \tag{2-142}$$

由式（2-142）可知，n 阶特征方程中的 n 个系数，可通过 $\bar{k}_0, \bar{k}_1, \cdots, \bar{k}_{n-1}$ 来独立地设置，也就是说 $(\bar{A} - \bar{b}\bar{k})$ 的特征值可以任意选择，即系统的极点可以任意配置。

再证必要性。如果系统 $\{A\ b\}$ 不能控，就说明系统的有些状态将不受 u 的控制。显然引入反馈时，企图通过控制量 u 来影响不能控的极点将是不可能的。至此，证

明完毕。

考虑到实际问题中几乎所有的系统都是能控的,因此通常总可利用状态反馈来控制系统的特征值即振型,而这正是状态反馈的重要特性之一。

2. 单输入单输出系统的极点配置算法

需要解决的是状态反馈增益矩阵的计算问题,这里给出一种规范算法:给定能控矩阵对 $\{A\ b\}$ 和一组期望的闭环特征值 $\{\lambda_1^*\ \lambda_2^*\ \cdots\ \lambda_n^*\}$,需确定 $(1\times n)$ 维的反馈增益矩阵 k,使 $\lambda_i^*(A-bk) = \lambda_i^*, i=1,2,\cdots,n$ 成立。

第 1 步:计算 A 的特征多项式,即
$$\det[sI-A] = s^n + a_{n-1}s^{n-1} + \cdots + a_1 s + a_0 \quad (2\text{-}143)$$

第 2 步:计算由 $\{\lambda_1^*\ \lambda_2^*\ \cdots\ \lambda_n^*\}$ 所决定的理想特征多项式,即
$$\alpha^*(s) = (s-\lambda_1^*)(s-\lambda_2^*)\cdots(s-\lambda_n^*) = s^n + a_{n-1}^* s^{n-1} + \cdots + a_1^* s + a_0^* \quad (2\text{-}144)$$

第 3 步:计算 $\bar{k} = \begin{bmatrix} a_0^* - a_0 & a_1^* - a_1 & \cdots & a_{n-1}^* - a_{n-1} \end{bmatrix}$;

第 4 步:计算变换矩阵
$$P^{-1} = \begin{bmatrix} A^{n-1}B & \cdots & AB & B \end{bmatrix} = \begin{bmatrix} 1 & 0 & \cdots & 0 & 0 \\ a_{n-1} & 1 & \cdots & 0 & 0 \\ \vdots & & \ddots & \ddots & \vdots \\ a_1 & a_2 & \cdots & a_{n-1} & 1 \end{bmatrix} \quad (2\text{-}145)$$

第 5 步:求 P;

第 6 步:所求的增益矩阵 $k = \bar{k} P$。

应说明的是,以上规范算法也适用于多输入多输出系统;求解具体问题也不一定化为能控规范型,可直接计算状态反馈系统的特征多项式 $\det(sI-A+bk)$,式中系数均为 k_i 的函数,与理想特征多项式的对应系数相比,便可确定 k_i。

例 2-5 单输入单输出系统极点配置算法示例。

给定单输入线性定常系统为
$$\dot{x} = \begin{bmatrix} 0 & 0 & 0 \\ 1 & -6 & 0 \\ 0 & 1 & -12 \end{bmatrix} x + \begin{bmatrix} 1 \\ 0 \\ 0 \end{bmatrix} u \quad (2\text{-}146)$$

在给定期望的一组闭环特征值为
$$\lambda_1^* = -2, \lambda_2^* = -1+j, \lambda_2^* = -1-j \quad (2\text{-}147)$$

易知系统为完全能控,故满足可配置条件。

现计算系统的特征多项式为

$$\det(s\mathbf{I}-\mathbf{A}) = \det\begin{bmatrix} s & 0 & 0 \\ -1 & s+6 & 0 \\ 0 & -1 & s+12 \end{bmatrix} = s^3+18s^2+72s \qquad (2\text{-}148)$$

进而计算

$$a^*(s) = \prod_{i=1}^{3}(s-\lambda_i^*) = (s+2)(s+1-j)(s+1+j) = s^3+4s^2+6s+4 \qquad (2\text{-}149)$$

于是，可求得

$$\bar{\mathbf{k}} = \begin{bmatrix} a_0^*-a_0 & a_1^*-a_1 & a_2^*-a_2 \end{bmatrix} = \begin{bmatrix} 4 & -66 & -14 \end{bmatrix} \qquad (2\text{-}150)$$

再来计算变换矩阵

$$\begin{aligned}
\mathbf{P}^{-1} &= \left(\begin{bmatrix} \mathbf{A}^2\mathbf{b} & \mathbf{A}\mathbf{b} & \mathbf{b} \end{bmatrix} \begin{bmatrix} 1 & 0 & 0 \\ a_2 & 1 & 0 \\ a_1 & a_2 & 1 \end{bmatrix} \right)^{-1} \\
&= \left(\begin{bmatrix} 0 & 0 & 1 \\ -6 & 1 & 0 \\ 1 & 0 & 0 \end{bmatrix} \begin{bmatrix} 1 & 0 & 0 \\ 18 & 1 & 0 \\ 72 & 18 & 1 \end{bmatrix} \right)^{-1} \\
&= \begin{bmatrix} 72 & 18 & 1 \\ 12 & 1 & 0 \\ 1 & 0 & 0 \end{bmatrix}^{-1} = \begin{bmatrix} 0 & 0 & 1 \\ 0 & 1 & -12 \\ 1 & -18 & 144 \end{bmatrix}
\end{aligned} \qquad (2\text{-}151)$$

$$\mathbf{k} = \bar{\mathbf{k}}\mathbf{P} = \begin{bmatrix} 4 & -66 & -14 \end{bmatrix} \begin{bmatrix} 0 & 0 & 1 \\ 0 & 1 & -12 \\ 1 & -18 & 144 \end{bmatrix} = \begin{bmatrix} -14 & 186 & -1220 \end{bmatrix} \qquad (2\text{-}152)$$

或令

$$a^*(s) = \det(s\mathbf{I}-\mathbf{A}+\mathbf{b}\mathbf{k}) = \begin{vmatrix} s+k_1 & k_2 & k_3 \\ -1 & s+6 & 0 \\ 0 & -1 & s+12 \end{vmatrix} \qquad (2\text{-}153)$$

于是 $k_1+18=4, 18k_1+k_2+76=6, 72k_1+12k_2+k_3=4$，同样可得 $k_1-14, k_2=186$, $k_3=-1220$。

3. 状态反馈对传递函数零点的影响

状态反馈在改变系统极点的同时，是否对系统零点有影响，下面对此问题做出具体分析。已知对于完全能控的单输入单输出线性定常受控系统，经适当的线性非

奇异变换可化为能控规范性
$$\dot{\bar{x}} = \bar{A}\bar{x} + \bar{b}u, y = \bar{c}\bar{x}$$

于是系统的传递函数 $G(s)$ 为

$$G(s) = c(sI-A)^{-1}b = \bar{c}(sI-\bar{A})^{-1}\bar{b}$$

$$= \frac{[\beta_0 \quad \beta_1 \quad \cdots \quad \beta_{n-1}]}{s^n + a_{n-1}s^{n-1} + \cdots a_1 s + a_0}\begin{bmatrix} \times & \cdots & \times & 1 \\ \times & \cdots & \times & s \\ \vdots & & \vdots & \vdots \\ \times & \cdots & \times & s^{n-1} \end{bmatrix}\begin{bmatrix} 0 \\ 0 \\ \vdots \\ 1 \end{bmatrix}$$

$$= \frac{\beta_{n-1}s^{n-1} + \cdots + \beta_1 s + \beta_0}{s^n + a_{n-1}s^{n-1} + \cdots a_1 s + a_0} \tag{2-154}$$

引入状态反馈后的闭环系统传递函数 $G_k(s)$ 为

$$G_k(s) = c(sI - A + bk)^{-1}b = \bar{c}(sI - \bar{A} + \bar{b}\bar{k})^{-1}\bar{b}$$

$$= \frac{[\beta_0 \quad \beta_1 \quad \cdots \quad \beta_{n-1}]}{s^n + a^*_{n-1}s^{n-1} + \cdots a^*_1 s + a^*_0}\begin{bmatrix} \times & \cdots & \times & 1 \\ \times & \cdots & \times & s \\ \vdots & & \vdots & \vdots \\ \times & \cdots & \times & s^{n-1} \end{bmatrix}\begin{bmatrix} 0 \\ 0 \\ \vdots \\ 1 \end{bmatrix}$$

$$= \frac{\beta_{n-1}s^{n-1} + \cdots + \beta_1 s + \beta_0}{s^n + a^*_{n-1}s^{n-1} + \cdots a^*_1 s + a^*_0} \tag{2-155}$$

上述推导表明，由于 $\mathrm{adj}(sI-\bar{A})$ 与 $\mathrm{adj}(sI-\bar{A}+\bar{b}\bar{k})$ 的第 n 列相同，故 $G(s)$ 与 $G_k(s)$ 的分子多项式相同，即闭环系统零点与受控系统零点相同，状态反馈对 $G(s)$ 的零点没有影响，唯使 $G(s)$ 的极点改变为闭环系统极点。然而可能有如下情况：引入状态反馈后恰巧使某些极点移到 $G(s)$ 的零点处而构成极、零点对消，这时既失去了一个系统零点，又失去了一个系统极点，并且造成了被对消掉的那些极点（即振型）成为不能观测，这也是对状态反馈可能使系统失去能观测性的一个直观解释。

2.6.3 多输入多输出系统的极点配置

设能控的多输入多输出受控系统动态方程为

$$\dot{x} = Ax + Bu, y = Cx \tag{2-156}$$

引入状态反馈控制规律 $u = v - Kx$，式中 K 为 $p \times n$ 矩阵，则闭环系统动态方程为

$$\dot{x} = (A - BK)x + Bv, y = Cx \tag{2-157}$$

适当选择 K 阵的 $p \times n$ 个元素，虽为任意配置 n 个闭环极点提供了很大灵活性，但通常包含大量的数值计算、K 阵选择不唯一，导致传递函数矩阵不唯一，系统动态响应特性并不相同，这些是多变量系统极点配置问题的特点。

常用的多变量系统极点配置方法有两种：其中一种能显著降低 K 阵的计算量，它是人为地对 K 阵的结构加以限制，即不采用满秩结构（rank $K = p$），而采用单位秩结构（rank $K = 1$），这时可将多输入多输出系统化为等价的单输入系统，于是可进而采用单输入系统的极点配置算法。另一种是化为龙伯格能控规范型的极点配置算法，依该法所选的 K 阵，可使系统有良好的动态响应。下面来分别介绍这两种方法。

1. 化多输入多输出系统为等价单输入系统的极点配置算法（算法 1）

当 K 阵取为单位秩矩阵，则 K 阵只有一个独立的行或列，即 $K = \rho k$，式中 ρ 为 $(p \times 1)$ 向量，k 为 $(1 \times n)$ 向量，于是 $u = v - \rho k x$，闭环动态方程为 $\dot{x} = (A - B k \rho) x + B v$。

再来看单输入单输出受控系统，设能控的动态方程为 $\dot{x} = Ax + B \rho u, y = Cx$，引入状态反馈 $u = v - kx$，则闭环动态方程为 $\dot{x} = (A - B \rho k) x + B \rho v$。显见二者的闭环状态阵相同，具有相同的闭环极点，故 K 取单位秩结构的实质就是化多输入多输出系统为等价的单输入系统，这里等价的含义是指闭环极点配置等价。

K 阵取单位秩结构以后，其中含 $(p+n)$ 个待定元素，通常由设计者任意规定 ρ 的 p 个元素，只待确定 k 的 n 个元素以配置 n 个极点。然而，化成的等价单输入系统必须满足能控的条件，才能以 $u = v - kx$ 来任意配置极点，即要求

$$\text{rank} \begin{bmatrix} B\rho & A(B\rho) & \cdots & A^{n-1}(B\rho) \end{bmatrix} = n \tag{2-158}$$

但怎样才能使一个能控的多输入多输出受控系统，化成一个能控的等价单输入受控系统呢？这里要用到循环矩阵的概念。

（1）循环矩阵及其属性

如果系统矩阵 A 的特征多项式 $\det(sI - A)$ 等同于其最小多项式 $\varphi(s)$，则称其为循环矩阵。或者说，预解矩阵 $(sI - A)^{-1}$ 不可化简，即 $\det(sI - A)$ 与 $\text{adj}(sI - A)$ 之间无公因子，则 A 为循环矩阵，它有如下一些特性：

1）将循环矩阵 A 化为若尔当（Jordan）规范型后，每一个不同的特征值仅有一个 Jordan 块。

2）如果 A 的所有特征值两两相异，则 A 必定是循环矩阵。

3）若 A 为循环矩阵，其循环特性是指：必存在一个向量 b 使向量组 $\{b \quad Ab \quad \cdots \quad A^{n-1}b\}$ 为 n 维空间，即 $\{A \quad B\}$ 能控。

4）若 $\{A\ \ B\}$ 能控，且 A 为循环矩阵，则对几乎任意的 $p\times 1$ 维实向量 ρ，使单输入系统的矩阵对 $\{A\ \ B\rho\}$ 为能控（这也是可化为等价单输入系统任意配置极点的充要条件）。

5）若 A 为非循环矩阵，但 $\{A\ \ B\}$ 能控，则对几乎任意的 $p\times n$ 实矩阵 K，$(A-BK)$ 为循环。

下面我们仅对特性 1 做证明，其余特性可自行推导。

证：

设 $\lambda_1,\lambda_2,\cdots,\lambda_n$ 为 A 的两两相异的特征值，且其重数分别为 $m_1,m_2,\cdots,m_a$，则可知 A 的特征多项式为

$$\det(sI-A)=\prod_{i=1}^{a}(s_i-\lambda_i)^{m_i} \qquad (2\text{-}159)$$

再将 A 的 Jordan 规范型表示为

$$\hat{A}=\begin{bmatrix}J_1 & & & \\ & J_2 & & \\ & & \ddots & \\ & & & J_a\end{bmatrix},\ J_j^{m_i\times m_i}=\begin{bmatrix}J_{i1} & & & \\ & J_{i2} & & \\ & & \ddots & \\ & & & J_{ir}\end{bmatrix},\ J_{ij}^{m_{ij}\times m_{ij}}=\begin{bmatrix}\lambda_i & 1 & & \\ & \lambda_i & \ddots & \\ & & \ddots & 1 \\ & & & \lambda_i\end{bmatrix} \qquad (2\text{-}160)$$

且有 $(m_{i1}+m_{i2}+\cdots+m_{ir})=m_i, m_1+m_2+\cdots m_a=n$。令 $\overline{m_i}=\max\{m_{i1}\ \ m_{i2}\ \ \cdots\ \ m_{ir}\}$，则由矩阵理论可知 $\hat{A}$（也即 A）的最小多项式 $\varphi(s)$ 为

$$\varphi(s)=\prod_{i=1}^{a}(s-\lambda_i)^{\overline{m_i}} \qquad (2\text{-}161)$$

于是，利用循环矩阵的定义，并由式（2-161）可知：A 为循环矩阵，当且仅当 $\overline{m_i}=m$，也即 A 的 Jordan 规范型中的每一个不同的特征值仅有一个 Jordan 块。至此，证明完毕。

下面通过举例来补充说明：

设 $A=\mathrm{diag}\{\lambda_1\ \ \lambda_2\ \ \lambda_3\}$，则 $\det(sI-A)=\varphi(s)=(s-\lambda_1)(s-\lambda_2)(s-\lambda_3)$，故 A 为循环矩阵。比时 $\mathrm{adj}(sI-A)=\mathrm{diag}\{(s-\lambda_2)(s-\lambda_3)\ \ (s-\lambda_1)(s-\lambda_3)\ \ (s-\lambda_1)(s-\lambda_2)\}$，显然 $\det(sI-A)$ 与 $\mathrm{adj}(sI-A)$ 之间无公因子，有 $\mathrm{adj}(sI-A)|_{s=\lambda_j}\neq 0, j=1,2,3$，则 A 为循环矩阵。

已知多输入多输出系统 A、B 分别为

$$A = \begin{bmatrix} 3 & 1 & 0 & 0 & 0 \\ 0 & 3 & 1 & 0 & 0 \\ 0 & 0 & 3 & 0 & 0 \\ 0 & 0 & 0 & 2 & 1 \\ 0 & 0 & 0 & 0 & 2 \end{bmatrix}, \quad B = \begin{bmatrix} 0 & 4 \\ 0 & 0 \\ 2 & 1 \\ 4 & 3 \\ 2 & 0 \end{bmatrix} \qquad (2\text{-}162)$$

易知 $\{A \quad B\}$ 能控,且 A 为循环矩阵。其等价的单输入系统 $\{A \quad B\rho\}$,其中

$$B\rho = B\begin{bmatrix} \rho_1 \\ \rho_2 \end{bmatrix} = \begin{bmatrix} 0 & 4 \\ 0 & 0 \\ 2 & 1 \\ 4 & 3 \\ 2 & 0 \end{bmatrix}\begin{bmatrix} \rho_1 \\ \rho_2 \end{bmatrix} = \begin{bmatrix} 4\rho_2 \\ 0 \\ 2\rho_1 + \rho_2 \\ 4\rho_1 + 3\rho_2 \\ 2\rho_1 \end{bmatrix} \qquad (2\text{-}163)$$

只需满足 $2\rho_1 + \rho_2 \neq 0$ 及 $2\rho_1 \neq 0$ 便能保证 $\{A \quad B\rho\}$ 能控。唯有 $\rho_1 = 0$ 或 / 和 $\rho_2 / \rho_1 = -2$ 时 $\{A \quad B\rho\}$ 不能控,故有特性 4。

设 A、B 分别为

$$A = \begin{bmatrix} -1 & 0 \\ 0 & -1 \end{bmatrix}, \quad B = \begin{bmatrix} 1 & 1 \\ 0 & 1 \end{bmatrix} \qquad (2\text{-}164)$$

易知 $\{A \quad B\}$ 能控,但 A 为非循环矩阵。用任意的状态反馈矩阵如 $K_1 = \begin{bmatrix} a & 0 \\ 0 & 0 \end{bmatrix}$,其中 a 为任意非零值,其闭环状态阵为 $A - BK_1 = \begin{bmatrix} -1-a & 0 \\ 0 & -1 \end{bmatrix}$,其特征值两两相异,故 $(A - BK_1)$ 为循环矩阵,即保障了 $\{(A - BK_1) \quad B\rho\}$ 的能控性,故有特性 5。通常 K_1 的结构尽可能简单,a 数值尽可能小,便可满足循环性要求。于是对非循环的受控对象的极点配置问题需分两步进行:第一步引入 K_1 消去 A 的非循环性,显然这不会改变受控对象的能控性,$\{(A - BK_1) \quad B\}$ 是能控矩阵对;第二步再引入单位秩状态反馈矩阵 $K_2 = \rho k$ 来配置极点。对原受控对象来说,总的状态反馈矩阵 K 为

$$K = K_1 + K_2 = K_1 + \rho k \qquad (2\text{-}165)$$

(2)多输入多输出系统极点配置定理

若式(2-156)所示受控对象能控,则通过线性状态反馈 $u = v - Kx$ 可对 $(A - BK)$ 的特征值任意配置,式中 K 为 $p \times n$ 实常矩阵。

证:

若 A 为非循环矩阵,先引入 $u = w - K_1 x$ 使得

$$\dot{x} = (A - BK_1)x + Bw \qquad (2\text{-}166)$$

式中，$\bar{A} \triangleq A - BK_1$ 是循环的，因为 $\{A \quad B\}$ 能控，所以 $\{\bar{A} \quad B\}$ 也能控，因而存在一个 $p \times 1$ 维实向量 ρ 使得 $\{\bar{A} \quad B\rho\}$ 也能控。

现引入另一状态反馈 $w = v - K_2 x$，且取 $K_2 = \rho k$，其中 k 是 $1 \times n$ 实向量。于是式（2-166）成为

$$\dot{x} = (\bar{A} - BK_2)x + Bv = (\bar{A} - B\rho k)x + Bv \tag{2-167}$$

由于 $\{\bar{A} \quad B\rho\}$ 能控，则借助于选择 k，就能任意配置 $(\bar{A} - B\rho k)$ 的特征值，将状态反馈 $u = w - K_1 x$ 与状态反馈 $w = v - K_2 x$ 结合起来，便可得到

$$u = v - (K_1 + K_2)x \triangleq v - Kx \tag{2-168}$$

式中，K 为状态反馈矩阵，如图 2-78 所示，定理得证。若 $\{A \quad B\}$ 不能控，则将它们变换成

$$\begin{bmatrix} \bar{A}_{11} & \bar{A}_{12} \\ 0 & \bar{A}_{22} \end{bmatrix}, \begin{bmatrix} \bar{B}_1 \\ 0 \end{bmatrix} \tag{2-169}$$

这时任何状态反馈向量都不能影响 $\bar{A}_{22}$ 的特征值。因此我们断定，能够任意配置 $A - BK$ 的特征值的充分必要条件是 $\{A \quad B\}$ 能控。

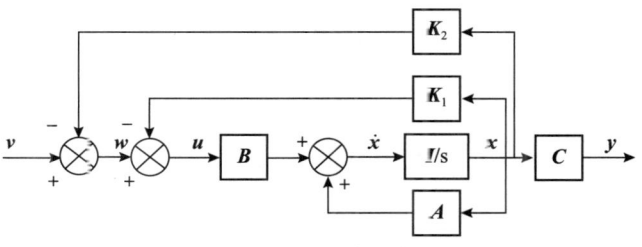

图 2-78 多变量动态方程的状态反馈

（3）极点配置算法步骤

给定能控矩阵对 $\{A \quad B\}$ 和一组期望的闭环特征值 $\{\lambda_1^* \quad \lambda_2^* \quad \cdots \quad \lambda_n^*\}$，要确定 $p \times n$ 维反馈增益矩阵 K，使式 $\lambda_i(A - BK) = \lambda_i^*, i = 1, 2, \cdots, n$ 成立。

第1步：判断 A 是否为循环矩阵，若不是，选取一个 $p \times n$ 阶常阵 K_1 使 $\{A - BK_1\}$ 为循环矩阵，并定义 $\bar{A} = A - BK_1$；若是，则直接选取 $\bar{A} = A$。

第2步：对循环矩阵 $\bar{A}$，通过适当选取一个 $p \times 1$ 维实常向量 ρ，使 $\{\bar{A} \quad B\rho\}$ 为能控。

第3步：对于等价单输入问题 $\{\bar{A} \quad B\rho\}$，运用单输入极点配置问题的算法求出增益向量 k。

第4步：当 A 为循环时，所求增益矩阵 $K = \rho k$；当 A 为非循环时，所求的增益矩阵则为 $K = \rho k + K_1$。

容易看出，在这一算法中，K_1 和 ρ 的选取不是唯一的，有着一定的任意性。从

工程实现的角度而言，通常总是希望 K_1 和 ρ 的选取使得 K 的各个元素尽可能小。但是，总的来说，由这种算法得到的 K 的各反馈增益值往往偏大。

2. 化多输入多输出系统为龙伯格能控规范型的极点配置算法（算法 2）

能控的多输入多输出系统可化为龙伯格能控规范型，其 $\overline{A}$ 的对角线上的 Jordan 块，均为维数由能控性指数集确定的酉矩阵，当引入状态反馈阵 $\overline{K}$ 以后，其 $(\overline{A} - \overline{B}\overline{K})$ 仍为结构形式相同的龙伯格能控规范型。若将期望闭环极点按该规范型 Jordan 块的维数进行分组，分别确定各组的多项式，便可构造仅含酉矩阵的对角线分块矩阵 $(\overline{A}^* - \overline{B}^* \overline{K}^*)$，将它作为期望闭环状态阵，经与 $(\overline{A} - \overline{B}\overline{K})$ 相比较便能确定 $\overline{K}$ 阵诸元素。

（1）极点配置算法步骤

为了叙述简便，结合一个 $n=9$，$p=3$ 的一般性例子来说明算法步骤。

第 1 步：把能控矩阵对 $\{A \ \ B\}$ 化成龙伯格规范性，例如

$$\overline{A} = S^{-1}AS = \begin{bmatrix} 0 & 1 & 0 & 0 & 0 & 0 & 0 & 0 & 0 \\ 0 & 0 & 1 & 0 & 0 & 0 & 0 & 0 & 0 \\ -a_{10} & -a_{11} & -a_{12} & \beta_{14} & \beta_{15} & \beta_{16} & \beta_{17} & \beta_{18} & \beta_{19} \\ 0 & 0 & 0 & 0 & 1 & 0 & 0 & 0 & 0 \\ \beta_{21} & \beta_{22} & \beta_{23} & -a_{20} & -a_{21} & \beta_{26} & \beta_{27} & \beta_{28} & \beta_{29} \\ 0 & 0 & 0 & 0 & 0 & 0 & 1 & 0 & 0 \\ 0 & 0 & 0 & 0 & 0 & 0 & 0 & 1 & 0 \\ 0 & 0 & 0 & 0 & 0 & 0 & 0 & 0 & 1 \\ \beta_{31} & \beta_{32} & \beta_{33} & \beta_{34} & \beta_{35} & -\alpha_{30} & -\alpha_{31} & -\alpha_{30} & -\alpha_{33} \end{bmatrix} \quad （2\text{-}170）$$

$$\overline{B} = S^{-1}B = \begin{bmatrix} 0 & 0 & 0 \\ 0 & 0 & 0 \\ 1 & r & 0 \\ 0 & 0 & 0 \\ 0 & 1 & 0 \\ 0 & 0 & 0 \\ 0 & 0 & 0 \\ 0 & 0 & 0 \\ 0 & 0 & 1 \end{bmatrix} \quad （2\text{-}171）$$

式中，S 为线性变换矩阵。

第 2 步：把给定的期望闭环特征值 $\{\lambda_1^* \ \ \lambda_2^* \ \ \cdots \ \ \lambda_9^*\}$ 按龙伯格规范型 $\overline{A}$ 的对角线块阵的维数排列，相应地计算如下：

$$a_1^*(s) = (s - \lambda_1^*)(s - \lambda_2^*)(s - \lambda_3^*) = s^3 + a_{12}^* s^2 + a_{11}^* s + a_{10}^*$$

$$a_2^*(s) = (s - \lambda_4^*)(s - \lambda_5^*) = s^2 + a_{21}^* s + a_{20}^* \quad (2\text{-}172)$$

$$c_1^*(s) = (s - \lambda_6^*)(s - \lambda_7^*)(s - \lambda_8^*)(s - \lambda_9^*) = s^4 + a_{33}^* s^3 + a_{32}^* s^2 + a_{31}^* s + a_{30}^* \quad (2\text{-}173)$$

构造期望闭环状态阵如下：

$$\overline{A}^* - \overline{B}^* \overline{K}^* = \begin{bmatrix} 0 & 1 & 0 & 0 & 0 & 0 & 0 & 0 & 0 \\ 0 & 0 & 1 & 0 & 0 & 0 & 0 & 0 & 0 \\ -a_{10}^* & -a_{11}^* & -a_{12}^* & 0 & 0 & 0 & 0 & 0 & 0 \\ 0 & 0 & 0 & 0 & 1 & 0 & 0 & 0 & 0 \\ 0 & 0 & 0 & -a_{20}^* & -a_{21}^* & 0 & 0 & 0 & 0 \\ 0 & 0 & 0 & 0 & 0 & 0 & 1 & 0 & 0 \\ 0 & 0 & 0 & 0 & 0 & 0 & 0 & 1 & 0 \\ 0 & 0 & 0 & 0 & 0 & 0 & 0 & 0 & 1 \\ 0 & 0 & 0 & 0 & 0 & -a_{30}^* & -a_{31}^* & -a_{32}^* & -a_{33}^* \end{bmatrix} \quad (2\text{-}173)$$

期望特征多项式为

$$\det(sI - \overline{A}^* + \overline{B}^* \overline{K}^*) = a_1^*(s) a_2^*(s) a_3^*(s) = \prod_{i=1}^{9} (s - \lambda_i) \quad (2\text{-}174)$$

第3步：由 $(\overline{A} - \overline{B}\overline{K})$ 与 $(\overline{A}^* - \overline{B}^* \overline{K}^*)$ 相比较确定 $\overline{K}$，其中

$$\overline{A} - \overline{B}\overline{K} = \begin{bmatrix} 0 & 1 & 0 & 0 \\ 0 & 0 & 1 & 0 \\ -a_{10} - k_{11} - rk_{21} & -a_{11} - k_{12} - rk_{22} & -a_{12} - k_{13} - rk_{23} & \beta_{14} - k_{14} - rk_{24} \\ 0 & 0 & 0 & 0 \\ \beta_{21} - k_{21} & \beta_{22} - k_{22} & \beta_{23} - k_{23} & -a_{20} - k_{24} \\ 0 & 0 & 0 & 0 \\ 0 & 0 & 0 & 0 \\ 0 & 0 & 0 & 0 \\ \beta_{31} - k_{31} & \beta_{32} - k_{32} & \beta_{33} - k_{33} & \beta_{34} - k_{34} \end{bmatrix}$$

$$\begin{matrix} 0 & 0 & 0 & 0 & 0 \\ 0 & 0 & 0 & 0 & 0 \\ \beta_{15} - k_{15} - rk_{25} & \beta_{16} - k_{16} - rk_{26} & \beta_{17} - k_{17} - rk_{27} & \beta_{18} - k_{18} - rk_{28} & \beta_{19} - k_{19} - rk_{29} \\ 1 & 0 & 0 & 0 & 0 \\ -a_{21} - k_{25} & \beta_{22} - k_{22} & \beta_{26} - k_{26} & \beta_{26} - k_{26} & \beta_{29} - k_{29} \\ 0 & 0 & 0 & 0 & 0 \\ 0 & 0 & 0 & 0 & 0 \\ 0 & 0 & 0 & 0 & 0 \\ \beta_{35} - k_{35} & -a_{30} - k_{37} & -a_{31} - k_{38} & -a_{32} - k_{38} & -a_{33} - k_{39} \end{matrix} \quad (2\text{-}175)$$

令 $\det(sI - A + BK) = \det\left(sI - \overline{A}^* + \overline{B}^*\overline{K}^*\right)$,故 $\overline{K}$ 为

$$\overline{K} = \begin{bmatrix} a_{10}^* - a_{10} - r\beta_{21} & a_{11}^* - a_{11} - r\beta_{22} & a_{12}^* - a_{12} - r\beta_{23} \\ \beta_{21} & \beta_{22} & \beta_{23} \\ \beta_{31} & \beta_{32} & \beta_{23} \\ \beta_{14} - r(a_{20}^* - a_{20}) & \beta_{15} - r(a_{21}^* - a_{21}) & \beta_{16} - r\beta_{26} \\ a_{20}^* - a_{20} & a_{21}^* - a_{21} & \beta_{26} \\ \beta_{34} & \beta_{25} & a_{30}^* - a_{30} \\ \beta_{17} - r\beta_{27} & \beta_{18} - r\beta_{28} & \beta_{19} - r\beta_{29} \\ \beta_{27} & \beta_{28} & \beta_{29} \\ a_{31}^* - a_{31} & a_{32}^* - a_{32} & a_{33}^* - a_{33} \end{bmatrix} \qquad (2\text{-}176)$$

第 4 步：据下列各式计算化为龙伯格规范能控型的变换矩阵 S^{-1}：

$$P = \begin{bmatrix} b_1 & Ab_1 & \cdots & A^{\sigma_1 - 1}b_1 \vdots \cdots \vdots b_m & Ab_m & \cdots & A^{\sigma_m - 1}b_m \end{bmatrix}$$

式中，$\{\sigma_1 \ \cdots \ \sigma_m\}$ 为能控性指数集。求 P^{-1} 并按行分块，第 1 行块含 σ_1 行，第 m 行块含 σ_m 行；再由各行块的末行按规则构造变换矩阵 S^{-1}，其中 P^{-1}、S^{-1} 分别记为

$$P^{-1} = \begin{bmatrix} \underbrace{l_{11}^T \ \cdots \ l_{1\sigma_1}^T}_{\sigma_1 \text{行}} \vdots \cdots \vdots \underbrace{l_{m1}^T \ \cdots \ l_{m\sigma_m}^T}_{\sigma_m \text{行}} \end{bmatrix}_{n \times n}^T \qquad (2\text{-}177)$$

$$S^{-1} = \begin{bmatrix} \underbrace{l_{1\sigma_1}^T \ l_{1\sigma_1}^T A \ \cdots \ l_{1\sigma_1}^T A^{\sigma_1 - 1}}_{\sigma_1 \text{行}} \vdots \cdots \vdots \underbrace{l_{m\sigma_m}^T \ l_{m\sigma_m}^T A \ \cdots \ l_{m\sigma_m}^T A^{\sigma_m - 1}}_{\sigma_m \text{行}} \end{bmatrix}_{n \times n}^T \qquad (2\text{-}178)$$

第 5 步：所求的状态反馈增益矩阵即为

$$K = \overline{K} S^{-1} \qquad (2\text{-}179)$$

这种计算过程是很规范化的，计算过程中，主要的计算工作为计算变换矩阵 S^{-1} 和导出龙伯格规范型 $\{\overline{A} \ \overline{B}\}$。而且，由这一算法所求得的 K 阵诸元的数值比由算法 1 确定出的结果要小得多，这是这种算法的一个优点。并且，如果龙伯格规范型 $\overline{A}$ 中对角线块阵的个数越多（即子块的维数越小），则这个优点就越明显。

（2）两种极点配置算法对比举例

下面通过一个计算实例，对比上述两种算法的优缺点。

例 2-6 两种极点配置算法对比示例。

给定多输入线性定常系统为规范型：

$$\dot{x} = \begin{bmatrix} 0 & 1 & 0 & 0 & 0 \\ 0 & 0 & 1 & 0 & 0 \\ 3 & 1 & 0 & 1 & 2 \\ 0 & 0 & 0 & 0 & 1 \\ 4 & 3 & 1 & -1 & -4 \end{bmatrix} x + \begin{bmatrix} 0 & 0 \\ 0 & 0 \\ 1 & 0 \\ 0 & 0 \\ 0 & 1 \end{bmatrix} u \qquad (2\text{-}180)$$

再给定期望的一组闭环特征值为

$$\lambda_1^* = -1, \lambda_{2,3}^* = -2 \pm j, \lambda_{4,5}^* = -1 \pm j2 \qquad (2\text{-}181)$$

方案 1：利用算法 1，先求出

$$a_1^* = (s+1)(s+2-j)(s+2+j) = s^3 + 5s^2 + 9s + 5 \qquad (2\text{-}182)$$

$$a_2^* = (s+1-j2)(s+1+j2) = s^2 + 2s + 5$$

再根据反馈阵的算式，即得

$$K = \begin{bmatrix} 8 & 10 & 5 & 1 & 2 \\ 4 & 3 & 1 & 4 & -2 \end{bmatrix} \qquad (2\text{-}183)$$

并且，容易得出，希望的反馈系统的系统矩阵为

$$A - BK = \begin{bmatrix} 0 & 1 & 0 & 0 & 0 \\ 0 & 0 & 1 & 0 & 0 \\ -5 & -9 & -5 & 0 & 0 \\ 0 & 0 & 0 & 0 & 1 \\ 0 & 0 & 0 & -5 & -2 \end{bmatrix} \qquad (2\text{-}184)$$

而其特征多项式就是

$$\det(sI - A + BK) = (s^3 + 5s^2 + 9s + 5)(s^2 + 2s + 5) \qquad (2\text{-}185)$$

从而满足极点配置要求。

方案 2：利用算法 2，先求出

$$a^*(s) = \prod_{i=1}^{5}(s - \lambda_i^*) = s^5 + 7s^4 + 24s^3 + 48s^2 + 55s + 25 \qquad (2\text{-}186)$$

可知期望的闭环系统矩阵应为

$$A - BK = \begin{bmatrix} 0 & 1 & 0 & 0 & 0 \\ 0 & 0 & 1 & 0 & 0 \\ 0 & 0 & 0 & 1 & 0 \\ 0 & 0 & 0 & 0 & 1 \\ -25 & -55 & -48 & -24 & -7 \end{bmatrix} \qquad (2\text{-}187)$$

于是，利用给出的矩阵 A 和上述得到的矩阵 $(A-BK)$，可得

$$BK = \begin{bmatrix} 0 & 0 & 0 & 0 & 0 \\ 0 & 0 & 0 & 0 & 0 \\ 3 & 1 & 0 & 0 & 2 \\ 0 & 0 & 0 & 0 & 0 \\ 29 & 58 & 49 & 23 & 3 \end{bmatrix} = \begin{bmatrix} 0 & 0 \\ 0 & 0 \\ 1 & 0 \\ 0 & 0 \\ 0 & 1 \end{bmatrix} K \tag{2-188}$$

由此可定出所要求的反馈增益矩阵为

$$K = \begin{bmatrix} 3 & 1 & 0 & 0 & 2 \\ 29 & 58 & 49 & 23 & 3 \end{bmatrix} \tag{2-189}$$

比较两种方案所得的增益矩阵可知，一般来说，按算法 1 导出的 K 中元素的值从整体上要小于按算法 2 导出的 K 中的元素。

（3）状态反馈对多输入多输出系统传递函数矩阵的零点的影响

已知单变量系统引入状态反馈后，通常不改变传递函数零点，该结论对于多输入多输出系统也是适用的，即状态反馈通常不改变传递函数矩阵的零点。但是，传递函数矩阵的诸元的分子多项式是受状态反馈影响而改变的，详见下面举例。

例 2-7 状态反馈对传递函数矩阵零点的影响。

考虑一个双输入双输出线性定常系统，其系数矩阵为

$$A = \begin{bmatrix} 1 & 0 & 0 \\ 0 & 2 & 0 \\ 0 & 0 & 3 \end{bmatrix}, B = \begin{bmatrix} 1 & 0 \\ 0 & 1 \\ 1 & 1 \end{bmatrix}, C = \begin{bmatrix} 1 & 0 & 2 \\ 2 & 1 & 0 \end{bmatrix} \tag{2-190}$$

容易算出，此系统的传递函数矩阵为

$$G(s) = \begin{bmatrix} \dfrac{3s-5}{(s-1)(s-3)} & \dfrac{2}{s-3} \\ \dfrac{2}{s-1} & \dfrac{1}{s-2} \end{bmatrix} \tag{2-191}$$

$G(s)$ 的极点是 $\lambda_1=1, \lambda_2=2, \lambda_3=3$；$G(s)$ 的零点是 $z=3$。

现引入状态反馈控制，其状态反馈增益矩阵为

$$K = \begin{bmatrix} -6 & -15 & 15 \\ 0 & 3 & 0 \end{bmatrix} \tag{2-192}$$

即可导出状态反馈系统的各系数矩阵为

$$A-BK = \begin{bmatrix} 7 & 15 & -15 \\ 0 & -1 & 0 \\ 6 & 12 & -12 \end{bmatrix}, B = \begin{bmatrix} 1 & 0 \\ 0 & 1 \\ 1 & 1 \end{bmatrix}, C = \begin{bmatrix} 1 & 0 & 2 \\ 2 & 1 & 0 \end{bmatrix} \tag{2-193}$$

并且，相应地，闭环系统的传递函数矩阵为

$$G_k(s) = \begin{bmatrix} \dfrac{3s-5}{(s+2)(s+3)} & \dfrac{2s^2+12s-7}{(s+1)(s+2)(s+3)} \\ \dfrac{2(s-3)}{(s+2)(s+3)} & \dfrac{(s-3)(s+8)}{(s+1)(s+2)(s+3)} \end{bmatrix} \quad (2\text{-}194)$$

比较 $G_k(s)$ 和 $G(s)$ 不难看到，状态反馈的引入，使 $G_k(s)$ 的极点移动到 $\lambda_1^* = -1, \lambda_2^* = -2, \lambda_3^* = -3$，但 $G_k(s)$ 的零点仍为 $z = 3$，$G_k(s)$ 的大部分传递函数的零点与 $G(s)$ 的传递函数的零点不同。

利用状态反馈可影响受控系统的 $G(s)$ 的传递函数的极点这一结论，并注意到极点配置问题中反馈增益矩阵的不唯一性，我们不难得出推论：对于可实现相同极点配置的两个不同的反馈增益矩阵 K_1 和 K_2，其相应的闭环系统的传递函数矩阵 $C(sI-A+BK_1)^{-1}B$ 和 $C(sI-A+BK_2)^{-1}B$ 一般是不相同的，从而也将有不同的状态运动响应和输出响应。

显然，在极点配置问题中，应当选取同时使增益值较小且瞬态响应较好的反馈增益矩阵解。通常情况下，按照算法二导出的反馈增益矩阵 K，其结果优于其他算法导出的结果。

第 3 章 |Chapter 3|

飞机飞行动力学基础

3.1 固定翼无人机飞行动力学基础

3.1.1 固定翼无人机的基本性能

对于一架飞机而言,其设计好坏最直观的体现是飞行性能,谈到飞机的飞行性能,我们通常会想到"它能飞多快?能飞多高?能飞多远?能飞多久?爬升得有多快、多陡?它需要多长的跑道?"等等一系列的问题,这些都是飞机性能要讨论的问题。

由此可见,飞机基本性能的研究内容为飞机在外力作用下质心的运动规律和飞机的极限飞行能力,所采用的数学模型为飞机的三自由度运动学模型[51]。

我们首先推导铅锤面内的飞机运动方程,铅锤面内的飞机受力如图 3-1 所示。

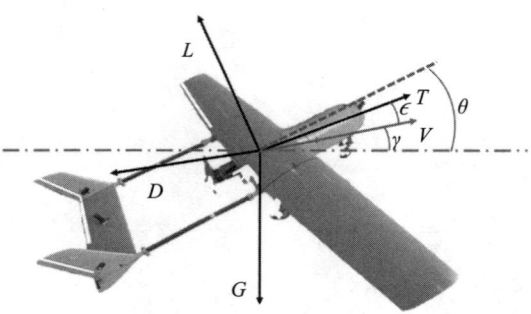

图 3-1 固定翼无人机铅锤面内的受力分析图

作用于飞机上的力有垂直于飞行速度的升力 L、平行于飞行轨迹且与飞行速度相反的阻力 D、与飞行轨迹成夹角的向前推力 T 以及指向地心的重力 G。

对沿飞行轨迹和垂直于飞行轨迹的力进行分解,可得到飞机的动力学方程,有

$$T\cos\epsilon - D - G\sin\gamma = \frac{G}{g}\frac{dV}{dt} \quad (3\text{-}1)$$

$$T\sin\epsilon + L - G\cos\gamma = \frac{G}{g}\frac{V^2}{R} \quad (3\text{-}2)$$

通常情况下固定翼无人机的推力倾斜角 ϵ 较小，则式（3-1）、式（3-2）可化简得到

$$T - D - G\sin\gamma = \frac{G}{g}\frac{dV}{dt} \tag{3-3}$$

$$L - G\cos\gamma = \frac{G}{g}\frac{V^2}{R} \tag{3-4}$$

根据此动力学方程得到的飞机性能为动态性能（有限加速度），包括起飞性能（起飞滑跑距离、离地速度、起飞距离）、着陆性能（进场距离、接地速度、着陆滑跑距离、着陆距离）、机动性（盘旋过载）和敏捷性等。

当飞机处于定常直线运动时，有

$$T - D - G\sin\gamma = 0 \tag{3-5}$$

$$L - G\cos\gamma = 0 \tag{3-6}$$

基于此情况的飞机性能为静态性能（加速度为零），包括平飞性能（最大/最小速度）、上升性能（升限、爬升率）、下降性能（下降角、下降率）、航程与航时等[52]。

3.1.2 纵向/横向/航向静稳定性与操纵性

飞机的纵向/横向/航向静稳定性与操纵性研究内容为外界扰动或操纵下的飞机的运动特性、飞机保持和改变飞行状态的能力。所研究的数学模型为刚体（六自由度）动力学模型。

在平衡状态的基础上，受到瞬时扰动是否有恢复到原来平衡状态的趋势，称为静稳定性。从一个平衡状态转入另外一个平衡状态，所需的最终操纵机构偏转角或者驾驶杆力，称为静操纵性[53]。

1. 纵向静稳定性与操纵性

当飞机受到迎角（α）扰动后，如果扰动诱发的是低头力矩，则它起的是稳定作用，因为它有使飞机回到初始迎角的趋势；如果诱发的是抬头力矩，则它起的是不稳定作用，因为它有使飞机迎角增大，使飞机失速的趋势，即当

$$\frac{dM}{d\alpha} < 0 \tag{3-7}$$

或用系数形式表达有

$$\frac{dC_m}{d\alpha} < 0 \tag{3-8}$$

时，飞机具有纵向静稳定性；而当

$$\frac{\mathrm{d}M}{\mathrm{d}\alpha} > 0 \qquad (3\text{-}9)$$

或

$$\frac{\mathrm{d}C_\mathrm{m}}{\mathrm{d}\alpha} > 0 \qquad (3\text{-}10)$$

时，飞机纵向静不稳定；当

$$\frac{\mathrm{d}M}{\mathrm{d}\alpha} = 0 \qquad (3\text{-}11)$$

或

$$\frac{\mathrm{d}C_\mathrm{m}}{\mathrm{d}\alpha} = 0 \qquad (3\text{-}12)$$

时，飞机中立稳定。式中，M 为扰动引发的抬头力矩；C_m 为力矩系数。

根据图 3-2 可以看出，当飞机全机焦点位于重心之后时，当飞机受到抬头扰动后，飞机升力会增加，产生低头力矩，此时 $\mathrm{d}M/\mathrm{d}\alpha < 0$，飞机迎角减小，具有恢复到稳定状态的趋势，因此飞机具有纵向静稳定性（见图 3-3）；反之，当飞机全机焦点位于重心之前时，受到迎角扰动后，飞机具有偏离稳定状态的趋势，此时飞机纵向静不稳定。

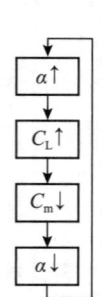

图 3-2 飞机纵向静稳定性判断逻辑

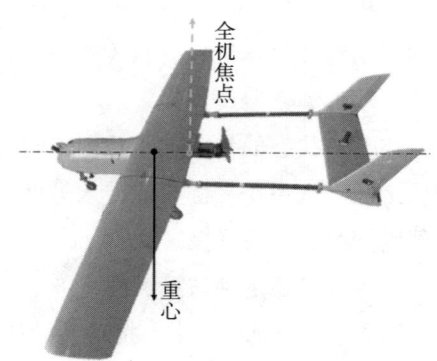

图 3-3 具有纵向静稳定性的飞机

纵向操纵指在允许升力系数范围内，改变平衡升力系数或配平升力系数的能力，通常情况下，纵向操纵的方法包括改变机翼弯度、变化重心位置以及升降舵控制，这其中，采用升降舵控制是一种有效且适用范围最广的操纵方法。

飞机的主要操纵面如图 3-4 所示。升降舵是附在平尾后缘的小襟翼，升降舵的偏角会改变平尾上的压力分布，从而改变平尾上的升力。其中，升降舵偏角的符号规定是下偏为正,产生低头力矩;上偏为负,产生抬头力矩。

2. 横向静稳定性与操纵性

横向静稳定性是飞机抵抗滚转角扰动的固有能力。在没有侧滑时,受到滚转扰动后,飞机是中立稳定的,但是一旦发生滚转,飞机就会由于重力的展向分量而在滚转的方向产生侧滑。如果这一侧滑产生滚转恢复力矩,则飞机是横向稳定的,一

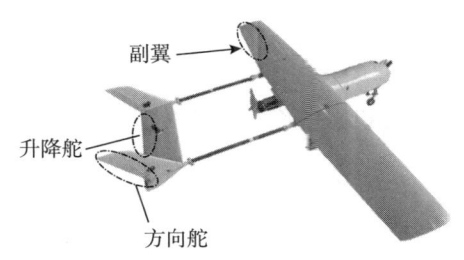

图 3-4 飞机的主要操纵面

旦机翼回到水平状态,滚转角扰动与侧滑是可以消除的,飞机将回到初始的定常平飞状态;而如果侧滑导致的滚转力矩导致滚转角进一步增大,则该飞机是横向不稳定的;如果侧滑导致的滚转力矩为零,飞机将保持恒定的滚转角并持续侧滑,则该飞机横向中立稳定。由此可见,当滚转力矩系数对侧滑角 β 的偏导数

$$C_{l\beta} > 0 \tag{3-13}$$

时,横向静不稳定;当

$$C_{l\beta} < 0 \tag{3-14}$$

时,具有横向静稳定性;当

$$C_{l\beta} = 0 \tag{3-15}$$

时,飞机横向中立稳定。飞机横向静稳定性的判断逻辑如图 3-5 所示。

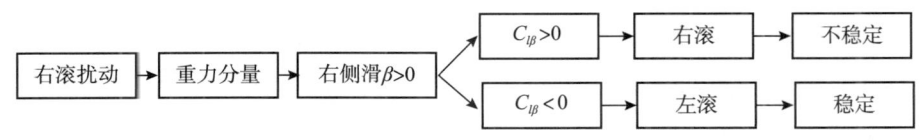

图 3-5 飞机横向静稳定性判断逻辑

飞机横向操纵主要依靠副翼,副翼是安装在机翼外侧后缘的小襟翼,通过差动偏转实现滚转操纵:当一侧副翼下偏时,另一侧副翼上偏,从而产生使飞机偏向一侧的滚转力矩。副翼位置如图 3-4 所示。其中,右侧副翼后缘下偏为正,产生负的左滚力矩。

3. 航向静稳定性与操纵性

航向静稳定性是指飞机抵消侧滑,即迎着相对风的方向飞行的能力。在数学上,航向稳定性的要求可以表示如下:当偏航力矩系数对侧滑角 β 的偏导数

$$C_{n\beta} > 0 \qquad (3\text{-}16)$$

时，飞机具有航向静稳定性；当

$$C_{n\beta} < 0 \qquad (3\text{-}17)$$

时，飞机航向静不稳定；当

$$C_{n\beta} = 0 \qquad (3\text{-}18)$$

时，飞机航向中立稳定。飞机航向静稳定性的判断逻辑如图 3-6 所示。

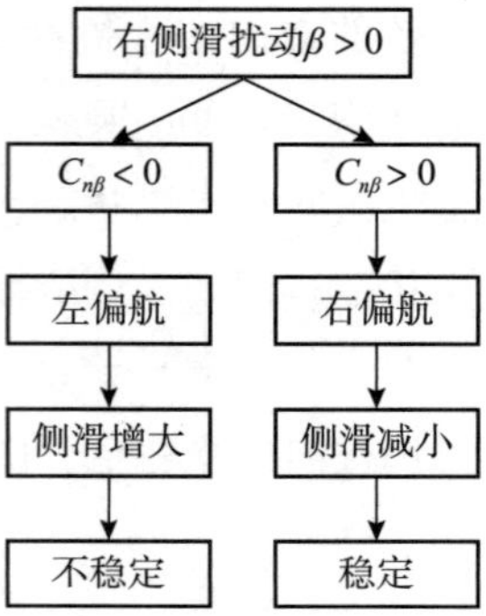

飞机的航向操纵主要采用飞机的方向舵。方向舵是位于飞机垂尾后缘上的一组舵面，通过舵面偏转来控制飞机的偏航运动。方向舵位置如图 3-4 所示。其中，方向舵左偏为正，产生正的侧力和负的偏航力矩。

图 3-6 飞机航向静稳定性判断逻辑

3.1.3 坐标系及坐标系转换

为描述和构建固定翼无人机的动力学方程，需要选择合适的坐标系[54]。为了便于描述飞机飞行过程中的角运动和线运动，动力学方程需基于与机体固连的体轴系来建立。相应地，为了便于描述飞机在惯性坐标系下的运动，运动学方程需基于与大地固连的地轴系建立。与此同时，计算飞机气动力的过程中还需使用到风轴系。因此，在建模之前还需定义这些坐标系，并且明确物理量在这些坐标系之间的相互转换关系。

1. 常用坐标系的介绍

（1）地轴系 $O_e X_e Y_e Z_e$

地轴系采用北东地坐标系，飞机的飞行姿态和位置等信息在该坐标系下表示，该坐标系（见图 3-7）的具体定义如下：原点 O_e 固定在地面，一般为飞机起飞瞬间前飞机重心在地面位置的投影，$O_e X_e$ 轴指向正北方，$O_e Y_e$ 轴指向正东方，$O_e Z_e$ 轴符合右手定则沿地球表面的法线向下。

（2）体轴系 $O_b X_b Y_b Z_b$

体轴系与飞机固连，是分析飞机操稳特性等使用最多的坐标系，如图 3-7 所示，其原点 O_b 与飞机的质心重合，$O_b X_b$ 轴在飞机的

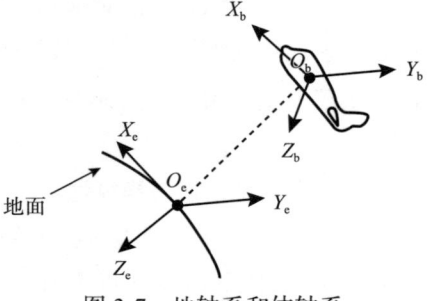

图 3-7 地轴系和体轴系

纵向对称面内指向机头方向，O_bY_b 垂直于机身的纵向对称面指向飞机的右侧，O_bZ_b 轴满足右手定则指向飞机的下方。

(3) 风轴系 $O_wX_wY_wZ_w$

风轴系主要用于描述飞机飞行时的气动力，原点 O_w 与飞机的质心重合，O_wX_w 轴与来流方向相反，O_wZ_w 轴在机身对称平面内向下，O_wY_w 轴满足右手定则垂直于机身对称平面指向飞机的右侧。显然，风轴系和体轴系之间相差一个迎角 α 和一个侧滑角 β。

2. 坐标系之间的相互转换

由于建模过程中各物理量定义在不同坐标系下，为了构建飞行动力学模型，飞机所受的气动力、重力等需要在风轴系、地轴系和体轴系间相互转换，常用的坐标系转换方法包括欧拉角法、方向余弦矩阵法以及四元数法。下面着重介绍欧拉角法的详细流程。

采用欧拉角法，一个坐标系相对于另一个坐标系的位置关系可以用3个角度 ϕ、θ、ψ 来表示，这3个角称为欧拉角，它们表示一个坐标系经过连续3次的旋转与另一个坐标系重合所需要的旋转角度大小。其中旋转顺序很重要，不同的旋转顺序将得到方位不同的新坐标系。

设坐标系 $Ox_1y_1z_1$ 从给定位置按 ψ、θ、ϕ 的顺序进行3次旋转才能与 $Ox_2y_2z_2$ 重合，旋转过程中对欧拉角的取值范围做如下限制：

$$\begin{cases} -\pi < \psi < \pi \\ -\dfrac{\pi}{2} < \theta < \dfrac{\pi}{2} \\ -\pi < \phi < \pi \end{cases} \quad (3\text{-}19)$$

旋转步骤如下：

1) 绕 Oz_1 旋转 ψ 角，可得到如下关系式：

$$\begin{bmatrix} x_1' \\ y_1' \\ z_1' \end{bmatrix} = \begin{bmatrix} \cos\psi & \sin\psi & 0 \\ -\sin\psi & \cos\psi & 0 \\ 0 & 0 & 1 \end{bmatrix} \begin{bmatrix} x_1 \\ y_1 \\ z_1 \end{bmatrix} \quad (3\text{-}20)$$

2) 绕 Oy_1' 旋转 θ 角，可得到如下关系式：

$$\begin{bmatrix} x_1'' \\ y_1'' \\ z_1'' \end{bmatrix} = \begin{bmatrix} \cos\theta & 0 & -\sin\theta \\ 0 & 1 & 0 \\ \sin\theta & 0 & \cos\theta \end{bmatrix} \begin{bmatrix} x_1' \\ y_1' \\ z_1' \end{bmatrix} \quad (3\text{-}21)$$

3）绕 Ox_1'' 轴旋转 ϕ 角，可得到如下关系式：

$$\begin{bmatrix} x_2 \\ y_2 \\ z_2 \end{bmatrix} = \begin{bmatrix} 1 & 0 & 0 \\ 0 & \cos\phi & \sin\phi \\ 0 & -\sin\phi & \cos\phi \end{bmatrix} \begin{bmatrix} x_1'' \\ y_1'' \\ z_1'' \end{bmatrix} \quad (3\text{-}22)$$

这样，便实现了两个坐标系之间的关系转换。根据以上坐标系转换关系式，只需得知两坐标系之间的相差角度，便可实现坐标系的转换。

因此，从风轴系到体轴系的坐标系转换矩阵 $\boldsymbol{R}_w^b$ 为

$$\boldsymbol{R}_w^b = \begin{bmatrix} \cos\alpha\cos\beta & -\cos\alpha\sin\beta & -\sin\alpha \\ \sin\beta & \cos\beta & 0 \\ \sin\alpha\cos\beta & -\sin\alpha\sin\beta & \cos\alpha \end{bmatrix} \quad (3\text{-}23)$$

式中，α 和 β 分别为迎角和侧滑角。

从地轴系到体轴系的坐标系转换矩阵 $\boldsymbol{R}_e^b$ 为

$$\boldsymbol{R}_e^b = \begin{bmatrix} \cos\theta\cos\phi & \cos\theta\sin\phi & -\sin\theta \\ \sin\phi\sin\psi\cos\theta - \cos\phi\sin\psi & \sin\phi\sin\psi\sin\theta + \cos\phi\cos\psi & \sin\phi\cos\theta \\ \cos\phi\sin\psi\cos\theta + \sin\phi\sin\psi & \cos\phi\sin\psi\sin\theta - \sin\phi\cos\psi & \cos\phi\cos\theta \end{bmatrix} \quad (3\text{-}24)$$

式中，ϕ、θ、ψ 分别为滚转角、俯仰角和偏航角。

3.1.4 固定翼无人机刚体运动方程

1. 简化假设

为建立固定翼无人机刚体动力学方程，首先需进行假设来简化建模过程。

（1）关于地球的假设

1）忽略地球自转和公转，即不考虑地球产生的科里奥利加速度。

2）忽略地球曲率，即不考虑平飞时产生的离心加速度。

3）重力不随高度变化，即重力加速度 g 不变。

（2）关于飞机的假设

1）忽略发动机转子的陀螺效应。

2）忽略弹性变形、操纵面移动。

3）忽略喷流效应。

4）忽略质量变化。

5）飞机具有对称面（外形和质量对称）。

2. 质心移动的动力学方程

在原点与飞机质心重合的体轴系 $O_bX_bY_bZ_b$ 下,飞机速度表示为 V_b,角速度表示为 ω_b。将速度投影在体轴系的 3 个坐标轴方向上,则有

$$V_b = u\boldsymbol{i} + v\boldsymbol{j} + w\boldsymbol{k} \tag{3-25}$$

同理,角速度 ω_b 也可以表示为

$$\omega_b = p\boldsymbol{i} + q\boldsymbol{j} + r\boldsymbol{k} \tag{3-26}$$

对速度投影公式求导,可以得到飞机质心的绝对加速度,即

$$\frac{\mathrm{d}V_b}{\mathrm{d}t} = \frac{\mathrm{d}u}{\mathrm{d}t}\boldsymbol{i} + \frac{\mathrm{d}v}{\mathrm{d}t}\boldsymbol{j} + \frac{\mathrm{d}w}{\mathrm{d}t}\boldsymbol{k} + \omega_b \times V_b \tag{3-27}$$

根据牛顿第二定律,可以将质心移动的动力学方程写为

$$\begin{cases} m\left(\dfrac{\mathrm{d}u}{\mathrm{d}t} + wq - vr\right) = F_x \\ m\left(\dfrac{\mathrm{d}v}{\mathrm{d}t} + ur - wp\right) = F_y \\ m\left(\dfrac{\mathrm{d}w}{\mathrm{d}t} + vp - uq\right) = F_z \end{cases} \tag{3-28}$$

3. 绕质心转动的动力学方程

飞机绕质心的转动来自作用在飞机上的力矩。利用动量矩定理即可建立固定翼无人机绕质心转动的动力学方程。在体轴系下,依据动量矩定理可以得到

$$\frac{\mathrm{d}H}{\mathrm{d}t} = \sum M \tag{3-29}$$

式中,H 为固定翼无人机质心处的动量矩;$\sum M$ 为作用于机体的合外力矩。动量矩在体轴系 3 个方向的投影可以表示为

$$\begin{cases} h_x = \omega_x I_x - \omega_y I_{xy} - \omega_z I_{xz} \\ h_y = \omega_y I_y - \omega_x I_{xy} - \omega_z I_{yz} \\ h_z = \omega_z I_z - \omega_x I_{xz} - \omega_y I_{yz} \end{cases} \tag{3-30}$$

将动量矩对时间求导,可以获得

$$\begin{cases} \dfrac{\mathrm{d}h_x}{\mathrm{d}t} + \left(h_z\omega_y - h_y\omega_z\right) = \sum L \\ \dfrac{\mathrm{d}h_y}{\mathrm{d}t} + \left(h_x\omega_z - h_z\omega_x\right) = \sum M \\ \dfrac{\mathrm{d}h_z}{\mathrm{d}t} + \left(h_y\omega_x - h_x\omega_y\right) = \sum N \end{cases} \tag{3-31}$$

由于飞机具有纵向对称面，因此惯性积 $I_{xy}=I_{yz}=0$，故可获得绕质心转动的动力学方程为

$$\begin{cases} I_x \dfrac{\mathrm{d}p}{\mathrm{d}t}+qr(I_z-I_y)-\left(pq+\dfrac{\mathrm{d}r}{\mathrm{d}t}\right)I_{xz}=\sum L \\ I_y \dfrac{\mathrm{d}q}{\mathrm{d}t}+pr(I_x-I_z)+\left(p^2-r^2\right)I_{xz}=\sum M \\ I_z \dfrac{\mathrm{d}r}{\mathrm{d}t}+pq(I_y-I_x)-(\dfrac{\mathrm{d}p}{\mathrm{d}t}-qr)I_{xz}=\sum N \end{cases} \quad (3\text{-}32)$$

4. 刚体飞机运动学方程

运动学方程描述了飞机在惯性系下的运动和姿态，即：体轴系与惯性坐标系之间的位置和姿态的关系。一般情况下，将体轴系平移至原点与惯性坐标系重合时，两坐标系的坐标轴并不重合，它们之间的夹角称为欧拉角 (ϕ,θ,ψ)，为了描述飞机的运动，还需将体轴系下的速度和角度矢量转换到惯性坐标系下，因此，这里将涉及一个重要的坐标系转换的过程。

根据前文坐标系转换部分的描述，通过 3 次旋转可以获得惯性坐标系到体轴系的坐标系变换矩阵：

$$\begin{aligned} \boldsymbol{R}_n^b &= \boldsymbol{R}_x(\phi)\boldsymbol{R}_y(\theta)\boldsymbol{R}_z(\psi) \\ &= \begin{bmatrix} 1 & 0 & 0 \\ 0 & \cos\phi & \sin\phi \\ 0 & -\sin\phi & \cos\phi \end{bmatrix} \begin{bmatrix} \cos\theta & 0 & -\sin\theta \\ 0 & 1 & 0 \\ \sin\theta & 0 & \cos\theta \end{bmatrix} \begin{bmatrix} \cos\psi & \sin\psi & 0 \\ -\sin\psi & \cos\psi & 0 \\ 0 & 0 & 1 \end{bmatrix} \\ &= \begin{bmatrix} \cos\theta\cos\phi & \cos\theta\sin\phi & -\sin\theta \\ \sin\phi\sin\psi\cos\theta-\cos\phi\sin\psi & \sin\phi\sin\psi\sin\theta+\cos\phi\cos\psi & \sin\phi\cos\theta \\ \cos\phi\sin\psi\cos\theta+\sin\phi\sin\psi & \cos\phi\sin\psi\sin\theta-\sin\phi\cos\psi & \cos\phi\cos\theta \end{bmatrix} \end{aligned} \quad (3\text{-}33)$$

式中，ϕ,θ,ψ 分别为欧拉姿态角，因此飞机在惯性坐标系下的速度可以表示为 $\boldsymbol{V}_i = \left(\boldsymbol{R}_n^b\right)^{-1}\boldsymbol{V}_b$。

飞机运动学中需计算欧拉角的时间历程，这涉及欧拉角的时间变化率 $\dot\phi、\dot\theta、\dot\psi$，但是这 3 个量是无法直接测量的。一般情况下，安装于机体的角速率传感器能够测得体轴系下的角速度分量 p、q、r，因此还需通过机体角速度求推导求解欧拉角变化率，具体公式如下：

$$\begin{bmatrix} \dot\phi \\ \dot\theta \\ \dot\psi \end{bmatrix} = \begin{bmatrix} 1 & \sin\phi\tan\theta & \cos\phi\tan\theta \\ 0 & \cos\phi & -\sin\phi \\ 0 & \sin\phi\sec\theta & \cos\phi\sec\theta \end{bmatrix} \begin{bmatrix} p \\ q \\ r \end{bmatrix} \quad (3\text{-}34)$$

3.1.5 刚体运动方程线性化

由式（3-28）和式（3-32）得到的无人机六自由度方程模型可以看出，各方程之间不仅存在着耦合，且非线性特征较为复杂、非线性化程度非常高，求解困难。而线性化的运动方程不仅求解简单，且便于分析，因此通常采用小扰动假设来对飞机的运动方程进行线性化处理[55]。

假设飞机的运动是由基准运动与扰动运动叠加而成，且在未受扰动前，飞机做定常平飞运动，水平且无侧滑飞行，飞机的滚转角和侧滑角恒为零，滚转角速度和偏航角速度同样均为零，且在基准飞行状态附近，横侧向小扰动量不影响纵向气动力和力矩，而纵向小扰动量也不影响横侧气动力和力矩，这时可以将飞机的六自由度方程进行解耦，分为纵向和横侧向两部分。

在运行飞机模型前，我们需要设置飞机的初始迎角和舵面偏转角来对飞机进行配平，以达到使其所受合外力和力矩为零的目的，从而保证其能保持定常平飞。配平点也叫平衡点，只有在配平的基础上，我们才能施加控制信号以达到各种功能的需求。

根据小扰动原理，我们可以将飞机的运动方程，分为纵向和横侧向的线性小扰动运动方程组，如下所示：

$$\begin{bmatrix} \Delta \dot{V} \\ \Delta \dot{\alpha} \\ \Delta \dot{\theta} \\ \Delta \dot{q} \end{bmatrix} = \begin{bmatrix} X_V & X_\alpha & -g\cos\mu_e & 0 \\ \dfrac{Z_V}{V} & \dfrac{Z_\alpha}{V} & \dfrac{-g\sin\mu_e}{V} & \dfrac{V+Z_q}{V} \\ 0 & 0 & 0 & 1 \\ M_V & M_\alpha & 0 & M_q \end{bmatrix} \begin{bmatrix} V \\ \alpha \\ \theta \\ q \end{bmatrix} + \begin{bmatrix} X_{\delta_e} & X_{\delta_T}\cos\alpha_e \\ \dfrac{Z_{\delta_e}}{V} & -\dfrac{X_{\delta_T}\sin\alpha_e}{V} \\ 0 & 0 \\ M_{\delta_e} & M_{\delta_T} \end{bmatrix} \begin{bmatrix} \Delta\delta_e \\ \Delta\delta_T \end{bmatrix} \quad (3\text{-}35)$$

$$\begin{bmatrix} \Delta \dot{\beta} \\ \Delta \dot{\phi} \\ \Delta \dot{p} \\ \Delta \dot{r} \end{bmatrix} = \begin{bmatrix} \dfrac{Y_\beta}{V} & \dfrac{g\cos\mu_e}{V} & \dfrac{Y_p}{V} & \dfrac{Y_r - V}{V} \\ 0 & 0 & \dfrac{\cos\mu_e}{\cos\theta_e} & \dfrac{\sin\mu_e}{\cos\theta_e} \\ \overline{L_\beta} & 0 & \overline{L_p} & \overline{L_r} \\ N_\beta & 0 & N_p & N_r \end{bmatrix} \begin{bmatrix} \beta \\ \phi \\ p \\ r \end{bmatrix} + \begin{bmatrix} \dfrac{Y_{\delta_a}}{V} & \dfrac{Y_{\delta_r}}{V} \\ 0 & 0 \\ \overline{L_{\delta_a}} & \overline{L_{\delta_r}} \\ N_{\delta_a} & N_{\delta_r} \end{bmatrix} \begin{bmatrix} \Delta\delta_a \\ \Delta\delta_r \end{bmatrix} \quad (3\text{-}36)$$

根据以上过程，可以得到飞机的纵向线性小扰动运动方程组和横侧向线性小扰动运动方程组，便于我们后续的分析和建模。

3.1.6 气动力及气动力矩计算

固定翼无人机在飞行过程中受到的力和力矩，主要由气动力及力矩、重力以及发动机推力构成,并通过改变气动力(力矩)以及发动机推力来改变飞行状态。

1. 固定翼无人机受力分析

(1)气动力和力矩

对于常规飞机而言,气动力是影响飞机线运动的主要因素,因此一般表示在风轴系中,按 X_w、Y_w 和 Z_w 三轴方向分解为阻力 D、升力 L 和侧力 C。其中阻力向后为正,与风轴系 X_w 方向相反,也即 $D=-X_w$;升力向上,与风轴系 Z_w 方向相反,也即 $L=-Z_w$;侧力 C 向右,与风轴系 Y_w 方向相同,也即 $C=Y_w$,因此气动力 R 在风轴系下可表示为

$$\boldsymbol{R}_w = \begin{bmatrix} -D \\ C \\ -L \end{bmatrix} \qquad (3\text{-}37)$$

在获得气动力在风轴系下的表达式后,根据式(3-23)得到的从风轴系到体轴系的转换矩阵,可将气动力转换为在体轴系下表示:

$$\boldsymbol{R}_b = \boldsymbol{R}_w^b \boldsymbol{R}_w \qquad (3\text{-}38)$$

气动力矩是影响常规飞机角运动的主要因素,因此一般表示在体轴系内,按三轴分解为滚转力矩、俯仰力矩和偏航力矩,其在体轴系下的分量可表示为

$$\boldsymbol{M}_b = \begin{bmatrix} l \\ m \\ n \end{bmatrix} \qquad (3\text{-}39)$$

(2)重力

重力是彻体力,均匀分布在飞机所有部件中,可以合成为一个作用于飞机质心处的合力 G。如果力矩参考点选为质心,则重力不产生额外的力矩。重力一般在地轴系中表达较为方便:

$$\boldsymbol{G}_e = \begin{bmatrix} 0 \\ 0 \\ mg \end{bmatrix} \qquad (3\text{-}40)$$

在建模过程中,需要将地轴系下的重力转换为在体轴系下的表达,利用式(3-24)得到的坐标转换公式,可得到重力在体轴系下的表达式为

$$\boldsymbol{G}_b = \boldsymbol{R}_e^b \boldsymbol{G}_e \qquad (3\text{-}41)$$

(3)发动机推力

发动机推力直接作用在机体上,因此可直接在体轴系中表示更为方便。对于常

规固定翼无人机，一般不使用推力矢量，发动机推力轴线与体轴系 x 轴之间接近平行，且推力轴线与质心之间的距离很小，故一般认为 $M_b^T = 0$，$T_y = T_z = 0$，则发动机在体轴下的推力为

$$T_b = \begin{bmatrix} T_x \\ 0 \\ 0 \end{bmatrix} \quad (3\text{-}42)$$

（4）总体受力

由前文所述，考虑到飞机的全部受力为

$$F_b = R_b + G_b + T_b \quad (3\text{-}43)$$

飞机受到的全部力矩为

$$M = M_b \quad (3\text{-}44)$$

2. 固定翼无人机气动力及气动力矩建模

本节介绍对固定翼无人机气动力（力矩）的建模方法。

飞机总的气动力（力矩）由各部件在不同飞行状态和操纵状态下产生的气动力（力矩）合成而来，建立飞行状态和操纵状态的映射关系，即可建立气动力（力矩）的模型。根据前文的分析，固定翼无人机的运动由平衡运动和扰动运动叠加而成，当无人机做定常平飞运动时，重点分析飞机的小扰动气动力及力矩方程。气动力（力矩）的小扰动计算建模公式如下：

$$\Delta L = \frac{1}{2}\rho V^2 S \left(C_{L\alpha}\Delta\alpha + C_{L\delta_e}\Delta\delta_e + C_{Lu}u + C_{L\theta}\Delta\theta + \cdots \right) \quad (3\text{-}45)$$

$$\Delta D = \frac{1}{2}\rho V^2 S \left(C_{D\alpha}\Delta\alpha + C_{D\delta_e}\Delta\delta_e + C_{Du}u + C_{D\theta}\Delta\theta + C_{D\delta_t}\Delta\delta_t + \cdots \right) \quad (3\text{-}46)$$

$$\Delta Y = \frac{1}{2}\rho V^2 S \left(C_{Y\beta}\Delta\beta + C_{Yp}p + C_{Y\phi}\Delta\phi + C_{Y\delta_a}\Delta\delta_a + C_{Y\delta_r}\Delta\delta_r + \cdots \right) \quad (3\text{-}47)$$

$$\Delta l = \frac{1}{2}\rho V^2 Sb \left(C_{l\beta}\Delta\beta + C_{l\phi}\Delta\phi + C_{l\delta_a}\Delta\delta_a + C_{l\delta_r}\Delta\delta_r + C_{lp}p + C_{lr}r + \cdots \right) \quad (3\text{-}48)$$

$$\Delta m = \frac{1}{2}\rho V^2 Sc \left(C_{m\alpha}\Delta\alpha + C_{m\delta_e}\Delta\delta_e + C_{mu}u + C_{mq}q + \cdots \right) \quad (3\text{-}49)$$

$$\Delta n = \frac{1}{2}\rho V^2 Sb \left(C_{n\beta}\Delta\beta + C_{n\delta_a}\Delta\delta_a + C_{n\delta_r}\Delta\delta_r + C_{np}p + C_{nr}r + \cdots \right) \quad (3\text{-}50)$$

其中，动导数的计算公式稍有不同，如下所示：

$$C_{lp} = \frac{\partial C_l}{\partial \left(\dfrac{pb}{2U_0} \right)} \quad (3\text{-}51)$$

$$C_{lr} = \frac{\partial C_l}{\partial \left(\dfrac{rb}{2U_0}\right)} \tag{3-52}$$

$$C_{mq} = \frac{\partial C_m}{\partial \left(\dfrac{qc}{2U_0}\right)} \tag{3-53}$$

$$C_{np} = \frac{\partial C_n}{\partial \left(\dfrac{pb}{2U_0}\right)} \tag{3-54}$$

$$C_{nr} = \frac{\partial C_n}{\partial \left(\dfrac{rb}{2U_0}\right)} \tag{3-55}$$

式中，U_0 为飞行速度。据此，根据小扰动假设计算了无人机的气动力/力矩模型。

3.2 多旋翼无人机飞行动力学基础

3.2.1 多旋翼无人机飞行原理

多旋翼无人机具有垂直起降、飞行高度低和低速飞行的特点，四旋翼无人机是多旋翼无人机中使用最广的一种，本书将以四旋翼无人机为例来研究多旋翼无人机。

四旋翼无人机是一类结构简单的飞行器，由一个交叉支架和 4 台电动机组成，4 台电动机安装在支架上，4 个螺旋桨的转轴是平行的，螺旋桨上固定有叶片，使气流向下流去。一般认为四旋翼无人机是刚性结构，唯一可以改变的量为螺旋桨相对转子的速度。

四旋翼无人机有"X"形和"十"字形两种构形，如图 3-8 所示。"十"字形四旋翼无人机有两组电动机，其中一组电动机用于飞行器俯仰运动控制，另一组电动机用于偏航和滚转运动控制，而"X"形四旋翼无人机，飞行器姿态运动受 4 台电动机同时控制。

"十"字形四旋翼无人机的前后螺旋桨顺时针旋转，左右螺旋桨逆时针旋转，x 轴和 y 轴上有两个转向相反的螺旋桨，所以可以将这两个轴的旋转解耦。下面以"十"字形无人机为例，具体说明四旋翼无人机是如何通过调节旋翼转速实现各种形式的运动的。

1）悬停运动：4 个螺旋桨以恒定速度旋转，升力与重力平衡时即可保持悬停状态。

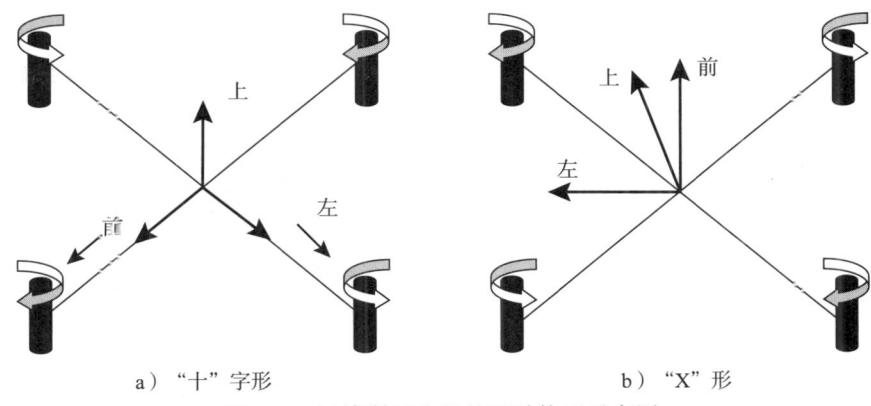

a)"十"字形　　　　　　　　　b)"X"形

图 3-8　四旋翼无人机的两种构型示意图

2）升降运动：在悬停的基础上，同时增加或降低螺旋桨的转速就可以实现无人机的上升和下降。

3）滚转运动：在悬停基础上，同时增大左螺旋桨速度、减小右螺旋桨速度产生正滚转力矩。保持总升力不变，由于升力等于重力，此时无人机可以实现仅向右滚转。

4）俯仰运动：在悬停基础上，同时减小前螺旋桨速度、增大后螺旋桨速度产生正俯仰力矩。保持总升力不变，由于升力等于重力，此时无人机可以实现仅向前倾转。

5）偏航运动：在悬停基础上，同时降低前后螺旋桨速度、增大左右螺旋桨速度产生正偏航力矩，保持总升力不变，由于升力等于重力，此时无人机可以实现仅向左偏航。

3.2.2　坐标系定义与转换矩阵

同固定翼无人机建模相同，为了详细描述无人机的运动状态，对无人机进行各种受力分析，必须选择适当的坐标系：确定无人机相对于地面的位置，需要引入地面固定坐标系；确定无人机本身的运动特性，需要引入机体坐标系；分析无人机所受空气动力学，需要引入气流坐标系。因此本节将对各个坐标系进行介绍，并给出各个坐标系之间的转换矩阵[56]。

在建模时主要需要用到两个坐标系，一个是地面固定坐标系（$O_e x_e y_e z_e$），另一个是机体坐标系（$O_b x_b y_b z_b$）。地面固定坐标系（$O_e x_e y_e z_e$）在惯性坐标系（$O_i x_i y_i z_i$）的基础上建立。惯性坐标系的一个较好近似是放置在地球重心的无旋转坐标系

（$O_i x_i y_i z_i$），在这个参考系中，忽略了地球绕太阳的公转运动。

地面固定坐标系（$O_e x_e y_e z_e$）固定于地球中心随地球一起转动，坐标系转动的角速度 Ω_e 指向 $O_i z_i$ 轴或者 $O_e x_e$ 轴。地面固定坐标系在确定飞行器相对于不断自转的地球速度和位置时非常有用，在四旋翼无人机的建模中，通常忽略地球曲率、自转和公转的影响，将地面固定坐标系视作一个惯性坐标系。一般取地面上某一点（例如无人机航路起始点）作为地面固定坐标系的原点，$O_e x_e$ 轴处于地平面内并指向某方向（例如无人机飞行航线方向），$O_e y_e$ 轴处于地平面内，垂直于 $O_e x_e$ 指向左方，$O_e z_e$ 垂直地面指向上方，坐标系符合右手定则。

机体坐标系（$O_b x_b y_b z_b$）也称体轴系，固连于飞行器上，随飞行器一起运动，通常取飞行器质心为坐标原点，取飞行器对称平面为 $O_b x_b z_b$ 平面。$O_b x_b$ 轴通常平行于飞行器的纵向中心线并指向运动方向，$O_b y_b$ 轴垂直于 $O_b x_b z_b$ 平面并指向飞行器左侧。$O_b z_b$ 轴位于对称平面中且指向上方，构成右手系。机体坐标系可用于描述飞行器的惯性矩和惯性积以及作用在飞行器上的力和力矩。

有两种方法可以完成坐标系转换：欧拉角法和四元数法。欧拉角法较为常用，但会出现欧拉角奇异的情况，就是在俯仰角 θ 为 90° 时，$\cos\theta = 0$，$\tan\theta = \infty$，会导致模型解算出现不确定性。

采用欧拉角法，一个坐标系相对于另一个坐标系之间的位置关系可以通过 3 个角度（ψ、θ、ϕ）来表示。机体坐标系和地面固定坐标系之间的欧拉角就可以给出飞行器相对于地面的姿态。ψ 为偏航角，θ 为俯仰角，ϕ 为滚转角，正方向由右手定则确定，向左偏航为正，向右滚转为正，向下俯仰为正。

地面固定坐标系到机体坐标系的转换矩阵 T_e^b 为

$$\begin{aligned}
T_e^b &= T_x(\phi) T_y(\theta) T_z(\psi) \\
&= \begin{bmatrix} 1 & 0 & 0 \\ 0 & \cos\phi & \sin\phi \\ 0 & -\sin\phi & \cos\phi \end{bmatrix} \begin{bmatrix} \cos\theta & 0 & -\sin\theta \\ 0 & 1 & 0 \\ \sin\theta & 0 & \cos\theta \end{bmatrix} \begin{bmatrix} \cos\psi & \sin\psi & 0 \\ -\sin\psi & \cos\psi & 0 \\ 0 & 0 & 1 \end{bmatrix} \\
&= \begin{bmatrix} \cos\theta\cos\psi & \cos\theta\sin\psi & -\sin\theta \\ \sin\theta\sin\phi\cos\psi - \sin\psi\cos\phi & \sin\psi\sin\theta\sin\phi + \cos\psi\cos\phi & \sin\phi\cos\theta \\ \sin\theta\cos\phi\cos\psi + \sin\psi\sin\phi & \sin\psi\sin\theta\cos\phi - \cos\psi\sin\phi & \cos\phi\cos\theta \end{bmatrix}
\end{aligned} \quad (3-56)$$

体轴系到惯性坐标系的转换矩阵为式（3-56）的逆，由于坐标变换矩阵为正交矩阵，则式（3-56）的逆也就是式（3-56）的转置。

四元数法是一种可以避免奇异性的方法，四元数法又称为欧拉四参数法，该方法以欧拉定理为基础，设某一任意坐标系 $Ox_2y_2z_2$ 与 $Ox_1y_1z_1$ 之间的夹角为 A、B、C，再定义 4 个参数 e_0、e_1、e_2、e_3，如下所示：

$$e_0 = \cos\left(\frac{D}{2}\right) \tag{3-57}$$

$$e_1 = \cos A \sin\left(\frac{D}{2}\right) \tag{3-58}$$

$$e_2 = \cos B \sin\left(\frac{D}{2}\right) \tag{3-59}$$

$$e_3 = \cos C \sin\left(\frac{D}{2}\right) \tag{3-60}$$

这 4 个参数满足 $e_1^2 + e_2^2 + e_3^2 + e_4^2 = 1$ 的约束。令 $X_b = T_e^b X_e$，则 T_e^b 可以表示为

$$T_e^b = \begin{bmatrix} e_0^2 + e_1^2 - e_2^2 - e_3^2 & 2(e_1e_2 + e_0e_3) & 2(e_1e_3 - e_0e_2) \\ 2(e_1e_2 - e_0e_3) & e_0^2 - e_1^2 + e_2^2 - e_3^2 & 2(e_2e_3 + e_0e_1) \\ 2(e_0e_2 + e_1e_3) & 2(e_2e_3 - e_0e_1) & e_0^2 - e_1^2 - e_2^2 + e_3^2 \end{bmatrix} \tag{3-61}$$

和欧拉角法表示的转换矩阵相比，可以得到欧拉角和欧拉四参数之间的关系为

$$e_0 = \cos\frac{\psi}{2}\cos\frac{\theta}{2}\cos\frac{\phi}{2} + \sin\frac{\psi}{2}\sin\frac{\theta}{2}\sin\frac{\phi}{2} \tag{3-62}$$

$$e_1 = \cos\frac{\psi}{2}\cos\frac{\theta}{2}\sin\frac{\phi}{2} - \sin\frac{\psi}{2}\sin\frac{\theta}{2}\cos\frac{\phi}{2} \tag{3-63}$$

$$e_2 = \cos\frac{\psi}{2}\sin\frac{\theta}{2}\cos\frac{\phi}{2} + \sin\frac{\psi}{2}\sin\frac{\theta}{2}\sin\frac{\phi}{2} \tag{3-64}$$

$$e_3 = -\cos\frac{\psi}{2}\sin\frac{\theta}{2}\sin\frac{\phi}{2} + \sin\frac{\psi}{2}\cos\frac{\theta}{2}\cos\frac{\phi}{2} \tag{3-65}$$

欧拉四参数随时间的变化率为

$$\dot{e}_0 = -\frac{1}{2}(e_1 p + e_2 q + e_3 r) \tag{3-66}$$

$$\dot{e}_1 = \frac{1}{2}(e_0 p + e_2 r - e_3 q) \tag{3-67}$$

$$\dot{e}_2 = \frac{1}{2}(e_0 q - e_3 p - e_1 r) \tag{3-68}$$

$$\dot{e}_3 = \frac{1}{2}(e_0 r + e_1 q - e_2 p) \tag{3-69}$$

则无人机的姿态角可以由欧拉四参数表示为

$$\begin{cases} \phi = \arctan \dfrac{2(e_2 e_3 + e_0 e_1)}{e_0^2 - e_1^2 - e_2^2 + e_3^2} \\ \theta = \arcsin\left[-2(e_0 e_2 + e_1 e_3)\right] \\ \psi = \arctan \dfrac{2(e_1 e_2 - e_0 e_3)}{e_0^2 + e_1^2 - e_2^2 - e_3^2} \end{cases} \quad (3\text{-}70)$$

3.2.3 四旋翼无人机系统整体分析

四旋翼无人机系统整体主要包括三部分：动力系统、刚体动力学与运动学方程、控制效率与控制分配模型。动力系统的输入为脉冲宽度调制（PWM）信号，输出为4个独立电动机驱动螺旋桨旋转产生的升力。控制效率和控制分配可以将螺旋桨产生的升力转化为力和力矩，这一部分和四旋翼无人机的构型和姿态有关。刚体动力学与运动学方程，输入为力与力矩，输出为四旋翼无人机的位置和姿态等状态量。

四旋翼无人机的动力学特性十分复杂，为了简化建模分析，首先做出简化假设：

1）忽略弹性因素的影响，将无人机视作一个均匀分布的对称刚体模型，此时无人机的中心就是质心，机体的惯性主轴和机架轴一致。

2）忽略飞行高度和空气摩擦力对无人机受力的影响。

3）假设重力加速度是不变的。

为了后续建立四旋翼无人机系统，需要对四旋翼无人机进行受力分析和力矩分析。由于无人机在实际飞行过程中受外部影响来源众多，而在本书的建模过程中，仅分析主要的所受的力和力矩，并不分析前文假设中已经忽略的力和力矩引起的影响，四旋翼无人机受到的力和力矩主要包括：

1）执行器：四旋翼旋转提供的升力，在地面固定坐标系中表现为 $F_i(i=1,2,3,4)$，在机体坐标系中表现为转矩 $\tau_i(i=1,2,3,4)$。

2）自身重力：mg。

3）外界扰动：在平动运动中表现为阻力 $D_i(i=x,y,z)$，在转动运动中表现为扰动力矩 $D_i(i=\phi,\theta,\psi)$。

4）螺旋效应引起的力矩 $\tau_{ic}(i=\phi,\theta,\psi)$。

3.2.4 动力系统建模

旋翼无人机的动力系统主要由螺旋桨、电动机、电子调速器（电调）和电池组成，电动机和螺旋桨如图 3-9 所示。多旋翼无人机的螺旋桨一般是定矩螺旋桨，因为桨叶安装角在使用过程中固定，所以定距螺旋桨无法在所有的工作状态中保持最优性能，但定距螺旋桨具有结构简单、重量轻、成本低的优点，所以小型无人机选择定矩螺旋桨是足够的。不同的飞行状态下螺旋桨有不同的最佳桨叶角，在需要使飞行器在所有飞行状态下都可以获得最优性能时，则需要使用可以改变每个桨叶倾斜角的变矩螺旋桨。

图 3-9 电动机（左）与螺旋桨（右）

多旋翼无人机的动力系统建模流程如图 3-10 所示。

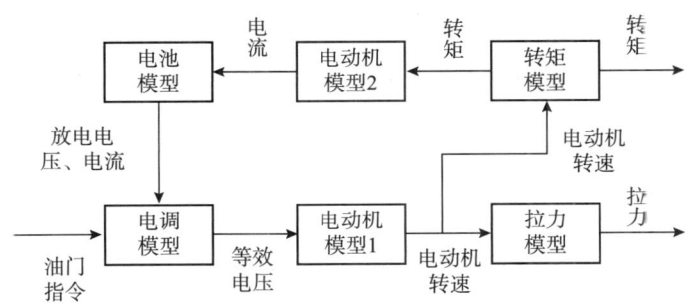

图 3-10 多旋翼无人机的动力系统建模流程图

螺旋桨提供的力 T 和转矩 M 为

$$T = C_\text{T} \rho \left(\frac{N}{60}\right)^2 D_\text{p}^4 \tag{3-71}$$

$$M = C_\text{M} \rho \left(\frac{N}{60}\right)^2 D_\text{p}^4 \tag{3-72}$$

式中，N 为螺旋桨的旋转速度；D_p 为螺旋桨的直径；C_T 为力系数；C_M 为转矩系数；ρ 为飞行环境空气密度，可以计算为

$$\rho = \frac{273P}{101325(273+T)} \rho_0 \tag{3-73}$$

式中，ρ_0 为标准大气密度，$\rho_0 = 1.293 \text{kg/m}^3$；$T$ 为温度；P 为大气密度，可以计算为

$$P = 101325 \left(1 - \frac{0.0065h}{237+T}\right)^{5.2561} \tag{3-74}$$

式中，h 为海拔。

式（3-71）和式（3-72）中，C_T 和 C_M 是无量纲参数，与螺旋桨的参数（直径、螺距、桨叶数、叶片平均气动弦长、重量）有关，一般这两个参数可通过实验设备直接测量出来，无须计算得到。而式中的螺旋桨转速 N，可以从螺旋桨的力反解得到：

$$N = 60\sqrt{\frac{T}{D_p^4 C_T \rho}} \tag{3-75}$$

式中，T 为单个螺旋桨提供的力，可以从悬停状态解算：

$$T = \frac{G}{n} \tag{3-76}$$

式中，G 为无人机总重量；n 为螺旋桨的个数。

旋翼无人机使用的电动机多为无刷直流电动机，电动机模型需要从电动机参数和螺旋桨的转速和转矩得到电动机的等效电压和等效电流。电磁转矩 T_e 可以表示为

$$T_e = K_T I_m \tag{3-77}$$

式中，K_T 为电动机转矩常数；I_m 为电枢电流。K_T 的计算公式为

$$K_T = \frac{60}{2\pi} K_E \tag{3-78}$$

式中，K_E 表示电动机反电动势和转速的比值，可以直接从电机的标注或从厂商处获得。电动机的输出转矩为螺旋桨悬停时需要的转矩，此时电枢电流需要减去空载电流，由此计算悬停时的等效电流，输出转矩可以表示为

$$M = K_T (I_m - I_{m0}) \tag{3-79}$$

式中，M 为螺旋桨转矩；I_m 为电动机的等效电流；I_{m0} 为电动机的空载电流，则由式（3-79）变形可得到等效电流的表达式为

$$I_m = \frac{M}{K_T} + I_{m0} \tag{3-80}$$

等效电压为等效电压和反电动势的和，可以表示为

$$U_m = K_E N + R_m I_m \tag{3-81}$$

式中，R_m 为电机的等效电阻。

电子调速器（电调）可以用来控制电动机的开关和转速，通过电动机输出的等效电压和等效电流，结合电调参数和电池参数，可以计算出电调油门指令，也就是遥控器上的"油门"。电调的等效直流电压 U_{e0} 为电动机等效电压和电调电压之和，即

$$U_{e0} = U_n + I_m R_e \tag{3-82}$$

式中，R_e 为电调电阻。油门指令可以表示为电调输出电压 U_{e0} 和输入电压 U_e 之比，油门指令 1 表示满油门，0 表示油门最低，电调的输入电压 U_e 约等于电池的输出电压 U_b，因此可以得到悬停时的输入油门指令为

$$\sigma = \frac{U_{e0}}{U_e} \approx \frac{U_{e0}}{U_b} \tag{3-83}$$

电调输入电压为

$$I_e = \frac{U_{e0}}{U_e} I_m = \sigma I_m \tag{3-84}$$

电调输入电压与电池电压 U_b 的关系为

$$U_e = U_b - n_r I_e R_b \tag{3-85}$$

式中，n_r 为电调个数；R_b 为电池内阻。

进一步，在电池模型中可以基于电池参数和电池电流求解无人机的续航时间，其中电池建模对电池实际放电过程进行了简化，假设放电过程中电压保持不变、悬停电流为定值、电池的放电能力呈线性变化，电池模型可以写作

$$I_b = n_r I_e + I_{other} \tag{3-86}$$

$$C_{real} = C_b - I_b T_{real} \tag{3-87}$$

式中，I_b 为电池电流；I_{other} 为其他设备的电流消耗；C_{real} 为电池实际剩余容量；C_b 为电池的总容量；T_{real} 为电池的使用时间。

放电时间可以计算为

$$T_b = \frac{C_b - C_{min}}{I_b} \cdot \frac{60}{1000} \tag{3-88}$$

式中，C_{min} 为最小放电容量。

到此为止，多旋翼无人机的动力系统建模就已经完成。但也可以通过实验数据将油门指令直接和螺旋桨产生的转矩和拉力对应起来，从而简化多旋翼无人机动力系统的建模过程。

采用实验设备对无人机的螺旋桨和电机进行测试可以得到以下数据：

$$N = C_M \sigma + N_b \tag{3-89}$$

$$T = C_T \left(\frac{C_M \sigma + N_b}{1000} \right) \tag{3-90}$$

式中，C_M、C_T、N_b 可以从实验设备得到。螺旋桨转速和电调的输出电压的关系可以表示为

$$U_{e0} = \frac{1}{K_{v,\text{eff}}}(\sigma - \sigma_c) \tag{3-91}$$

式中，$K_{v,\text{eff}}$ 为电动机的有效转速常数；σ_c 为转速偏移。这两个参数可以从角速度和电压的实验数据中拟合获得，见图 3-11。

螺旋桨产生的力和螺旋桨转速的二次方成正比，估计中使用的多项式为

$$T = C_T(\sigma + \sigma_f)^2 + T_b \tag{3-92}$$

式中，σ_f 为另一个转速偏移；T_b 为螺旋桨的力偏移。这两个参数和 C_T 可以通过角速度和推力的实验数据中拟合获得，见图 3-12。这样一来就可以实现将力和电压直接联系起来。

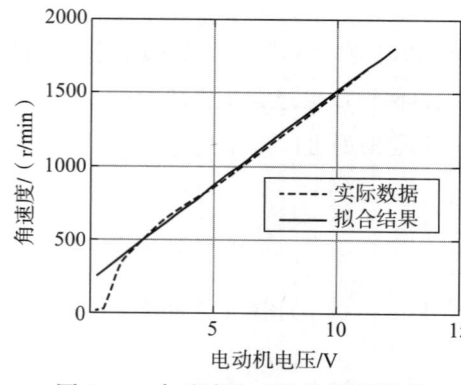

图 3-11 角速度和电压的数值关系

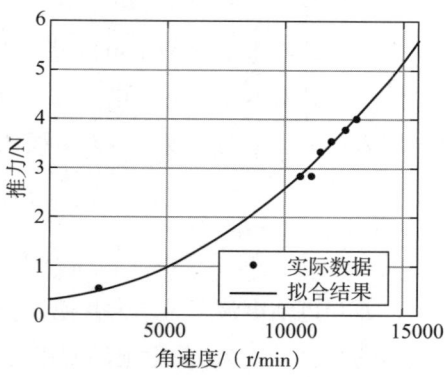

图 3-12 角速度和推力的数值关系

转速偏移 σ_c 和 σ_f 有区别。σ_c 是从线性拟合获得的，此时拟合直线截距非零，使得零电压命令下仍有角速度，不符合实际模型，所以引入了 σ_f：

$$\sigma_f = \sqrt{-\frac{T_b}{C_T}} - \omega_c \tag{3-93}$$

这种换算会使配平转速不在 50% 油门上，而是在 50% 油门附近。

电动机转矩和力的实验数据可以进行线性拟合为

$$T = K_M M \tag{3-94}$$

式中，K_M 为电动机的推力转矩常数，通过图 3-13 拟合得到。

综上，则可以将力 T 和转矩 M 直接转换为油门命令，有助于后续简化控制效率和控制分配模型。四旋翼无人机的第 i 台电动机产生的升力 F_i 与第 i 个 PWM 波输入

u_i 产生的一阶线性传递函数相关：

$$F_i = K\frac{\omega}{s+\alpha}u_i, i=1,2,3,4 \quad (3\text{-}95)$$

式中，K 为正增益；ω 为 PWM 波信号带宽。理论上，K 和 ω 对于 4 台电动机的值是一样的。将 PWM 波的输入归一化，令 1 表示螺旋桨最大转速时对应的 PWM 波输入，0 表示螺旋桨最小时的 PWM 波输入，这样也就可以与无人机遥控器上的"油门"对应起来，1 表示满油门，0 表示油门最低。

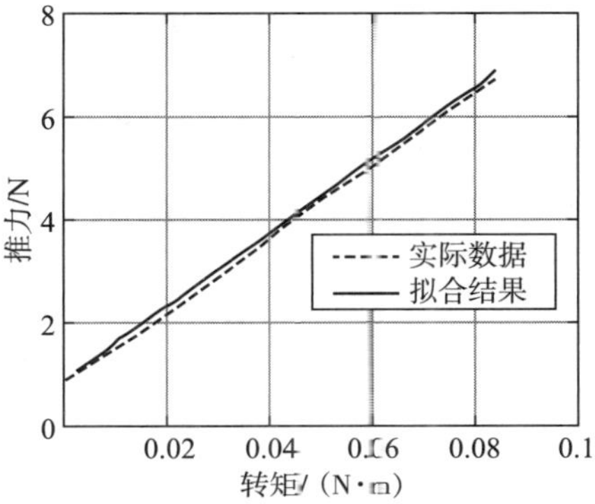

图 3-13 转矩和推力的数值关系

3.2.5 刚体动力学与运动学方程

无人机的平动和转动运动方程为

$$\boldsymbol{F}^b = m(\dot{\boldsymbol{V}}^b + \boldsymbol{\omega}^b \times \boldsymbol{V}^b) \quad (3\text{-}96)$$

$$\boldsymbol{\tau}^b = \boldsymbol{I}\dot{\boldsymbol{\omega}}^b + \boldsymbol{\omega}^b \times (\boldsymbol{I}\boldsymbol{\omega}^b) \quad (3\text{-}97)$$

式中，$m(\text{kg})$ 为无人机的质量；$\boldsymbol{I} = \text{diag}[I_{xx}, I_{yy}, I_{zz}](\text{N}\cdot\text{m}\cdot\text{s}^2)$ 为无人机的惯性矩阵；$\boldsymbol{F}^b(\text{N})$ 为体轴系下的无人机上的力向量；$\boldsymbol{\tau}^b(\text{N}\cdot\text{m})$ 为体轴系下的无人机上的力矩向量；$\boldsymbol{V}^b(\text{m/s})$ 为无人机在体轴系下的平动速度向量；$\dot{\boldsymbol{V}}^b(\text{m/s}^2)$ 为无人机在体轴系下的平动加速度向量；$\boldsymbol{\omega}^b = [p, q, r](\text{rad/s})$ 为无人机在体轴系下的角速度向量；$\dot{\boldsymbol{\omega}}^b = [\dot{p}, \dot{q}, \dot{r}](\text{rad/s}^2)$ 为无人机在体轴系下的角加速度向量；$\times$ 代表两个向量的向量积。

也可以将式（3-96）和式（3-97）用矩阵形式表示为

$$\begin{bmatrix} \boldsymbol{F}^b \\ \boldsymbol{\tau}^b \end{bmatrix} = \begin{bmatrix} m\boldsymbol{I}_{3\times 3} & \boldsymbol{0}_{3\times 3} \\ \boldsymbol{0}_{3\times 3} & \boldsymbol{I} \end{bmatrix} \begin{bmatrix} \dot{\boldsymbol{V}}^b \\ \dot{\boldsymbol{\omega}}^b \end{bmatrix} + \begin{bmatrix} \boldsymbol{\omega}^b \times (m\boldsymbol{V}^b) \\ \boldsymbol{\omega}^b \times (\boldsymbol{I}\boldsymbol{\omega}^b) \end{bmatrix} \quad (3\text{-}98)$$

式中，$\boldsymbol{I}_{3\times 3}$ 代表一个 3 行 3 列的单位矩阵。为了更方便地表示力向量，可以使用地面固定坐标系进行表示：

$$\begin{bmatrix} \boldsymbol{F}^e \\ \boldsymbol{\tau}^b \end{bmatrix} = \begin{bmatrix} m\boldsymbol{I}_{3\times 3} & \boldsymbol{0}_{3\times 3} \\ \boldsymbol{0}_{3\times 3} & \boldsymbol{I} \end{bmatrix} \begin{bmatrix} \dot{\boldsymbol{V}}^e \\ \dot{\boldsymbol{\omega}}^b \end{bmatrix} + \begin{bmatrix} \boldsymbol{0}_{3\times 3} \\ \boldsymbol{\omega}^b \times (\boldsymbol{I}\boldsymbol{\omega}^b) \end{bmatrix} \quad (3\text{-}99)$$

式中，$\boldsymbol{F}^e = \boldsymbol{T}_e^{b-1}\boldsymbol{F}^b$，详细形式可表示为

$$m\begin{bmatrix} \ddot{X} \\ \ddot{Y} \\ \ddot{Z} \end{bmatrix} = \boldsymbol{T}_e^{b-1}\begin{bmatrix} 0 \\ 0 \\ u_z \end{bmatrix} + \begin{bmatrix} 0 \\ 0 \\ -mg \end{bmatrix} \quad (3\text{-}100)$$

$$\begin{bmatrix} I_{xx} & 0 & 0 \\ 0 & I_{yy} & 0 \\ 0 & 0 & I_{zz} \end{bmatrix} \begin{bmatrix} \dot{p} \\ \dot{q} \\ \dot{r} \end{bmatrix} + \begin{bmatrix} p \\ q \\ r \end{bmatrix} \times \begin{bmatrix} I_{xx} & 0 & 0 \\ 0 & I_{yy} & 0 \\ 0 & 0 & I_{zz} \end{bmatrix} \begin{bmatrix} p \\ q \\ r \end{bmatrix} = \begin{bmatrix} u_\phi \\ u_\theta \\ u_\psi \end{bmatrix} \quad (3\text{-}101)$$

将式（3-100）、式（3-101）改写成方程组的形式，为

$$\begin{cases} \ddot{X} = (\cos\phi\sin\theta\cos\psi + \sin\phi\sin\psi)\dfrac{u_z}{m} \\ \ddot{Y} = (\cos\phi\sin\theta\sin\psi - \sin\phi\cos\psi)\dfrac{u_z}{m} \\ \ddot{Z} = (\cos\phi\cos\theta)\dfrac{u_z}{m} - g \\ \dot{p} = \dfrac{I_{yy} - I_{zz}}{I_{xx}}qr + \dfrac{u_\phi}{I_{xx}} \\ \dot{q} = \dfrac{I_{zz} - I_{xx}}{I_{yy}}pr + \dfrac{u_\theta}{I_{yy}} \\ \dot{r} = \dfrac{I_{xx} - I_{yy}}{I_{zz}}pq + \dfrac{u_\psi}{I_{zz}} \end{cases} \quad (3\text{-}102)$$

式中，$u_z, u_\phi, u_\theta, u_\psi$ 分别为螺旋桨产生的升力、滚转力矩、俯仰力矩和偏航力矩；X, Y, Z 为无人机的位置；$\ddot{X}, \ddot{Y}, \ddot{Z}$ 为无人机的加速度。

3.2.6 控制效率与控制分配模型

"十"字形四旋翼无人机的前、后电动机顺时针旋转，左、右电动机逆时针旋转，a 为螺旋桨到无人机中心的距离，结构见图 3-14。

第 i 个螺旋桨产生的升力 F_i 平行于电动机的旋转轴，并且总是朝上指向 z 轴的正方向，升力 F_i 和转矩 τ_i 会产生机体坐标系中的升力和绕 x、y、z 轴的转矩。

$$\begin{cases} u_z = F_1 + F_2 + F_3 + F_4 \\ u_\phi = a(F_3 - F_4) \\ u_\theta = a(F_1 - F_2) \\ u_\psi = \tau_1 + \tau_2 - \tau_3 - \tau_4 \end{cases} \quad (3\text{-}103)$$

每个电动机产生的转矩 τ_i 和升力 F_i 相关，表示它们之间的关系需要引入每个螺旋桨产生的扭矩相关的正增益 K_y，也即 $\tau_i = K_y F_i$，u_z

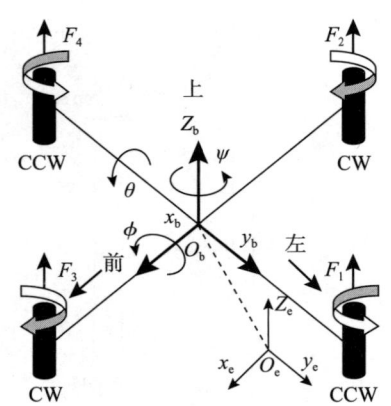

图 3-14 "十"字形四旋翼无人机结构
CW—顺时针旋转　CCW—逆时针旋转

为总升力。此外，可以近似取 $F_i \approx K v_i$，K 为每个螺旋桨产生的推力相关的正增益，则可以将控制效率与控制分配模型可写作

$$\begin{bmatrix} u_z \\ u_\phi \\ u_\theta \\ u_\psi \end{bmatrix} = \begin{bmatrix} K & K & K & K \\ 0 & 0 & Ka & -Ka \\ Ka & -Ka & 0 & 0 \\ K_y & K_y & -K_y & -K_y \end{bmatrix} \begin{bmatrix} u_1 \\ u_2 \\ u_3 \\ u_4 \end{bmatrix} \quad (3\text{-}104)$$

同理可得"X"形四旋翼无人机的控制效率与控制分配模型：

$$\begin{bmatrix} u_z \\ u_\phi \\ u_\theta \\ u_\psi \end{bmatrix} = \begin{bmatrix} K_f & K_f & K_f & K_f \\ -\dfrac{K_f L_{\text{roll}}}{2} & -\dfrac{K_f L_{\text{roll}}}{2} & \dfrac{K_f L_{\text{roll}}}{2} & \dfrac{K_f L_{\text{roll}}}{2} \\ \dfrac{K_f L_{\text{pitch}}}{2} & -\dfrac{K_f L_{\text{pitch}}}{2} & \dfrac{K_f L_{\text{pitch}}}{2} & -\dfrac{K_f L_{\text{pitch}}}{2} \\ K_t & -K_t & -K_t & K_t \end{bmatrix} \begin{bmatrix} u_1 \\ u_2 \\ u_3 \\ u_4 \end{bmatrix} \quad (3\text{-}105)$$

式中，L_{roll} 为滚转电动机之间的距离，也就是 2 号电动机和 4 号电动机之间的距离；L_{pitch} 为俯仰电动机之间的距离，也就是 1 号电动机和 2 号电动机之间的距离；K_f 为每个电动机最大的命令推力；K_t 为归一化电动机偏航常数。

3.2.7 动力学与运动学方程线性化

无人机的非线性六自由度方程组为

$$\begin{cases} \ddot{X} = (\cos\phi\sin\theta\cos\psi + \sin\phi\sin\psi)\dfrac{u_z}{m} \\ \ddot{Y} = (\cos\phi\sin\theta\sin\psi - \sin\phi\cos\psi)\dfrac{u_z}{m} \\ \ddot{Z} = (\cos\phi\cos\theta)\dfrac{u_z}{m} - g \\ \dot{p} = \dfrac{I_{yy} - I_{zz}}{I_{xx}}\dot{\theta}\dot{\psi} + \dfrac{u_\phi}{I_{xx}} \\ \dot{q} = \dfrac{I_{zz} - I_{xx}}{I_{yy}}\dot{\phi}\dot{\psi} + \dfrac{u_\theta}{I_{yy}} \\ \dot{r} = \dfrac{I_{xx} - I_{yy}}{I_{zz}}\dot{\phi}\dot{\theta} + \dfrac{u_\psi}{I_{zz}} \end{cases} \quad (3\text{-}106)$$

悬停是四旋翼无人机最具有代表性的工作模态，通常我们首先研究无人机悬停状态的运动，经典控制器也是基于悬停工作点线性化进行设计的，可以保证在常规飞行任务中获得良好的控制性能。悬停工作点中一般将偏航角 ψ 固定为 0，俯仰

角 θ 和滚转角 ϕ 角度很小,此时 $\cos\psi=1,\sin\psi=0,\cos\theta=1,\sin\theta=\theta,\cos\phi=1,\sin\phi=\phi$, $\dot{\phi}=0,\dot{\theta}=0,\dot{\psi}=0$。但实际飞行中并非如此,这种假设还是存在一定的不合理性的,当无人机需要做大机动(大姿态角、高速度)时,需要使用四元数法建模并设计控制器。欧拉角速度和无人机角速度之间的转换矩阵为

$$\begin{bmatrix} \dot{\phi} \\ \dot{\theta} \\ \dot{\psi} \end{bmatrix} = \begin{bmatrix} 1 & \sin\phi\tan\theta & \cos\phi\tan\theta \\ 0 & \cos\phi & -\sin\phi \\ 0 & \dfrac{\sin\phi}{\cos\theta} & \dfrac{\cos\phi}{\cos\theta} \end{bmatrix} \begin{bmatrix} p \\ q \\ r \end{bmatrix} \quad (3\text{-}107)$$

将其视为对角矩阵,这样就可以得出无人机的线性 6 自由度方程。无人机的线性 6 自由度方程可以写成

$$\begin{cases} \ddot{X} = g\theta \\ \ddot{Y} = -g\phi \\ \ddot{Z} = \dfrac{u_z}{m} - g \\ \dot{p} = \dfrac{u_\phi}{I_{xx}} \\ \dot{q} = \dfrac{u_\theta}{I_{yy}} \\ \dot{r} = \dfrac{u_\psi}{I_{zz}} \end{cases} \quad (3\text{-}108)$$

从线性化模型可以得到,四旋翼无人机是具有耦合关系的欠驱动系统,需要通过 4 个输入量控制 6 个自由度。

| Chapter 4 | 第 4 章

飞行控制律设计

4.1 固定翼无人机飞行控制律设计

4.1.1 固定翼无人机飞行控制系统概述

目前,固定翼无人机的控制结构主要为外环位置控制到内环姿态控制的双回路控制架构。其中,传统的内环姿态角控制回路为单级 PID 控制,这种方法控制结构简单,参数调节方便,但存在鲁棒性低、控制灵敏度差等缺点,因此目前常用的姿态控制方法为引入姿态角速率反馈的串级 PID 控制结构,极大提高了控制精度和闭环系统的鲁棒性,应用最为广泛[57]。除此之外,越来越多的先进控制方法也逐渐被科学家们研究出来,用于固定翼无人机的姿态控制,包括自抗扰控制、滑模控制、自适应控制、基于模型预测的控制方法等,但大多数方法并没有实际应用于飞机控制系统中,因此未来的发展方向便是先进的控制算法与工程实践相结合的姿态控制回路[58]。

对于外环位置控制方法,传统的位置跟踪采用纵向高度速度单独 PID 控制以及横侧向侧偏距 PID 控制,这种控制方法简单方便,易于实行,但跟踪精度不高、通道耦合较为复杂,于是人们改进了位置控制方法,提出了纵向总能量控制以及横侧向 L1 制导控制,大大提高了跟踪精度,并且实现了高度速度联调,是目前常用的位置跟踪控制方法。

本书着重介绍固定翼无人机的串级 PID 姿态控制方法以及基于总能量控制和 L1 制导的位置控制方法,整个控制回路结构如图 4-1 所示,控制信号传输过程如图 4-2 所示。

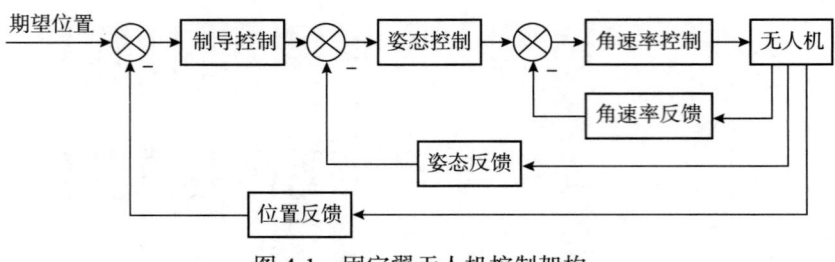

图 4-1　固定翼无人机控制架构

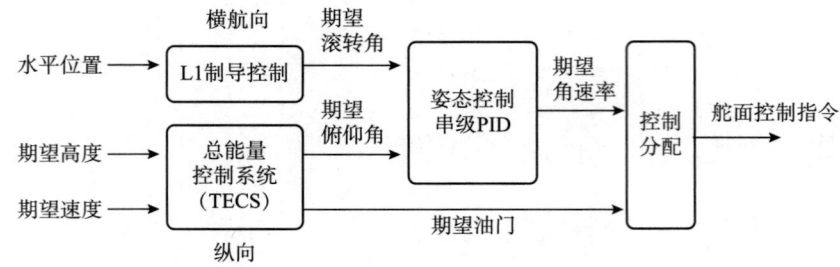

图 4-2　固定翼无人机控制信号传输过程

4.1.2　L1 制导控制器设计

固定翼无人机无法像旋翼那样直接调整力矢量，也不能悬停和直上直下，因此其位置变化必须通过飞行轨迹的连续调整实现。

固定翼无人机转向时需要先侧倾一个角度，此时升力和重力的合力提供一个向心力，在向心力的作用下，飞机沿圆周运动，到预定航向后改平即可。固定翼无人机侧向位置跟踪示意图如图 4-3 所示。

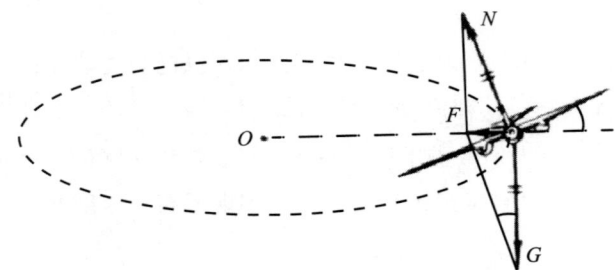

图 4-3　固定翼无人机侧向位置跟踪示意图

本节设计的横航向 L1 控制方法的具体实现步骤总结如下：

1）反馈飞机状态量 v_g，y。

2）根据设计的 L_1 参数值，地速 v_g 和期望航迹求出偏航角 η。

3）根据图 4-4 可以求得 L1 算法核心计算公式，将侧向加速度表示为

$$a_{s_{cmd}} = 2\frac{v_g^2}{L_1}\sin\eta \tag{4-1}$$

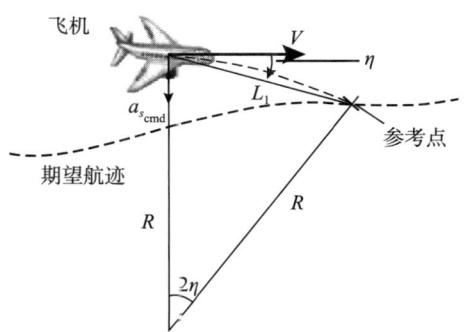

图 4-4　L1 制导逻辑示意图

4）当无人机跟踪曲线段时，如图 4-5 所示。

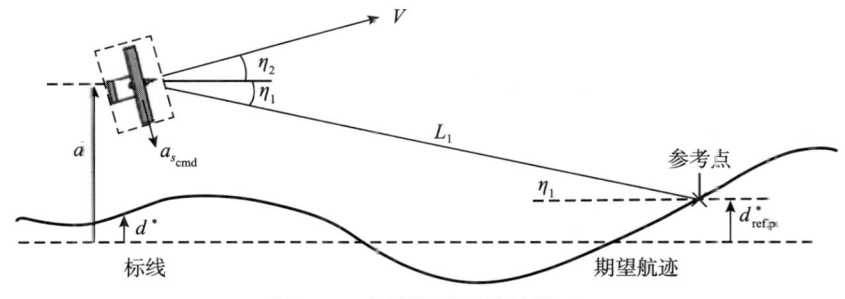

图 4-5　曲线段跟踪线性模型

设 η_1 和 η_2 较小，有

$$\sin\eta \approx \eta = \eta_1 + \eta_2 \tag{4-2}$$

$$\eta_1 \approx \frac{d - d_{ref.pt}^*}{L_1}, \eta_2 \approx \frac{\dot{d}}{V} \tag{4-3}$$

再由 $a_{s_{cmd}} \approx -\ddot{d}$，引导律方程可以写为

$$\ddot{d} + \frac{2V}{L_1}\dot{d} + \frac{2V^2}{L_1^2}d = \frac{2V^2}{L_1^2}d_{ref.pt}^* \tag{4-4}$$

两边取拉普拉斯变换，有

$$\frac{d(s)}{d_{ref.pt}^*(s)} = \frac{\omega_n^2}{s^2 + 2\zeta\omega_n s + \omega_n^2} \tag{4-5}$$

阻尼比为 0.707，无阻尼自然频率为 $\sqrt{2}V/L_1$。计算期望滚转角 ϕ_c，可得

$$\phi_c = \arctan\left(\frac{a_{s_{cmd}}}{g}\right) \quad (4\text{-}6)$$

5）控制无人机滚转和偏航修正侧向误差。

L1 制导律相较于传统基于侧偏距来跟踪航迹的控制方法，其具有明显的优势。对于各种不同的路径，不需要单独进行设计，一个公式就可以覆盖全部路径，在实际应用中尤其是代码实现时更加方便。对于初始条件偏差较大的情况，比如侧偏距和侧偏速度较大时可以比较平滑地向期望路径去过渡。跟传统基于侧偏距的 PD 算法相比，L1 算法中会根据 v_g 的速度不同，计算出的期望加速度也不同，这对于实际飞行时不同的期望飞行速度以及环境风的干扰都有很好的适应能力。

4.1.3 总能量控制器设计

无人机的总能量控制系统（Total Energy Control System，TECS）的核心思想是：协调无人机的油门和升降舵，对无人机的高度和速度进行控制，油门控制总能量的变化率，升降舵负责协调势能和动能之间转换。总能量控制系统的提出从根本上改变了传统控制结构中单输入单输出的控制策略，采用一体化设计的思想，实现高度和速度间的解耦控制。总能量控制系统将无人机的短周期姿态运动、长周期质点运动特性以及飞机总能量的变化有机统一。该系统采用现代控制理论中多输入多输出的控制策略，从而简化了系统的分析与设计。

根据 TECS 控制结构，对系统外回路的航迹角 γ 和加速度 $\dot{V}$ 进行控制。以 γ_c 和 $\dot{V}_c$ 作为控制输入量，以 γ 和 $\dot{V}$ 作为反馈量，以无人机飞行所需推力和俯仰角作为外回路的输出量。因为航迹角 γ 无法直接获得，但在 $\beta = 0$，即无人机无侧滑情况下，航迹角可以表示为

$$\gamma = \theta - \alpha \quad (4\text{-}7)$$

式中，θ 为飞机的俯仰角；α 为迎角。同样，加速度反馈量 $\dot{V}$ 也需要通过无人机速度微分来获得。引入控制量与反馈量的误差信号作为 TECS 控制律的积分控制：

$$\begin{cases} \gamma_e = \gamma_c - \gamma \\ \dot{V}_e = \dot{V}_c - \dot{V} \end{cases} \quad (4\text{-}8)$$

无人机的纵向控制包括对速度、高度和航迹角的控制，航迹角 γ_c 是 TECS 基本控制结构所包含的控制参量，因此需要在无人机的纵向控制中引入飞行速度 V_c、飞

行高度 H_c。若以飞行速度作为控制输入量，需要对飞行速度进行 $V_c \to \dot{V}_c$ 的转换，加速度控制量 $\dot{V}_c$ 可以通过速度控制量 V_c 和速度反馈量 V 的偏差 V_e 按一定比例关系获取，则有

$$\dot{V}_c = k_v(V_c - V) \tag{4-9}$$

式中，k_v 为速度信息转换比例系数，则 TECS 控制输入量为

$$\frac{\dot{V}_c}{g} = \frac{k_v(V_c - V)}{g} \tag{4-10}$$

通过对总能量变化率 $\dot{E}$ 和能量分配率 $\dot{L}$ 的分析可知，在稳态时有

$$\dot{E}_e = \dot{L}_e = 0, t \to \infty \tag{4-11}$$

则

$$\dot{V}_e = \gamma_e = 0, t \to \infty \tag{4-12}$$

即 $V_e \neq 0, t \to \infty$，可知 TECS 核心控制律对飞行速度 V 的控制为有稳态误差控制。根据转换关系可得

$$\dot{V}_e = \dot{V}_c - \dot{V} = K_v(V_c - V) - \dot{V} = 0 \tag{4-13}$$

由此可得

$$V_c = V \tag{4-14}$$

当控制系统达到稳态时，TECS 实现了对速度的无稳差控制。但由 V_e 代替 $\dot{V}_c$ 的过程可知，由于加速度信号 $\dot{V}_c$ 的损失，系统的快速性会受到影响，为了消除替换过程带来的不利影响，需要引入飞行速度的偏差控制，即

$$\Delta V = K_{vp}(V_c - V) \tag{4-15}$$

则能量偏差信号可以表示为

$$\dot{E}_{ev} = (\gamma_c - \gamma) + \frac{\dot{V}_c - \dot{V}}{g} + K_{vp}(V_c - V) = \gamma_e + \frac{\dot{V}_e}{g} + K_{vp}V_e \tag{4-16}$$

$$L_{ev} = (\gamma_c - \gamma) - \left(\frac{\dot{V}_c - \dot{V}}{g} + K_v(V_c - V)\right) = \gamma_e - \frac{\dot{V}_e}{g} - K_{vp}V_e \tag{4-17}$$

式中，K_{vp} 为引入速度偏差的比例系数。则 TECS 控制律为

$$\begin{cases} T_c = K_{tp}\dot{E} + \dfrac{K_{ti}}{s}\dot{E}_{ev} \\ \theta_c = K_{ep}\dot{L} + \dfrac{K_{ei}}{s}\dot{L}_{ev} \end{cases} \tag{4-18}$$

式中，K_{tp} 为总能量控制的比例系数；K_{ti} 为总能量控制的积分系数；K_{ep} 为总能量分配的比例系数；K_{ei} 为总能量分配的积分系数。

此时，当 $t \to \infty$，有 $\dot{E}_{ev} = \dot{L}_{ev} = 0$，于是

$$\gamma_e + \frac{\dot{V}_e}{g} + K_{vp}V_e = \gamma_e - \frac{\dot{V}_e}{g} - K_{vp}V_e = 0 \tag{4-19}$$

则

$$\gamma_e = \frac{\dot{V}_e}{g} - K_{vp}V_e = 0 \tag{4-20}$$

经过以上公式推导可知，在加速度偏差信号 $\dot{V}_e$ 中引入速度偏差信号 V_e，通过 $\dot{E}_{ev}$ 和 $\dot{L}_{ev}$ 的积分控制，相当于对加速度误差引入积分，从而实现 TECS 对飞行速度的无稳差控制。同样，若以飞行高度作为控制输入量，需实现 $H_c \to \gamma_c$ 的转化，根据航迹角 γ 的小角度假设条件，会有 $\gamma = \dot{H}/V$，与飞行速度的控制相似，TECS 核心控制律对高度的控制也是有稳态误差的，要实现对航迹角 γ 的无稳差控制，实际上是要实现对升降速率 $\dot{H}$ 的无稳差控制。升降速率控制量 $\dot{H}$ 可以通过高度控制量 H_c 和速度反馈量 H 的偏差 H_e 按一定比例关系获取：

$$\dot{H}_c = K_h(H_c - H) \tag{4-21}$$

式中，K_h 为高度信息转换比例系数，故式（4-21）可以表达成

$$K_h(H_c - H) = V\gamma_c \tag{4-22}$$

则

$$\gamma_c = \frac{\dot{H}_c}{V} = \frac{K_h(H_c - H)}{V} \tag{4-23}$$

从而，控制系统在稳态时有 $\gamma_c \to 0$，则有 $H_c = H$，即实现了对飞机高度的无稳差控制。引入高度偏差信息补偿升降速率控制信息的损失，有

$$\Delta H = K_{hp}(H_c - H) \tag{4-24}$$

航迹角偏差反馈为

$$\gamma_e' = \frac{\dot{H}_c - \dot{H}}{V} + K_{hp}\frac{H_c - H}{V} = \frac{\dot{H}_e}{V} + K_{hp}\frac{H_e}{V} \tag{4-25}$$

由以上公式可将能量偏差信号表示为

$$\dot{E}_{evh} = \frac{\dot{H}_e}{V} + K_{hp}\frac{H_e}{V} + \frac{\dot{V}_c - \dot{V}}{g} + K_{vp}(V_c - V)$$

$$= \gamma_e' + \frac{\dot{V}_e}{g} + K_{vp}V_e \tag{4-26}$$

加入速度和高度控制后的 TECS 核心控制律为

$$\begin{cases} T_c = K_{tp}E + \dfrac{K_{ti}}{s}\dot{E}_{evh} \\ \theta_c = K_{ep}\dot{L} + \dfrac{K_{ei}}{s}\dot{L}_{evh} \end{cases} \quad (4\text{-}27)$$

当控制系统达到稳态时，有 $\dot{\gamma}_e = 0, t \to \infty$，TECS 便实现了对飞行速度和高度的无稳差控制。

4.1.4 串级 PID 姿态控制器设计

无人机姿态控制器设计采用串级 PID 控制器，相较于传统的单回路 PID 控制，引入的内回路角速率环响应速度快，具有较强的抗干扰能力，并且内回路可以起到改善被控对象的作用，具有极强的工程应用价值[59]。

串级 PID 姿态控制回路在设计时分为纵向通道和横航向通道，用以调整无人机的飞行姿态。

1. 纵向通道控制律设计

纵向俯仰角姿态控制回路将给定俯仰角指令与实际测得的俯仰角作差，差值经控制器后输入到作动系统中，通过驱动舵面的偏转产生俯仰力矩控制俯仰角，内回路引入俯仰角速率反馈增大系统阻尼，抵抗干扰，同时防止在调整过程中出现振荡。俯仰角串级 PID 控制器控制结构框图如图 4-6 所示，控制器的结构为

$$\delta_e = k_e^q (q - q_g) + k_e^{qi} \int (q - q_g) dt + \delta_{e\_trim} \quad (4\text{-}28)$$

$$q = k_e^{\theta} (\theta - \theta_g) + k_e^{\theta i} \int (\theta - \theta_g) dt \quad (4\text{-}29)$$

式中，δ_e 为升降舵偏角指令；k_e^q 为俯仰角速率比例系数；k_e^{qi} 为俯仰角速率积分系数；k_e^{θ} 为俯仰角比例系数；$k_e^{\theta i}$ 为俯仰角积分系数；θ 为期望俯仰角；θ_g 为反馈俯仰角信号；q 为期望俯仰角速率；q_g 为反馈俯仰角速率；δ_{e_trim} 为升降舵配平量。

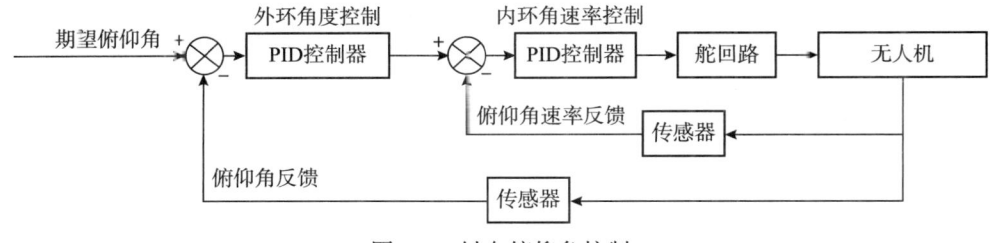

图 4-6 纵向俯仰角控制

2. 横向通道控制律设计

飞机横向姿态控制是通过输入滚转角指令，使飞机保持给定姿态稳定飞行。对于无人机，其横向滚转由副翼控制，通过副翼偏转一定的舵偏量，使飞机产生一定的滚转力矩，从而实现滚转角控制，横向控制通道的控制结构框图如图4-7所示，具体形式如下：

$$\delta_a = k_a^p (p - p_g) + k_a^{pi} \int (p - p_g) dt + \delta_{a\_trim} \quad (4-30)$$

$$p = k_a^{\phi} (\phi - \phi_g) + k_a^{\phi i} \int (\phi - \phi_g) dt \quad (4-31)$$

式中，δ_a 为副翼偏角指令；k_a^p 为滚转角速率比例系数；k_a^{pi} 为滚转角速率积分系数；k_a^{ϕ} 为滚转角比例系数；$k_a^{\phi i}$ 为滚转角积分系数；ϕ 为期望滚转角；ϕ_g 为反馈滚转角信号；p 为期望滚转角速率；p_g 为反馈滚转角速率；δ_{a_trim} 表示副翼配平量。

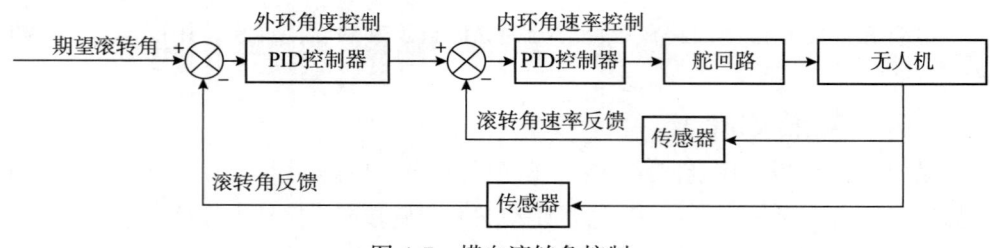

图4-7 横向滚转角控制

3. 航向通道控制律设计

飞机航向姿态控制是通过输入偏航角指令，使飞机保持给定姿态稳定飞行。对于无人机，其航向偏航保持由方向舵控制，通过方向舵偏转一定的舵偏量，飞机产生偏航力矩，航向控制通道的控制结构框图如图4-8所示，具体形式如下：

$$\delta_r = k_r^p (r - r_g) + k_r^{pi} \int (r - r_g) dt + \delta_{r\_trim} \quad (4-32)$$

$$r = k_r^{\phi} (\psi - \psi_g) + k_r^{\phi i} \int (\psi - \psi_g) dt \quad (4-33)$$

式中，δ_r 为方向舵偏角指令；k_r^p 为偏航角速率比例系数；k_r^{pi} 为偏航角速率积分系数；k_r^{ϕ} 为偏航角比例系数；$k_r^{\phi i}$ 为偏航角积分系数；ψ 为期望偏航角；ψ_g 为反馈偏航角信号；r 为期望偏航角速率；r_g 为反馈偏航角速率；δ_{r_trim} 为方向舵配平量。

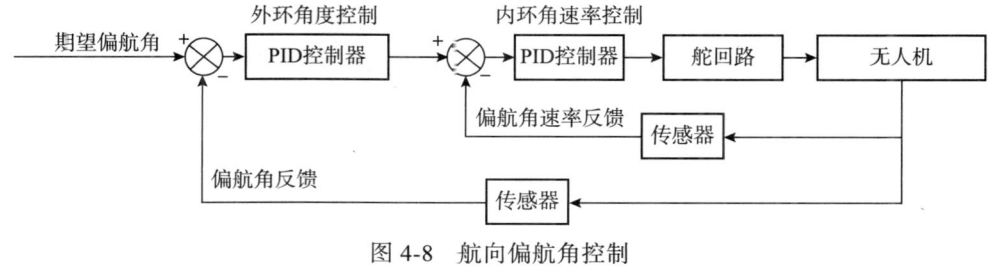

图 4-8 航向偏航角控制

4.2 多旋翼无人机飞行控制律设计

4.2.1 多旋翼无人机飞行控制系统概述

多旋翼无人机飞行控制系统由动力系统、刚体运动学模型和刚体动力学模型组成。刚体运动学模型输入为速度和角速度，输出为位置和姿态，运动学质量和受力无关，仅关注位置、姿态等变量。如图 4-9 所示，以四旋翼无人机飞行控制为例，往往使用内环为姿态环、外环为位置环的级联结构。外环输入为期望位置和实际位置，输出为期望姿态，内环输入为期望姿态和实际姿态，输出为油门指令。刚体动力学输入为力和力矩，输出为速度和角速度。刚体运动学和动力学模型共同组成多旋翼飞行器的刚体模型。动力系统的输入为油门指令，输出为拉力和力矩[60]。

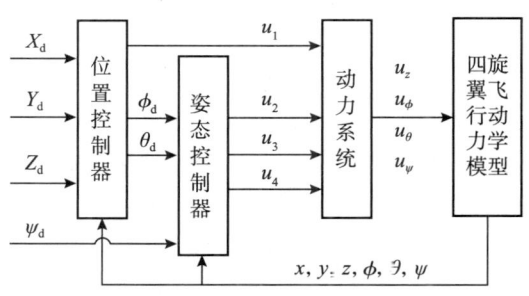

图 4-9 四旋翼无人机的飞行控制系统

对于四旋翼无人机的飞行控制系统设计，以轨迹跟踪任务为例，任务目标是使无人机随着指定的路径飞行，其中需要实现对无人机的位置控制，还要使无人机保持适当的偏航角，也就是说共有 4 个参考变量 $[X_d, Y_d, Z_d, \psi_d]$。滚转角和俯仰角并不是直接控制目标，但是滚转和俯仰运动产生了沿着机体轴系的 x 和 y 轴的位移，由于系统的耦合关系，它们也是和系统的控制过程相关的，为了保证系统的稳定性，滚转角和俯仰角需要被限制在一定的范围内。

多旋翼无人机飞行控制系统往往可以分为控制器和本体模型两部分，本体模型就是刚体动力学模型和动力系统模型。多旋翼无人机飞行控制律设计狭义上是针对控制器提出的。多旋翼无人机的控制方法重点关注姿态和高度的控制，对于速度、位置等的控制方法也有。多旋翼无人机的控制方法可以分为三类：线性飞行控制方法、基于学习的飞行控制方法和基于模型的非线性控制方法。

线性飞行控制方法以线性飞行控制理论为基础，最常用的方法为 PID 控制方法，还有 LQR 方法、增益调度方法和 H_∞ 方法等。PID 控制方法简单，参数物理意义明确，使用范围广。若应用场景中的控制精度要求不是非常高，PID 是非常适用的。LQR 方法全称为 Linear Quadratic Regulator，译为线性二次型调节器，LQR 控制方法要求控制对象为可用状态空间表示的线性系统，目标函数是状态变量或控制变量的二次函数的积分。增益调度方法是使用多个线性控制器的组合控制非线性系统的方法，为多个工作点设计线性控制器然后根据调度变量的变化在不同控制器之间切换或进行插值。H_∞ 方法是一种基于频域的控制方法，在考虑外部干扰的情况下，使系统性能稳定且抗扰能力最强，但调参困难且计算量大。

基于学习的飞行控制方法中具有代表性的为神经网络法、模糊控制法和基于人体的控制方法。神经网络法可以有效克服 PID 等线性控制方法难以实现复杂模型精确控制的问题，神经网络中的控制参数具有自适应的能力，可有效提高控制系统的鲁棒性和容错性。模糊控制法是模仿人的决策和推理过程的一种控制原理，首先将操作人员或专家的经验编写成模糊规则，其次将传感器输出的信号模糊化并做模糊推理，将推理得到的输出量加到执行器上，模糊控制不需要精确的数学模型，关注重点为模糊规则的选取，适用于具有不确定性、干扰、噪声等不利因素的非线性控制系统。基于人体的控制方法关注分析飞行员在不同场景下对于无人机的操纵方法以达到对无人机良好操纵的目标。

基于模型的非线性控制方法有反馈线性化、模型预测控制、自适应控制和反步控制法等。反馈线性化将状态向量和控制向量转变为线性形式，然后使用常规的线性设计方法进行设计，动态逆方法是反馈线性化中的热门研究方法，需要控制对象的精确模型，在设计和使用中需要考虑方法的鲁棒性能。模型控制预测是通过在每一个采样时刻求解一个开环最优控制问题获得当前的控制动作，最优控制问题的初始状态为系统的当前状态。自适应控制是根据系统运行的状态对模型进行逐步修正和调整，从而使系统具有一定的适应的能力，自适应控制比反馈控制要复杂得多。反步控制法的基本思路是将复杂系统分解为多个子系统，通过反向递推为每个子系统设计控制量和李雅普诺夫函数，可以很好地适应不确定因素和非线性因素对于系统的影响。

后续我们将使用 PID 控制器、LQR 控制器和滑模控制器设计完整的"十"字形四旋翼无人机飞行控制系统。

4.2.2 四旋翼飞行控制系统架构

多旋翼无人机的飞行控制系统设计基于时标分离假设，也就是采用内外环设计，姿态控制中的俯仰角控制和滚转角控制为内环，位置控制中的 X 位置控制和 Y 位置控制为外环，偏航角和高度控制各自独成一环。内环的带宽是外环带宽的 4~10 倍，也就是内环的收敛速度是外环的 4~10 倍，内环的响应速度远快于外环，所以内环响应可以在很短的时间上跟上外环输出。外环输出为期望姿态，内环的输入为期望姿态 $\boldsymbol{\Theta}_d$ 和实际姿态 $\boldsymbol{\Theta}_r$，姿态控制的目标为姿态误差为零，即 $\lim_{t \to \infty} \|\boldsymbol{\Theta}_r - \boldsymbol{\Theta}_d\| = 0$。因此，控制器的设计和控制参数的调试也是按照从内到外的顺序依次完成。

多旋翼无人机的姿态控制是位置控制的前提。欧拉角姿态表示的物理意义明确，但是当俯仰角为 90° 时，转换矩阵会出现奇异，因此需要在小角度假设的前提下进行控制器设计。

位置控制可以从实际应用场景分为定点追随、轨迹跟踪和路径跟随。定点追随就是为四旋翼无人机设置一个目标点，设计一个控制器使四旋翼无人机到达该目标点，而不考虑四旋翼无人机的飞行轨迹。轨迹跟踪中，轨迹与时间相关，设计一个控制器使四旋翼无人机跟踪该条轨迹，相当于跟踪前方一辆同驱动结构的车。路径跟随中的路径是一条空间曲线，该曲线与时间无关，设计一个控制器使四旋翼无人机与该曲线上点的偏差最小。

这 3 个应用场景之间的关系是，定点追随是路径跟随的基础，轨迹跟踪是在路径跟随上增加一个时间维度。路径追随可以视为无数个定点追随问题的集合，为路径追随增加时间约束即成为轨迹跟踪问题，为轨迹跟踪增加轨迹约束即成为定点追随问题。后续控制器设计和实现中，我们主要研究轨迹跟踪问题。

4.2.3 PID 控制器设计

1. 设计原理

PID 控制律是将实际输出值和期望输出值的差值，经比例、积分和微分环节线性加权后得到的，具体设计原理见图 4-10，PID 控制器的形式如下所示：

$$\begin{cases} e(t) = y_d(t) - y(t) \\ u(t) = K_P e(t) + \dfrac{K_P}{T_I} \int e(t)\,dt + K_P T_D \dfrac{de(t)}{dt} \end{cases} \quad (4\text{-}34)$$

式中，$e(t)$ 为期望输出值 $y_d(t)$ 和实际输出值 $y(t)$ 之间的误差；K_P 为比例调节参数；T_I 为积分时间参数；T_D 为微分时间参数。由式（4-34）可以得出系统的传递函数为

$$G(s) = \dfrac{U(s)}{E(s)} = K_P\left(1 + \dfrac{1}{T_I} + T_D s\right) \quad (4\text{-}35)$$

由于 PID 算法是将误差的比例、积分和微分值加权组合得到控制量，因此 PID 算法不依赖被控对象的内部状态变量信息，仅仅利用误差实现控制。

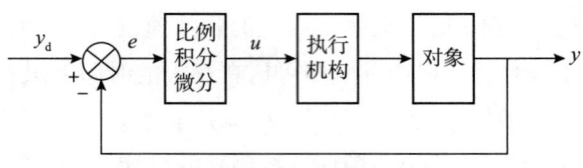

图 4-10 PID 控制器设计原理

下面分别介绍比例控制、积分控制和微分控制的特性。

通常在调节的最初阶段，期望输出值和实际输出值两者之间的差值 $e(t)$ 偏大，因此需要较大的控制量，才能使实际输出尽快跟踪上期望输出。比例系数 K_P 的功能就是使系统能够快速调整，在差值较大的情况下，可以适当地增加 K_P 的值，在差值过小的情况，可以适当地减小 K_P 的值，K_P 的值不宜过大或者过小，值过大会造成较大的超调量以及系统振荡，值过小会造成系统的响应速度缓慢。因为单纯依靠比例调节无法将误差全部消除，系统依旧存在着静态稳态误差，需引入积分环节。

积分环节的调节过程是将剩下的微小差值在时间上进行积分并累加，并消除累计误差。因此，积分环节是一个滞后环节，其中积分时间常数需要选取适当，T_I 值太大会导致效果不明显，太小则会产生积分饱和现象，无法达到期望的效果。

微分环节体现的是对误差的预测性，能在误差出现之前进行控制调节。消除积分环节引起的滞后有利于调节系统的动态性能。微分时间常数 T_D 不宜过大，过大会导致其超前调节，反而延长了调节时间。

2. 设计过程

在飞行中，四旋翼无人机需要多次调整姿态，因此采用适应变化较强的 PD 控制器，控制器输入为飞行器实际的姿态角 $[\phi,\theta,\psi]$ 和期望的姿态角 $[\phi_d,\theta_d,\psi_d]$，控制器输出为 $[u_2,u_3,u_4]$，$[p,q,r]$ 为欧拉角速度。

姿态控制器的输出为

$$\begin{cases} u_2 = k_{p\phi}(\phi_d - \phi) - k_{d\phi}p \\ u_3 = k_{p\theta}(\theta_d - \theta) - k_{d\theta}q \\ u_4 = k_{p\psi}(\psi_d - \psi) - k_{d\theta}r \end{cases} \quad (4\text{-}36)$$

式中，$k_{p\phi}$、$k_{p\theta}$、$k_{p\psi}$ 为滚转、俯仰和偏航控制器中的比例控制参数；$k_{d\phi}$、$k_{d\theta}$、$k_{d\psi}$ 为滚转、俯仰和偏航控制器中的微分控制参数。

位置控制器设计中，应求解使 $\lim_{t\to\infty}\|X-X_d\|=\lim_{t\to\infty}\|e_X\|=0, \lim_{t\to\infty}\|Y-Y_d\|=\lim_{t\to\infty}\|e_Y\|=0$ 成立的期望姿态角 $[\phi_d, \theta_d]$。期望的过渡过程为

$$\begin{cases} \ddot{e}_X = -k_{dX}\dot{e}_X - k_{pX}e_X \\ \ddot{e}_Y = -k_{dY}\dot{e}_X - k_{pY}e_X \\ \ddot{e}_Z = -k_{dZ}\dot{e}_X - k_{pZ}e_X \end{cases} \quad (4\text{-}37)$$

式中，$\ddot{e}_X = \ddot{X} - \ddot{X}_d, \ddot{e}_Y = \ddot{Y} - \ddot{Y}_d, \ddot{e}_Z = \ddot{Z} - \ddot{Z}_d$；$k_{pX}, k_{pY}, k_{pZ}$ 为 X, Y, Z 控制器中的比例控制参数；k_{dX}, k_{dY}, k_{dZ} 为 X, Y, Z 控制器中的微分控制参数。X 方向的期望过渡过程需要满足

$$\ddot{X} = \ddot{X}_d - k_{dX}\dot{e}_X - k_{pX}e_X \quad (4\text{-}38)$$

也即

$$g\theta_d = \ddot{X}_d - k_{dX}\dot{e}_X - k_{pX}e_X \quad (4\text{-}39)$$

进而可以求出 $\theta_d = (\ddot{X}_d - k_{dX}\dot{e}_X - k_{pX}e_X)/g$，在特殊情况定点追随中，有 $\dot{X}_d = \ddot{X}_d = 0$，则改写式（4-39）为

$$\theta_d = \left[-k_{dX}\dot{X} - k_{pX}(X - X_d)\right]/g \quad (4\text{-}40)$$

Y 方向的期望过渡过程需要满足

$$\ddot{Y} = \ddot{Y}_d - k_{dY}\dot{e}_Y - k_{pY}e_Y \quad (4\text{-}41)$$

也即

$$-g\phi_d = \ddot{Y}_d - k_{dY}\dot{e}_Y - k_{pY}e_Y \quad (4\text{-}42)$$

可以求出 $\phi_d = -(\ddot{Y}_d - k_{dY}\dot{e}_Y - k_{pY}e_Y)/g$，在特殊情况定点追随中，有 $\dot{Y}_d = \ddot{Y}_d = 0$，则改写式（4-42）为

$$\phi_d = -\frac{\left[-k_{dY}\dot{Y} - k_{pY}(Y - Y_d)\right]}{g} \quad (4\text{-}43)$$

同理，在高度控制中，期望的过渡过程需要满足

$$\ddot{Z} = \ddot{Z}_d - k_{dZ}\dot{e}_Z - k_{pZ}e_Z \qquad (4-44)$$

$$\frac{u_Z}{m} - g = \ddot{Z}_d - k_{dZ}\dot{e}_Z - k_{pZ}e_Z \qquad (4-45)$$

可以解出

$$u_Z = m(\ddot{Z}_d - k_{dZ}\dot{e}_Z - k_{pZ}e_Z + g) \qquad (4-46)$$

在特殊情况定点追随中，有 $\dot{Z}_d = \ddot{Z}_d = 0$，则改写上式为

$$u_Z = m\left[-k_{dZ}\dot{Z} - k_{pZ}(Z - Z_d) + g\right] \qquad (4-47)$$

但是，在实际使用中，当实际位置和期望位置差距较大，会导致计算出极大的姿态角，此时小角度假设不成立，在这种情况中，需要设计加饱和的 PID 控制器。首先，引入饱和函数

$$\mathrm{sat}(u,a) \triangleq \begin{cases} u, & \|u\|_\infty \leq a \\ \dfrac{au}{\|u\|_\infty}, & \|u\|_\infty > a \end{cases} \qquad (4-48)$$

将 X、Y 和高度方向的 PID 控制器的控制律更改为

$$\theta_d = \mathrm{sat}\left(\frac{\ddot{X}_d - k_{dX}\dot{e}_X - k_{pX}e_X}{g}, a_\theta\right) \qquad (4-49)$$

$$\phi_d = \mathrm{sat}\left(-\frac{\ddot{Y}_d - k_{dY}\dot{e}_Y - k_{pY}e_Y}{g}, a_\phi\right) \qquad (4-50)$$

$$u_Z = \mathrm{sat}\left(m\left[-k_{dZ}\dot{Z} - k_{pZ}(Z - Z_d) + g\right], a_Z\right) \qquad (4-51)$$

式中，a_θ, a_ϕ, a_Z 可以根据实际情况修改。若要求 $\theta_d \in [-\theta_{\max}, \theta_{\max}]$，则可以将 θ_d 写为

$$\theta_d = \mathrm{sat}\left[\frac{\ddot{X}_d - k_{dX}\dot{e}_X - k_{pX}e_X}{g}, \theta_{\max}\right] \qquad (4-52)$$

4.2.4 LQR 控制器设计

1. 设计原理

基于状态空间的设计方法需要得到系统状态反馈。状态反馈可通过两种著名的设计算法得到，即极点配置设计方法和线性二次型指标最优调节器设计方法。极点配置法计算状态反馈增益较为复杂，LQR 更简单。LQR 控制方法的对象是现代控制理论中状态空间形式给出的线性系统，而目标函数为对象状态和控制输入的二次

型函数，LQR 的最优解可写成统一的解析表达式，且可推导出一个简单的状态线性反馈控制律，计算和工程实现都比较容易。线性二次型是指系统的状态方程是线性的，指标函数是状态变量和控制变量的二次型，线性二次型控制理论已成为反馈系统设计的一种重要工具。LQR 控制方法的设计思路是需要同时最小化控制器和系统状态轨迹的偏移，系统性能主要由两个设计参数：状态矩阵和控制加权矩阵决定，这两个设计参数对于系统的稳定性和性能影响很大。

使用 LQR 控制器的前提是将系统线性化为如下形式：

$$\dot{x} = Ax + Bu \tag{4-53}$$

式中，$x(t) \in \mathbf{R}^{n \times 1}$ 为飞行器的状态量；$u(t) \in \mathbf{R}^{m \times 1}$ 为飞行器的控制量；$A \in \mathbf{R}^{n \times n}$ 为状态矩阵；$B \in \mathbf{R}^{m \times m}$ 为输入矩阵。经典状态反馈控制律如下：

$$u = -Kx \tag{4-54}$$

此处 $K \in \mathbf{R}^{m \times n}$ 为 LQR 控制器的最优控制矩阵，用于稳定系统，则可以得到闭环系统的方程为

$$\dot{x} = (A - BK)x \tag{4-55}$$

根据闭环系统的要求，设计者应当在保证控制输入不饱和以及暂态响应平衡的基础上选择最优控制矩阵 K。LQR 控制器参数通过定义性能指标函数 J，并且寻找使性能指标函数最小的最优控制矩阵 K 获得，定义性能指标函数 J 如下：

$$J = \frac{1}{2}\int_0^\infty \left[x^{\mathrm{T}}(t)Qx(t) + u^{\mathrm{T}}(t)Ru(t) \right] \mathrm{d}t \tag{4-56}$$

式中，Q 为一个 $n \times n$ 对称半正定矩阵，作为二次矩阵；R 为 $m \times m$ 对称正定矩阵，作为调节矩阵。式（4-56）也可以写为

$$J = \frac{1}{2}\int_0^\infty x^{\mathrm{T}}(t)\left[Q + K^{\mathrm{T}}RK \right]x(t)\mathrm{d}t \tag{4-57}$$

为了使性能指标函数最小，反馈增益矩阵 K 应当写作

$$K = -R^{-1}B^{\mathrm{T}}P \tag{4-58}$$

则

$$u^*(t) = -R^{-1}B^{\mathrm{T}}Px(t) = -Kx(t) \tag{4-59}$$

式中，K 为系统最优反馈增益矩阵；P 为正定阵，且满足 Riccati 代数方程：

$$A^{\mathrm{T}}P + PA - PBR^{-1}B^{\mathrm{T}}P + Q = 0 \tag{4-60}$$

为了使系统获得良好的跟踪性能，假设给定非线性动力系统 $x' = f(x,u)$ 和期望轨迹 x_d，则 LQR 控制器应当设计成 $u = H(x, x_d, u_d)$ 的形式从而保证 $\lim\limits_{t \to \infty}(x_d - x) = 0$。在使用 LQR 方法设计控制器时，针对非线性系统图 4-11，设计线性输入，系统如下：

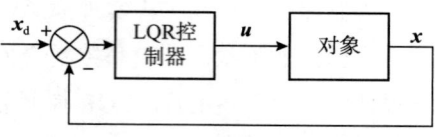

图 4-11　LQR 控制原理框图

$$f(x,u) = f(x) + g(x)u \tag{4-61}$$

设状态误差向量为 $e = x - x_d$，输入误差向量为 $v = u - u_d$，则封闭系统的误差为

$$\begin{aligned}\dot{e} &= \dot{x} - \dot{x}_d = f(x,u) - f(x_d, u) \\ &= f(e + x_d) - f(x_d) + g(e + x_d)(v + u_d) - g(x_d)u_d \\ &= F(e, v, x_d(t), u_d(t))\end{aligned} \tag{4-62}$$

为了使得系统具有跟踪精度，则假设 e 很小，无人机系统可以在 $e = 0$ 附近线性化：

$$\dot{e} \approx A(t)e + B(t)u \tag{4-63}$$

$$A(t) = \frac{\partial F}{\partial e}\bigg|_{(x_d(t), u_d(t))}, B(t) = \frac{\partial F}{\partial v}\bigg|_{(x_d(t), u_d(t))}$$

因此，式（4-63）可以用线性系统 $\dot{x} = Ax + Bu$ 表示。假设 x_d 和 u_d 是定值或者变化缓慢，此时对所有的 x_d 设计 LQR 最优控制矩阵 $K(x_d)$，则可以得到

$$v = K(x_d)e \tag{4-64}$$

从误差反推控制输入，则有

$$u = v + u_d = K(x_d)(x - x_d) + u_d \tag{4-65}$$

于是，就可以通过计算最优控制矩阵 K 获取控制输入。总的来说，LQR 优化方法的最优性完全取决于矩阵 Q 和 R 的选择，然而控制矩阵的选择并没有解析方法，也没有广泛接受的方法，在工程实践中需要反复调节对角线参数大小实现对被控系统的有效控制。一般情况下，如果希望输入信号小，则可选择较大的 R 控制矩阵。

MATLAB 控制系统工具箱提供了解决线性二次型最优控制问题的命令和算法，可以非常方便地得到最优控制矩阵 K，与最优控制矩阵 K 对应的 $(A - BK)$ 的特征值以及满足 Riccati 代数方程的唯一正定解，在第 6 章中会对此进行详细介绍。

2. 设计过程

使用 LQR 设计方法控制四旋翼无人机时，需要得出控制系统的状态空间模型。

第 4 章　飞行控制律设计

姿态控制系统可分解为滚转和俯仰控制系统、偏航控制系统分别进行设计，假设滚转和俯仰运动是解耦的，可以对滚转和俯仰运动模型进行化简。

对于"十"字形四旋翼无人机，利用线性化后的方程结合控制效率与控制分配模型可得出

$$\ddot{\phi} = \dot{p} = \frac{u_\phi}{I_{xx}} = KL\frac{u_3 - u_4}{I_{xx}} \tag{4-66}$$

$$\ddot{\theta} = \dot{q} = \frac{u_\theta}{I_{yy}} = KL\frac{u_1 - u_2}{I_{yy}} \tag{4-67}$$

$$\ddot{\psi} = \dot{r} = \frac{u_\psi}{I_{zz}} = K_y\frac{u_1 + u_2 - u_3 - u_4}{I_{zz}} \tag{4-68}$$

将式（4-66）~式（4-68）改写可得到滚转、俯仰和偏航的状态空间形式：

$$\begin{bmatrix}\ddot{\phi}\\\dot{\phi}\\\phi\end{bmatrix} = \begin{bmatrix}0 & 0 & 0\\1 & 0 & 0\\0 & 1 & 0\end{bmatrix}\begin{bmatrix}\dot{\phi}\\\phi\\s\end{bmatrix} + \begin{bmatrix}0 & 0 & \dfrac{KL}{I_{xx}} & -\dfrac{KL}{I_{xx}}\\0 & 0 & 0 & 0\\0 & 0 & 0 & 0\end{bmatrix}\begin{bmatrix}u_1\\u_2\\u_3\\u_4\end{bmatrix} \tag{4-69}$$

$$\begin{bmatrix}\ddot{\theta}\\\dot{\theta}\\\theta\end{bmatrix} = \begin{bmatrix}0 & 0 & 0\\1 & 0 & 0\\0 & 1 & 0\end{bmatrix}\begin{bmatrix}\dot{\theta}\\\theta\\s\end{bmatrix} + \begin{bmatrix}\dfrac{KL}{I_{yy}} & -\dfrac{KL}{I_{yy}} & 0 & 0\\0 & 0 & 0 & 0\\0 & 0 & 0 & 0\end{bmatrix}\begin{bmatrix}u_1\\u_2\\u_3\\u_4\end{bmatrix} \tag{4-70}$$

$$\begin{bmatrix}\ddot{\psi}\\\dot{\psi}\\\psi\end{bmatrix} = \begin{bmatrix}0 & 0 & 0\\1 & 0 & 0\\0 & 1 & 0\end{bmatrix}\begin{bmatrix}\dot{\psi}\\\psi\\s\end{bmatrix} + \begin{bmatrix}\dfrac{K_y}{I_{zz}} & \dfrac{K_y}{I_{zz}} & -\dfrac{K_y}{I_{zz}} & -\dfrac{K_y}{I_{zz}}\\0 & 0 & 0 & 0\\0 & 0 & 0 & 0\end{bmatrix}\begin{bmatrix}u_1\\u_2\\u_3\\u_4\end{bmatrix} \tag{4-71}$$

式中，s 为增加的一个状态变量，引入这个状态变量的目的是在反馈控制中使用积分器。

基于 LQR 设计方法的位置控制器可分为高度控制器设计和 x、y 控制器设计。四旋翼无人机在垂直方向是由 4 个螺旋桨共同决定的，则可得出

$$\ddot{z} = (\cos\phi\cos\theta)\frac{u_z}{m} - g = (\cos\phi\cos\theta)\frac{u_1 + u_2 + u_3 + u_4}{m} - g \tag{4-72}$$

改写式（4-72）为状态空间形式，得到

$$\begin{bmatrix} \ddot{z} \\ \dot{z} \\ z \end{bmatrix} = \begin{bmatrix} 0 & 0 & 0 \\ 1 & 0 & 0 \\ 0 & 1 & 0 \end{bmatrix} \begin{bmatrix} \dot{z} \\ z \\ s \end{bmatrix} + \begin{bmatrix} K & K & K & K \\ 0 & 0 & 0 & 0 \\ 0 & 0 & 0 & 0 \end{bmatrix} \begin{bmatrix} u_1 \\ u_2 \\ u_3 \\ u_4 \end{bmatrix} \qquad (4\text{-}73)$$

四旋翼无人机在 x 方向的运动是由总升力和滚转角共同决定的，在 y 方向上的运动是由总升力和俯仰角共同决定的。在针对悬停工作点进行控制器设计时，偏航角为零，滚转角和俯仰角都很小，则可得到

$$\begin{cases} \ddot{x} = g\theta \\ \ddot{y} = -g\phi \end{cases} \qquad (4\text{-}74)$$

将其改写为状态空间形式，得

$$\begin{bmatrix} \ddot{x} \\ \dot{x} \\ x \end{bmatrix} = \begin{bmatrix} 0 & 0 & 0 \\ 1 & 0 & 0 \\ 0 & 1 & 0 \end{bmatrix} \begin{bmatrix} \dot{x} \\ x \\ s \end{bmatrix} + \begin{bmatrix} g \\ 0 \\ 0 \end{bmatrix} \theta \qquad (4\text{-}75)$$

$$\begin{bmatrix} \ddot{y} \\ \dot{y} \\ y \end{bmatrix} = \begin{bmatrix} 0 & 0 & 0 \\ 1 & 0 & 0 \\ 0 & 1 & 0 \end{bmatrix} \begin{bmatrix} \dot{z} \\ z \\ s \end{bmatrix} + \begin{bmatrix} -g \\ 0 \\ 0 \end{bmatrix} \phi \qquad (4\text{-}76)$$

对于"X"形四旋翼无人机，仍然基于线性化后的方程结合控制效率与控制分配模型，并在姿态控制系统中选取滚转、俯仰和偏航姿态构成状态空间模型。

$$\begin{bmatrix} \ddot{\phi} \\ \dot{\phi} \\ \phi \end{bmatrix} = \begin{bmatrix} 0 & 0 & 0 \\ 1 & 0 & 0 \\ 0 & 1 & 0 \end{bmatrix} \begin{bmatrix} \dot{\phi} \\ \phi \\ s \end{bmatrix} + \begin{bmatrix} -\dfrac{K_f L_\phi}{I_{xx}} & -\dfrac{K_f L_\phi}{I_{xx}} & \dfrac{K_f L_\phi}{I_{xx}} & \dfrac{K_f L_\phi}{I_{xx}} \\ 0 & 0 & 0 & 0 \\ 0 & 0 & 0 & 0 \end{bmatrix} \begin{bmatrix} u_1 \\ u_2 \\ u_3 \\ u_4 \end{bmatrix} \qquad (4\text{-}77)$$

$$\begin{bmatrix} \ddot{\theta} \\ \dot{\theta} \\ \theta \end{bmatrix} = \begin{bmatrix} 0 & 0 & 0 \\ 1 & 0 & 0 \\ 0 & 1 & 0 \end{bmatrix} \begin{bmatrix} \dot{\theta} \\ \theta \\ s \end{bmatrix} + \begin{bmatrix} \dfrac{K_f L_\theta}{I_{yy}} & -\dfrac{K_f L_\theta}{I_{yy}} & \dfrac{K_f L_\theta}{I_{yy}} & -\dfrac{K_f L_\theta}{I_{yy}} \\ 0 & 0 & 0 & 0 \\ 0 & 0 & 0 & 0 \end{bmatrix} \begin{bmatrix} u_1 \\ u_2 \\ u_3 \\ u_4 \end{bmatrix} \qquad (4\text{-}78)$$

$$\begin{bmatrix} \ddot{\psi} \\ \dot{\psi} \\ \psi \end{bmatrix} = \begin{bmatrix} 0 & 0 & 0 \\ 1 & 0 & 0 \\ 0 & 1 & 0 \end{bmatrix} \begin{bmatrix} \dot{\psi} \\ \psi \\ s \end{bmatrix} + \begin{bmatrix} \dfrac{K_t}{I_{zz}} & -\dfrac{K_t}{I_{zz}} & -\dfrac{K_t}{I_{zz}} & \dfrac{K_t}{I_{zz}} \\ 0 & 0 & 0 & 0 \\ 0 & 0 & 0 & 0 \end{bmatrix} \begin{bmatrix} u_1 \\ u_2 \\ u_3 \\ u_4 \end{bmatrix} \qquad (4\text{-}79)$$

式中，s 为增加的一个状态变量，为对应期望姿态角的积分器。

无人机是通过更改飞行状态量中的俯仰角和滚转角来实现水平面上的运动，垂直运动需要通过更改 4 台电动机的转速实现，与姿态控制类似，位置控制的状态空间方程如下所示：

$$\begin{bmatrix} \ddot{x} \\ \dot{x} \\ x \end{bmatrix} = \begin{bmatrix} 0 & 0 & 0 \\ 1 & 0 & 0 \\ 0 & 1 & 0 \end{bmatrix} \begin{bmatrix} \dot{x} \\ x \\ s \end{bmatrix} + \begin{bmatrix} g \\ 0 \\ 0 \end{bmatrix} \theta \quad (4\text{-}80)$$

$$\begin{bmatrix} \ddot{y} \\ \dot{y} \\ y \end{bmatrix} = \begin{bmatrix} 0 & 0 & 0 \\ 1 & 0 & 0 \\ 0 & 1 & 0 \end{bmatrix} \begin{bmatrix} \dot{z} \\ z \\ s \end{bmatrix} + \begin{bmatrix} -g \\ 0 \\ 0 \end{bmatrix} \phi \quad (4\text{-}81)$$

$$\begin{bmatrix} \ddot{z} \\ \dot{z} \\ z \end{bmatrix} = \begin{bmatrix} 0 & 0 & 0 \\ 1 & 0 & 0 \\ 0 & 1 & 0 \end{bmatrix} \begin{bmatrix} \dot{z} \\ z \\ s \end{bmatrix} + \begin{bmatrix} \dfrac{K_f}{m} & \dfrac{K_f}{m} & \dfrac{K_f}{m} & \dfrac{K_f}{m} \\ 0 & 0 & 0 & 0 \\ 0 & 0 & 0 & 0 \end{bmatrix} \begin{bmatrix} u_1 \\ u_2 \\ u_3 \\ u_4 \end{bmatrix} \quad (4\text{-}82)$$

姿态控制器和位置控制器的增益矩阵可以通过 MATLAB 自带的函数计算得到。

4.2.5 滑模控制器设计

1. 设计原理

滑模变结构控制与常规控制策略的根本区别在于控制的不连续性，即一种使系统"结构"随时间变化的开关特性，该控制特性可迫使系统在一定特性下沿规定的状态轨迹作小幅度、高频率的上下运动，这就是滑动模态。这种模态与系统参数和扰动无关，可以通过设计得到，因此处于滑动模态的系统具有较好的鲁棒性。

滑模变结构控制的基本问题为，针对下述控制系统：

$$\dot{x} = f(x, u, t) \quad x \in \mathbf{R}^n, u \in \mathbf{R}^m, t \in \mathbf{R} \quad (4\text{-}83)$$

在该状态空间中，存在一个滑模面 $s(x) = s(x_1, x_2, \cdots, x_n) = 0$，如图 4-12 所示，切换面将状态空间分成了 $s > 0$ 和 $s < 0$ 两部分，在切换面上运动的点有按运动情况可分为通常点、起始点和终止点 3 种。

1）通常点：系统运动点到达切换面时穿越通常点而过。
2）起始点：系统运动点到达此点附近时，向该点的两边离开。
3）终止点：系统运动点到达此点附近时，从切换面两边向该点运动。

在滑模变结构中，终止点十分重要，如果在切换面中某区域均为终止点，则靠近该区域的所有点都会被吸引到切换面的该区域上运动。此时，就这片区域为滑动模态区，系统在"滑动模态区"中的运动就叫作"滑模运动"。

依据滑动模态区内的点都为终止点的定义，当运动点到达切换面 $s(x)=0$ 附近时，有

$$\begin{cases} \lim\limits_{s \to 0^+} \dot{s} \leq 0 \\ \lim\limits_{s \to 0^-} \dot{s} \geq 0 \end{cases} \quad (4\text{-}84)$$

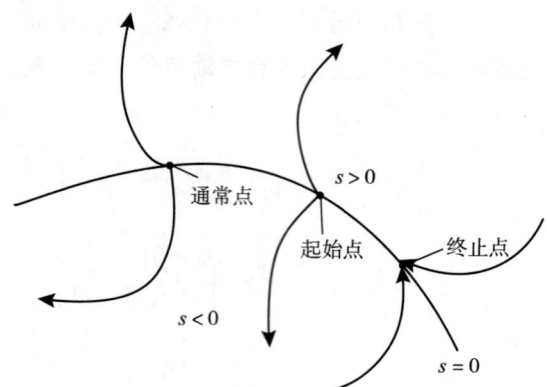

图 4-12 切换面上 3 种点的特性

也可以写成

$$\lim_{s \to 0} \dot{s}s \leq 0 \quad (4\text{-}85)$$

此不等式可以看作对如下函数的李雅普诺夫函数的必要条件：

$$\left[s(x_1, x_2, \cdots, x_n) \right]^2 \quad (4\text{-}86)$$

在切换面的该领域内，式（4-86）是正定的，而 s^2 的导数是负半定的，因此按照李雅普诺夫第二法，可以认为系统是稳定于 $s=0$ 的。

滑模控制器设计的问题就是需要针对控制系统，确定切换函数 $s(x), s \in \mathbf{R}^m$，并确定控制函数：

$$u = \begin{cases} u^+(x), & s(x) > 0 \\ u^-(x), & s(x) < 0 \end{cases} \quad (4\text{-}87)$$

此处 $u^+ \neq u^-$ 使得：①滑动模态存在；②满足到达条件，在切换面 $s(x)=0$ 以外的运动点都将于有限时间内到达切换面；③保证滑模运动的稳定性。

但是，滑模变结构的这种不连续特性会引起系统抖振，这种抖振在离散系统中会表现为滑动模态上叠加的锯齿状轨迹，这种抖振是不能被彻底消除的，只能削弱，因此研究如何降低抖振也成了滑模变结构控制研究的首要内容。准滑动模态是一种有效的抗抖振方法，准滑动模态中引入了边界层的概念，采用饱和函数代替切换函数，在边界层外采用正常的滑模控制，在边界层内使用反馈控制。边界层厚度越小控制效果越好，但控制增益会变大，抖振增强；边界层厚度越大，抖振越小，

但控制增益变小，控制效果差。为了求得较为理想的控制性能，可自适应调整的边界层是一个较好的思路。但是边界层的引入只可以使系统收敛到边界层内而不是滑模面上，系统跟踪误差并不能保证为零，因此也会造成参数的过估计。

2. 设计过程

在滑模控制器的设计过程中，首先要建立一个系统状态空间内的滑模面。沿着滑模面的系统运动必须满足对可能有界扰动和参数不确定性的鲁棒性控制要求。为了跟随期望的路径，需要定义跟踪误差 $e = x_d - x$。设计积分型的滑动面可实现更快的收敛性和更平滑的跟踪轨迹：

$$s = \left(\frac{\mathrm{d}}{\mathrm{d}t} + \lambda\right)^2 \int_0^t e(\tau)\mathrm{d}\tau \tag{4-88}$$

则

$$\dot{s} = \ddot{e} + 2\lambda \dot{e} + \lambda^2 e \tag{4-89}$$

式中，λ 是用来确定滑模面的，使 s 收敛到零。积分滑模面的设计优势在于添加了积分项之后比经典线性滑模面在设计上提供了更多的自由性，另外引入积分项有助于减少固定扰动的影响，为了使控制器稳定，需保证 $\dot{s}s < 0$ 成立。

滑模控制器的设计可以分为两步，首先选择滑动面，其次设计合适的控制律使滑动变量保持在滑动面上，并且选择使 $s\dot{s} < 0$ 成立的李雅普诺夫函数。设状态量的期望值为 x_d，误差 $e = x_d - x$，控制目标为使误差 e 为 0，定义滑动面为

$$s = \left(\frac{\mathrm{d}}{\mathrm{d}t} + \lambda\right)^2 \int_0^t e(\tau)\mathrm{d}\tau \tag{4-90}$$

则

$$\dot{s} = \ddot{e} + 2\lambda \dot{e} + \lambda^2 e \tag{4-91}$$

偏航角、滚转角和俯仰角对应的滑动面的导数分别为

$$\dot{s}_\psi = \ddot{\psi}_d - \frac{I_{xx} - I_{yy}}{I_{zz}} \dot{\phi}\dot{\theta} - \frac{u_\psi}{I_{zz}} + 2\lambda_\psi (\dot{\psi}_d - \dot{\psi}) + \lambda_\psi^2 (\psi_d - \psi) \tag{4-92}$$

$$\dot{s}_\phi = \ddot{\phi}_d - \frac{I_{yy} - I_{zz}}{I_{xx}} \dot{\psi}\dot{\theta} - \frac{u_\psi}{I_{zz}} + 2\lambda_\phi (\dot{\phi}_d - \dot{\phi}) + \lambda_\phi^2 (\phi_d - \phi) \tag{4-93}$$

$$\dot{s}_\theta = \ddot{\theta}_d - \frac{I_{zz} - I_{xx}}{I_{yy}} \dot{\phi}\dot{\psi} - \frac{u_\theta}{I_{zz}} + 2\lambda_\theta (\dot{\theta}_d - \dot{\theta}) + \lambda_\theta^2 (\theta_d - \theta) \tag{4-94}$$

令 $\dot{s} = 0$，求解控制输入如下：

$$\hat{u}_\psi = I_{zz}\left[\ddot{\psi}_d - \frac{I_{xx}-I_{yy}}{I_{zz}}\dot{\phi}\dot{\theta} + 2\lambda_\psi(\dot{\psi}_d-\dot{\psi}) + \lambda_\psi^2(\psi_d-\psi)\right] \quad (4\text{-}95)$$

$$\hat{u}_\phi = I_{xx}\left[\ddot{\phi}_d - \frac{I_{yy}-I_{zz}}{I_{xx}}\dot{\psi}\dot{\theta} + 2\lambda_\phi(\dot{\phi}_d-\dot{\phi}) + \lambda_\phi^2(\phi_d-\phi)\right] \quad (4\text{-}96)$$

$$\hat{u}_\psi = I_{yy}\left[\ddot{\theta}_d - \frac{I_{zz}-I_{xx}}{I_{yy}}\dot{\phi}\dot{\psi} + 2\lambda_\theta(\dot{\theta}_d-\dot{\theta}) + \lambda_\theta^2(\theta_d-\theta)\right] \quad (4\text{-}97)$$

为了满足滑模实现条件 $s\dot{s}<-\eta|s|$，由于模型存在不确定性，因此为了实现 $\dot{s}=0$，在控制输入中增加不连续项：

$$u_i = \hat{u}_i + k_i\text{sign}(s_i) \quad (4\text{-}98)$$

式中，sign 为符号函数；k_i 为正增益（$i=\phi, \theta, \psi$）。

位置控制器中选择同样的滑模面，此时位置控制器中滑模面的导数为

$$\dot{s}_z = \ddot{z}_d - \frac{u_z}{m}(\cos\phi\cos\theta) + g + 2\lambda_z(\dot{z}_d-\dot{z}) + \lambda_z^2(z_d-z) \quad (4\text{-}99)$$

$$\dot{s}_x = \ddot{x}_d - (\cos\phi\sin\theta\sin\psi - \sin\phi\cos\psi)\frac{u_z}{m} + 2\lambda_x(\dot{x}_d-\dot{x}) + \lambda_x^2(x_d-x) \quad (4\text{-}100)$$

$$\dot{s}_y = \ddot{y}_d - (\cos\phi\sin\theta\sin\psi - \sin\phi\cos\psi)\frac{u_z}{m} + 2\lambda_y(\dot{y}_d-\dot{y}) + \lambda_y^2(y_d-y) \quad (4\text{-}101)$$

令 $\dot{s}=0$，求解控制输入如下：

$$\hat{u}_z = \frac{m}{\cos\phi\cos\theta}\left[\ddot{z}_d + g + 2\lambda_z(\dot{z}_d-\dot{z}) + \lambda_z^2(z_d-z)\right] \quad (4\text{-}102)$$

$$\hat{u}_x = \frac{m}{\cos\phi\sin\theta\cos\psi + \sin\phi\sin\psi}\left[\ddot{x}_d + 2\lambda_x(\dot{x}_d-\dot{x}) + \lambda_x^2(x_d-x)\right] \quad (4\text{-}103)$$

$$\hat{u}_y = \frac{m}{\cos\phi\sin\theta\sin\psi - \sin\phi\cos\psi}\left[\ddot{y}_d + 2\lambda_y(\dot{y}_d-\dot{y}) + \lambda_y^2(y_d-y)\right] \quad (4\text{-}104)$$

为了满足滑模实现条件 $s\dot{s}<-\eta|s|$，在控制输入中增加不连续项，以高度控制器为例，将控制输入改写为

$$\hat{u}_z = \frac{m}{\cos\phi\cos\theta}\left[\ddot{z}_d + g + 2\lambda_z(\dot{z}_d-\dot{z}) + \lambda_z^2(z_d-z)\right] + k_z\text{sign}(s_z) \quad (4\text{-}105)$$

满足滑动条件

$$\begin{aligned}
s\dot{s} &= s\left\{\ddot{z}_d - \frac{u_z}{m}(\cos\phi\cos\theta) + g + 2\lambda_z(\dot{z}_d - \dot{z}) + \lambda_z^2(z_d - z) + k_z\mathrm{sign}(s_z)\right\} \\
&= s\left\{\ddot{z}_d - \frac{\cos\phi\cos\theta}{m}\left[\frac{m}{\cos\phi\cos\theta}\left[\ddot{z}_d + g + 2\lambda_z(\dot{z}_d - \dot{z}) + \lambda_z^2(z_d - z)\right] + k_z\mathrm{sign}(s_z)\right] + \right.\\
&\quad \left. g + 2\lambda_z(\dot{z}_d - \dot{z}) + \lambda_z^2(z_d - z)\right\} \\
&= -k_z\frac{\cos\phi\cos\theta}{m}|s| \leq -\eta|s| \quad\quad\quad\quad\quad\quad\quad\quad\quad\quad (4\text{-}106)
\end{aligned}$$

式中，$k_z > \dfrac{m}{\cos\phi\cos\theta}\eta$。其余控制输入遵循相同规则进行推导。符号函数可以被替换为饱和函数，定义如下：

$$\mathrm{sat}(s) = \begin{cases} \mathrm{sign}(s), & |s| > \rho \\ \dfrac{s}{\rho}, & |s| < \rho \end{cases} \quad\quad (4\text{-}107)$$

式中，ρ 为设定的滑动面附近的边界层厚度，边界层厚度过大，跟踪精度将被降低，边界层厚度较小，则系统抖振较大。

第 5 章 |Chapter 5|

飞行控制硬件系统设计

5.1 需求分析

飞行控制硬件系统设计的核心任务是为小型/微型无人机飞行控制策略的实现提供完备、高效、可靠的硬件平台。以小型/微型固定翼无人机为例，图 5-1 给出了拟采用飞行控制策略的结构框图[61]，图 5-2 则给出了为了实现该控制策略所搭建的硬件系统。本章将系统介绍目前小型/微型无人机飞行控制硬件系统的典型子系统和主流零部件，本章的主要内容包括：处理器（微控制单元）选型、电源系统设计、姿态信息测量（MEMS 加速度计和 MEMS 陀螺仪）、空气动力学参量测量（气压高度计和空速计）、导航信息测量（地磁计和全球导航卫星系统）。

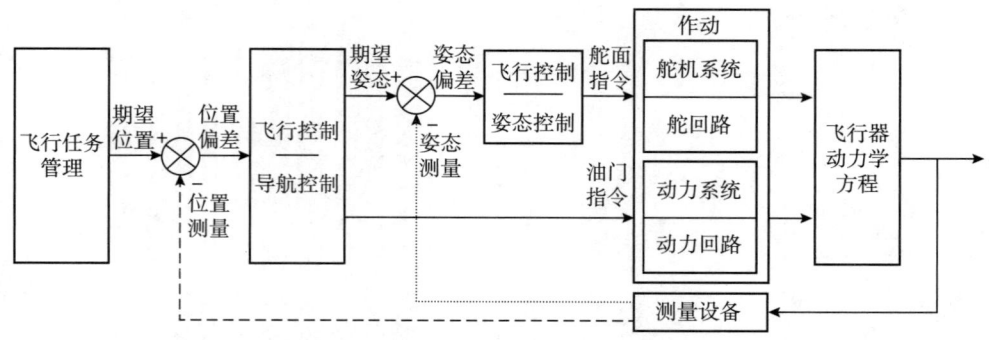

图 5-1 小型/微型固定翼无人机飞行控制策略的结构框图

第 5 章 飞行控制硬件系统设计 187

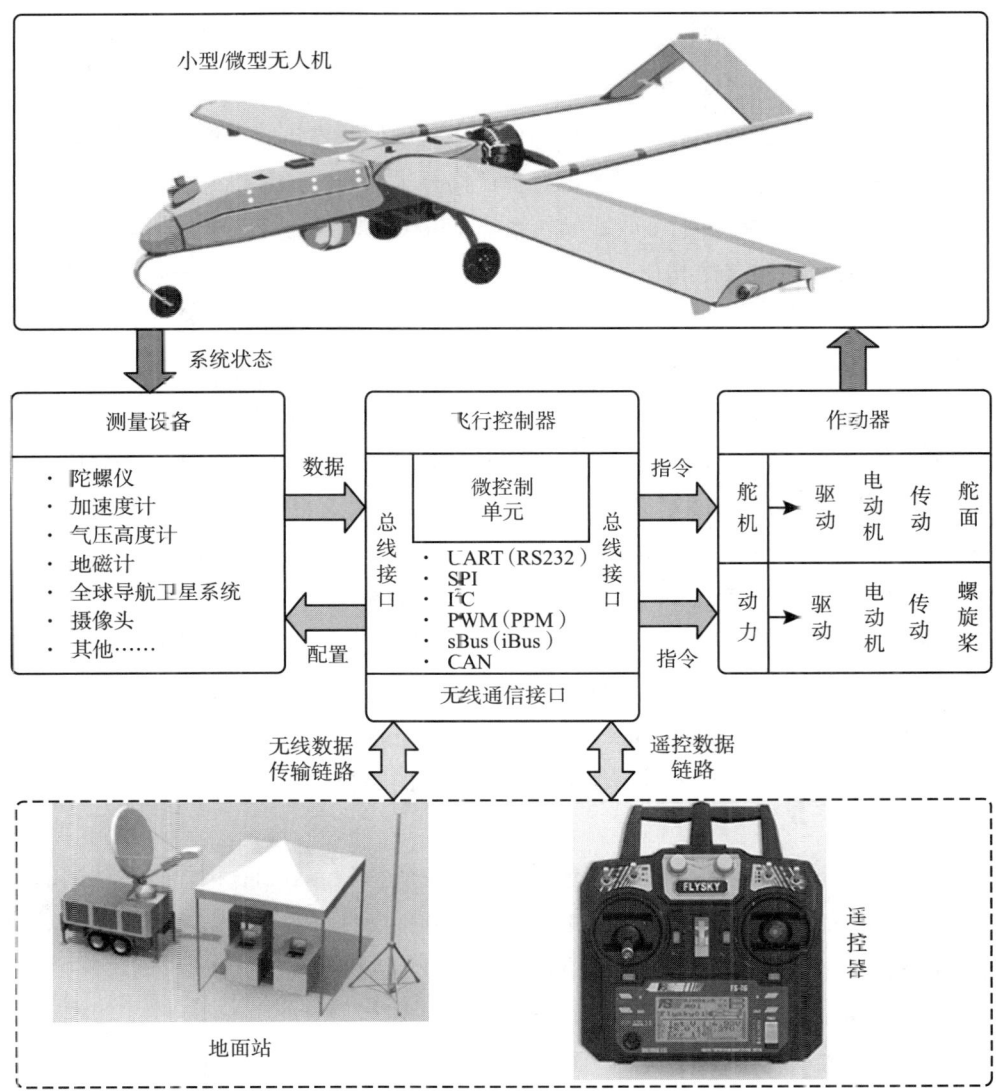

图 5-2 小型 / 微型固定翼无人机飞行控制硬件系统

5.2 处理器选型

从计算机系统分类的角度看，小型 / 轻型 / 微型无人机飞行控制的中央控制 / 处理系统属于典型的嵌入式系统。本节将首先简介嵌入系统的定义和特点，然后介绍传统的英特尔（Intel）微处理器和在嵌入式系统中应用最为广泛的 ARM 微处理器。

5.2.1 嵌入式系统简介

嵌入式系统一般指非 PC（个人计算机）系统、有计算机功能但又不称之为通用计算机的设备或器材。它是以应用为中心，软硬件可缩扩的，适应应用系统对功能、可靠性、成本、体积、功耗等综合性严格要求的专用计算机系统，主要由嵌入式处理器、相关支撑硬件、嵌入式操作系统及应用软件系统等组成。

与通用型计算机系统相比，嵌入式系统功耗低、可靠性高；功能强大、性能价格比高；实时性强，支持多任务；占用空间小，效率高；面向特定应用，可根据应用要求灵活定制。

嵌入式系统应用非常广泛，几乎包括了生活中的所有电器设备，如掌上 PDA（个人数字助理）、移动计算设备、电视机顶盒、智能手机、智能电视、多媒体、汽车电子、数字相机、智能家居系统、电梯、安全系统、自动售货机、消费电子设备、工业自动化仪表与医疗仪器等。

1. 嵌入式系统的定义

根据 IEEE（国际电气和电子工程师协会）的定义，嵌入式系统是"控制、监视或者辅助装置、机器和设备运行的装置"（原文为 devices used to control, monitor or assist the operation of equipment, machinery or plants）。这主要是从应用上加以定义的，从中可以看出嵌入式系统是软件和硬件的综合体，还可以涵盖机械等附属装置[62]。

不过，上述定义并不能充分体现嵌入式系统的精髓，目前，国内普遍认同的定义是：以应用为中心，以计算机技术为基础，软件硬件可裁剪，适应应用系统对功能、可靠性、成本、体积、功耗严格要求的专用计算机系统。

在这个定义上，可从以下几方面来理解嵌入式系统[63-64]。

1）嵌入式系统是面向用户、面向产品、面向应用的，它必须与具体应用相结合才会具有生命力，才更具有优势。因此可以这样理解上述三个面向的含义，即嵌入式系统是与应用紧密结合的，它具有很强的专用性，必须结合实际系统需求进行合理的裁剪利用。

2）嵌入式系统是将先进的计算机技术、半导体技术和电子技术与各个行业的具体应用相结合后的产物，这一点就决定了它必然是一个技术密集、资金密集、高度分散、不断创新的知识集成系统。所以，介入嵌入式系统行业，必须有一个正确的定位。例如，Android OS 之所以在智能手机领域占有 70% 以上的市场份额，就是因为其立足于移动电子设备，着重发展丰富的图形界面和系统功能，提供完善的技术支持，提供开放性和免费服务，是一个对第三方软件完全开放的平台，开发者在为其开发程序时拥有更大的自由度。而 Wind River 公司的 VxWorks 之所以在火星车上得以应用，则是因为其高实时性和高可靠性，以及完善的开发平台。

3）嵌入式系统必须根据应用需求对软硬件进行裁剪，满足应用系统的功能、可靠性、成本、体积等要求。所以，如果能建立相对通用的软硬件基础，然后在其上开发出适应各种需要的系统，则是一个比较好的发展模式。目前，实时嵌入式系统的核心往往是一个只有几 KB 到几十 KB 的微内核，需要根据实际的使用进行功能扩展或者裁剪。正是由于微内核的存在，使得这种扩展能够非常顺利地进行。

实际上，嵌入式系统本身是一个外延极广的名词，凡是与产品结合在一起的具有嵌入式特点的控制系统都可以叫嵌入式系统，而且有时很难给它下一个准确的定义。现在人们讲嵌入式系统时，某种程度上指近些年比较热的具有操作系统的嵌入式系统，本书在进行分析和展望时，也沿用这一观点。

嵌入式系统包括硬件和软件两部分。硬件包括处理器/微处理器、存储器及外设器件和 I/O 端口、图形控制器等。软件包括操作系统（要求实时和多任务操作）和应用程序编程。有时设计人员把这两种软件组合在一起。应用程序控制着系统的运作和行为；而操作系统控制着应用程序编程与硬件的交互作用。

总的说来，嵌入式系统是以应用为中心，以计算机技术为基础，并且软硬件可定制，适用于各种应用场合，对功能、可靠性、成本、体积、功耗有严格要求的专用计算机系统。它一般由嵌入式微处理器及外围硬件设备、嵌入式操作系统以及用户的应用程序等部分组成，用于实现对其他设备的控制、监视或管理等功能。

嵌入式系统的核心是嵌入式微处理器和嵌入式操作系统。而嵌入式微处理器一般具备以下 4 个特点：

1）具有较强的操作系统支持能力。能提供操作系统运行的硬件环境，完成多任务并且有较短的中断响应时间，从而使内部的代码和实时内核的执行时间减少到最低限度。

2）具有功能很强的存储区保护功能。这是由于嵌入式系统的软件结构已模块化，而为了避免在软件模块之间出现错误的交叉作用，需要设计强大的存储区保护功能，同时也有利于软件诊断。

3）可扩展的处理器结构。嵌入式处理器一般具有丰富的外设接口，通过这些接口可以快速地设计和扩展系统功能，以满足不同应用的需要。

4）嵌入式微处理器必须功耗很低。嵌入式设备主要用于非电源直接供电的场合，对功耗的要求较高。尤其是用于便携式的无线及移动的计算和通信设备中靠电池供电的嵌入式系统更是如此，其需要的功耗只有 mW 甚至 μW 级。

嵌入式操作系统与其他类型的操作系统相比，具有以下一些特点：

1）代码精简。嵌入式系统有别于一般的计算机处理系统，它不像硬盘那样具备大容量存储介质，而是大多采用闪存作为存储介质。这就要求嵌入式操作系统只能运行在有限的内存中，不能使用虚拟内存；中断的使用也受到限制。因此，嵌入式操作系统必须结构紧凑、体积微小。

2）实时性高。大多数嵌入式系统都是实时系统，而且多是强实时多任务系统，要求相应的嵌入式操作系统也必须是实时操作系统（Real-Time Operating System，RTOS）。实时操作系统作为操作系统的一个重要分支，已成为研究的一个热点，主要探讨实时多任务调度算法和可调度性、死锁解除等问题。

3）特殊的开发调试环境。提供完整的集成开发环境是每一个嵌入式系统开发人员所期待的。一个完整的嵌入式系统的集成开发环境，一般需要提供的工具是编译/链接器、内核调试/跟踪器和集成图形界面开发平台。其中的集成图形界面开发平台包括编辑器、调试器、软件仿真器和监视器等。

2. 嵌入式系统的特点

嵌入式系统是微电子学、计算机科学、电子学、对象学科 4 个学科的交叉和融合。微电子学将电子材料、工艺、集成电路以及芯片支持用于嵌入式产品的制造；嵌入式计算机学和电子学是核心，计算机科学为嵌入式系统提供了计算机工程方法、基础软件、集成开发环境；电子学为嵌入式系统提供了系统设计方法、电路理论等；对象学科是各个应用对象所涉及学科的综合，是与嵌入式产品最终应用相关的学科，例如汽车、消费电子、医疗、军事和航天等。

嵌入式系统的应用越来越广泛。这是因为嵌入式系统具有功能特定、规模可变、扩展灵活、有一定的实时性和稳定性、系统内核比较小等特点。

（1）功能特定性

嵌入式系统的个性化很强，软件和硬件的结合紧密，一般都针对硬件进行系统的移植；同时，针对不同的任务，系统软件也需要更改一定程序，程序的编译下载要和系统相结合。

应该说，基本上所有的嵌入式系统都具有一些特定的功能。如一个 IP（因特网协议）转串口的小型嵌入式设备，其主要功能就是把 IP [TCP/UDP（传输控制协议/用户数据报协议）]数据转成 RS232 数据，或者把 RS232 数据转成 TCP/UDP 数据。正是基于这样特定和单一的功能，才能把这类嵌入式设备做得体积小巧并且价格低廉。

应用于专业领域的嵌入式系统通常都具有执行特定功能的特性。这个特性要求设计者在实际设计嵌入式系统的时候，一定要做详尽的需求分析，把系统的功能定义清晰，真正地了解客户的需求。如果在系统中增加一些不必要的功能，则不仅是开发时间上与经费上的浪费，也带来了系统整体性价比的降低，同样也会带来系统成本的增加。

（2）规模可变性

嵌入式系统主要是以微处理器与周边器件为核心，其规模可以变化。嵌入式处理器可以从 8 位到 16 位、到 32 位甚至到 64 位的都有。基于这个特点，推荐嵌入式系统开发工程师在实际的开发过程中，先设计与调试系统中基本不会变的那个部分——通常都是指嵌入式处理器的核心电路部分，也就是本书中提到的核心板部分，然后再根据实际的应用扩展其外围接口。当然，这里的规模可变性和具体应用有很大的关系。由于嵌入式处理器内部集成的外围接口丰富，所以也使得一般的嵌入式系统都具有很强的规模可伸缩性。

嵌入式系统的这个特点给开发人员在系统设计过程中带来了很大的灵活性。当需求发生变化的时候，可以快速地进行扩展来适应需求。比如系统内存的增加、系统外围接口的扩展等，都是很容易实现的，但前提是在系统设计的时候已经考虑到了这部分的扩展冗余。也就是说，设计师在设计系统的时候，要适当地考虑一下系统以后的扩展性。最方便的就是通过增加一些跳线等方法做一些简单扩展等。

早期的嵌入式系统中，系统软件和应用软件区分不明显，对功能设计的复杂性要求不高，这在一定程度上给开发带来不便。如果不把系统软件和上层应用软件区分开的话，每一次修改软件，都要把系统软件和上层软件一起编译调试，会带来开发时间上的浪费。

（3）实时性与稳定性

嵌入式系统因其应用情况通常会对实时性和稳定性有一定的要求。因此出现了实时嵌入式系统等更深层次的系统。

高实时性的操作系统软件是嵌入式软件的基本要求，软件一般都要求固化和存储。通常嵌入式系统中的软件都是存储在 Flash 中的。上电之后，才把这些软件中的部分调入 RAM 区运行。嵌入式软件逐渐走向标准化，所以一般都使用多任务的操作系统。嵌入式系统的应用程序可以没有操作系统而在芯片上直接运行，但是为了合理地调度多个任务，充分利用系统资源、系统函数等，推荐选用 RTOS 开发平台。

常见的实时嵌入式系统有 RT Linux、Nucleus、VxWorks 等。大家所熟知的火星探测器上使用的操作系统其实就是一个实时性很强的嵌入式系统，是美国风河系统公司的 VxWorks 操作系统。现在发展越来越快的 GPS 车辆实时监控系统同样也对实时性和稳定性有一定的需求。车辆移动端的控制器要根据 GPS 的秒信号与整个系统做时钟同步，从而实现移动端数据的分时按时间片向数据中心上报。在工控领域中应用的嵌入式系统对实时性和稳定性的要求更高，这样的设备通常是系统不间断地运行，需要面对较为恶劣的温度和湿度环境。

（4）操作系统内核小

嵌入式系统一般都应用于小型电子装置中，系统资源相对有限，使得嵌入式系统在实时性、功耗、体积、存储空间上都有所限制，要求嵌入式系统操作内核比传统的操作系统小很多，小的有几千字节，大的也不过几十兆字节。嵌入式操作系统内核比较小的有 μC/OS-II、Nucleus 以及基于 OSEK/VDX 规范的实时操作系统等，相对较大的 WinCE、Linux 等操作系统，其内核也可以裁剪到只有几十兆，比 PC 上运行的其他操作系统规模小得多。

（5）具有专用的开发工具和开发环境

嵌入式系统本身不具备自主开发能力，必须有一套开发工具和环境才能进行开发，这些工具和环境一般是基于通用计算机上的软、硬件设备，以及各种仪器仪表等。开发时一般分为主机和目标机两个概念，主机用于程序开发，目标机作为最后的执行机。通常都是在主机上建立基于目标机的编译环境，编译目标机要运行的代码，然后把编译出来的可执行二进制代码通过主机和目标机之间的某种通信接口与协议传输到目标机上进行烧录和运行。

5.2.2　英特尔微处理器

英特尔（Intel）公司作为世界上第二大的半导体公司，是首家推出 x86 架构微处理器的公司，总部位于美国加利福尼亚州圣克拉拉。英特尔由罗伯特·诺伊斯、高登·摩尔、安迪·葛洛夫，在 1968 年 7 月 18 日共同创办，主要业务是高阶半导体芯片设计和制造。

20 世纪 90 年代之前，Intel 公司的营收主要来源于 SRAM 和 DRAM 存储器芯片。20 世纪 90 年代之后，Intel 公司将主要业务转移到新型微处理器设计，并一跃成为 PC 微处理器设计领域的领导者。Intel 公司造就了包括 80x86 处理器、奔腾（Pentium）处理器、超线程处理器、酷睿多核处理器、志强（Xecn）处理器在内的一系列 PC 界的经典产品，影响了整个信息技术（IT）业的发展。

英特尔微处理器即是由 Intel 公司开发的微处理器，有面向笔记本计算机、台式机和服务器的 3 个系列。

1. 第一代处理器（1971—1973 年）

第一代微处理器为 4 位或 8 位微处理器，其典型代表是 Intel 4004 和 Intel 8008 微处理器。

Intel 4004 是 4 位微处理器，它可进行 4 位二进制的并行运算，有 45 条指令，速度为 0.05MIPS（每秒百万条指令），主要用于计算器、电动打字机、照相机、电视机等家用电器。Intel 8008 是世界上第一款 8 位微处理器，工作速度较慢，指令系统不完整，存储器容量很小，只有几百字节，没有操作系统，只有汇编语言，主要用于工业仪表、过程控制等。

2. 第二代处理器（1974—1977 年）

第二代微处理器是 8 位微处理器，典型的有 Intel 8080/8085、Zilog 公司的 Z80 和摩托罗拉（Motorola）公司的 M6800。与第一代微处理器的相比，第二代微处理器的集成度提高了 1～4 倍，运算速度提高了 10～15 倍，指令系统相对比较完善，已具备典型的计算机体系结构及中断、直接存储器存取等功能，平均指令执行时间为 1～2μs，采用汇编语言、BASIC、Fortran 编程，使用单用户操作系统。

3. 第三代处理器（1978—1984 年）

第三代处理器为 16 位微处理器。Intel 公司率先推出了 16 位微处理器 8086，为了方便原来的 8 位机用户，又推出了准 16 位微处理器 8088。

8086 微处理器的最高主频为 8MHz，具有 16 位数据通道，内存寻址能力为 1MB。同时，Intel 公司还生产出了与之相配合的数学协处理器 i8087。这两种芯片使用相互兼容的指令集，其中 i8087 指令集中增加了一些专门用于对数、指数和三角函数等数学计算的指令。人们将这些指令集统一称为 x86 指令集。

16 位处理器还有 Zilog 公司的 Z8000 和 Motorola 公司的 M68000。16 位微处理器比 8 位微处理器有更大的寻址空间、更强的运算能力、更快的处理速度和更完善的指令系统。所以，16 位微处理器已能够替代部分小型机的功能，特别是在单任务、单用户的系统中，8086 等 16 位微处理器更是得到了广泛的应用。

1981 年，美国 IBM 公司将 8088 芯片用于其研制的 IBM-PC 中，从而开创了全新的微机时代。也正是从 8088 开始，PC 的概念开始在全世界范围内发展起来。

Intel 公司在 8086 的基础上又研制出了 80286 微处理器，该微处理器的最大主频为 20 MHz，内、外部数据传输均为 16 位，使用 24 位内存储器的寻址方式，内存寻址能力为 16 MB。

4. 第四代处理器（1985—1992 年）

第四代处理器为 32 位微处理器。1985 年 Intel 公司划时代的产品——80386DX 正式发布，如图 5-3 所示，其内部包含 27.5 万个晶体管，时钟频率最高可达 33 MHz。Intel 80386DX 的内部和外部数据总线是 32 位，地址总线也是 32 位，可以寻址到 4GB 内存，并可以管理 64 TB 的虚拟存储空间。32 位微处理器强大的运算能力，使 PC 的应用扩展到很多领域，如商业办公和计算、工程设计和计算、数据中心、个人娱乐等。Intel 80386 使 32 位 CPU 成为 PC 工业的标准。

Intel 80486 芯片首次突破了 100 万个晶体管的界限，集成了 120 万个晶体管，使用 1μm 的制造工艺，时钟频率提高到 50 MHz。

图 5-3　Intel 80386DX

5. 第五代处理器（1993—2005 年）

第五代处理器的典型产品是 Intel 公司的奔腾系列芯片（见图 5-4），以及与之兼容的 AMD 的 K6 系列微处理器芯片。奔腾系列芯片内部采用了超标量指令流水线结构，并具有相互独立的指令和数据高速缓存。

Pentium Ⅱ 处理器集成了 750 万个晶体管，结合 Intel MMX 技术，能以极高的效率处理影片、音效以及绘图资料，可以支持网络多媒体传输与应用。Pentium Ⅲ 处理器集成了 950 万个晶体管，使用 0.25μm 工艺，并加入了 70 个新指令。Pentium 4 处理器内建了 4200 万个晶体管，采用 0.18μm 工艺，主频高达 3.2GHz。双核心处理器有 Pentium D 和 Pentium Extreme Edition，采用 90nm 工艺，Intel 公司同时推出了 945/955/965/975 芯片组来支持该双核心处理器。

图 5-4　Intel Pentium P5（A80501）60MHz

6. 第六代处理器（2006 年至今）

2006 年，Intel 公司推出了两款酷睿（Core）微处理器——Core 和 Core 2。

Core 2 具有单核、双核、四核 3 种版本，使用 65nm 工艺，最高主频可达 3.0GHz。

2010 年和 2011 年，Intel 公司先后发布了第 1 代和第 2 代 Core i3/i5/i7 微处理器。图 5-5 给出了 Intel 2 代酷睿处理器 i5-2500 的外观图。第 2 代 Core i7 使用 32nm 工艺，最高基频 3.6GHz，最高睿频 3.9GHz，采用 14～19 级的指令流水，最高支持 8 颗物理核，功耗更低，性能更强；内置的图形处理单元（Graphics Processing Unit，GPU）主频 850MHz，峰值主频可达 1.35GHz，视频编码、图形处理性能更强；支持 256 位的 AVX 指令集和 AES 加密指令集，具有更强的向量运算与加密/解密运算能力。

截至 2024 年年底，Intel Core 微处理器已经发展到第 14 代。图 5-6 给出了 Intel 12 代酷睿处理器 i7-12700KF 的外观。第 14 代 Core i7 微处理器使用 7nm 的第三代 Intel SFT（Super Fin Transistors）工艺；最高支持 8 颗性能核（P 核）和 16 颗效能核（E 核），P 核和 E 核的最高基频分别可达 3.9GHz 和 2.6GHz，最高睿频分别可达 5.9GHz 和 4.5GHz；内置的 GPU 最高主频可达 1.65GHz。

图 5-5　Intel 2 代酷睿处理器 i5-2500

图 5-6　Intel 12 代酷睿处理器 i7-12700KF

随着微电子技术、超大规模集成电路技术、电子封装技术和电力电子技术的蓬勃发展，PC 的重量和尺寸均在迅速缩减。在这种背景下，就可以考虑直接采用搭载 Intel 公司的迷你 PC 作为小型无人机飞行控制的中央处理系统。

例如，Intel 公司 2022 年推出的 NUC 迷你 PC NUC11ATBC4 如图 5-7 所示，该系统的主要配置包括：Intel 赛扬（Celeron）处理器 N5105（4 核 4 线程，基频 2.0GHz，睿频 2.90GHz），32GB DDR4-2933 内存，64GB eMMC Flash 存储卡，集成千兆以太网网卡，

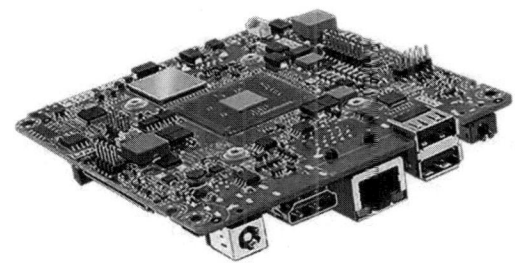

图 5-7　Intel NUC 迷你 PC NUC11ATBC4

高清多媒体接口（HDMI），4 个 USB 3.2 接口和 2 个 USB 2.0 接口，供电电压 19V 直流，尺寸 135mm×115mm×36mm。

在体积和重量允许的条件下，这种方案不但可以大幅降低飞行控制硬件系统的设计难度，而且可以在 Windows 10、Windows 11 或 Linux 操作系统中利用可视化高级程序设计语言便捷地完成飞行控制软件系统的开发。

5.2.3 ARM 微处理器

1. 简介

1990 年 11 月，Acorn、Apple（苹果）和 VLSI Technology 成立了联合子公司 Advanced RISC Machines（简称 ARM），公司总部位于英国剑桥市。公司主要设计精简指令集计算机（Reduced Instruction Set Computer，RISC）处理器指令集架构，将该指令集架构和相关技术作为知识产权（Intellectual Property，IP）产品，授权给半导体厂商设计并制造相应的微处理器。

ARM 微处理器因具备功耗低、发热量小、价格便宜等优势，被广泛应用于智能手机、笔记本计算机、平板电脑、嵌入式系统等由电池供电的便携移动设备。意法半导体（ST Microelectronics）、德州仪器（Texas Instruments）、飞思卡尔（Freescale）、爱特梅尔（Atmel）、恩智浦（NXP）、高通（Qualcomm）、三星（Samsung）、NEC、Intel、谷歌（Google）等世界知名半导体厂商均推出了基于 ARM Cortex 架构的微处理器。2010 年，全球 95% 的智能手机、35% 的数字电视和机顶盒、10% 的移动计算机均使用了 ARM 微处理器。目前，ARM 已经成为全球应用最为广泛的指令集架构，2022 年，全球半导体厂商一共生产了 2300 亿片各种不同性能等级的 ARM 微处理器。

2. 发展历程

1978 年，物理学家 Hermann Hauser 和工程师 Chris Curry 合伙在英国剑桥成立了一家公司，公司取名 Cambridge Processor Unit（CPU），该公司主要从事为当地市场提供电子仪器设备的业务。1979 年，公司更名为 Acorn Computer 有限公司。

Acorn 公司想要升级机器内的 CPU，并决定自行设计研发 CPU。由于采用了 RISC 架构，因此该微处理器的名称就取为 Acorn RISC Machine（ARM）。

1985 年，Acorn 公司设计出了第一代处理器芯片，称为 ARM1，它采用 3μm 工艺、总计 2.5 万个晶体管、6MHz 运行时钟。同时期 Intel 公司的 80286 使用 1.5μm 工艺、13.4 万个晶体管、6～12 MHz 运行时钟。

ARM 专注于低成本、低功耗的研发方向，将 ARM2 处理器架构更新到 ARMv2，在核心之中新增了乘法器。ARM3 处理器架构 ARMv2a 第一次在 CPU 里内建了 4KB 快取模块。

1990 年，Acorn 公司开始与苹果计算机合作发展新一代的 ARM 芯片，为此设立了一家公司，称为 Advanced RISC Machines 公司。

1991 年发展出的 ARM6 处理器架构更新为 ARMv3，主要扩展了存储器定址线。之前的 ARM 产品都只有 26 位的存储寻址，最大可支持 64 MB 的存储器。ARM6 完整支持 32 位的存储寻址，最大支持到 4GB。

1993 年推出的 ARM7 系列是低功耗的 32 位 RISC 处理器，其最高主频可以达到 130MIPS，并且支持 16 位的 Thumb 指令集，使用 Thumb 指令集可以以 16 位系统的开销得到 32 位系统的性能。ARM7 系列处理器的主要技术特点包括：

- 成熟的大批量生产的 32 位 RICS 芯片。
- 最高主频达到 130 MIPS。
- 得到广泛的分时操作系统和实时操作系统支持，包括 Windows CE、Palm OS、Symbian OS、Linux 等业界领先的操作系统。

业界众多领先的 IC 制造商均推出过 ARM7 芯片。

1998 年推出了 ARM9 系列，ARM9 系列处理器的主要技术特点包括：

- 支持 32 位 ARM 指令集和 16 位 Thumb 指令集的 32 位 RISC 处理器。
- 五级整数流水线。
- 单一的 32 位 AMBA（Advanced Microcontroller Bus Architecture，高级微处理器总线架构）接口。
- 统一的数据缓存和指令缓存。

1999 年推出了 ARM9E 系列，ARM9E 系列处理器凭借单一的处理器内核为微控制器、DSP、Java 应用系统提供了解决方案，从而极大地减小了芯片的大小以及复杂程度，降低了功耗，缩短了产品面世时间。ARM9E 系列处理器的主要技术特点包括：

- 在典型的 0.13μm 工艺下，主频可以达到 300 MIPS。
- 集成的实时跟踪和调试功能。
- 可选的 VFP9（向量浮点处理）协处理器。
- 高性能的 AHB（Advanced High-performance Bus，高级高性能总线）系统。

ARM10E 系列处理器采用了新的节能模式，提供了 64 位的读取/写入（load/store）体系，包括支持向量操作的满足 IEEE754 标准的浮点运算协处理器，系统集成更加方便，拥有完整的硬件和软件可开发工具。ARM10E 系列处理器的主要技术特点包括：

- 六级整数流水线。
- 在典型的 0.13μm 工艺下，主频可以达到 400 MIPS。
- 在实时控制和三维图像处理时，主频可达到 650 MFLOPS。
- 并行读取/写入（load/store）部件。

ARMv6 架构于 2001 年被提出，对应于 ARM11 处理器家族。新增的 SIMD 处理功能，相当适合用于影片加速处理。同时，ARM11 MPCore 被提出，它首次将多核心的概念导入 ARM 处理器中。Thumb 指令集也升级到第 2 代 Thumb-2，将原先 16 位的指令集部分扩展到 32 位，变成同时拥有 16 位和 32 位指令长度的指令集。第一代 iPhone 采用 ARMv6 处玛器架构。

ARM11 之后的处理器家族采用 Cortex 命名，并针对高、中、低阶分别划分为 A、R、M 三大处理器。高端手机用 Cortex-A 系列，微控制器用 Cortex-M 系列，需要较高性能或实时处理性能的系统用 Cortex-R 系列。图 5-8 给出了 NXP 的 Cortex-M 微处理器和 MediaTek 的 Cortex-R 微处理器的实物图。

图 5-8　NXP 的 Cortex-M 微处理器和 MediaTek 的 Cortex-R 微处理器的实物图

3. CISC 和 RISC

Intel 的 x86 架构最成功的 CISC（Complex Instruction Set Computer，复杂指令集计算机）体系结构。CISC 的设计策略是通过不断增加可实现复杂功能的指令和多种灵活的编址方式，来丰富计算机的功能，提高指令的运行速度，方便系统软件的开发。一般 CISC 所含的指令数目在 200 条以上，有的甚至超过 500 条。长期以来，计算机性能的提升往往是通过增加硬件系统的复杂度来获得的，CISC 的设计思想正是基于这种设计经验而提出的。但完全依赖 CISC 设计策略会导致计算机硬件越来越复杂，造价也相应提高。

RISC 的设计者把主要精力放在优化那些经常使用的简单指令上，尽量使它们具有更高的执行效率，对不常用的复杂功能，则可以通过组合简单指令来完成。因此，在 RISC 上实现特殊功能时，效率可能较低，但可以利用流水技术和超标量技术加以改进和弥补。一般 RISC 所含的指令数目均小于 100 条。

需要说明的是，其实发展到今天，CISC 与 RISC 之间的界限已经不再那么泾渭分明，RISC 自身的设计正在变得越来越复杂（当然，并不是完全依着 CISC 的思路变得复杂），因为所有实际使用的 CPU 都需要不断提高性能，所以在体系结构中加入新特点就在所难免。比如，超长指令字的提出让一条 RISC 指令可以包含更多的信息，同时完成多条传统指令的功能；再比如，现在最流行的 ARM 处理器就包括普通指令集和 Thumb 指令集两套指令集，以适应嵌入式系统对低功耗、小存储的需求。另一方面，原来被认为是 CISC 体系结构的处理器也吸收了许多 RISC 的优点，比如 Pentium 处理器在内部的实现中也采用的是 RISC 的架构，复杂的指令在内部由微码分解为多条精简指令来运行，但是为了保持兼容性，处理器整体还是沿用 CISC 风格的指令集。

4. 开源自动驾驶仪中所用的 ARM 微处理器

开源自动驾驶仪 Pixhawk 6C 如图 5-9 所示。Pixhawk 6C 飞行管理单元（Flight Management Unit，FMU）和输入输出单元（Input/Output Unit，IO）的微处理器分别选用了 ST Microelectronics 的 STM32H743 和 STM32F103。STM32H743 基于 32 位 ARM Cortex-M7 架构，主频 480MHz，最高内置 2MB 的 Flash 程序存储器和 1MB 的 SRAM 数据存储器。STM32F103 基于 32 位 ARM Cortex-M3 架构，主频 72MHz，最高内置 1MB 的 Flash 程序存储器和 64KB 的 SRAM 数据存储器。

图 5-9 开源自动驾驶仪 Pixhawk 6C 和其所选用的 ARM 微处理器

5.3 电源系统

稳定、充足且精准的电源供应，是小型 / 轻型 / 微型无人机飞行控制系统正常工作的基本保障。目前，小型 / 轻型 / 微型无人机均将锂电池作为系统的主要能源，其电源系统的主要功能是改变直流电源的电压，这种装置也被称为直流稳压器。

常用的直流稳压器分为两类：线性稳压器和开关式稳压器。线性稳压器效率低，但纹波低、噪声低，特别适合给对精度有较高要求的模拟电路供电，如传感器、锁相环等。开关式稳压器效率高,可供给较大的电流,但纹波大、噪声大[65]。

本节将以无人机飞行控制的电源系统为对象,有针对性地介绍常用的线性稳压器和开关式稳压器的原理、结构、特性和设计。

5.3.1 线性稳压器

1. 电路原理

经典线性稳压器的基本结构如图 5-10 所示[66]。在图 5-10b 所示的原理图中,晶体管 VT 是输出调整管,集成运算放大器 A 作为比较放大电路,电阻 R 与稳压二极管 VZ 共同构成简易的基准电压电路,串联电阻 R_1、R_2 和 R_3 构成输出电压的采样电路。调整管、基准电压电路、采样电路和比较放大电路是线性稳压器的基本组成部分。图 5-10 中稳压管 VZ 的稳定电压和稳压器的输出电压分别为 U_Z 和 U_O,则

$$U_O = \left(1 + \frac{R_1 + R_2''}{R_2' + R_3}\right)U_Z \tag{5-1}$$

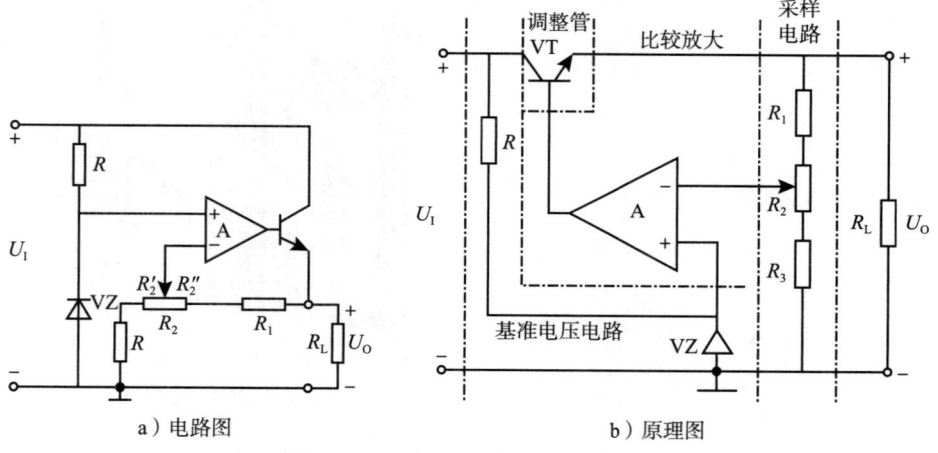

图 5-10 经典线性稳压器基本结构

下面分析一下图 5-10 所示电路的稳压原理。当由于某种原因,例如电网电压波动或负载变化等,输出电压 U_O 升高(降低),采样电路将这一变化趋势送到放大器 A 的反相输入端,并与同相输入端的稳压管稳定电压 U_Z 进行比较放大;放大器 A 的输出电压,即调整管 VT 的基极电位降低(升高);调整管 VT 被连接成射极输出形式,所以其输出电压 U_O 必然降低(升高),从而使 U_O 得到稳定。上述调整过程可简述如下:

$$U_O \uparrow \ \rightarrow \ U_N \uparrow \ \rightarrow \ U_B \downarrow \ \rightarrow \ U_O \downarrow$$

或

$$U_O \downarrow \ \to \ U_N \downarrow \ \to \ U_B \uparrow \ \to \ U_O \uparrow$$

其中，U_N 和 U_B 分别表示放大器 A 反相输入端的电压和调整管 VT 的基极电压。

在理想运算放大器条件下，$U_Z = U_P = U_N$（U_P 为放大器 A 正相输入端的电压）。当电位器 R_2 的滑动端滑动到最上端时，输出电压最小，为

$$U_O = \left(1 + \frac{R_1}{R_2 + R_3}\right) U_Z \tag{5-2}$$

而当滑动端滑动到最下端时，输出电压最大，为

$$U_O = \left(1 + \frac{R_1 + R_2}{R_3}\right) U_Z \tag{5-3}$$

这里应当注意，NPN 型的调整管 VT 应当始终工作在放大区，因此输出电压 U_O 应当始终小于输入电压 U_I。

在图 5-10 所示的线性稳压电路中，调整管是核心器件，它的安全工作是电路正常工作的保证。调整管通常为大功率管，因而其选用原则与功率放大电路中的功率放大管类似，主要考虑最大集电极电流 I_{CM}、基极开路时集电极－发射极间的反向击穿电 $U_{(BR)CEO}$ 和最大集电极耗散功率 P_{CM}。调整管极限参数的确定，必须考虑到输入电压 U_I 由于电网电压波动而产生的变化，以及负载电压的调节和负载电流的变化所产生的影响。

2. 实用电路

根据上述分析结果，实用的线性稳压器至少应包含调整管、基准电压电路、采样电路和比较放大电路等 4 个部分。此外，为使电路安全工作，还常在电路中加保护电路。所以，实用的线性稳压器框图如图 5-11 所示。

实用的线性稳压器电路内部集成了各种保护电路，如过电流保护、短路保护、芯片过热保护等。这些保护电路可以在电路出现异常情况时，保证稳压器不至于损坏。调整管是稳压器的核心器件，流过它的电流近似等于负载电流，而且当输入电压波动或输出电压调节时，调整管的管压降也将产生相应的变化，因此，各种保护电路的保护作用都与调整管紧密相关。

过电流保护电路能够在稳压器输出电

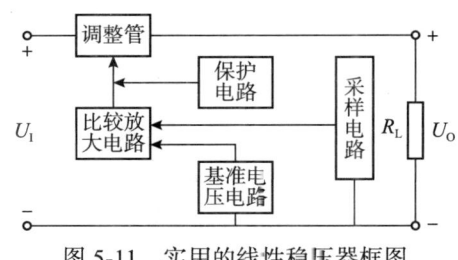

图 5-11 实用的线性稳压器框图

流超过额定值时,调整调整管发射极电流,使其迅速减小或限制在某一数值内,从而防止调整管因电流过大而烧坏。过电流时,使调整管发射极电流限制在某一数值内的电路,被称之为限流型过电流保护电路;过电流时,使调整管发射极电流迅速减小到较小数值的电路,被称之为截流型(或减流型)过电流保护电路。

半导体芯片损坏的重要原因之一是因长时间通过大电流而引起结温超过允许值。在线性稳压器中,调整管是主要的功率器件,其结温决定了芯片的温度。在实际电路中,常常将测温二极管或晶体管布置在调整管附近,利用测温管 PN 节特性随温度变换而变化的特性,来测量调整管的温升情况。当温升超过允许值时,测温二极管或晶体管启动一个电路,减小流过调整管的电流,直至芯片温度下降至安全值。

3. 低压差稳压器

低压差稳压器(Low-Dropout Regulator,LDO)是线性稳压器的一种。这里的压差是电压差的简称,它特指当稳压器已经无法维持额定输出电压时,输入电压与输出电压间的差值。因此,低压差稳压器特别强调当输入电压和输出电压非常接近时,稳压器依然能够维持稳定的输出电压。低压差可以减少稳压器自身的电能消耗,最大限度地提高系统效率。

低压差稳压器关键的参数包括:输入电压(范围)、输出电压、输出电压精度、(不同输出电流条件下的)压差、静态电流、电压调整率、负载调整率、电源纹波抑制比、输出电压随温度的漂移等。

其中,静态电流指稳压器处于待机模式且在轻载或空载条件下所消耗的电流,这里"静态"的定义为"系统处于非活动或休眠的状态或阶段"。

电压调整率指在确定的负载电流条件下,当输入电压在允许的最大范围内变化时,输出电压所产生的变化量。负载调整率指在输入电压一定的条件下,当负载电流在允许的最大范围内变化时,输出电压所产生的变化量。电压调整率和负载调整率集中反映了稳压器维持输出电压的能力。

电源纹波抑制比(Power Supply Ripple Ratio,PSRR)的定义如下

$$\text{PSRR} = 20\lg \frac{V_{\text{ripple(in)}}}{V_{\text{ripple(out)}}} \quad (5\text{-}4)$$

它表示了输入电压中一定频率的纹波幅值 $V_{\text{ripple(in)}}$ 与输出电压中同频率纹波幅值 $V_{\text{ripple(out)}}$ 之比的分贝值。在低压差稳压器的数据手册中,通常会给出在 120Hz 或 1kHz 频率下的电源纹波抑制比。

低压差稳压器广受欢迎的优势之一是，能够衰减开关式稳压器生成的电压纹波。含有纹波和噪声的供电电压会影响传感器、模数转换器、锁相环等电路的信号质量。低压差稳压器的电源纹波抑制比就成为这类应用中需要特别关注的指标。

REG1117 和 REG1117A 是一种常用的三端低压差稳压器系列，具有固定输出电压和可调输出电压两个版本，固定版本可提供 1.8V、2.5V、2.85V、3.3V 和 5.0V 的固定电压输出，可调版本的输出电压可由两只外接的串联分压电阻决定。在输入/输出压差低至 1V 的条件下，REG1117 和 REG1117A 可分别提供 800mA 和 1.0A 的最大输出电流。REG1117 和 REG1117A 均提供 SOT-223 和 DDPAK 两种封装。具有 5.0V 固定输出电压的 REG1117 和 REG1117A 的型号分别为 REG1117-5 和 REG1117A-5，它们的关键参数见表 5-1。

表 5-1 低压差稳压器 REG1117-5 和 REG1117A-5 关键参数

特性参数	测试条件	REG1117-5 和 REG1117A-5			单位
		最小值	典型值	最大值	
输出电压 REG1117-5	I_O=10mA, V_{IN}=7V	4.950	5.00	5.050	V
	I_O=0～800mA, V_{IN}=6.5～10V	4.900	5.00	5.100	V
输出电压 REG1117A-5	I_O=10mA, V_{IN}=7V	4.950	5.00	5.050	V
	I_O=0～1.0A, V_{IN}=7～10V	4.900	5.00	5.100	V
压差 REG1117-5	I_O=800mA	—	1.10	1.20	V
压差 REG1117A-5	I_O=1.0A	—	1.20	1.30	V
电压调整率 REG1117-5	I_O=0mA, V_{IN}=6.5～15V	—	3	10	mV
电压调整率 REG1117A-5	I_O=0mA, V_{IN}=7.0～15V	—	3	10	mV
负载调整率 REG1117-5	I_O=0～800mA, V_{IN}=6.5V	—	3	15	mV
负载调整率 REG1117A-5	I_O=0～1.0A, V_{IN}=7.0V	—	3	15	mV
静态电流	$V_{IN}-V_{OUT}$=5V	—	4	10	mA
电源纹波抑制比	$V_{IN}-V_{OUT}$=3V 输入纹波 1VPP, 120Hz	—	62	—	dB

5.3.2 开关式稳压器

开关式稳压器根据输入、输出电压的关系可分为三类[67]：降压型直流-直流变换器（Buck DC-DC 变换器），升压型直流－直流变换器（Boost DC-DC 变换器）和升压－降压型直流－直流变换器（Buck-Boost DC-DC 变换器或 Cuk DC-DC 变换器）。本节将主要介绍在无人机航电系统中应用最为广泛的 Buck DC-DC 变换器和 Boost DC-DC 变换器的电路结构、工作原理和主要特性。

1. 降压型直流－直流变换器（Buck DC-DC 变换器）

（1）基本结构和降压原理

图 5-12a 的点画线框内全控型开关管 VT 和续流二极管 VD 构成了一个最基本的开关型直流－直流降压变换电路，电感 L 和电容 C 构成输出滤波电路。这种降压变换电路连同其输出滤波电路 LC 被称为 Buck 型 DC-DC 变换器。对开关管 VT 进行周期性的通、断控制，能将直流电源的输入电压 V_S 变换为电压 V_O 输出给负载。图 5-12a 是一种输出电压平均值 V_O 可小于或等于输入电压 V_S 的单开关管非隔离型的直流－直流（DC-DC）降压变换器。

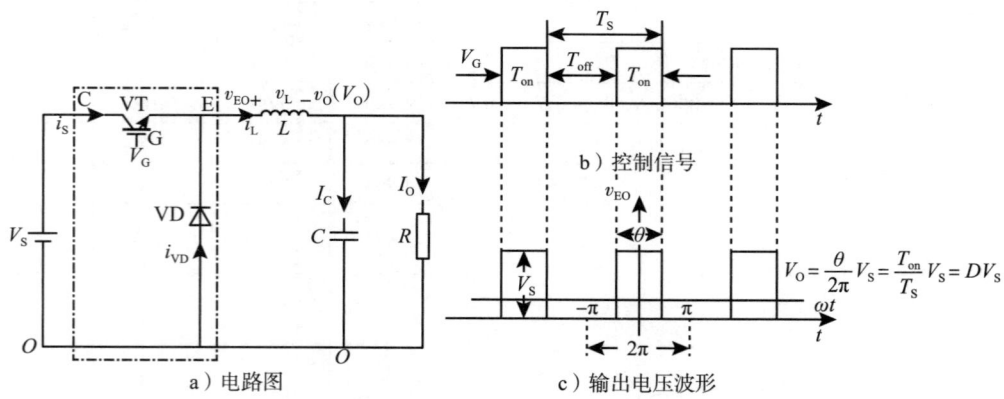

图 5-12 Buck 变换器电路结构及降压原理 1

为获得各类开关型变换器的基本工作特性而又能简化分析，在本书各章的分析中，除研究开关管开通、关断过渡过程而特别指明外，都假定电力电子变换器是理想的，理想条件是：

1）开关管 VT 和二极管 VD 从导通变为阻断，或从阻断变为导通的过渡时间均为零。

2）开关器件的通态电阻为零，电压降为零。断态电阻为无限大，漏电流为零。

3）电路中的电感和电容均为无损耗的理想储能元件。

4）线路阻抗为零。电源输出到变换器的功率 $V_S I_S$ 等于变换器的输出功率，即 $V_S I_S = V_O I_O$。

在一个开关周期 T_S 内，向开关管 VT 施加图 5-12b 所示的驱动信号 V_G，在 T_{on} 期间，$V_G>0$，开关管 VT 处于通态；在 T_{off} 期间，$V_G=0$，开关管 VT 处于断态。对开关管 VT 进行高频周期性的通、断控制，开关周期为 T_S，开关频率 $f_S=1/T_S$。开关管导通时间 T_{on} 与周期 T_S 的比值称为开关管导通占空比 D，简称导通比或占空比，$D=T_{on}/T_S$。开关管 VT 的导通时间 $T_{on}=DT_S$。开关管 VT 阻断时间 $T_{off}=T_S-T_{on}=(1-D)T_S$。开关管 VT 导通 $T_{on}=DT_S$ 期间，直流电源电压 V_S 经开关管 VT 直接输出，电压 $v_{EO}=V_S$。这时二极管 VD 承受反压而截止，$i_{VD}=0$，电源电流 i_S 经开关管 VT 流入电感负载，电感电流 $i_L=i_S$ 上升。在开关管 VT 阻断的 $T_{off}=T_S-T_{on}=(1-D)T_S$ 期间，负载与电源脱离，由于电感电流 i_L 不可能立即为零，电流 i_L 经负载和二极管 VD 续流，二极管 VD 也因此被称为续流二极管。如果 VT 阻断的整个 T_{off} 期间，电感电流 i_L 经二极管 VD 环流时并未衰减到零，即在整个周期 T_S 中电流 i_L 连续，$i_L>0$，则在 $T_{off}=(1-D)T_S$，期间，二极管 VD 一直导电，变换器输出电压 $v_{EO}=0$，图 5-12c 示出输出电压 v_{EO} 的波形。在所选时间起始点情况下，由图 5-12c 可知，在一个周期 $T_S(2\pi)$ 中，输出电压 v_{EO} 为脉宽为 θ 角、幅值为 V_S 的矩形脉波。

在电感电流 i_L 连续的工作情况，不难验证，输出电压 v_{EO} 在一个周期 T 内的平均值等于输出电压 v_O 在一个周期 T 内的平均值 V_O，且都等于占空比 D 与输入电压 V_S 之积。因此，通过调整控制信号的占空比 D 即可实现对 V_O 的调节。由于占空比 D 始终小于 1，输出电压平均值 V_O 始终小于输入电压 V_S，这也从侧面验证了 Buck 变换器是降压变换器的结论。

如定义 DC-DC 变换器的变压比为 $M=V_O/V_S$，显然，对 Buck 变换器而言，变压比 M 等于控制信号的占空比 D。

（2）电感电流连续时工作特性

图 5-13a 所示 Buck 变换器有两种可能的运行工作模式——电感电流连续模式（Continuous Current Mode，CCM）和电感电流断流模式（Discontinuous Current Mode，DCM）。电感电流连续是指图 5-13a 中，电感电流 i_L 在整个开关周期 T_S 中都不为零；电感电流断流是指在开关管 VT 阻断的 T_{off} 期间后期一段时间内，经二极管续流的电感电流 i_L（i_{VD}）已降为零。处于这两种工作情况的临界点称为电感电流临界连续状态，这时在开关管阻断期结束时，电感电流刚好降为零。图 5-13d 示出了电流连续情况下的电压、电流波形。本节分析电流连续时，Buck 变换器的工作特性。

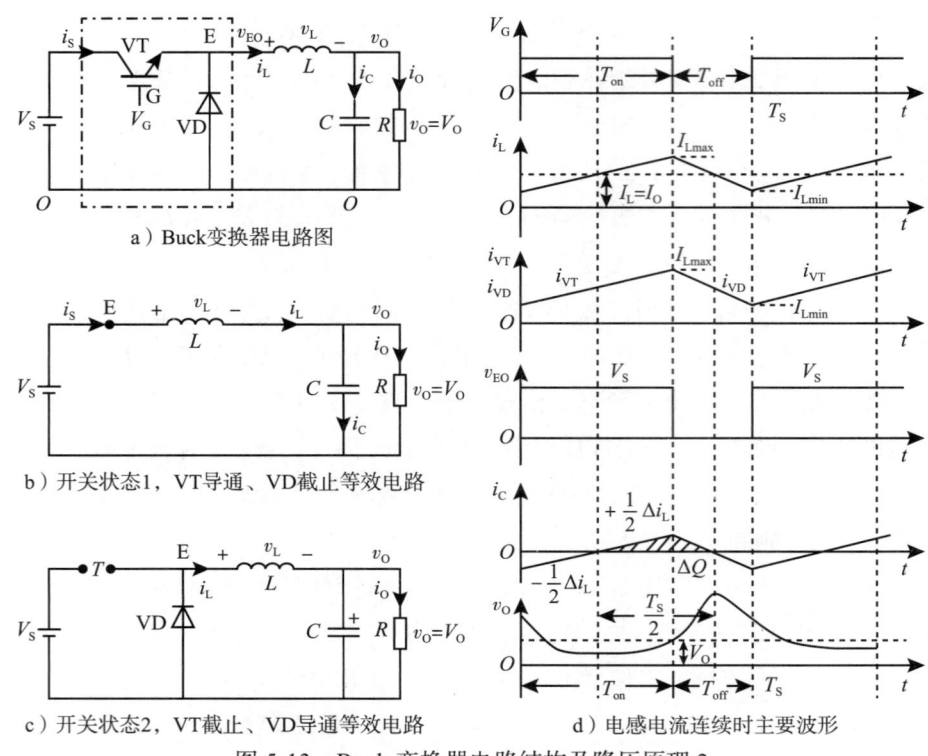

图 5-13 Buck 变换器电路结构及降压原理2

开关状态 1 [T_{on} 期间], VT 导通、VD 截止, 等效电路如图 5-13b 所示。令 $t=0$ 时,开关管 VT 开始导通, 电源电压 V_S 通过 VT 加到二极管 VD 和输出滤波电感 L、输出滤波电容 C 上, VD 承受反压截止。通常开关频率都很高, 开关周期都很短, 滤波器 L、C 值都选得足够大, 以致在 T_{on} 和 T_{off} 期间, 在电容 C 上的电压脉动不大, 电容电压可以近似认为保持其直流平均值 V_O 不变, 因此 T_{on} 期间加在 L 上的电压为 $V_S - V_O$, 这个电压差使滤波电感电流 i_L 线性增长。

$$L\frac{di_S}{dt} = L\frac{di_L}{dt} = V_S - V_O \qquad (5-5)$$

在 VT 导通终点, $t = DT_S = T_{on}$ 时, i_L 达到最大值 I_{Lmax}, 参见图 5-13d 所示波形。i_L 的增量 Δi_{L+} 为

$$\Delta i_{L+} = \frac{V_S - V_O}{L}T_{on} = \frac{V_S - V_O}{L}DT_S = \frac{V_S - V_O}{Lf_s}D \qquad (5-6)$$

开关状态 2 [T_{off} 期间], VT 截止, i_L 通过二极管 VD 继续流通。等效电路如图 5-13c 所示, 这时加在 L 上的电压为 $-V_O$, i_L 线性减小。

$$L\frac{di_L}{dt} = -V_O \tag{5-7}$$

在开关状态 2 的终点 $t=T_S$ 时，i_L 减小到最小值 I_{Lmin}。在 VT 截止期间，i_L 的减少量 Δi_{L-} 为

$$\Delta i_{L-} = \frac{V_O}{L}T_{off} = \frac{V_O}{L}(T_S - T_{on}) = \frac{V_O}{L}(1-D)T_S = \frac{V_O}{Lf_s}(1-D) \tag{5-8}$$

在 $t \geq T_S$ 时，开关管 VT 又导通，开始下一个开关周期。

图 5-13c 中：在 VT 导通的 $T_{on}=DT_S$ 期间，i_L 上升到 I_{Lmax}，$v_{EO}=V_S$。在随后的 $T_{off}=(1-D)T_S$ 期间，VT 阻断、VD 导通，i_L 经 VD 续流下降到 I_{Lmin}。在整个 T_{off} 期间，VD 一直导电续流，$i_L \neq 0$，使 $v_{EO}=0$。在下一个开关周期开始 VT 导通后，i_L 又从 I_{Lmin} 上升至 I_{Lmax}。在整个开关周期 T_S 中，i_L 均不为零，被称为电流连续工作情况。这时 Buck 电路在一个开关周期 T_S 期间输出电压波形 v_{EO} 是宽度为 T_{on}、数值为 V_S 的矩形波电压。

在开关管 VT 导通期间，VD 截止，流过开关管 VT 的电流是电源输入的电流 i_S，也就是电感电流 i_L；在 VT 截止期间，二极管 VD 导通时，流过二极管 VD 的电流是 i_L，这时开关 VT 的电流和电源的输入电流为 0。为了减小电源输入电流的脉动，可在 Buck 变换器的输入侧加接输入 LC 滤波电路。稳态工作时，电容电压平均值或负载电压平均值保持不变。

电感电流连续时，由图 5-13d 中输出电压 v_{EO} 波形也可得到输出直流电压的平均值 V_O，$V_O=(T_{on}/T_S)V_S=DV_S=MV_S$，这时变压比 $M=V_O/V_S=T_{on}/T_S=\theta/2\pi=D$。因此 Buck 变换器在电感电流连续情况下，变压比 M 只与占空比 D 有关，$M=V_O/V_S=D$，与负载电流大小无关。

稳态时，一个开关周期内，滤波电容 C 的平均充电电流与放电电流相等，变换器输出的负载电流平均值 I_O 就是 i_L 的平均值 I_L，即

$$I_O = I_L = \frac{I_{Lmin} + I_{Lmax}}{2} \tag{5-9}$$

由图 5-13d 所示 i_L 波形可知，电感电流的最大值 I_{Lmax} 和最小值 I_{Lmin} 分别为

$$\begin{cases} I_{Lmax} = I_O + \frac{1}{2}\Delta i_L = \frac{V_O}{R} + \frac{1}{2}\Delta i_L \\ I_{Lmin} = I_O - \frac{1}{2}\Delta i_L = \frac{V_O}{R} - \frac{1}{2}\Delta i_L \end{cases} \tag{5-10}$$

式中，$I_O=V_O/R$，R 为变换器负载电阻。

开关管 VT 和二极管 VD 的最大电流 I_{VTmax} 和 I_{VDmax} 与电感电流最大值 I_{Lmax} 相等；开关管 VT 和二极管 VD 的最小电流 I_{VTmin} 和 I_{VDmin} 与电感电流最小值 I_{Lmin} 相等。开关管和二极管截止时，所承受的电压都是输入电压 V_S。设计 Buck 变换器时，可按以上各电流公式及开关器件所承受的电压值选用开关管、二极管。

从图 5-13a、d 中可知，$i_C = i_L - I_O$，当 $i_L > I_O$ 时，i_C 为正值，C 充电，输出电压 v_O 升高；当 $i_L < I_O$ 时，i_C 为负值，C 放电，v_O 下降，因此电容 C 一直处于周期性充放电状态。若滤波电容 C 足够大，则 v_O 可视为恒定的直流电压 V_O。当 C 不很大时，v_O 则有一定的脉动，由图 5-13d 中 i_C 波形可知，电容 C 在一个开关周期内的充电电荷 ΔQ 为

$$\Delta Q = \frac{1}{2} \cdot \frac{1}{2} \Delta i_L \cdot \frac{T_S}{2} = \frac{\Delta i_L}{8 f_s} \tag{5-11}$$

式中的 Δi_L 由式（5-8）确定，因此输出电压的脉动量 ΔV_O 为

$$\Delta V_O = V_{Omax} - V_{Omin} = \frac{\Delta Q}{C} = \frac{(1-D)V_O}{8LCf_s^2} \tag{5-12}$$

2. 升压型直流 – 直流变换器（Boost DC-DC 变换器）

（1）基本结构和降压原理

如图 5-14a 所示，在电源 V_S 与负载之间串接一个受通断控制的开关器件，无法使负载获得高于电源电压 V_S 的直流电压。为了获得高于电源电压 V_S 的直流输出电压 V_O，一个简单且有效的办法是在变换器开关管前端插入一个电感 L，如图 5-14a 所示，在开关管 VT 关断时，利用图 5-14c 中电感线圈 L 在其电流减小时所产生的反电势 e_L（在电感电流减小时，$e_L = -Ldi_L/dt$ 为正值）与电源电压 V_S 串联相加送至负载，则负载就可获得高于电源电压 V_S 的直流电压 V_O。图 5-14a 就是在这一思想启发下，利用一个全控型开关管 VT 和一个续流二极管 VD 加上电感、电容构成的直流/直流升压变换器——Boost DC-DC 变换器。

Boost DC-DC 变换器是输出直流电压平均值 V_O 高于输入电压 V_S 的单管不隔离直流变换器，图 5-14a 中，Boost 变换器中电感 L 在输入侧，称为升压电感。开关管 VT 仍采用 PWM 控制方式，和 Buck 变换器一样，Boost 变换器也有电感电流连续和断流两种工作方式。

（2）电感电流连续时工作特性

开关状态 1：从 $t=0$ 到 $T_{on} = DT_S$ 期间，开关管 VT 导通，二极管 VD 截止，等效电路如图 5-14b 所示。

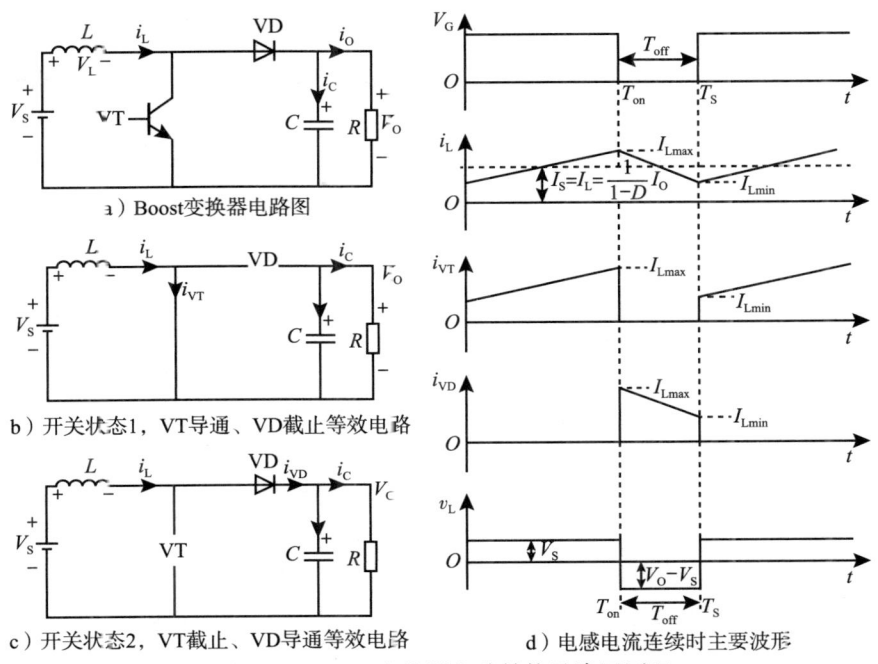

图 5-14 Boost 变换器电路结构及降压原理

电源电压 V_S 加到升压电感 L 上，电感电流 i_L 线性增长：$L di_L/dt = V_S$。当 $t = T_{on} = DT_S$ 时，i_L 达到最大值 I_{Lmin}。在 VT 导通期间，i_L 的增量 Δi_{L+} 为

$$\Delta i_{L+} = \frac{V_S}{L} T_{on} = \frac{V_S}{L} DT_S \tag{5-13}$$

在开关状态 1，由于二极管 VD 截止，负载由电容 C 供电，选用足够大的 C 值可使 V_O 变化很小，近似分析中可认为在一个开关周期 T_S 中 V_O 恒定不变。在开关状态 2，从 $t = T_{on}$ 到 T_S 的 T_{off} 期间，VT 截止，VD 导通，等效电路为图 5-14c 所示。此时电源电压 V_S 和电感电流 i_L 共同向负载和电容供电，i_L 减小，L 两端电压如图 5-14c 中所示，C 充电。加在 L 上的电压为 $V_S - V_O$，图中 $V_O > V_S$，故 i_L 线性减小。

$$L \frac{di_L}{dt} = V_S - V_O \tag{5-14}$$

经历 $T_{off} = T_S - T_{on}$ 时期后，i_L 达到最小值 I_{Lmin}。在 VT 截止期间，i_L 的减少量 Δi_{L-} 为

$$\Delta i_{L-} = \frac{V_O - V_S}{L}(T_S - T_{on}) = \frac{V_O - V_S}{L}(1-D)T_S \tag{5-15}$$

此后，VT 又导通，开始另一个开关周期。

图 5-14a、d 中，Boost 变换器电源的输入电流就是升压电感电流 i_L，电流平均值 $I_L = I_S = (I_{Lmax} + I_{Lmin})/2$。开关管 VT 和二极管 VD 轮流工作，VT 导通时，电感电流 i_L 流过 VT，VT 截止、VD 导通时电感电流 i_L 流过 VD。电感电流 i_L 是 VT 导通时的电流 i_T 和 VD 导通时的电流 i_{VD} 的合成。在周期 T_S 的任何时刻，i_L 都不为零，即电感电流连续。稳态工作时，电容 C 充电量等于放电量，通过电容的平均电流为零，故通过二极管 VD 的电流平均值就是负载电流平均值 I_O。

稳态工作时，VT 导通期间，电感电流的增量 Δi_{L+} 等于 VT 截止期间的减少量 Δi_{L-}，故可得到升压比 M 为

$$M = \frac{V_O}{V_S} = \frac{1}{1-D} \quad (5\text{-}16)$$

在每一个开关周期中，电感 L 都有一个储能和能量通过二极管 VD 的释放过程，也就是说必须有能量送到负载端。因此，如果该变换器没有接负载，则不断增加的电感储能不能释放，必然会使 V_O 不断升高，最后使变换器损坏。实际工作中，D 越接近 1，输出电压越高，为防止输出电压过高，Boost 变换器不宜在占空比 D 接近于 1 的情况下工作。

Boost 变换器在电流连续条件下其变压比 M 也仅与占空比 D 有关而与负载电流无关。通过二极管 VD 的电流平均值 I_{VD} 等于负载电流平均值 I_O，即 $I_D = I_O$。电感电流的脉动量

$$\Delta i_L = \Delta i_{L+} = \Delta i_{L-} = \frac{V_S}{Lf_s}D = \frac{V_O(1-D)D}{Lf_s} \quad (5\text{-}17)$$

由于电源输入功率 $V_S I_S = V_O I_O$，故电源电流 $I_S = V_O I_O / V_S = I_O/(1-D)$。

由图 5-14d 可知，通过 VT 和 VD 的电流最大值 I_{VTmax} 和 I_{VDmax} 与电感电流最大值 I_{Lmax} 相等，即

$$I_{VTmax} = I_{VDmax} = I_{Lmax} = I_S + \frac{1}{2}\Delta i_L = \frac{I_O}{1-D} + \frac{V_O D(1-D)}{2Lf_s} \quad (5\text{-}18)$$

VT 和 VD 截止时所承受的电压 V_{VT} 和 V_{VD} 均为输出电压 V_O，即 $V_{VT} = V_{VD} = V_O$。输入电流 I_S 的脉动量 Δi_S 等于电感电流 i_L 的脉动量 Δi_L，即

$$\Delta i_S = \Delta i_L = I_{Lmax} - I_{Lmin} = \frac{V_S}{Lf_s}D \quad (5\text{-}19)$$

输出电压脉动量 ΔV_O 等于开关管 VT 导通期间电容 C 向负载放电引起的电压变化量。ΔV_O 可近似地由下式确定：

$$\Delta V_{\mathrm{O}} = V_{\mathrm{Omax}} - V_{\mathrm{Omin}} = \frac{\Delta Q}{C} = \frac{1}{C} I_{\mathrm{O}} D T_{\mathrm{s}} = \frac{D}{C f_{\mathrm{s}}} I_{\mathrm{O}} \qquad (5\text{-}20)$$

（3）开关式稳压器实例

图 5-15 展示了某款四旋翼无人机用电源管理板（Power Management Board，PMB）。该电源管理板包含一个 Buck DC-DC 变换器，用来将 4S 锂电池输出的 14.4～16.8V 电源转换为自动驾驶仪的 5V 电源。这里 4S 指由 4 节标准电池串联而成的电池组。图 5-15 还标注出了 Buck DC-DC 变换器的关键器件：主控芯片 LM5576、33μH 功率电感和续流二极管。

LM5576 是一款单功率开关管 Buck DC-DC 变换器主控芯片；内置一导通电阻 170mΩ 的 N 沟道功率 MOSFET，最大稳定输出电流为 3A；输入电压范围为 6～75V；具有良好的负载调整率和瞬态调节特性；功率管开关频率可调，调整范围为 50～500kHz；内置限流保护、短路保护、过热保护，支持主动关断模式；具有功率增强型 HTSSOP-20 封装。LM5576 的主要引脚及其功能见表 5-2。

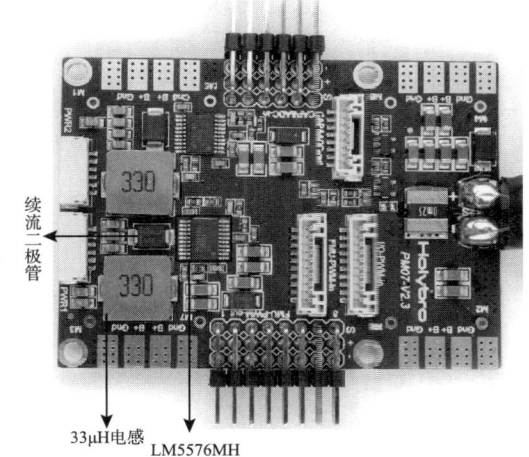

图 5-15　四旋翼无人机用电源管理板及其中 Buck DC-DC 变换器的关键器件

表 5-2　LM5576 的主要引脚及其功能

引脚		端口类型	功能	说明
编号	标识			
2	SD	输入	稳压器工作模式设置	SD 的电压决定了稳压器的工作模式（关断模式、低功耗模式、正常模式）。如 SD 悬空，内置的 5μA 上拉电流源可将其维持在高电平，稳压器保持正常工作状态
3、4	VIN	输入	输入直流电源正极	输入电压范围为 6～75V
6	COMP	输出	内置误差放大器的输出	稳压器闭环补偿网络连接在 COMP 和 FB 之间
7	FB	输入	稳压器输出电压反馈	FB 连接至内置误差放大器的反相输入端。稳压器调节阈值电压为 1.225V
8	RT	输入	内置振荡器频率设定	内置振荡器的频率可由跨接在 RT 和 AGND 之间的一个电阻来设置

(续)

引脚		端口类型	功能	说明
编号	标识			
10	AGND	地	模拟地	AGND 是稳压器控制功能模块的电压参考
12	OUT	输出	输出直流电源正极	OUT 直接连接至输出电源正极
13、14	PGND	地	功率地	PGND 是内置预充电开关管和电流检测电阻的电压参考
15、16	IS	输入	电流检测	IS 应当连接至续流二极管的阳极。内置的采样电阻和采样保持电路可以检测流过续流二极管的电流
17、18	SW	输出	内置功率管源极	SW 是内置功率管的源极。SW 应当连接至 Buck 变换器的外置功率电感和续流二极管

图 5-16 所示的 LM5576 典型应用为 Buck DC-DC 变换器, 变换器输入电压 7～75V, 输出电压 +5V, 功率管开关频率 300kHz, 最大持续输出电流 3A, 最小输出电流 250mA。图中, 除 C3 和 C11 的容值为 330pF 外, 其余电容容值的单位均为 μF; "OPEN" 表示对应的电阻、电容是为扩展功能预留的, 在装配时无须焊接。

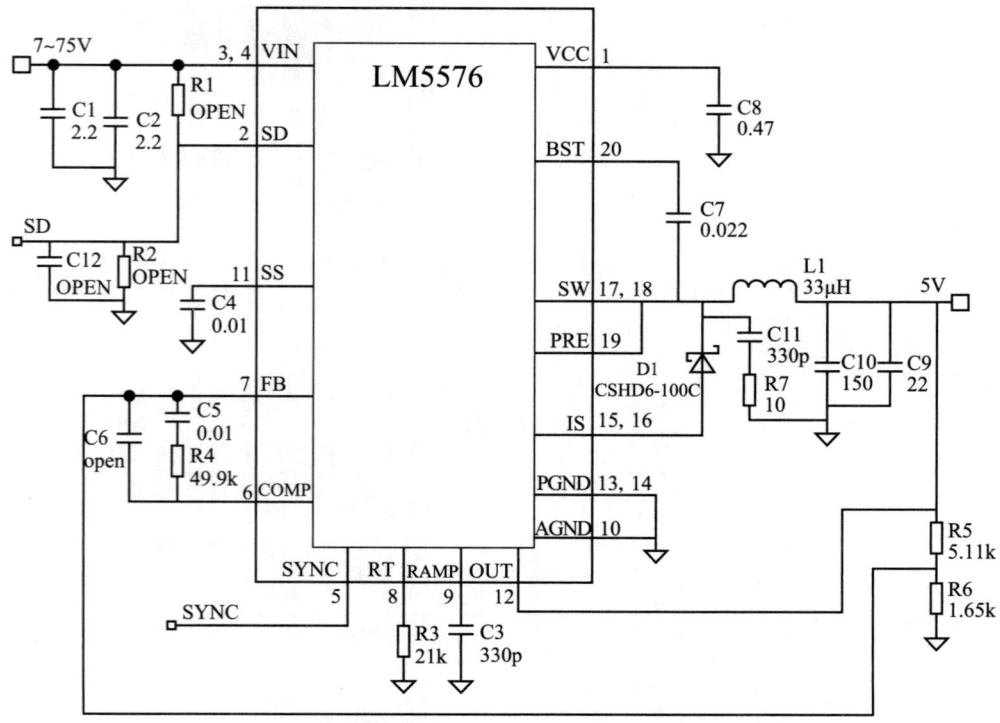

图 5-16 Buck DC-DC 变换器——主控芯片 LM5576 典型应用

5.4 姿态信息测量

为了实现无人机的增稳飞行或自主飞行，在所构建的闭环负反馈控制架构中，无人机各种飞行状态的精确测量无疑是其中不可或缺的关键环节。飞行控制系统必须获取的飞行状态包括姿态角、姿态角速率、空速、地速、飞行高度、所处位置等。在轻型/微型无人机平台上，受体积、重量、功耗的限制，这些飞行状态主要由 MEMS 陀螺仪、MEMS 加速度计、MEMS 空速传感器、MEMS 气压计、MEMS 地磁计等传感器和全球卫星导航系统来直接或间接测量。本节将分别讨论上述传感器和全球卫星导航系统的工作原理、内部结构、关键参数和选用注意事项。

5.4.1 微机电系统技术简介

1. 微机电系统的定义

微机电系统（Micro-Electro-Mechanical Systems，MEMS）是美国的惯用词，在欧洲被称为微系统（Micro System Technology，MST），在日本称为微机器（Micro-Machine），另外还有微机电系统技术（Micro-Electro Mechanical System Technologies）、微科学工程（Micro-Science and Engineering）等称谓。由于美国的 MEMS 总体研究水平处于领先地位，因此本书采用 MEMS 称谓。

随着技术发展，MEMS 技术产生了不同的分支。其中，与生物或生物医学技术相结合，产生了生物 MEMS；与无线通信技术相结合，产生了射频 MEMS；与光学技术相结合，产生了微光机电 MEMS（Micro-Optical Electronic Mechanical System，MOEMS）。

MEMS 是以微细加工技术为基础，关键特征尺寸在亚微米至亚毫米之间，将微传感器、微执行器、信号处理和控制、通信和接口电路、微能源等组成在一起，独立完成机/电/光等功能的微机电器件、装置或系统。它既可以根据电路信号的指令控制执行元件，实现机械驱动，也可以利用传感器探测或接收外部信号。传感器将转换后的信号经电路处理后，再由执行器变为机械信号，完成执行命令。MEMS 是一种获取、处理和执行操作的集成系统，通常需要多学科领域技术的综合应用，例如机、电、光、生物等多个领域。

日本国家 MEMS 中心将微系统/微机械定义为：微机械是一种极小的机器，由非常小的（几毫米或更小）但高度复杂的功能元素组成，使其能够执行微小而复杂的任务。

MEMS 将微电子技术和微细加工技术相结合，实现微电子与机械的融合。完整的 MEMS 是由微传感器、微执行器、信号处理和控制电路、接口电路和微能源组成的一体化微型器件或系统，完成传统大尺寸系统所不能完成的任务。也可以将独立微器件，如微传感器或执行器等嵌入到大尺寸的系统中，以达到提高系统可靠性，降低成本，实现系统的智能化和自动化的目的。

关于 MEMS 的概念，习惯上依据机械结构的尺寸，将特征尺寸在 1～10mm 范围内的机械称为小型（Mini）机械；特征尺寸在 1μm～1mm 范围内的机械称为微型（Micro）机械；特征尺寸在 1nm～1μm 的机械称为纳米（Nano）机械。当然，上述这些划分也未必严密，有时候微机械加上外围结构尺寸也会大于 1mm，但仍然归于微机械。对照以上划分，由这些机械构成的机电系统分别称为小型机电系统、微机电系统（MEMS）和纳机电系统。

图 5-17 比较了 MEMS 和病毒、细菌等事物的尺度范围，图 5-18 和图 5-19 则展示了显微镜下 MEMS 微结构与一根头发（直径约 70μm）和螨虫（长度约 300μm）的对比。

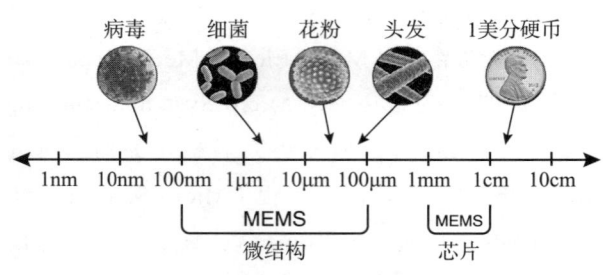

图 5-17 MEMS 和病毒、细菌等事物的尺度范围

图 5-18 显微镜下 MEMS 微结构和一根头发（直径约 70μm）

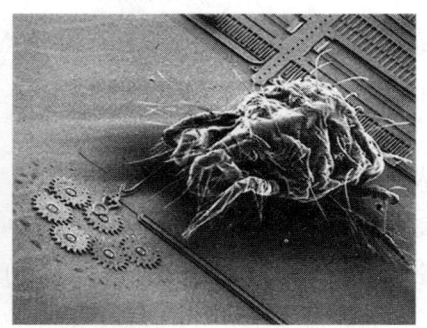

图 5-19 显微镜下 MEMS 微结构和一只螨虫（长度约 300μm）

（图片来源：美国桑迪亚国家实验室）

MEMS 并非单纯是宏观机械的微小化，它的研究目标在于通过微型化、集成化来探索新原理、新功能的元件和系统，开辟一个新的科学技术领域和产业。微电子

学、微机械学、微光学、微动力学、微流体力学、微热力学、微摩擦学、微结构学和微生物学等共同构成 MEMS 理论基础。

MEMS 技术的发展开辟了一个全新的技术领域和产业，采用 MEMS 技术制作的微传感器、微执行器、微型构件、微机械光学器件、真空微电子器件、电力电子器件等，在航空、航天、汽车、生物医学、环境监控、军事以及几乎人们所接触到的所有领域中都有着十分广阔的应用前景，目前 MEMS 市场的主导产品为压力传感器、加速度计、微陀螺仪、喷墨打印头和硬盘驱动头等。MEMS 技术正发展成为一个巨大的产业，如同微电子产业和计算机产业给人类带来的巨大变化一样，MEMS 技术也正在孕育一场深刻的技术变革，将对人类社会产生新一轮的影响。MEMS 已成为广大科技工作者研究的热点，并被列为 21 世纪关键技术之首[68]。

2. MEMS 的制造工艺

MEMS 是一种全新的必须同时考虑多种物理场耦合作用的系统。相对于传统机械系统，MEMS 尺寸更小，其外形最大的不超过 1cm，甚至仅仅为几微米；主要材料为硅，硅材料电气性能优良，强度、硬度和杨氏模量与铁的相当，密度与铝的类似，热传导率接近钼和钽。MEMS 采用与集成电路（IC）类似的生成技术，可大量利用 IC 生产中的成熟技术、工艺进行大批量、低成本生产，使性价比相对于传统"机械"制造技术有大幅度提高。

目前，MEMS 常用制作技术主要有：

1）以日本为代表的利用传统机械加工手段，即利用大机器制造小机器再利用小机器制造微机器的方法。

2）以美国为代表的利用化学腐蚀或集成电路工艺技术对硅材料进行加工，形成硅基 MEMS 器件的方法。

3）以德国为代表的 LIGA（即光刻、电铸和塑铸）技术，它是利用 X 射线光刻技术，通过电铸成型和塑铸形成深层微结构的方法。

上述第二种方法与传统 IC 工艺兼容，可以实现微机械和微电子系统的集成，而且适合批量生产，已经成为目前 MEMS 的主流技术。LIGA 技术可用来加工金属、塑料和陶瓷等各种材料，并可用来制作深宽比大的精细结构（加工深度可以达到几百微米），因此也是一种比较重要的 MEMS 加工技术。LIGA 技术自 20 世纪 80 年代中期由德国开发出来以后得到了迅速发展，人们已利用该技术开发和制造出了微齿轮、微电机、微加速度计、微射流计等器件。第一种加工方法可以用于加工一些在特殊场合应用的微机械装置，如微型机器人、微型手术台等。

3. MEMS 的驱动方式

MEMS 器件最基本的工作原理是通过微操作器将其他能量转换成机械能。根据其设计结构一般可分成四类：无可动部件有形变、有可动部件无形变、有可动部件有碰撞表面、有可动结构有形变。根据机械驱动能量提供的方式不同，MEMS 器件分为静电型、电磁型、压电型及热膨胀型等几种类型。由于在当今射频电路的设计过程中，通常要求激励驱动快速，因此一般都是采用静电型微操作器。

静电驱动是采用在两块分开一定距离的极板上施加电压，通过极板在电场力的作用下发生变形来实现开关的闭合的。尽管这种力非常微弱，但它是客观存在的。行极板上施加电压后，极板相当于一个电容器。将这个电容器的尺寸减小，使得面积和体积比增加，可以显著地增强静电力效应。静电力与电容面积、极板间距及电量成比例。最常见的增大静电力的方法是增大电容面积，以增加极板数量为代表。

电磁驱动是利用带电导线在磁场中受到磁场的影响，受电磁力作用产生运动来实现的。磁铁产生磁场，当电流为 i 的线圈置于这个磁场中，就会在电磁力 F 的作用下运动。这种磁铁一般采用永磁体与电磁结合，但是磁性材料必须在制造或沉积过程中使用。电磁驱动方式比静电驱动结构更加紧凑、功率更大，但其工艺复杂，制作成本高，因而电磁式驱动在 MEMS 开关领域并未广泛采用。

压电型驱动是通过电流流过某些晶体，使晶体产生形变来实现运动的。

除了以上这些驱动方式，还有气动型、液压型、生物型以及其他光效应型。随着微涡轮技术和火箭的进一步发展，化学型驱动将变得越来越重要。

4. MEMS 的特点

同传统机械相比，MEMS 具有如下特点[69]：

（1）系统微型化

MEMS 器件体积小，精度高，重量轻，惯性小，谐振频率高。MEMS 的体积可小至亚微米以下，尺寸精度可达到纳米量级，重量可轻至纳克，谐振频率可达上百千赫。例如，一个压力成像器的微系统含有 1024 个微型压力传感器，整个膜片尺寸仅为 $10\mu m \times 10\mu m$，每个压力芯片尺寸为 $50\mu m \times 50\mu m$。

（2）制造材料性能稳定

MEMS 主要材料是硅，硅材料的机械、电子材料性能优越，强度、硬度和杨氏模量同铁的相当，密度和导热性能类似于铝。

（3）批量生产成本低

MEMS 器件适于大批量生产，成本低廉。MEMS 能够采用与半导体制造工艺类似的方法，像超大规模集成电路芯片一样，一次制成大量完全相同的零部件，制造成本显著降低。

（4）能耗低，灵敏性和工作效率高

完成相同工作，MEMS 所耗能量仅为传统机械的十分之一或几十分之一，而运作速度及加速度却可达数十倍以上。由于 MEMS 几乎不存在信号延迟等问题，从而更适合高速工作。

（5）集成化程度高

在 MEMS 中，可以将不同功能、不同敏感方向的多个传感器、执行器集成在一起，可以形成阵列，也可将多种功能器件集成在一起形成复杂的多功能系统，以提高系统的可靠性和稳定性。特别是应用智能材料和智能结构后，更利于实现 MEMS 的多功能化和智能化。MEMS 包含有数字接口、自检、自调整和总线兼容等功能，具备在网络中应用的基本条件，具有标准的输出，便于与系统集成在一起，而且能按照需求灵活地设计制造更多样式的 MEMS。

（6）多学科交叉

MEMS 技术包含电子、机械、微电子、材料、通信、控制、扫描隧道等工程技术学科，还包含物理、化学、生物、力学、光学等基础学科。MEMS 融合了当今科学技术中的许多最新成果，通过微型化、集成化，探索 MEMS 的新原理、新工艺，开辟新领域。

（7）微流动系统

微流动系统是由微型泵、微型阀、微型传感器等微型流动元件组成的，可进行微量流体的压力、流量和方向控制及成分分析的微电子机械系统。作为微机电系统的一个较大分支，微流动系统同样具有集成化和大批量生产的特点，同时由于尺寸微小，可减小流动系统中的无效体积，降低能耗和试样用量，响应快，在液体和气体流量配给、化学分析、微型注射和药物传送、集成电路的微冷却、微小型卫星的推进等方面具有广阔应用前景。

5. MEMS 的设计难点

鉴于 MEMS 的上述特点，同常规机电系统相比较，MEMS 的设计存在着以下难点[70]。

（1）尺寸效应

边长为 L 的正方体，体积 V 为 L^3，表面积 S 为 $6L^2$，表面积与体积之比为

$$\frac{S}{V} = 6L^{-1} \tag{5-21}$$

但如果长度缩小到原来的 1/10，则表面积缩小到原来的 1/100，体积缩小到原来的 1/1000，表面积与体积比增大到原来的 10 倍。

在这种效应的影响下，随着尺寸减小，所涉及物理量的变化规律会发生变化。原先在宏观系统中占主导地位的量在 MEMS 中将退居次要地位，而在宏观系统中常常被忽略的量在 MEMS 中则有可能成为影响性能的主要因素。

事实上，MEMS 的设计过程中所呈现出的主要特点包括：所有同长度和面积成比例的力都是必须考虑的因素，例如摩擦力、黏附力等；驱动 MEMS 机构转动所需的扭矩很小；与宏观系统使用电磁电机不同，MEMS 使用静电电机；MEMS 的固有频率远远高于宏观系统的固有频率；MEMS 的微尺度结构有利于散热。

（2）黏附问题

当微表面静止接触或两表面间隙处于纳米量级时，由于表面黏附力使两表面黏附在一起，这不仅使微器件的性能受到严重影响，甚至导致动作失效，而且在微构件的制造中是造成废品的重要因素，并直接导致 MEMS 的一次成功率低、成本大。

黏附问题最早是在 1980 年由 IBM 公司发现的，当时磁盘读/写头黏到了盘片上。对黏附力控制的好坏已成为 MEMS 降低废品率、提高性能、走向市场的关键因素之一。正如 Richard P. Feynman 预言的那样，在 MEMS 诞生的那一天，就伴随着黏附问题。黏附分为工艺黏附和工作黏附。工艺黏附是在 MEMS 加工运输过程中出现的黏附；工作黏附是 MEMS 器件在工作中出现的黏附。

静电微电机虽然已有十余年的研究历史，但真正用到工程实际的微电机寥寥无几，主要原因是转子同主轴间的黏附磨损使微电机很快失效。图 5-20 展示了某 MEMS 被黏附住的梳齿。当然，也有不少 MEMS 器件利用黏附来提高性能。

德州仪器研制的数字微镜（DMD），镜片底部的弹性片与基底之间的黏附作用对镜片的缓冲、

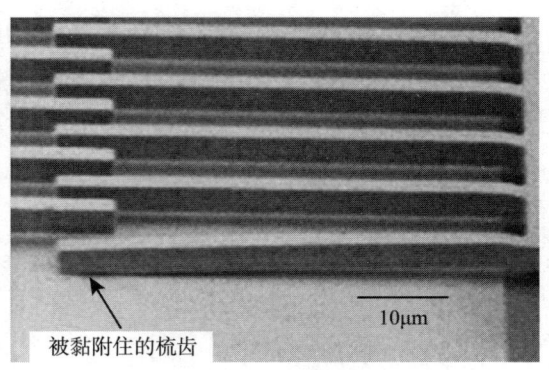

图 5-20　MEMS 被黏附住的梳齿
（图片来源：美国桑迪亚国家实验室）

稳定和延长寿命起着至关重要的作用。朗讯公司的三维 MEMS 全光开关，正是利用黏附力稳定微镜片的转角位置来实现光的多通道传播的。

黏附力在工程中最成功的应用是 1985 年 Binning 发明的原子力显微镜（Atomic Force Microscope，AFM），通过检测黏附力，使人类清晰地看到原子，并可实现原子操纵。Binning 在 1986 年为此获得诺贝尔物理奖。

（3）表面粗糙度问题

目前 MEMS 的制造工艺主要是以微电子工艺和电铸工艺（LIGA 工艺）为主。虽然经这些工艺加工的物体表面，与传统机械工艺相比，要平整许多，但并非完全平整。

"粗糙"和"光滑"是相对的，宏观上很光滑的平面，在微观扫描电镜观察下也是凸凹不平的。虽然 MEMS 微结构的表面粗糙度并不大，但由于 MEMS 的尺寸效应，这样的表面粗糙度仍会对 MEMS 微结构中的黏附、摩擦、润湿、碰撞产生影响。例如，当平行板电容极板间距较小时，极板的表面粗糙度对电容极板内的均匀电场分布和极板边缘的非均匀电场分布都会产生影响。

（4）静电力问题

静电力作为 MEMS 的主要驱动力之一，在 MEMS 的研究中具有不可替代的作用。无限大平行板电容表达式是计算 MEMS 静电力的主要方法，且已被人们广为接受。但随着极板尺寸的减小，极板边缘的非均匀电场占总电场的比重越来越大，无限大平行板电容模型已经无法准确描述 MEMS 电容了。因此，需要对无限大平行板电容模型进行必要的修正，主要的修正因素包括极板边缘电场、极板厚度、极板尖角、极板非平行效应等。

（5）材料性能

在 MEMS 硅衬底上，淀积有多种不同材料的薄膜，这些膜的厚度从几十纳米到几十微米不等，加工工艺也同常规工艺不同，其机械性能和电性能同宏观薄膜的性能之间存在一定的差异，有的差别还很大。如何准确把握这些薄膜的机械性能和电性能对 MEMS 的性能分析至关重要。

5.4.2　MEMS 加速度计

1. 简介

目前，MEMS 加速度计有电容式、压阻式、压电式 3 种，其性能比较见表 5-3[71]。

表 5-3　电容式、压阻式、压电式 MEMS 加速度计性能比较

技术指标	电容式	压阻式	压电式
尺寸	大	小	中等
温度范围	非常宽	宽	中等
线性度误差	高	中等	低
直流响应	有	无	有
灵敏度	高	中等	中等
冲击造成的零位飘移	无	有	无
电路复杂程度	高	中等	低
成本	高	高	低

电容式加速度计中的惯性质量块在加速度作用下引起悬臂梁变形，进而引起电容变化，通过检测其电容的变化，获得加速度的大小。

电容式 MEMS 加速度计因灵敏度高、噪声低及漂移小等优势在汽车和工业领域中应用广泛。

压阻式加速度计通过压敏电阻阻值的变化来实现对加速度的测量，具有结构、制作工艺和检测电路都相对简单的特点。随着技术的不断提高和新材料的应用，压阻式加速度计的性能提升很快。

压电式 MEMS 加速度计利用压电效应，运动时内置质量块产生压力，使支撑刚体产生应变，最终把加速度转变成电信号输出。它具有尺寸小、重量轻和结构较简单的优点。

2. MEMS 差动电容式加速度计原理和结构

（1）加速度计的质量 – 弹簧 – 阻尼模型

图 5-21 所示的弹簧支撑质量是一个基本的单自由度加速度计，其中试验质量的大小、阻尼以及悬挂系统的刚度之间的关系决定了其特性。我们可以考虑这样一个系统对沿着弹簧轴线对框架施加的力的响应，通过总结来自惯性、流体阻尼和弹簧位移的力，并将它们等同于施加的力。

$$F = m(d^2x/dt^2) + c(dx/dt) = K_x x \tag{5-22}$$

式中，x 为质量静止位置的位移；c 为阻尼系数；K_x 为弹簧刚度。如果加速度是稳定的并且质量位移是稳定的（任何初始的瞬态振荡都已经消失），则有

$$m(d^2x/dt^2) = -K_x x \tag{5-23}$$

也就是说，惯性力被对立的弹簧力所平衡，而 x 是加速度的一个度量，比例因子将是 m/K_x。这样的仪器可以购买。Setra 公司生产的一种仪器，其弹簧为金属膜片，而膜片与外壳之间的电容作为提取信号。

式（5-22）的解通常以无阻尼自然频率 $\omega_n(2\pi f_n)$ 和阻尼比 ζ 的形式给出：

$$\omega_n = (K_x/m)^{1/2} \qquad (5\text{-}24)$$

$$\zeta = \frac{1}{2c}/(K_x m)^{1/2} \qquad (5\text{-}25)$$

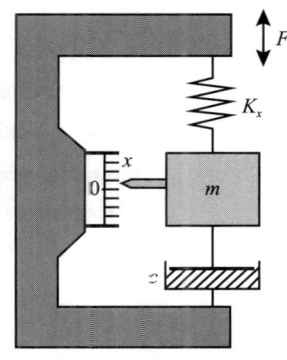

图 5-21 加速度计的质量–弹簧–阻尼模型

实际共振频率 f 与 f_n 有些不同，主要取决于阻尼比，f 可表示为

$$\omega = 2\pi f = \omega_n (1-\zeta^2)^{1/2} \qquad (5\text{-}26)$$

当 $0<\zeta<1$ 时，加速度计模型是一典型的欠阻尼二阶系统，系统的单位阶跃响应有较快的响应速度，但有一定的超调量，包含幅值逐渐衰减的振动瞬态分量。当 $\zeta>1$ 时，加速度计模型是一典型的过阻尼二阶系统，系统的单位阶跃响应无超调量，也不包含振动瞬态分量，但响应速度较慢。通常将加速度计模型的阻尼比 ζ 设定在 0.707 附近，这样就可以在保证系统响应快速性的同时，维持较小的超调量。

（2）MEMS 差动电容检测方法

差动电容微加速度计在 MEMS 工程中很常见，其表头结构如图 5-22a 所示。敏感质量块 m 上、下表面镀金。当外界激励加速度为零时，质量块位于中央平衡位置，质量块上、下表面同两电容极板分别构成电容 C_1、C_2。

$$C_1 = C_2 = C_0 = \frac{\varepsilon A}{d_0} \qquad (5\text{-}27)$$

式中，A 为极板面积；d_0 为极板间隙。外界激励加速度 a 导致敏感质量块偏离平衡位置，向上移动 x，如图 5-22b 所示，C_1、C_2 电容分别为

$$C_1 = \frac{\varepsilon A}{d_0 - x} = C_0\left(\frac{1}{1-\dfrac{x}{d_0}}\right) \qquad (5\text{-}28)$$

$$C_2 = \frac{\varepsilon A}{d_0 + x} = C_0\left(\frac{1}{1+\dfrac{x}{d_0}}\right) \qquad (5\text{-}29)$$

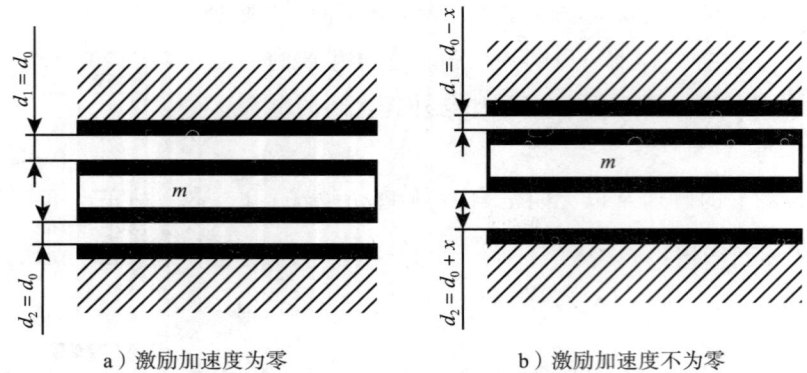

a）激励加速度为零　　　　b）激励加速度不为零

图 5-22　差动电容结构

在 MEMS 实际工程中，$x \ll d_0$，对以上两式进行级数展开，得到差动电容为

$$\Delta C = 2C_0 \left[\frac{x}{d_0} + \left(\frac{x}{d_0}\right)^3 + \left(\frac{x}{d_0}\right)^5 + \cdots \right] \tag{5-30}$$

略去高阶小量，差动电容可表示为

$$\Delta C = 2C_0 \frac{x}{d_0} \tag{5-31}$$

式（5-31）表明，外界激励加速度 a 导致敏感质量块向上移动 x 的位移，可以转换为差动电容的变化。当系统处于稳态常加速度输入下，差动电容的变化量为

$$\Delta C = 2C_0 \frac{a}{d_0 \omega_n^2} \tag{5-32}$$

不同激励加速度对应不同的差动电容的变化量，通过检测差动电容的变化量就可以得到激励加速度的大小。系统灵敏度为

$$\frac{\Delta C}{a} = \frac{2C_0}{d_0 \omega_n^2} \tag{5-33}$$

差动电容微加速度计的灵敏度同平衡位置极板电容 C_0、间隙 d_0 和固有谐振频率有关，极板电容 C_0 越大，间隙 d_0 越小，固有谐振频率越低，系统灵敏度越高，激励加速度的最小分辨率为

$$a_{\min} = \frac{d_0 \omega_n^2}{2C_0} \Delta C_{\min} \tag{5-34}$$

差动电容微加速度计的分辨率同平衡位置极板电容 C_0、间隙 d_0 和固有谐振频率与电容检测能力有关。极板电容 C_0 越大，间隙 d_0 越小，固有谐振频率越低，系统分辨率越高，设极板电容间电压为 U，则电场能为

$$W = \frac{U^2 C}{2} \qquad (5\text{-}35)$$

极板电容间电场力为

$$F = \frac{\partial W}{\partial d} = \frac{1}{2} \cdot \frac{\varepsilon A U^2}{d^2} \qquad (5\text{-}36)$$

当外界激励加速度 a 使敏感质量块偏离平衡位置 x 时，敏感质量块受总电场力为

$$F_e = \frac{1}{2} \cdot \frac{\varepsilon A U^2}{d^2} \left[\frac{1}{(d_0 - x)^2} - \frac{1}{(d_0 + x)^2} \right] \qquad (5\text{-}37)$$

敏感质量块受到的弹性力为

$$F_k = kx \qquad (5\text{-}38)$$

为实现质量块振动而不至于塌陷黏附在电容极板上，必须满足

$$F_k \geqslant F_e \qquad (5\text{-}39)$$

即

$$k \geqslant \frac{4\varepsilon U^2 A}{d_0^3} = \frac{4 U^2 C_0}{d_0^2} \qquad (5\text{-}40)$$

可见，减小系统刚度（降低系统固有频率），增大极板电容 C_0，减小间隙 d_0，可以提高灵敏度和分辨率，但容易导致敏感质量块塌陷黏附问题，因此，合理设计差动电容式微加速度计的结构，对其性能非常重要。

（3）MEMS 差动电容式加速度计结构

图 5-23 给出了一款单轴 MEMS 差动电容式加速度计的结构图。0.7μg 的标准质量块两端通过 MEMS 弹簧水平悬挂起来，质量块两侧伸出两列均匀排布的截面为矩形的叉指电极。当基底在外力作用下，以加速度 a_x 向左或向右移动时，质量块在悬挂弹簧的作用下也将以相同的加速度沿同方向移动，因此质量块两侧伸出的叉指也被称为移动叉指。这里的质量块、悬挂弹簧、叉指均是由硅基半导体工艺加工制造出来的。

质量块两侧还布置有两列与移动叉指类似的叉指电极，这些叉指固连于基底，因此被称为固定叉指。固定叉指与移动叉指交错布置，两者轴向的重叠区域长约 125μm。每个移动叉指和其两侧的固定叉指形成一对差动电容。由待测加速度 a_x 所引起的质量块位移 d_x 同差动电容的电容变化量 ΔC_x 成正比。

为了让 MEMS 悬挂弹簧始终工作在弹性范围内，由待测加速度 a_x 所引起的质量块位移 d_x 通常是非常小的。在图 5-23 所示的加速度计内设置了 30 对移动/固定

叉指对，通过将每一组差动电容的电容变化量累加，就可以显著增大质量块位移 d_x 所引起的差动电容组的总电容变化量 $\Sigma\Delta C_x$，进而增大加速度计的分辨率，提高检测信号的信噪比。

在 MEMS 加速度计的机械部分产生了与待测加速度 a_x 成正比的电容变化量之后，电子部分还需将电容变化量转换为电压，经过滤波、放大等信号调理模块处理后，才能作为模拟 MEMS 加速度计的输出。对于数字 MEMS 加速度计，上述模拟信号将被送入模数转换器，生成对应的数字信号，在经过并串转换后，才能按既定的总线标准对外输出。

a）实拍图

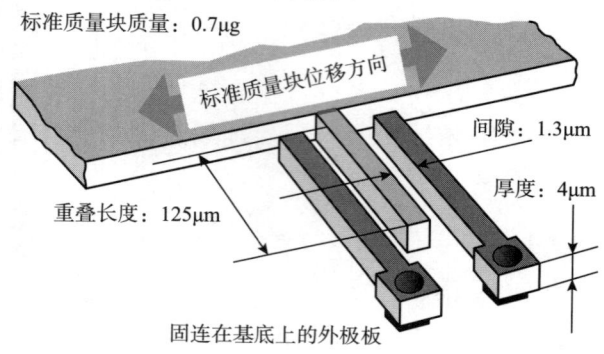

b）示意图

图 5-23 单轴 MEMS 差动电容式加速度计结构

图 5-24 给出了一款三轴 MEMS 差动电容式加速度计的结构图。标准质量块是一具有正方形底面且高度远小于底面边长的长方体薄片，质量块由 MEMS 弹簧悬挂起来，并可沿 x、y、z 3 个方向移动。质量块四周设置有均匀排布的移动叉指电极，与之对应的是 4 组固连于基底上的固定叉指电极序列，这样在质量块四周就形成了 4 组移动/固定叉指对序列。由待测加速度沿 x 轴（y 轴）的分量 a_x（a_y）所引起的质量块位移 d_x（d_y）可分别由与位移方向垂直的 x 方向（y 方向）的移动/固定叉指对序列检测。由待测加速度沿 z 轴的分量 a_z 所引起的质量块位移 d_z 则可直接由质量块底面电极和基底表面电极所形成的平行板电容直接检测。

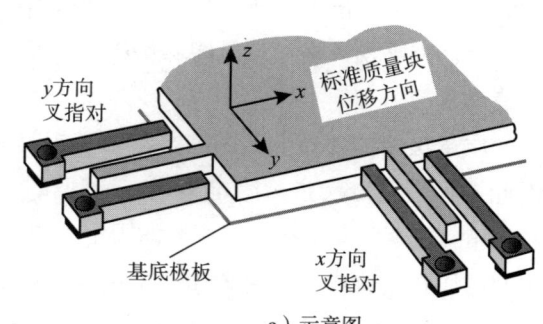

a）示意图

图 5-24 三轴 MEMS 差动电容式加速度计结构图

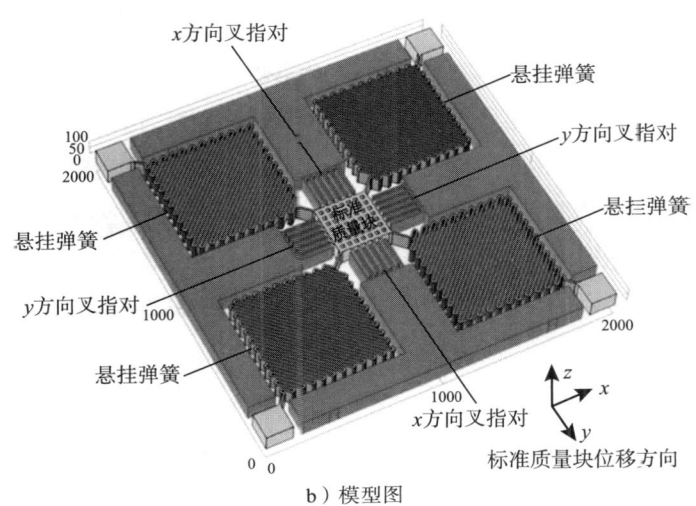

b）模型图

图 5-24　三轴 MEMS 差动电容式加速度计结构图（续）

世界上第一种用表面硅工艺大批量生产的加速度传感器 ADXL50，是由 Analog Devices（亚德诺半导体）公司和西门子公司于 1993 年联合研制成功的，用于汽车气囊保护系统。该传感器量程为 ±50g，灵敏度为 20mV/g，精度达到 0.25%，工作温区为 -55～125℃，采用与集成电路工艺兼容的表面微机械加工技术制造，微结构与信号处理电路集成在同一硅片上，长度为 380μm，宽度为 580μm。整个传感器的尺寸为 9.4mm×4.7mm，是真正廉价而高性能的现代传感器。

加速度传感器 ADXL50 由厚 2μm 的多晶硅膜刻蚀而成。中间的敏感质量块由两根两端固定的细长梁支撑，可沿平行于基片的方向平动。质量块两侧伸出 42 个"梳指"，每个梳指就是一个活动电极，与两旁固定的多晶硅电极有 0.3μm 的间隙，构成一个平行极板差动电容单元。将这些差动电容单元并联，可得到 0.1pF 的总电容。图 5-25 给出了美国桑迪亚国家实验室研制的三轴 MEMS 差动电容式加速度计芯片的内部结构图。

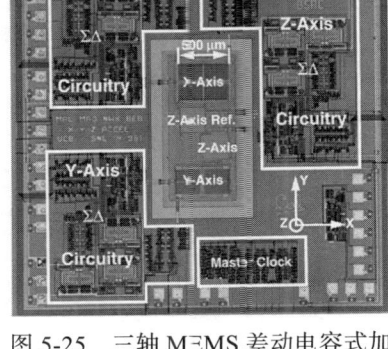

图 5-25　三轴 MEMS 差动电容式加速度计芯片结构图

（图片来源：美国桑迪亚国家实验室）

3. MEMS 加速度计关键参数[72]

（1）量程（Measurement Range）

量程是传感器所能有效测量的加速度的范围，通常以重力加速度 g 为基准进行表示。这是传感器能够测量并准确产生相应输出的最大加速度。例如，量程为 ±3g 加速度计的输出在 ±3g 范围内与待测加速度间呈现良好的线性关系。量程和灵敏度是相互关联的。数字加速度计的灵敏度随着所设定量程的增大而减小。

选择加速度计时，不应过低估计待测的加速度范围。一些技术文档建议选定传感器的量程应是预计待测加速度范围的 5 倍，以确保有足够的余量来测量未正确预测或意外的待测加速度。同时，量程不应与"绝对最大加速度"混淆，后者表征了可能对传感器造成损坏的待测加速度水平。例如，某些加速度计的绝对最大加速度为 $10000g$，而其量程可能仅为 ±3g。

（2）灵敏度（Sensitivity）

灵敏度是传感器输入加速度的变化量与输出信号变化量之比。它定义了待测加速度与测量输出间的理想比例关系。给出灵敏度值时，需说明传感器的供应电压，通常，模拟输出加速度计的单位为 mV/g，数字输出加速度计的单位为 LSB/g 或 mg/LSB（$1mg=1\times 10^{-3}g$）。灵敏度通常可表示为范围（最小值、典型值、最大值）、典型值或 % 偏差。对于模拟输出的传感器，灵敏度与供应电压成比例，例如，供电电压加倍，灵敏度也会加倍。

由于温度引起的灵敏度变化通常以℃每 % 变化来指定。温度效应是由机械应力和电路温度系数的组合引起的。表 5-4 分别给出了 Analog Devices 公司的模拟加速度计 ADXL335 和 NXP 公司的数字加速度计 MMA7456L 的灵敏度。

表 5-4 模拟 MEMS 加速度计和数字 MEMS 加速度计的灵敏度

模拟 MEMS 加速度计 ADXL335（数据来源：Analog Devices 公司）					
参数	测试条件	最小值	典型值	最大值	单位
x、y、z 轴的灵敏度（与供电电压成正比）	供电电压 3V	270	300	330	mV/g
灵敏度的温度系数			±0.01		(%)/℃
数字 MEMS 加速度计 MMA7456L（数据来源：NXP 公司）					
参数：灵敏度	测试条件	最小值	典型值	最大值	单位
±4g 量程、8 位输出	供电电压 2.8V 环境温度 25℃	29	32	35	LSB/g
±8g 量程、8 位输出		14.5	16	17.5	LSB/g
±8g 量程、10 位输出		58	64	70	LSB/g

（3）非线性度（Nonlinearity）

理想情况下，电压与加速度之间的关系是线性的，而且可以用设备的灵敏度来描述。非线性度是传感器实际特性与理想的恒定灵敏度特性间偏差的一种度量，以最大偏差相对于量程范围（Full-scale Range，FSR）或满刻度（Full Scale，FS）的百分比来表示。这里量程范围（FSR）指由 −FS 到 +FS 的范围。如果加速度计的非线性足够低，在考察传感器特性时，非线性度也可以忽略不计。

（4）封装对准偏差（Package Alignment Error）

封装对准偏差是加速度计感应轴与封装定位坐标系对应轴线间的偏差角，也被称为"输入轴对准偏差"。封装对准偏差的单位是"度"（°）。封装技术通常可将芯片与封装间的对齐偏差缩小到 1° 以内。

（5）轴间耦合灵敏度（Cross-Axis Sensitivity）

轴间耦合灵敏度可用来衡量当待测加速度沿一个轴作用时，在另一个轴上观测到的输出量大小，通常以百分比来指定。两个轴之间的耦合是由对准误差、蚀刻不准确性和电路串扰三种作用共同导致的。

（6）零 g 偏置（Zero-g Bias Level）

零 g 偏置描述了当待测加速度为零（零输入）时，传感器的输出水平，模拟传感器的输出通常以伏特（或毫伏）为单位，数字传感器的输出用最低有效位（LSB，Least Significant Bit）的数目表示。通常，零 g 偏置与供应电压成比例。因此，在给出零 g 偏置时，应当说明传感器的供应电压。与零 g 偏置特性相关的性能指标包括：

1）零 g 输出电压（Zero-g Voltage）：零 g 输出电压指在零 g 条件下，传感器输出的期望电压，单位为伏特（V）或毫伏（mV）。

2）理想输出偏差（Output Deviation from Ideal）：理想输出偏差也称为初始偏置误差，是在 25℃ 的环境温度下，待测加速度为零时，传感器实际输出与理想输出间的偏差。理想输出偏差可以是以当量的加速度误差（g）计量，也可以直接用输出信号进行计量，模拟输出传感器用毫伏（mV）计量，数字输出传感器用 LSB 的数目计量。

3）零 g 失调的温度系数（Zero-g Offset vs Temperature）：零 g 失调的温度系数也称为零 g 偏置的温度系数（Zero-g Bias Temperature Coefficient），它描述了零 g 条件下，环境温度发生单位变化时，传感器的输出变化量，单位为 mg/℃。

4）零 g 偏置的电压灵敏度（Zero-g Bias Voltage Sensitivity）：零 g 偏置的电压灵敏度描述了零 g 条件下，供电电压发生单位变化时，零 g 偏置的变化量，单位可以是 mV/V、mg/V 或 LSB/V。

5）零 g 偏置总偏差（Zero-g Total Error）：零 g 偏置总偏差包含了以上全部偏差。

表 5-5 分别给出了 Analog Devices 公司的模拟加速度计 ADXL335 和 NXP 公司的数字加速度计 MMA7456L 的零 g 偏置。

表 5-5　模拟 MEMS 加速度计和数字 MEMS 加速度计的零 *g* 偏置

模拟 MEMS 加速度计 ADXL335（数据来源：Analog Devices 公司）					
参数	测试条件	最小值	典型值	最大值	单位
x 轴、*y* 轴零 *g* 输出电压	供电电压 3V 环境温度 25℃	1.35	1.5	1.65	V
z 轴零 *g* 输出电压		1.2	1.5	1.8	V
零 *g* 失调的温度系数			±1		mg/℃
数字 MEMS 加速度计 MMA7456L（数据来源：NXP 公司）					
参数：零 *g* 输出信号	测试条件	最小值	典型值	最大值	单位
±4*g* 量程、8 位输出	供电电压 2.8V 环境温度 25℃	−10	0	+10	LSB
±8*g* 量程、8 位输出		−5	0	+5	LSB
±8*g* 量程、10 位输出		−18	0	+18	LSB

（7）带宽（Bandwidth）

带宽被定义为一特定的频率区间，在该区间内，传感器的幅频特性可保持在以直流（或低频）值为基准的最大允许偏差范围内。

MEMS 加速度计的质量–弹簧–阻尼模型是一个存在谐振频率点的二阶系统，因此，通常选择 +5% 或 +3dB 作为确定加速度计带宽的标准。例如，Analog Devices 公司的 MEMS 加速度计 ADXL1001 的谐振频率为 21kHz，其 5% 带宽和 3dB 带宽分别为 4.7kHz 和 11kHz，图 5-26 给出了 ADXL1001 的典型频率特性。

质量–弹簧–阻尼系统的输出信号通常会经过内部放大器、同步解调器、低通滤波器的进一步处理。一般来说，这些电子元器件的带宽超出了质量–弹簧–阻尼系统的共振频率，因此可以在加速度计频率响应中观察到共振频率周围的增益峰值。此外，加速度计的内部低通滤波器可以具有低于传感器的共振频率的截止频率，并限制系统的总带宽。

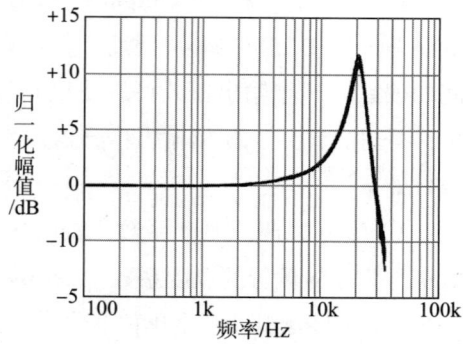

图 5-26　MEMS 加速度计 ADXL1001 的频率特性

（图片来源：Analog Devices 公司）

(8) 噪声密度 (Noise Density)

噪声的功率谱密度 (Power Spectral Density, PSD) 体现了噪声的平均功率如何分布在不同频率带中。噪声密度是噪声输出 PSD 的二次方根，单位以 $\mu g/\sqrt{Hz}$ RMS (方均根值) 表示。如果使用单级 RC 滤波器，总的 RMS 噪声可以由以下方程确定：

$$\text{Noise} = (\text{Noise Density}) \cdot \sqrt{BW \cdot 1.6} \tag{5-41}$$

式中，BW 为加速度计的带宽。例如，MEMS 加速度计 ADXL335 的 x 轴和 y 轴噪声密度的典型值均为 $150\mu g/\sqrt{Hz}$ RMS，而其 z 轴噪声密度的典型值为 $300\mu g/\sqrt{Hz}$ RMS。通常情况下，MEMS 加速度计的噪声是高斯分布且不相关的，因此可以通过对多个加速度计的输出进行平均来降低噪声。

相对于模拟输出加速度计来说，理解数字输出加速度计的噪声性能并确定这些设备的最小可检测加速度可能会更具挑战性。由 MEMS 加速度计的机械部分和信号调理模块输出的模拟信号，还将被送入模数转换器，才能生成最终的数字信号。因此，在评估 MEMS 数字加速度计时，除了要根据模拟部分的噪声密度和带宽计算对应的噪声水平，还必须考虑由模数转换过程所引入的额外噪声。

4. MEMS 加速度计选用注意事项

加速度计能够测量加速度、倾斜、振动或冲击，因此被广泛用于从可穿戴设备到平台稳定系统的各个民用领域和工业领域。MEMS 电容加速度计正在逐步取代压电加速度计和其他传统传感器，并有望为结构健康监测、资产健康监测、生命体征监测和物联网等新兴领域提供极具竞争优势的解决方案。表 5-6 给出了 MEMS 加速度计在商业、工业、军用、航空等领域的典型应用以及以噪声密度、量程、功耗、带宽为代表的关键指标要求。

表 5-6 MEMS 加速度计的典型应用和关键指标要求

典型应用	手势检测	无线传感器网络	冲击检测/震动检测	倾角检测/平台稳定	振动检测	平台稳定/导航
领域	商业/通用	工业/物联网	结构健康/物联网	工业/物联网		工业/军用/航空
特殊要求	低成本	超低功耗	高 g 检测 超低功耗	低噪声	低噪声 宽带宽	稳定的零 g 偏置
噪声密度	$5mg/\sqrt{Hz}$	$5mg/\sqrt{Hz}$	$<5mg/\sqrt{Hz}$	$500\mu g/\sqrt{Hz}$	$<700\mu g/\sqrt{Hz}$	$<100\mu g/\sqrt{Hz}$
功耗	1mA	300μA	<1mA	1mA	<1mA	<25mA
量程	±18g	±8g	±200g	±8g	±200g	±20g
带宽	1kHz	<1kHz	3.2kHz	<1.5kHz	22kHz	330Hz

对于需要进行稳定控制和导航的无人机来说，由于运动的复杂性，需要将陀螺仪与加速度计（传感器融合）相结合。惯性测量单元（IMU）使用多种传感器，以便它们可以互相弥补各自的弱点。在一个或两个轴上发生的看似简单的惯性运动，实际上可能需要同时使用加速度计和陀螺仪，以补偿振动、重力和其他影响，这些因素都是加速度计或陀螺仪无法独立精确测量的。加速度计测量值中既包含了待测的运动加速度，也包含了重力分量。这两者不能分离，但陀螺仪可以用来帮助从加速度计输出中去除重力分量。在对加速度计测量值进行积分以获得位置信息的过程中，由于累积误差，由重力分量引起的误差会迅速增大。因此，仅仅使用加速度计是不足以获得精确的位置信息的。陀螺仪不能感知重力加速度，它可以作为一个辅助传感器与加速度计一起使用。图5-27给出了六自由度惯性测量单元的结构框图。

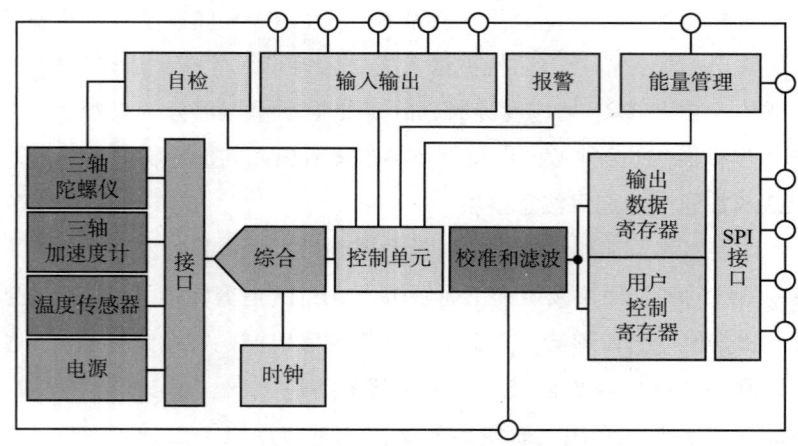

图5-27 六自由度惯性测量单元的结构框图

5.4.3 MEMS 陀螺仪

1. 简介

陀螺仪是一种可以用于测量载具角速率的传感器，该器件广泛应用于卫星、飞船、飞行器、导弹、汽车以及各类消费类电子产品中。

1850年，法国的物理学家莱昂·傅科（J. Foucault）为了研究地球自转，首先发现高速转动中的转子（Rotor）在惯性作用下，旋转轴永远指向一固定方向，他用希腊字Gyro（旋转）和Scope（看）两字合为Gyroscope（陀螺仪）一词来命名这种仪器。

陀螺仪是一种既古老而又很有生命力的仪器，自第一台用电机驱动的实用的陀螺仪在 1904 年问世以来，虽然已经过去了一个世纪，但直到现在，新型陀螺仪仍在吸引着人们对它进行研究，这是由于它本身具有的特性所决定的。陀螺仪最主要的基本特性是它的稳定性和进动性。人们从儿童玩的地陀螺中早就发现高速旋转的陀螺可以竖直不倒而保持与地面垂直，这就反映了陀螺的稳定性。研究陀螺仪运动特性的理论是绕定点运动刚体动力学的一个分支，它以物体的惯性为基础，研究旋转物体的动力学特性。

MEMS 微陀螺仪（Microgyroscope）是当代微机电系统领域和惯性领域新兴的十分重要的分支，是利用 MEMS 技术研制的一类新型的惯性仪表，具有体积小、重量轻、成本低、功耗低、可靠性高、动态性能好等特点，可广泛应用于制导弹药、近程战术导弹、轻小型动能武器、鱼雷水雷以及微小卫星、无人作战平台、火控稳定系统等武器装备系统中[73]。MEMS 微陀螺仪起步于 20 世纪 80 年代后期，经过多年的努力，微机电陀螺仪技术取得了长足的进步与发展，已开发研制出数十种微机电陀螺。

目前业已商用的几乎全部 MEMS 陀螺仪都属于振动陀螺仪。

振动陀螺（Vibratory Gyroscope）均包含一个受迫作简谐振动的元件。振动元件可以是弦线、单梁、双梁，还可以是音叉、圆环、圆柱，或者半球等[74]。各种不同的振动陀螺都基于同一个物理原理：当陀螺壳体转动时，振动元件会产生科里奥利加速度，检测科里奥利加速度就可以间接测量角运动。

受篇幅所限，本节将仅介绍应用较为广泛的线振动式 MEMS 陀螺仪的质量 - 弹簧 - 阻尼模型，以及平面音叉 MEMS 陀螺仪的基本结构和工作原理。

2 科里奥利力

在理论力学中，科里奥利力是一种惯性力或虚构力，当相对参考系在惯性参考系内作旋转运动时，相对参考系内的运动物体即受到科里奥利力的作用。由于科里奥利力引起的物体偏转被称为科里奥利效应。尽管此前已被他人认识，但科里奥利力的数学表达式首次于 1835 年出现在法国科学家科里奥利的一篇论文中，与水轮理论有关。在 20 世纪初，术语科里奥利力开始与气象学联系在一起。

牛顿的运动定律描述了在惯性（非加速）参考系中物体的运动。当牛顿的定律转换到旋转参考系时，科里奥利力和离心加速度会出现。

选择一绕固定轴旋转的参考坐标系作为相对坐标系，则牛顿第二定律可被表达为

$$F+(-m\varepsilon \times r_r)+(-m\omega \times (\omega \times r_r))+(-2m\omega \times v_r)=ma_r \quad (5-42)$$

式中，F 表示作用在质点上外力的矢量和；m 为质点的质量；ω 和 ε 分别为相对坐标系的旋转角速度和角加速度；r_r、v_r 和 a_r 分别为相对于旋转参考坐标系质点的位置矢量、速度矢量和加速度矢量，即质点的相对位置、相对速度和相对加速度矢量。式（5-42）左侧除 F 外，其余 3 项都是惯性力，由左到右，3 项分别为

$$\begin{cases} \text{欧拉力：} & -m\varepsilon \times r_r \\ \text{向心力：} & -m\omega \times (\omega \times r_r) \\ \text{科里奥利力：} & -2m\omega \times v_r = 2mv_r \times \omega \end{cases} \quad (5-43)$$

在图 5-28 中，选择一个绕铅直轴旋转的圆盘为相对坐标系，当质点在圆盘所在平面内以速度 v_r 相对运动时，质点将受科里奥利力 $F_{coriolis}$ 的作用，其方向可利用右手螺旋法则确定。如式（5-43）所示，这 3 种惯性力都是虚构的力。通过引入这些虚构力到旋转参考系中，牛顿的运动定律可以应用于旋转系统，就像它是一个惯性系统一样；这些力是校正因子，在非旋转系统中是不需要的。

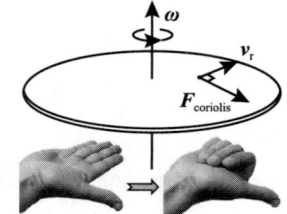

图 5-28 利用右手螺旋法则确定科里奥利力的方向

科里奥利力的大小与旋转速率成正比，而离心力的大小与旋转速率的二次方成正比。科里奥利力作用的方向垂直于两个量：旋转参考系相对于惯性参考系的角速度和物体相对于旋转参考系的速度，其大小与物体在旋转参考系中的速度成比例（更精确地说，与其速度在旋转轴垂直方向上的分量成比例）。离心力向外作用在径向方向上，并与物体距离旋转参考系轴的距离成正比。

由于地球自转，地球上的观察者需要考虑科里奥利力来正确分析物体的运动。地球每完成一次自转，对于日夜循环的普通物体运动来说，科里奥利力是微不可见的；它的影响只在大距离和长时间段内的运动中才会显著，例如大气中空气的大规模运动或海洋中水的大规模运动；或者在需要高精度的情况下，例如远程炮兵或导弹的弹道。这些运动受到地球表面的限制，因此通常只有科里奥利力的水平分量是重要的。

科里奥利力导致地球表面上的运动物体在北半球相对于运动方向向右偏转，在南半球则向左偏转。水平偏转效应在极地附近更大，因为那里的局部垂直轴的有效旋转速率最大，并在赤道处减小到零。1851 年，法国物理学家莱昂·傅科在巴黎先贤祠中央穹顶悬挂了一个摆长 67m 的大型单摆，28kg 重的摆球，每往复摆动一次，偏离原来的摆动位置大约 3mm，整个摆动平面每小时旋转 11° 20'。这个实验在众

目睽睽之下证明了地球的自转,傅科摆因此而得名。

科里奥利效应最重要的影响体现在海洋和大气的大尺度动力学。与在非旋转系统中气流直接从高压区流向低压区不同,风和洋流在赤道以北的区域往该方向的右侧流动(逆时针),在赤道以南的区域往该方向的左侧流动(顺时针)。这个效应也是气旋和飓风形成的初始源动力。

3. 线振动式 MEMS 陀螺仪的质量 – 弹簧 – 阻尼模型

振动陀螺仪的基本架构包括一个驱动模式振荡器和一个可感应科里奥利力的加速度计,前者可产生并维持恒定的线性动量或角动量,后者可测量由驱动振动和待测输入角速率共同作用而产生的正弦科里奥利力。为了便于理解,这里仅讨论线振动式 MEMS 陀螺仪的基本模型。

如图 5-29 所示,微加工振动陀螺仪的最基本实现包含一个悬浮在基底上方的单个标准质量块。质量块由固连在基底上的悬挂梁支撑,这些支撑用作质量块和基底之间的柔性悬挂,使其可以在两个正交方向(驱动方向和检测方向)上自由振荡。

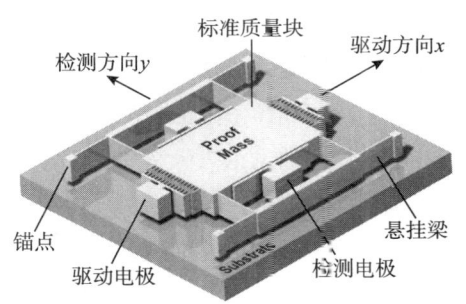

图 5-29 线振动式 MEMS 陀螺仪内部结构

驱动模式振荡器由标准质量块、支撑系统以及驱动激励和反馈电极组成。模式振荡器可驱动标准质量块以系统的谐振频率沿驱动方向作等幅振荡。

感测模式加速度计由标准质量块、允许质量块在感测方向上振荡的支撑系统以及检测电极组成。当陀螺仪以一定的角速率沿特定方向旋转时,感测方向上将产生一个以与驱动模式振荡器同频的正弦科里奥利力。科里奥利力激励标准质量块沿感测方向振荡起来,感测方向振荡的幅值和频率可以由加速度计的检测电极测量。

对于通用的 z 轴陀螺仪,标准质量块需能在两个正交方向上自由振荡:沿驱动方向(x 轴)在驱动振荡器模式下工作,沿感测方向(y 轴)在感测加速度模式下工作。整个动态系统可等效为一个两自由度(2-DOF)的质量 – 弹簧 – 阻尼系统。图 5-30 给出了线振动式 MEMS 陀螺仪的质量 – 弹簧 – 阻尼模型,图中,k_x 和 k_y 分别为驱动方向和检测方向弹簧的刚度系数,c_x 和 c_y 分别为驱动方向和检测方向等效阻尼环节的阻尼系数。

在线振动式 MEMS 陀螺仪内部，标准质量块被对称地固连在弹性悬挂梁上，这样就在驱动方向和感测方向各形成了一单自由度的质量 – 弹簧 – 阻尼谐振器。深入理解单自由度质量 – 弹簧 – 阻尼谐振器的响应特性，对于设计、优化线振动式 MEMS 陀螺仪的特性和指标至关重要。可以参照对 MEMS 加速度计质量 – 弹簧 – 阻尼模型的分析过程，采用类似的方法来分析单自由度质量 – 弹簧 – 阻尼谐振器。

驱动振荡的相位和频率直接决定了科里奥利力的相位和频率，进而影响感测模式加速度计的响应。因此，保持驱动模式振荡的振幅、相位和频率稳定非常关键。事实上，目前报道可见的各种陀螺仪沿驱动方向均在驱动振荡器的谐振频率附近工作。

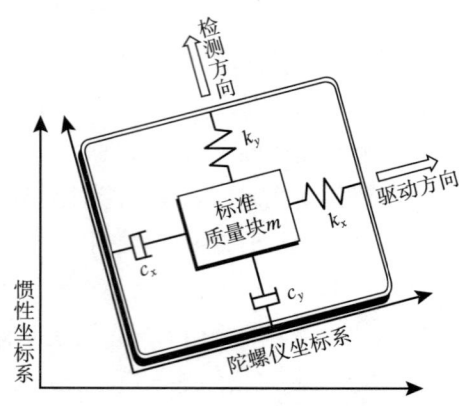

图 5-30　线振动式 MEMS 陀螺仪的质量 – 弹簧 – 阻尼模型

为了实现最大增益，通常希望感测模式加速度计也在其响应曲线的峰值或峰值附近工作。这可以通过匹配驱动振荡器和感测加速度计的谐振频率来实现。然而，匹配两者的谐振频率会带来许多不利因素。将感测加速度计的振荡工作点配置在谐振峰值附近会导致系统对与谐振频率或阻尼比相关的系统参数过于敏感，而难以稳定工作。

制造缺陷是不可避免的，它会影响 MEMS 结构的材料性质和几何形状。在采用表面微加工工艺的陀螺仪中，悬挂元件的厚度由沉积工艺确定，宽度受腐蚀工艺影响。结构的杨氏模量受到沉积条件的影响。这些因素均会导致不同器件个体的谐振频率产生较大的偏差。此外，环境温度和机械应力的波动也会导致器件工作过程中谐振频率的波动。

鉴于结构和环境因素会导致谐振频率大幅波动，现有技术手段和工艺水平无法实现感测加速度计和驱动振荡器频率特性的精确匹配。因此，常见做法是将感测加速度计的振荡工作点配置在远离其谐振频率的频率点上，以减小谐振频率波动对系统增益和相位的影响。

除了频率变化外，阻尼的波动也会显著影响系统增益。因此，使用无泄漏的气密包装来维持器件周围的恒定压力至关重要。然而，阻尼也会随着温度变化而变化。为了实现良好的温度偏置稳定性，远离谐振峰值的运行成为一个实际的解决方案。

4. 平面音叉 MEMS 陀螺仪

图 5-31 给出了基本线振动式 MEMS 陀螺仪的内部结构。陀螺仪由内外两个框

架组成，内框构成一个线振动谐振器，在静电力的驱动下，可沿水平方向按既定的频率和幅度做正弦振动。外框可利用框架两侧的叉指对测量垂直方向的加速度，其结构与 MEMS 加速度计相同。

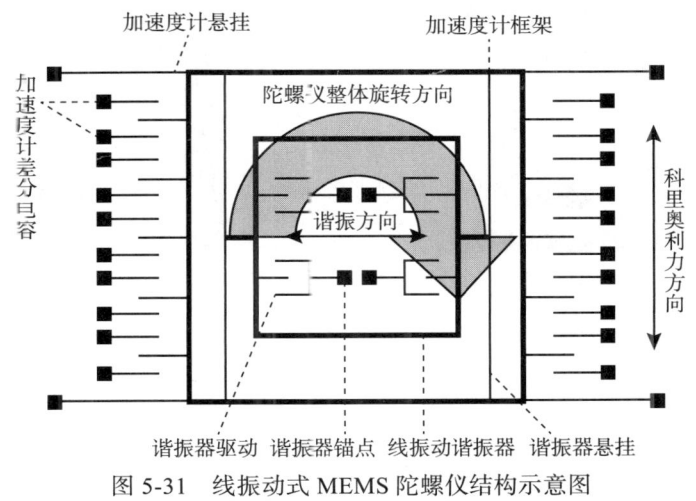

图 5-31　线振动式 MEMS 陀螺仪结构示意图

在陀螺仪整体无旋转运动的情况下，谐振器仅沿水平方向做正弦振动，加速度计输出为零。当陀螺仪整体顺时针转动时，在垂直方向科里奥利力作用下，谐振器在维持水平高频振动的同时，带动外框沿垂直方向做正弦振动，垂直振动的频率与水平方向相同，幅值与陀螺仪整体转动的角速率成正比。加速度计通过由外框两侧的叉指对所形成的差动电容组，即可测量垂直振动的变化规律，进而解算出陀螺仪整体的旋转角速率。

图 5-31 所示的基本线振动式 MEMS 陀螺仪的主要不足在于，该结构无法有效区分外部冲击、振动作用中，与内框谐振器同频率的振动分量。例如，当陀螺仪受到外部冲击时，由于冲击作用的频谱成分非常丰富，即使采取了必要的滤波措施，陀螺仪依然会给出错误的测量结果；在车载或机载系统中，机体振动随发动机的工作状态变化而变化，其频谱成分非常复杂，也会造成陀螺仪的测量误差。

如图 5-32 所示，平面音叉 MEMS 陀螺仪内部配置有左右两只结构、参数完全一致的线振动式 MEMS 陀螺仪，在实际工作时，左右内框振荡器水平振动的频率、幅值相同，相位相差 180°。当有垂直方向的外部震动作用时，左右外框沿垂直方向同频同相振动，两速度计的测量结果相同，经运算放大器求差后，平面音叉 MEMS 陀螺仪最终输出为零。

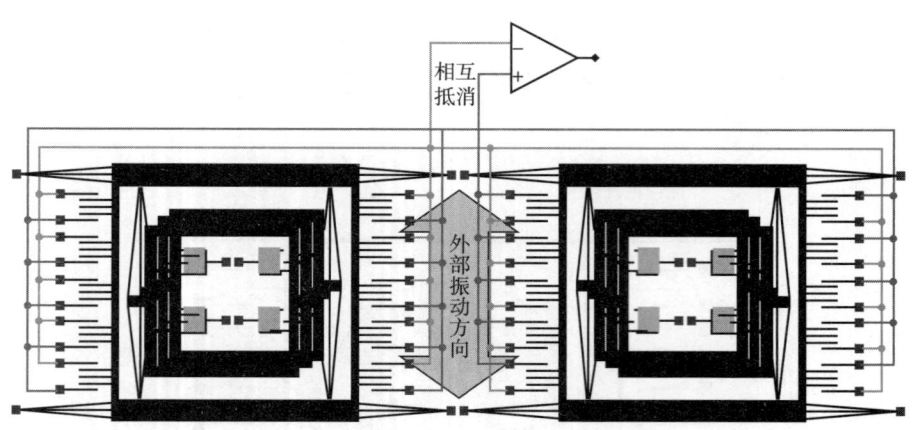

图 5-32 平面音叉 MEMS 陀螺仪结构示意图

当陀螺仪整体沿顺时针转动时,左右外框所受的科里奥利力大小相同、方向相反,两外框沿垂直方向同频反相振动;两速度计检测到的正弦信号频率、幅值相同,相位相差 180°;经运算放大器求差后,平面音叉 MEMS 陀螺仪的最终测量值是简单线振动式 MEMS 陀螺仪的两倍。

平面音叉 MEMS 陀螺仪通过布置两只线振动式 MEMS 陀螺仪的方式,极大地增强了系统对外部振动影响的抑制能力。这种设置冗余模块的方法是提高 MEMS 陀螺仪测量精度和可靠性的一种常用方法,当然这种性能的提升是以增加系统内部复杂度为代价的。在两轴或三轴 MEMS 陀螺仪中,通常需要布置 4 个或者 8 个简单模块才能很好地抑制沿多个方向的外部振动,这也是高精度两轴或三轴 MEMS 陀螺仪的体积明显大于消费级产品的原因之一。

5. MEMS 陀螺仪关键参数[75]

(1)量程(Measurement Range)

量程指可以在不饱和的情况下陀螺仪可测量的正负角速率范围。

(2)标度因数(Scale Factor)

标度因数是输出变化量与待测的输入变化量间的比率,通常以 mV/[(°)/s] 为单位。利用最小二乘法拟合得到的输入 – 输出数据线性关系,拟合直线的斜率即为标度因数。

1)线性误差(Linearity Error):实际输出与根据拟合关系得到的解算输出间的偏差,这里拟合关系是基于输入 – 输出数据通过最小二乘算法拟合得到的线性关系,通常以偏差占满量程的百分比或输出的百分比表示。

2)非线性度(Nonlinearity):实际输入 – 输出关系与理想线性输入 – 输出关

系间的偏差。

3）非对称误差（Asymmetry Error）：在等幅值的正输入和负输入条件下，测量得到的标度因数间的差异，通常用差异占全量程标度因数的比例表达，这里全量程标度因数指在全量程范围内多次测量得到的综合标度因数。

4）标度因数温度灵敏度（Scale Factor Temperature Sensitivity）：当工作温度在最低许用温度和最高许用温度范围内变化时，标度因数的变化范围，通常以室温（典型值为22℃）校准值作为参考。标度因数温度灵敏度也可以表征为温度系数，并可根据标度因数与工作温度的最佳线性拟合结果确定该系数。

5）标度因数加速度灵敏度（Scale Factor Acceleration Sensitivity）：在恒定角加速度条件下，由工作温度变化所导致稳态陀螺仪标度因数的变化。

6）标度因数稳定度（Scale Factor Stability）：在指定时段内，陀螺仪连续工作时标度因数的变化量，在给出标度因数稳定度时，需明确环境温度、供电电压和会对结果造成影响的其他相关因素。

（3）灵敏度（Sensitivity）

灵敏度指陀螺仪可响应的最小待测角速率的最大值。这里的"可响应"是指高于噪声水平的输入角速率所产生的输出变化达到以标称标度因数计算得到的期望输出的指定百分比。

（4）零偏（Bias）

零偏是在指定工作条件下，当输入角速率为零时，陀螺仪输出在一定时间内的平均值。偏差通常以（°）/s 或（°）/h 表示。根据上述定义，偏置也可被称为零角速率输出。

零角速率输出漂移率描述了零角速率输出受环境因素影响所产生的漂移情况，主要包括随机漂移率和环境敏感漂移率。

1）随机漂移率（Random Drift Rate）。随机漂移率描述了漂移率中与时间变化相关的随机成分。根据Allan方差分析方法，随机漂移率主要由以下三部分组成：

①角度随机游走（Angle Random Walk）：由于角速度中的白噪声引起的随时间累积的角度误差，通常以（°）/$\sqrt{h}$ 为单位。

②零偏不稳定性（Bias Instability）：在指定的有限采样时间和平均时间间隔内计算偏差的随机变化，通常以（°）/h 为单位。零偏不稳定性也称为"1/f 噪声"，其功率谱密度与频率成反比。

③速率随机游走（Rate Random Walk）：由于角加速度中的白噪声引起的随时

间累积的漂移率误差，通常以 $[(°)/h]/\sqrt{Hz}$ 为单位。

Allan 方差是一种用于识别信号中存在的各种噪声类型的统计分析工具。与传统方差不同，Allan 方差可以用于分析导致误差的潜在随机过程的数学特征，帮助识别观测数据中已知误差项的来源，还有助于确定仪器自身固有的或其内部未知的误差来源。Allan 方差于 20 世纪 60 年代中期提出，最初主要用于测量精密振荡器的频率稳定性。目前，Allan 方差已广泛用于分析原子钟、陀螺仪、加速度计、全球导航卫星系统接收机等多种精密仪器的噪声特性。

2）环境敏感漂移率（Environmentally Sensitive Drift Rate）。环境敏感漂移率涵盖了依赖环境参数的漂移率组成部分，包括加速度敏感度、温度敏感度、温度梯度敏感度、温度滞环敏感度和振动敏感度。

（5）线性加速度敏感度（Linear Acceleration Sensitivity）

线性加速度敏感度是陀螺仪输出变化与引起该变化的沿某一轴线的线性加速度之比。

（6）带宽（Bandwidth）

带宽指陀螺仪可测量的角速率输入的频率范围。通常根据幅频特性曲线上 −3dB 点所对应的频率点来指定。或者，也可以直接给出陀螺仪的频率响应或传递函数。

（7）MEMS 陀螺仪关键参数实例

Analog Devices 公司有代表性的 MEMS 惯性测量单元中陀螺仪组件的关键参数见表 5-7。

表 5-7　MEMS 惯性测量单元中陀螺仪组件的关键参数（数据来源：Analog Devices 公司）

型号	量程 /[(°)/s]	运行时 零偏 稳定性 /[(°)/h]	(零偏)角度 随机游走 /[(°)/$\sqrt{h}$]	零偏 温度系数 /[(°)/(s·℃)]	线性加速度 敏感度 /[(°)/(s·g)]	标度因数 /[(°)/ (s·LSB)]	标度因数温 度系数 (10^{-6}·℃$^{-1}$)
IS16367	1200	47	2	0.01	0.075	0.05	40
IS16362	300	25	2	0.01	0.05	0.0125	50
IS16445	250	12	0.6	0.005	0.015	0.0025	40
IS16485	450	6	0.3	0.0025	0.009	3.05E−07	35

注：上述陀螺仪组件中，除 IS16485 的标度因子非线性度为 0.01%（FS）外，其余组件的标度因子非线性度均为 0.1%（FS）；各组件的带宽均为 330Hz。

6. MEMS 陀螺仪选用注意事项

对于所有类型的陀螺仪，灵敏度、分辨率和稳定性都是关键的性能指标，深刻理解应用需求和陀螺仪的关键参数是充分开发陀螺仪性能的基本要求[76]。

（1）安装和对正

相对于印制电路板（Printed Circuit Board，PCB）上的其他元器件，MEMS 陀螺仪的安装位置、方向、方式以及接近程度会直接影响陀螺仪的性能和寿命。安装不当，可能会导致陀螺仪灵敏度降低，读数错误，并造成关键性能逐渐恶化。一般来说，陀螺仪应安装在坚固的电路板或基板上。另一个一般性的建议是隔离陀螺仪，使其不受温度波动和振动源的影响。

对 MEMS 陀螺仪进行校准或者说最小化错位也非常关键。错位是指陀螺仪的旋转轴与系统的惯性参考框架之间的角度差异。许多因素会导致错位，包括集成误差、材料缺陷、器件封装以及轴数（因为一个轴的错位可能会影响其他轴的对齐），等等。错位可能需要采取重大的解决方法，如校正矩阵、特殊封装或特殊测试，以确保陀螺仪的准确性。

（2）量程、噪声和工作温度

量程也称为测量范围，是陀螺仪的最大角速率读数范围。一般来说，范围越小，陀螺仪对较小的输入会更敏感；范围越大，精度越低，噪声越大。因此，量程、精度和噪声是陀螺仪设计中常见的几种权衡因素。

噪声是指在一定的工作条件下，由内部或外部因素造成的陀螺仪输出的非理想变化。错位误差就是陀螺仪的一种典型噪声。噪声的其他主要来源包括固有传感器噪声，即在静态条件下陀螺仪输出的随机变化，以及由于陀螺仪对线性振动干扰误响应所引起的噪声。了解噪声对陀螺仪性能的影响是陀螺仪应用设计中非常重要的一个问题。此外，分析噪声分布密度是权衡陀螺仪噪声和带宽的重要手段，也是决定是否需要为惯性测量单元额外添加卡尔曼滤波器等噪声抑制单元的主要方法。

环境温度会影响陀螺仪的噪声和灵敏度。温度升高会增加陀螺仪的信号噪声，而温度的升降均会影响陀螺仪的灵敏度。因此，陀螺仪选型时，应特别关注目标器件能否适应工作环境的温度变化。也有一些陀螺仪具有内置的温度传感器；对这些陀螺仪而言，如何将温度传感器紧密耦合到器件表面，以实时监测器件的温度变化，比温度传感器本身的测量精度更加重要。在某些情况下，可以采用温度补偿和校准等技术手段来应对与温度相关的问题。

（3）零偏和零偏稳定性

所有陀螺仪都存在内部误差，如漂移（零偏不稳定性）、随机游走、灵敏度波动等。在选择陀螺仪时，将可能的内部最大误差降到最小是至关重要的。对于不同的应用，设计人员所要应对的内部误差也是不同的，因此应尽早明确所选陀螺仪的应用环境，例如，如果应用环境中存在明显的线性振动，那么陀螺仪的线性加速度敏感度就是一个需要重点关注的指标。

在选择陀螺仪时经常提到的一个关键参数是零偏不稳定性。零偏会导致陀螺仪测量输出的漂移和角度误差的累积。如果不及时校准，随时间累积的漂移误差会导致惯性测量单元的解算结果迅速恶化。零偏稳定性是陀螺仪的重要参数，它决定了陀螺仪的分辨率底线。解决零偏不稳定性的主流方法是添加其他同构或异构传感器，如增加加速度计或冗余陀螺仪。此外，在给定时间间隔内，对陀螺仪进行在线校准，也可以防止产生过大的累积漂移误差。

5.5 空气动力学参量的测量

大气参数测量传感器是一种通过测量飞行器与大气之间的相互作用，来获取飞行控制所需的高度、空速等信息的装置。本节将主要介绍轻型/微型无人机平台上常用的气压高度计和空速传感器的工作原理与内部结构。

5.5.1 气压高度计

1. 测量基本原理

气压高度计作为重要的大气数据传感器之一，通过感受大气压力来测定飞行器的飞行高度。

飞行高度是飞行器在空中与某一基准面的垂直距离。测量基准面不同，测出的高度也不同。如图 5-33 所示，按选定基准面的不同，飞行高度可以分为下列几种。

1）绝对高度：指飞行器与海平面之间的垂直距离。
2）真实高度：指飞行器与地表（山顶、地面等）之间的垂直距离。
3）相对高度：指飞行器与机场地面之间的垂直距离。
4）标准气压高度：指飞行器与气压为 101.325kPa 的气压平面之间的垂直距离。

气压高度计利用气压表测量周围的大气压力 p_b，图 5-34 显示了其随高度的变化。可从标准大气模型，并利用下式确定高度：

$$h_b = \frac{T_s}{k_T}\left[\left(\frac{p_b}{p_s}\right)^{-\left(\frac{Rk_T}{g_0}\right)} - 1\right] + h_s \tag{5-44}$$

式中，p_s 和 T_s 分别为表面压力和温度；h_s 为测量点的大地高程；$R = 287.1$ J/(kg·K)

为气体常数，$k_T = 6.5 \times 10^{-3}$ K·m^{-1} 为大气温度梯度，$g_0 = 9.80665$ m·s^{-2} 为表面平均重力加速度。独立气压测量法中，设定标准平均海平面的 $p_s = 101.325$ kPa，$T_s = 288.15$ K，此时，$h_b - h$ 即是正高 H_b。需要注意的是，式（5-44）仅适用于正高不超过 10.769 km 时的情况，超过此高度，认为空气温度为常值 218.15 K，$h_b = 73607 - 14705 \lg p_b$，此处 p_b 单位为 Pa。

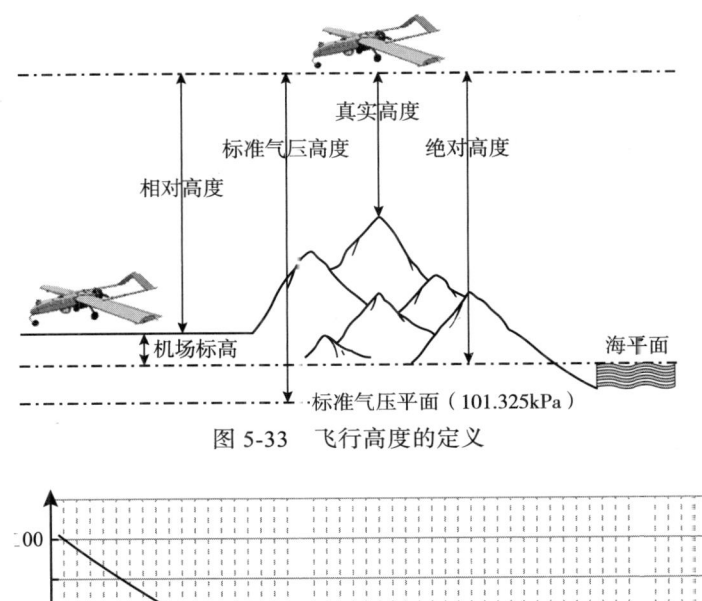

图 5-33 飞行高度的定义

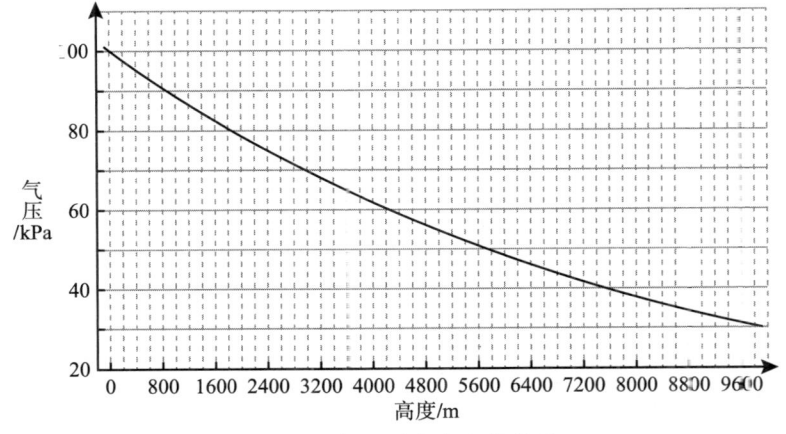

图 5-34 气压随高度变化关系

2. 真空膜盒式 MEMS 气压高度计

MEMS 气压高度计常用的压力敏感元件包括真空膜盒和压敏电阻[77]。图 5-35 和图 5-36 分别给出了真空膜盒的结构示意图和由压敏电阻组成的惠斯通电桥示意图。

真空膜盒上表面为一单晶硅弹性膜片，膜盒内部抽成真空，可以认为其内部压力等于零，膜盒上表面的压力等于飞行器周围的大气压力。当作用在膜盒上的气压为零时，膜片处于自然状态。当高度降低，作用在膜盒上的大气压力 p 增大时，膜盒将被逐渐压缩，膜片的形变量 d 与作用在膜盒上的大气压力 p 之间近似呈线性关系。如气压高度计在高度 h_1 和 h_2 处的大气压力、膜片形变量分别为 p_1、d_1 和 p_2、d_2，则膜片的形变变化量 Δd（$\Delta d = d_2 - d_1$）就对应于高度由 h_1 降低为 h_2 时所导致的大气压力差 Δp（$\Delta p = p_2 - p_1$）。

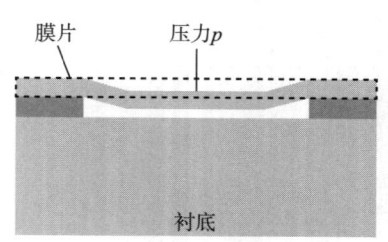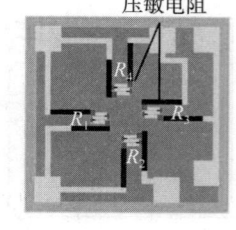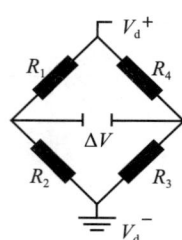

图 5-35　真空膜盒结构示意图　　图 5-36　由 4 只压敏电阻构成的惠斯通电桥

膜片上的金属镀层与玻璃衬底上的金属镀层构成一平行板电容，该电容通常仅有几皮法。膜片形变变化量 Δd 等效为电容两极板间距的变化，膜盒电容的改变量 ΔC 近似与膜片形变变化量 Δd 成正比。因此，测量膜盒电容的改变量 ΔC，即可确定由高度变化所导致的大气压力差 Δp。

MEMS 气压高度计的电路部分借助 RC 电路产生同频、等幅振荡信号，以此检测膜盒电容变化。部分 MEMS 气压高度计则内置有高精度恒流源，通过测量充电时间来确定膜盒电容的变化。除了必需的信号调理、模数转换器和 I²C（集成电路间）总线或 SPI（串行外围设备接口）外，MEMS 气压高度计通常还内置有额外的温度传感器，以补偿环境温度对高度解算算法的影响。

基于电容检测的真空膜盒式 MEMS 气压高度计具有低噪声、低功耗、高精度等特点，被广泛应用于智能手表等各种可穿戴设备。例如，这种 MEMS 气压高度计可以辅助其他传感器，记录佩戴点的高度变化，进而识别佩戴者当前所从事的运动类型。

3. 压敏电阻式 MEMS 气压高度计

压敏电阻依赖导电固体材料受压后，体电阻显著变化的压阻特性，来测量电阻体所承受的外界压力。作为最早被成功应用的 MEMS 压力传感器，压敏电阻体积小、重量轻、灵敏度高、易于微型化，在汽车、医疗和家电领域得到了广泛应用。

采用扩散方法在单晶硅弹性膜片制作 4 只压敏电阻，形成一个惠斯通电桥，以精准地测量电桥阻值的变化。利用压阻效应的各向异性特性，通过布置电桥中电阻的相对位置，4 只压敏电阻的应变方向两两相反，一侧的两只电阻被拉伸，另一侧的两只电阻被压缩。这样，在相同的外界压力作用下，电桥可产生最显著的输出信号。

用恒压源给电桥供电，如硅弹性膜片处于自然状态时，4 只压敏电阻阻值相等，有外界压力作用时，阻值变化量也均相等，则电桥的输出电压与供电电压和电阻阻值变化量成正比。

4. MEMS 气压高度计关键参数

压强的法定计量单位为帕斯卡（Pa），为了方便使用，与之有关的单位还包括百帕（hPa）、千帕（kPa）、兆帕（MPa），非法定计量单位包括毫米汞柱（mmHg@0℃）、英寸水柱（inH$_2$O@4℃）、巴（bar）、毫巴（mbar）。上述单位的主要换算关系如下：

1hPa=100Pa，1kPa=1000Pa，1MPa=1000kPa

1Pa=0.00750062mmHg（@0℃），1Pa=0.00401463inH$_2$O（@4℃）

1bar=100kPa，1mbar=1hPa

图 5-37 给出了泰科电子（TE Connectivity）气压高度计 MS5611 的内部结构框图。表 5-8 列出了气压高度计 MS5611 气压/温度测量的相关参数。

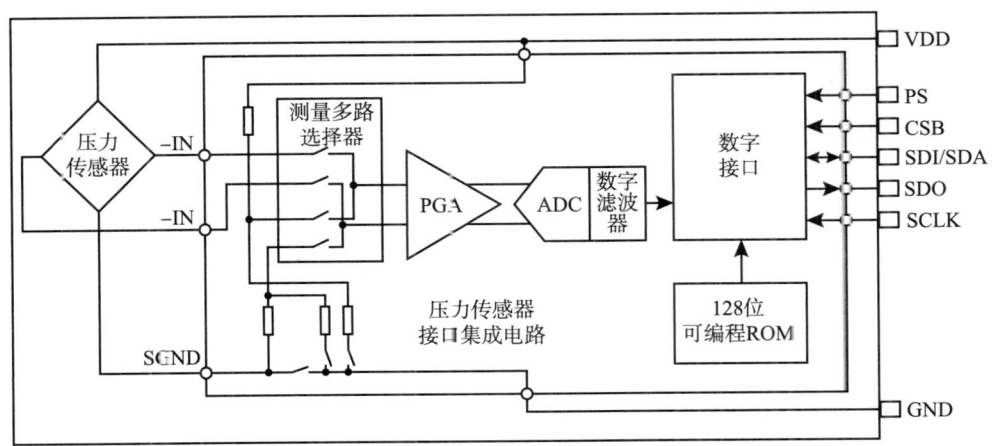

图 5-37 气压高度计 MS5611 结构框图

表 5-8 气压高度计 MS5611 气压/温度测量相关参数（数据来源：TE Connectivity 公司）

参数	测试条件	最小值	典型值	最大值	单位
气压测量相关参数					
测量范围	全精度	450		1100	mbar
总误差带，无自动零位补偿	25℃，700～1100mbar	−1.5		+1.5	mbar
	0～50℃，450～1100mbar	−2.0		+2.0	mbar
	−20～85℃，450～1100mbar	−3.5		+3.5	mbar

（续）

参数	测试条件	最小值	典型值	最大值	单位
由电源引起的最大误差	电源电压 1.8～3.6V		±2.5		mbar
长期稳定性			±1.0		mbar/yr
分辨率	过采样率 4096		0.012		mbar
	过采样率 2048		0.018		mbar
	过采样率 1024		0.027		mbar
温度测量相关参数					
绝对精度	25℃	−0.8		+0.8	℃
	−20～85℃	−2.0		+2.0	℃
	−40～85℃	−4.0		+4.0	℃
由电源引起的最大误差	电源电压 1.8～3.6V		±0.5		℃
分辨率	过采样率 4096		0.002		℃
	过采样率 2048		0.003		℃
	过采样率 1024		0.005		℃

5.5.2 空速计

1. 测量基本原理

飞行器相对空气的运动速度即空速，测量空速并输出电信号的设备为空速传感器，也称空速计。空速计是固定翼无人机不可或缺的飞行控制传感器。

飞行器的飞行速度指其在静止空气中的相对运动速度。飞行器的飞行速度有 4 种：真空速、指示空速、地速和垂直速度。

1）真空速是指飞行器相对于空气的运动速度，或者说是考虑空气密度影响时，飞行器的运动速度，简称空速。

2）指示空速是指归一化到标准空气速度（以海平面的空气密度 $\rho_0=1.225\text{kg/m}^3$ 为标准）时的真空速，或者说是忽略空气密度变化时，飞行器的运动速度。指示空速又称为仪表空速，简称表速。

3）地速是指飞行器相对于地面运动速度的水平分量，它等于真空速和风速水平分量的向量和。

4）垂直速度是指飞行器相对于地面运动速度的垂直分量，即飞行器的升降速度。

飞行速度是飞行控制中重要的飞行参数之一，根据空速的大小可以判断作用在飞机上的空气动力情况，以便正确地控制飞行器。另外，还可根据空速、风速和风向来计算地速，再由地速和飞行时间计算出飞行距离。

目前常用的测量速度的方法是通过测量相对气流的压力来间接测量飞行速度，如图 5-38 所示。根据流体连续方程和能量守恒定律所导出的伯努利方程，是测量速度的基本方程。在不可压缩流中，有

$$p_1 + \frac{\rho_1 V_1^2}{2} = p_2 + \frac{\rho_2 V_2^2}{2} = C \tag{5-45}$$

在可压缩流中，有

$$\frac{\gamma}{\gamma-1}\frac{p_1}{\rho_1} + \frac{V_1^2}{2} = \frac{\gamma}{\gamma-1}\frac{p_2}{\rho_2} + \frac{V_2^2}{2} = C \tag{5-46}$$

式中，p_1 和 p_2 分别为流场中 Ⅰ 和 Ⅱ 处的压力；V_1 和 V_2 分别为流场中 Ⅰ 和 Ⅱ 处的流动速度；ρ_1 和 ρ_2 分别为流场中 Ⅰ 和 Ⅱ 处的密度；C 为常数；$\gamma = 1.4$ 为比热比。

由上述方程可知，只要测出流场中某处的压力 p、密度 ρ 和温度 T，即可间接测出空气的流速 V。测量空速的空速管（皮托管）如图 5-38 所示。空速管由一个正对迎面气流开口的内管和一个侧面有若干个圆形小孔的外管构成。内管称为总压管，相应的开口称为总压孔，外管称为静压管，侧面孔称为静压孔。迎面气流流过

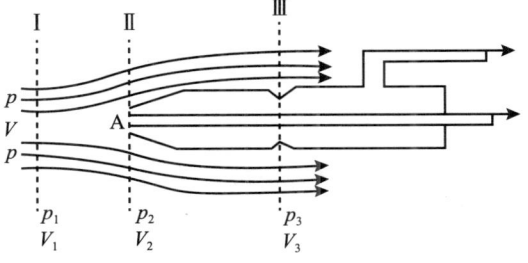

图 5-38 空速管工作原理示意图

空速管被分成两路，一路气流受到阻滞，完全失去功能。因总压孔直径很小，在 A 点出现停滞点（即零速度点 $V_2=0$，又称为驻点），气流不能沿内管流动，但因能量守恒，所以停滞点上的动能完全转换为压力能。

根据式（5-45）可得，在不可压缩流情况下，Ⅰ 和 Ⅱ 处的伯努利方程为

$$p_1 + \frac{\rho_1 V_1^2}{2} = p_2 \tag{5-47}$$

式中，p_2 为气流所受到的全阻滞点上的压力，其值与总压 p 相等，包括大气静压 $p_s = p_1$ 和流速转换的压力能 $0.5\rho V^2$，后者亦称为速压或动压 Q，显然有

$$Q = p - p_s = \Delta p = \frac{1}{2}\rho V^2 \tag{5-48}$$

另一股气流继续流动。此时可认为离空速管头部一定距离的静压孔的气流（截

面Ⅲ处)与截面Ⅰ处一样未受扰动(静压孔位置就是这样决定的),即

$$V_3 = V_1 = V, p_3 = p_1 = p_h \tag{5-49}$$

通常,当飞行速度小于400km/h时,可以认为空气是不可压缩的,其流动过程是等密的,即可认为 $\rho_1 = \rho_2 = \rho_3 = \rho_h$,故可以得到

$$V = \sqrt{\frac{2(p - p_h)}{\rho_h}} = \sqrt{\frac{2\Delta p}{\rho_h}} = f(\Delta p, \rho_h) \tag{5-50}$$

当飞行速度大于400km/h时,空气压缩效应较显著,此时可以推出

$$\frac{\gamma}{\gamma - 1}\left(\frac{p_2}{\rho_2} - \frac{p_1}{\rho_1}\right) = \frac{V_1^2}{2} \tag{5-51}$$

在可压缩流场中,假定气流流动为绝热过程,由此可将 $\frac{\rho_2}{\rho_1} = \left(\frac{p_2}{p_1}\right)^{1/\gamma}$ 或 $\rho_2 = \rho_1\left(\frac{p_2}{p_1}\right)^{1/\gamma}$ 代入式(5-51),经整理可得

$$p_2 = \left[\frac{V^2 \rho_1 (\gamma - 1)}{2\gamma p_1} + 1\right]^{\frac{\gamma}{\gamma - 1}} p_1 \tag{5-52}$$

在式(5-52)两端分别减去 p_1,并考虑到空气压缩性的动压 $\Delta p = p_1 - p_h$ 和式(5-50),经整理后得

$$V = \sqrt{\frac{2\gamma p_h}{(\gamma - 1)\rho_h}\left[\left(1 + \frac{\Delta p}{p_h}\right)^{\frac{\gamma}{\gamma - 1}} - 1\right]} = f(\Delta p_1, \rho_h, p_h) \tag{5-53}$$

当飞行速度大于1400km/h(即 $Ma > 1.14$)时,将产生激波,动压和飞行速度的关系式为

$$\Delta p = p - p_h = \frac{167V^2}{c^2(7V^2 - c^2)^{2.5}} - 1 \tag{5-54}$$

式中,$c = \sqrt{\gamma g R T}$ 为声速。必须指出,当为超声速飞行时,对静压的测量是十分困难的。空速管前通常会产生激波,若其轴线稍有倾斜,便会导致较大的测量误差。

2. MEMS空速计

如图5-39所示,MEMS空速计由空速管、导管和MEMS气压差传感器组成[78]。导管可将空速管感受到的总压和静压传送至MEMS气压差传感器。MEMS气压差传感器的内部结构与MEMS气压计类似,两者的主要区别在于:在气压计

中，单晶硅弹性膜片的一侧是真空，另一侧与环境大气连通，气压计测量的是环境大气与真空间的压差；而在空速计中，单晶硅弹性膜片的两侧分别与空速管的总压腔和静压腔连通，空速计测量的是总压腔和静压腔间的气压差。

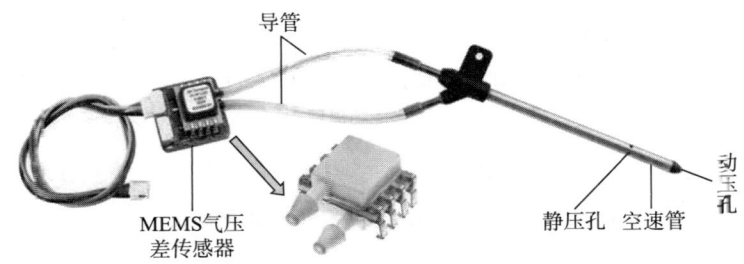

图 5-39　MEMS 空速计结构图

3. MEMS 空速计关键参数

表 5-9 列出了 Sensirion 公司的 MEMS 数字气压差传感器 SDP3x 气压差/温度测量的相关参数。

表 5-9　MEMS 数字气压差传感器 SDP3x 气压差/温度测量相关参数
（数据来源：Sensirion 公司）

参数	SDP31	SDP32
气压差测量相关参数		
测量范围	−500～500 Pa （−2～2 inH$_2$O）	−125～125 Pa （−0.5～0.5 inH$_2$O）
零点精度	0.1 Pa	0.08 Pa
全量程精度	读数的 3%	
零点重复精度	0.03 Pa	0.025 Pa
全量程重复精度	读数的 0.5%	
温度变化引起的测量结果变化	读数的 0.5% 每 10℃	
分辨率	16 位	
校准温度范围	−40～85℃	
温度测量相关参数		
测量范围	−40～85℃	
分辨率	16 位	
精度	2℃（−10～60℃）；3℃（−40～85℃）	
重复性	0.1℃	

5.6 导航信息测量

导航（Navigation）的一般定义为：通过几何学、天文学、无线电信号等可行手段确定或规划车辆、船舶、飞行器的位置及航线的方法。因此，导航的首要任务是要确定运动体相对已知参考系的位置和速度。定位（Positioning）是导航的核心任务之一，定位只需要确定运动体的空间位置坐标。无人机的导航系统需要实现无人机的动态、实时、自主定位。

本节将介绍轻型/微型无人机平台上主流的导航设备——地磁计和全球卫星导航系统。地磁计的主要作用是测量地球磁场，并结合倾角传感器的测量值，根据地球磁场模型，解算出载具的航向角。全球卫星导航系统是一类导航系统的总称，这些系统使用在轨导航卫星发射无线电信号，地表的用户设备接收卫星导航电文，通过推算自身与导航卫星间的距离，即可确定用户设备的三维位置。

5.6.1 地磁计

1. 地球磁场

地球磁场如图 5-40 所示，在地球内部，地磁场从地磁北极指向地磁南极，其磁力线沿着相反路径穿过地球表面的高层大气。所以，地磁场在南北两极是沿铅垂方向的，在赤道附近则是沿水平方向的。地理北极与地磁北极并不重合，英/美世界磁场模型（World Magnetic Model，WMM）测算出的 2020 年地磁北极位于北纬 86.50°、东经 164.04°，地磁南极位于南纬 64.07°、东经 135.88°。此外，地磁磁极的位置还在不断地变化，在过去的 150 年里，地磁北极移动了大约 1000km，目前仍然以每年约 55 km 的速度向东北偏北方向移动。

磁场通常用磁通密度来描述，其国际标准单位是特斯拉（T），其他常用单位包括毫特（mT）、微特（μT）、纳特（nT）、皮特（pT）和高斯（Gs），其中，$1mT = 1 \times 10^{-3}T$，$1\mu T = 1 \times 10^{-6}T$，$1nT = 1 \times 10^{-9}T$，$1pT = 1 \times 10^{-12}T$，$1Gs = 1 \times 10^{-4}T$。

地磁磁通密度在赤道约为 30μT，在两极约为 60μT，其他区域则介于这两者之间。地磁磁通密度向量在当地导航坐标系水平面内的投影与地理经线间的夹角通常被称为磁偏角。磁偏角给出了地磁场向量与地理北极的相对位置，是用来实现地磁场定向的主要参数。

磁偏角可以看作位置和时间的函数，它能利用275国际地磁参考场（International Geomagnetic Reference Field，IGRF）或336WMM等全球模型计算得到。千米级地质因素的区域变化将造成地磁模型的局部变化。全球模型的典型精度约为 0.5°，但是在某些位置也可能出现几度的误差。一些国家还可以提供本国的高分辨率地磁模型。地磁场一天 24 小时约产生 50nT 的变化。此外，由于太阳活动引起的磁暴，也会导致全球地磁场的短期时变异常。对磁偏角的影响在赤道处约为 0.03°，到高纬 80°以上区域则超过 1°。

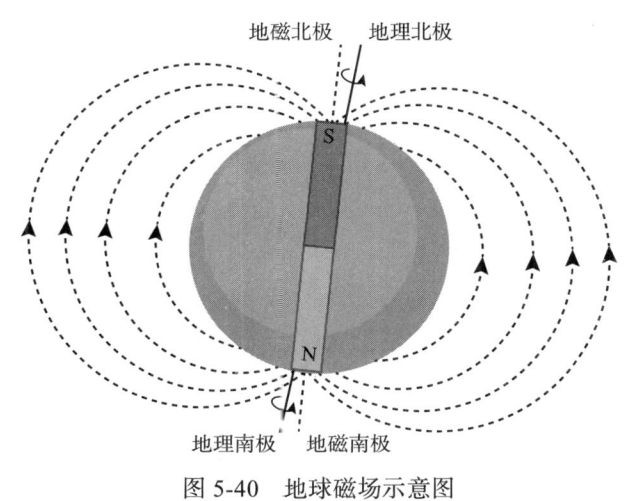

图 5-40　地球磁场示意图

2. 各向异性磁阻式磁力计（Anisotropic magnetoresistance sensor）

MEMS 磁力计主要包含以下几种类型：磁阻传感器、磁通门传感器、谐振式磁力计、霍尔效应传感器。磁阻传感器的最高灵敏度为 10nT，并具有最小 1μs 的响应速度，由磁阻传感器的解算出的航向精度可优于 1°。磁通门传感器适用于静态或低频微弱磁场的测量，其量程上限通常在 1mT 左右，但最优分辨率可达到 0.1nT。

谐振式磁力计利用洛伦兹力驱使微结构工作在谐振状态，通过悬挂梁的形变量或扭转角来确定待测磁场的强弱，其最高分辨率为 1nT，量程上限可达 1T。霍尔效应传感器利用霍尔效应来测量静态或动态磁场的强度，其最高灵敏度为 1μT，量程上限可达 1T。

根据上述 4 种磁力计的灵敏度和量程范围，适用于小型无人机导航系统的主要是各向异性磁阻式磁力计、磁通门式磁力计和感应式地磁计。

某些材料的电阻率随外加电流流向与自身磁化强度方向的夹角变化而改变，此为各向异性磁阻效应。该现象是 1856 年由开尔文首次提出的，他发现对于铁磁材料（铁镍合金），当电流流向与磁化强度方向平行时，材料的电阻率最大，而当两者垂直时，材料的电阻率最小。后来，研究人员还在实验中发现金属镍的磁阻效应强度是金属铁的 3 倍。

从物理本质上看，各向异性磁阻效应的成因在于，在不同的充磁磁场作用下，铁磁材料内电子正向自旋和反向自旋所具有的能量等级不同。虽然由铁磁材料制成的条形磁铁就能表现出一定的各向异性磁阻效应，但该效应的强弱随磁场强度的变化关系呈现出明显的非线性特性。

对于由铁磁材料制备的各向异性磁阻片，当磁化方向与电流流向平行时，磁阻片呈现出最大电阻 R_{max}，当磁化方向与电流流向垂直时，磁阻片呈现出最小电阻 R_{min}。当待测磁场强度在易磁化轴垂直方向的分量为 H_{ex} 时，磁阻片的电阻可被表达为

$$R = R_{max} - \Delta R \sqrt{\frac{H_{ex}}{H_{an}}} \tag{5-55}$$

式中，$\Delta R = R_{max} - R_{min}$；$H_{an}$ 为铁磁材料的饱和磁场强度。由式（5-55）可知，随外加磁场分量 H_{ex} 的变化，简单铁磁磁阻片的电阻变化趋势呈现出明显的非线性特性。而且，当 H_{ex} 远小于 H_{an} 时，磁阻片的电阻变化量非常小，几乎无法检测。

研究人员通常会将无外界磁场作用时磁阻片磁矩向量与电流流向间的夹角从零度增大到一定值（通常是 45°），以减弱磁阻片电阻与外加磁场间变化规律的非线性。在铁磁材料蒸发过程中，研究人员会沿特定方向施加一外磁场，这样就可以把所形成磁阻片的易磁化轴从电流流向的平行方向，偏转至设计方向。

另一种偏转无外界磁场作用时磁阻片磁矩向量的方法如图 5-41 所示。研究人员将具有优异导电特性的金属带材与导电特性较差的铁磁带材交替布置，并保持两种带材的纵向轴线均与磁阻片轴线呈一定角度。注入电流总是会沿电阻最小的路径流过磁阻片，因此，在铁磁带材内部，注入电流就会沿与带材纵向轴线垂直的方向流过铁磁材料。

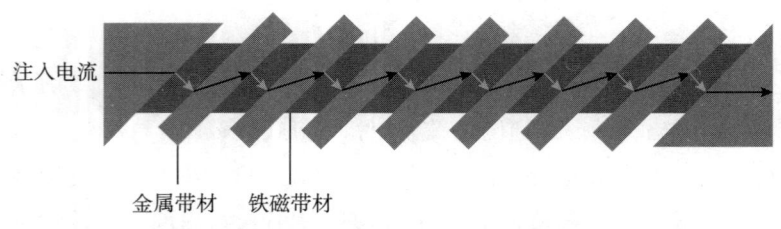

图 5-41 第二种偏转无外界磁场作用时磁阻片磁矩向量的方法

制备各向异性磁阻传感器最常用的材料是坡莫合金，这是一种高磁导率的铁镍软磁合金。通过适当的工艺，坡莫合金可以达到超过 1×10^5 的初始磁导率、超过 1×10^6 的最大磁导率、低至 2×10^{-3} Ce（1Oe=79.6A/m）的矫顽力和接近 0 的矩形系数。此外，具有面心立方晶体结构的坡莫合金具有很好的塑性，可以加工成 1μm 厚的超薄带及各种使用形状。

各向异性磁阻传感器的灵敏度低于巨磁阻传感器（Giant Magnetoresistance Sensor）和隧道磁阻传感器（Tunnel Magnetoresistance Sensor），但各向异性磁阻传感器更易被加工成各种形状，达到不同的阻值范围，且在静态和低频磁场测量时，表现出更优异的信噪比。

3. 磁通门传感器（Fluxgate Sensor）

磁通门传感器也称磁通门式磁力计，主要用来测量 0.1nT～1.0mT 的静态磁场和低频磁场，其最高分辨率可达 0.1nT。就量程和分辨率而言，磁通门传感器优于廉价的霍尔式传感器，但逊色于高分辨率的超导量子干涉仪（Superconducting Quantum Interference Device，SQUID）。超导量子干涉仪运行时需要液氦或液氮来维持低温，结构复杂，体积庞大，而且动态测量范围狭窄。因此，磁通门传感器是目前最常用的 0.1nT 分辨率的矢量磁场传感器。磁通门传感器噪声低、可靠性高、稳定性高、性价比高，已经在地磁测量、矿藏勘测、潜艇检测、深空探测等领域得到了广泛应用。

如图 5-42 所示，磁通门传感器的检测部分由一个用铁磁材料制成的棒状铁心和缠绕在铁心上的检测线圈组成。外部磁场的磁场强度为 B_{ex}，其方向与铁心轴线平行，铁心中由 B_{ex} 激发的磁场的磁场强度为 B_c，如铁心的横截面积为 A，则通过铁心横截面的磁通为 AB_c。如铁心材料的相对磁导率 μ_r 变化，则通过铁心横截面的磁通也随之变化，那么匝数为 n 的检测线圈中将产生感应电压 V_p，根据电磁感应定律，V_p 可被表达为

$$V_p = nA \frac{dB_c}{dt} \tag{5-56}$$

当 B_{ex} 较小时，B_c 等于 B_{ex} 与一比例因子 μ_a 之积，μ_a 称为有效磁导率，它的取值不但与铁心的材料有关，而且也受到铁心几何尺寸的影响。据此，

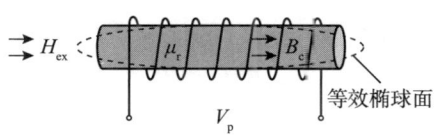

图 5-42 基本磁通门传感器原理示意图

$$B_c = \mu_a B_{ex} \tag{5-57}$$

根据介质中静磁场的分布规律，B_c 可被表达为

$$B_c = \mu_0 (H_c + M_c) \tag{5-58}$$

磁化强度 M_c 与铁心磁场的磁场强度 H_c 成正比，也即

$$M_c = \chi H_c \tag{5-59}$$

式中，比例因子 χ 称为磁化率或磁化系数。而 H_c 可被进一步表达为

$$H_c = H_{ex} - DM_c \tag{5-60}$$

式中，系数 D 即是描述铁磁材料内磁场分布常用的参数——退磁系数。在铁心以外的区域，B_{ex} 还可以被表达为

$$B_{ex} = \mu_0 H_{ex} \tag{5-61}$$

由上述式子可以推得

$$B_c = \mu_r B_{ex} / [1 + D(\mu_r - 1)] \tag{5-62}$$

式（5-62）中，相对磁导率 μ_r 等于常数1与 χ 之和，即 $\mu_r = 1 + \chi$。比较式（5-62）和式（5-57）即可得表观磁导率 μ_a 的表达式为

$$\mu_a = \mu_r / [1 + D(\mu_r - 1)] \tag{5-63}$$

将式（5-62）代入式（5-56），得磁通门传感器的基本公式为

$$V_p = nAB_{ex}\left\{(1-D)/\left[1+D(\mu_r-1)^2\right]\right\}\frac{d\mu_r}{dt} \tag{5-64}$$

磁通门传感器主要通过铁心磁导率随时间的非线性变化来测量外加磁场 B_{ex} 的强度。当铁磁材料进入饱和状态后，材料的磁导率会显著降低。图 5-43 给出了某种铁氧体管状铁心的磁化曲线。如图 5-43 所示，在交变磁化场 H 的作用下，磁化曲线的斜率也将按相同的频率做周期性变化，这种磁导率的周期性波动将在检测线圈中感应出剧烈的电压变化。如检测线圈由两只匝数相等、绕向相反的线圈串联而成，两种磁化作用相互抵消，引起感应电压 V_p 的磁通变化仅与外加磁场 B_{ex} 和铁心磁导率的非线性变化有关。

铁心的几何形状是影响表观磁导率

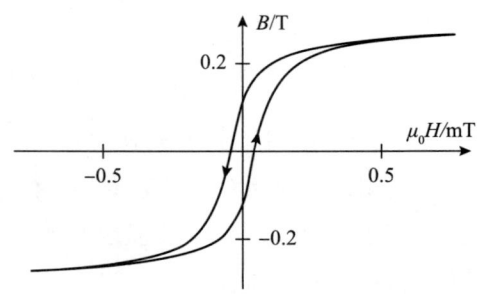

图 5-43 某种铁氧体管状铁心的磁化曲线

μ_a 的关键因素。图 5-44 给出了由铁磁材料制成的棒状铁心,当铁心长度直径比取不同值时,表观磁导率 μ_a 随相对磁导率 μ_r 的变化规律。

严格来说,仅当求解区域构成一二次曲面时,区域内的磁化强度 M 才是均匀的,也才能用统一的标量退磁系数 D 描述求解区域的几何特征对铁心内磁场强度分布的影响。在处理实际问题时,研究人员常以铁心区域内磁场强度分布的平均值为基础,定

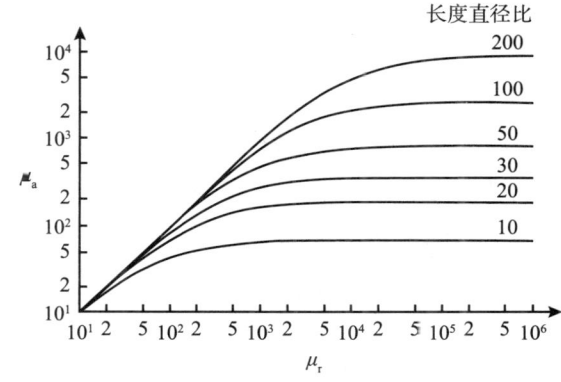

图 5-44 某种棒状铁心表观磁导率 μ_a 变化曲线

义出近似的退磁系数 D,来简化目标区域磁场的求解。

在频率为 f 的交变激励磁场 H_{ex} 的作用下,磁通门传感器铁心在一个周期内两次进入饱和、两次退出饱和,传感器检测线圈的输出电压中仅包含奇次谐波。地球磁场的作用相当于为交变激励磁场增加了一直流分量,此时,输出电压中将出现偶次谐波。通过对输出电压二次谐波的提取和二次谐波幅值的测量,即可解出待测量的地球磁场。

4. 感应式传感器(Inductive Geomagnetic Sensor)

感应式传感器也称感应式地磁计,它的敏感元件是一只带铁心的线圈,铁心由铁磁材料制成。图 5-45 给出了感应式地磁计的原理示意图。其中,外界待测磁场 H_{ex} 与线圈轴线平行,线圈中的总磁场由待测磁场和流经线圈的电流 I_b 共同激发。

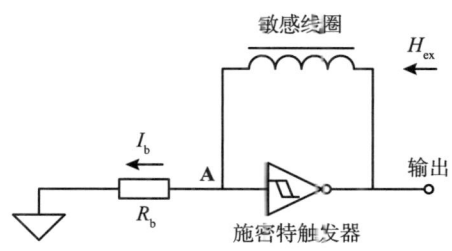

图 5-45 感应式地磁计原理示意图

假设初始时刻,触发器的输入端 A 为低电平"0",触发器将输出高电平"1"。该高电平 V_{OH} 通过线圈和电阻 R_b 将逐渐拉高输入端 A 的电压,直到触发器的触发阈值电压 V_{thH},此时触发器将 A 点的输入电压认作高电平"1",触发器翻转,输出低电平"0"。该低电平 V_{OL} 再通过线圈和电阻 R_b 逐渐将输入端 A 的电压拉低,直到触发器的触发阈值电压 V_{thL}。上述过程会不断地反复循环,最终触发器输入端 A 和输出端将各产生一组振荡电压,图 5-46 给出了两组振荡电压的示例波形。

通过调整电阻 R_b 的阻值和触发器的工作电压，工作电流 I_b 应能驱使线圈铁心进入非线性饱和区。图 5-47 给出了在无外界磁场作用时，正向偏置和反向偏置条件下，感应式地磁计线圈的工作状态。如图所示，在无外界磁场作用时，正向偏置条件下线圈电压的振荡周期等于反向偏置条件下的振荡周期，即 $\tau_N = \tau_P$。

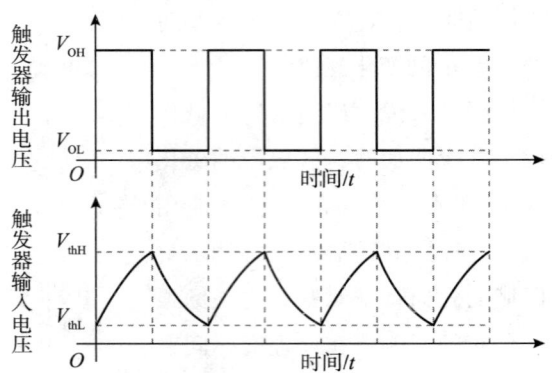

图 5-46 感应式地磁计施密特触发器的电压波形

当有地球磁场作用时，额外增加的外界磁场强度 H_e 将导致正向偏置条件下的振荡周期 τ_P 减小，反向偏置条件下的振荡周期 τ_N 增大，如图 5-48 所示。实际的感应式地磁计包含两组结构、参数完全相同振荡电路，一组正向偏置，另一组反向偏置。分别测量正向偏置线圈和反向偏置线圈完成相同数目振荡所需的时间 T_P 和 T_N，从 T_P 与 T_N 的差值即可解算出外界磁场 H_e 的磁场强度。

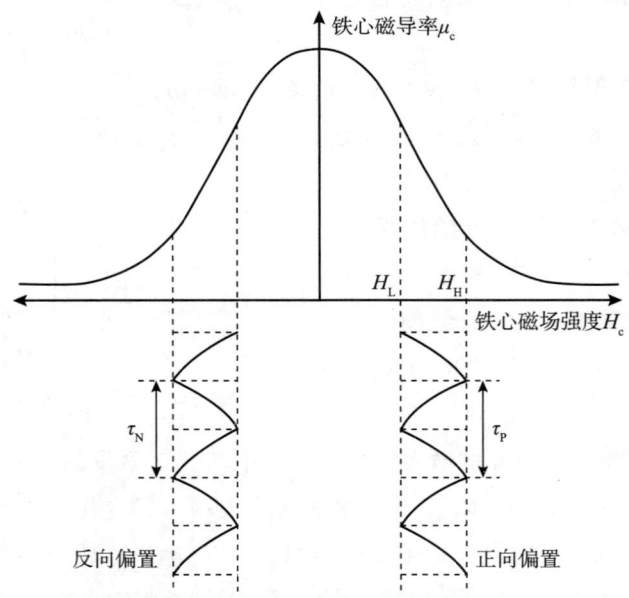

图 5-47 无外界磁场作用时感应式地磁计线圈工作状态

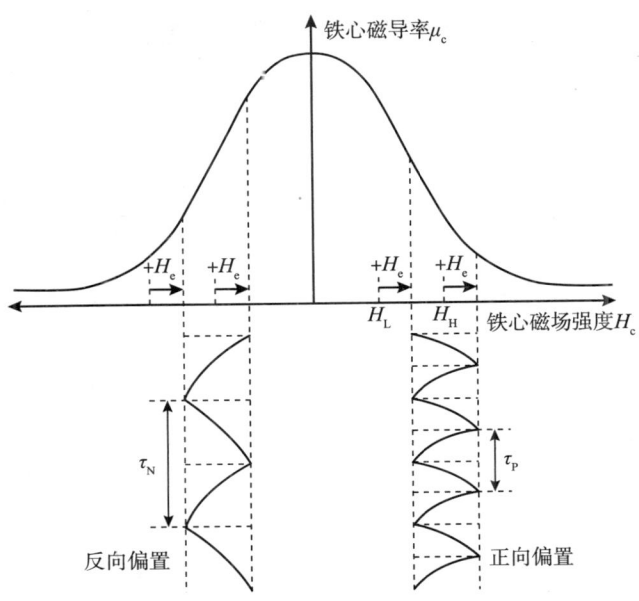

图 5-48 有地球磁场 H_e 作用时感应式地磁计线圈工作状态

5. MEMS 地磁计关键参数

IST8310 是 iSentek 公司推出的各向异性磁阻式三轴地磁计。图 5-49 和表 5-10 分别给出了 IST8310 的内部结构框图和与磁场测量相关的特性参数。

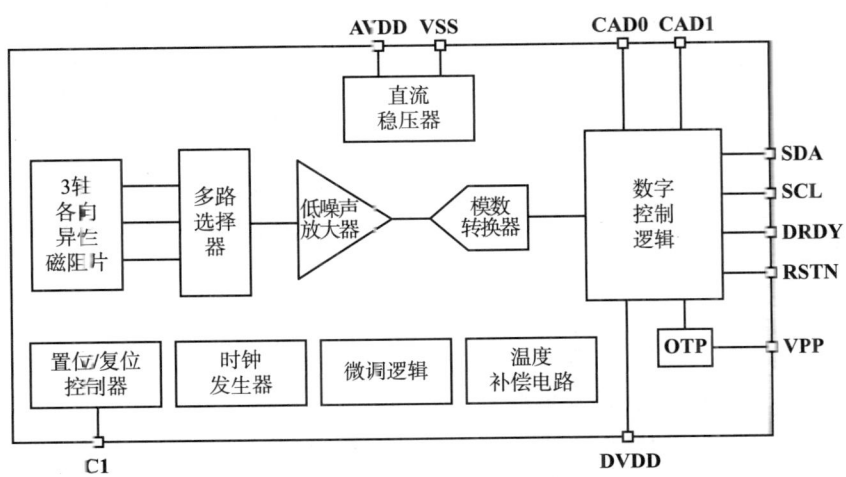

图 5-49 地磁计 IST8310 结构框图

表5-10 地磁计 IST8310 与磁场测量相关的特性参数（数据来源：iSentek 公司）

参数	测试条件	最小值	典型值	最大值	单位
x、y 方向测量范围	环境温度 25℃		±1600		μT
z 方向测量范围			±2500		
x 方向线性度			1	1.5	%FS
y、z 方向线性度			0.1	0.5	
分辨率			0.3		μT/LSB
灵敏度			3.3		LSB/μT
零高斯失调	RMS 值		±0.3		μT
滞环			0.1		%FS
灵敏度温度漂移	−40～85℃		±0.016		%/K
零高斯失调温度漂移	−40～85℃		0.024		μT/K

RM3100 是 PNI 传感器公司推出的感应式地磁计。表5-11 给出了 RM3100 与磁场测量相关的特性参数。

表5-11 地磁计 RM3100 与磁场测量相关的特性参数（数据来源：PNI 传感器公司）

参数	测试次数			单位
	50	100	200	
磁场测量范围	−800～800			μT
增益	20	38	75	LSB/μT
灵敏度	50	26	13	nT
噪声	30	20	15	nT
（最大单轴采样率时的最大）噪声密度	1.2			nT/$\sqrt{Hz}$
（超过 ±200μT 时的）重复性	15	8	8	nT
（超过 ±200μT 时的）滞环	15			nT
（超过 ±200μT 时的）线性度	0.5			%
最大单轴采样率	1600	850	440	Hz

6. MEMS 地磁计使用注意事项

用地磁计测量航向的主要障碍在于：地磁计不仅测量当地的地球磁场，而且会测量导航系统、机载设备和载具自身所产生的磁场。研究人员通常将这些干扰作用划分为硬铁磁性干扰和软铁磁性干扰两类。

硬铁磁性干扰的典型代表就是永磁体。永磁体可以激发磁场，磁化附近的螺栓、螺母等由铁磁材料制成的零件，这样地磁计实际测量到的磁场是永磁体激发的磁场和地球磁场之和。无论如何改变无人机的机头指向，永磁体所引起的干扰作用将维持恒定的强度，并始终保持在机体坐标系的一固定方向上，这种特性是分辨永磁体干扰的主要方法。此外，由功率器件或动力导线中的大电流所激发的磁场是另一种硬铁磁性干扰。

软铁磁性干扰主要是由布置在地磁计附近的铁磁材料引起的。铁磁材料自身并不激发磁场，但会引起其所在区域磁场分布的畸变。这种畸变除了会改变待测磁场的强弱，还会偏转待测磁场的方向，严重时由此引起的偏转可达数十度。因此，与硬铁磁干扰相比，软铁磁干扰的规律更复杂，也更难以补偿。

在开始尝试补偿干扰之前，首先应当判断哪些干扰是可以通过校准过程补偿的，哪些则是不可补偿的。那些由磁性材料引起的相对位置固定的恒定干扰通常是可以补偿的，而时变干扰和相对位置变化的干扰均是不可补偿的。对于不可补偿的干扰，将地磁计布置得足够远是抑制干扰最有效手段。

5.6.2 全球导航卫星系统

1. 卫星导航基础

（1）简介

全球导航卫星系统是一类导航系统的总称，用户终端设备接收在轨卫星发射的无线电信号，在用户终端设备中通过被动测距来解算用户终端设备的三维位置信息。

全球导航卫星系统的目标是提供覆盖全球的导航定位服务，其中最著名的是卫星授时与测距导航（Navigation by Satellite Timing and Ranging，NAVSTAR）和GPS，GPS由美国政府控制运营。另外 3 种重要的全球导航卫星系统分别是我国的北斗（Beidou）系统、俄罗斯的格洛纳斯（GLONASS）系统和欧洲的伽利略（Galileo）系统。此外，全球许多用来起增强和补充作用的区域卫星导航系统也被视作是全球导航卫星系统的有机组成部分。

截至 2023 年年底，我国的北斗全球导航卫星系统已经可以在全球范围内全天候、全天时地为各类用户提供高精度、高可靠的定位、导航和授时服务，并具备短报文通信功能，系统最高定位精度可达分米、厘米级别，测速精度可达 0.2m/s，授时精度优于 10ns。

（2）组成

如图 5-50 所示，全球导航卫星系统由三部分组成：空间段、控制段（地面段）

和用户段,每一种系统都有独立的空间段和控制段,而用户终端设备则可以接收一种或多种不同系统的卫星信号[79]。

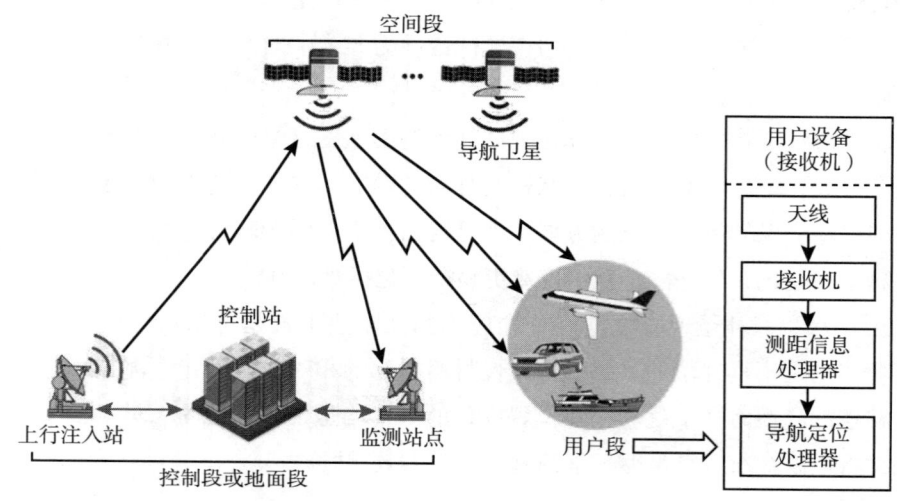

图 5-50　全球导航卫星系统基本组成

空间段的基本组成是一组导航卫星,研究人员将空间段导航卫星的有机组合称为星座(Constellation)。这些卫星一方面会向用户设备广播信息,另一方面会同控制段进行双向的信息交互。一些文献也用术语"空间飞行器"(Space Vehicle,SV)来代指卫星。典型的导航卫星,包含太阳能帆板在内,质量约为1000kg,主体直径约为5m。每一个具备全球导航能力的星座,至少应包含24颗卫星。

各类型的全球导航卫星分布在一系列中地轨道(Medium Earth Orbit)上。GPS的卫星轨道半径为26580km,每个恒星日绕地球2圈,运动速度为3800m/s。为了实现全球地表的三维定位,每一个星座上的卫星必须分布在几个非平行的轨道平面上。这样,在昼夜的绝大多数时刻,在地球表面的任意位置,可见GPS全球导航卫星的数目在5～14颗之间,赤道和极地地区能够观察到的数目比中纬度地区要多。

全球导航卫星在几个频段上广播多种信号,其中最重要的信号是测距码和导航电文。用户设备使用测距码来确定所接收到信号的发射时刻,而导航电文则包含时间参数和轨道信息,使用这些信息就能够精确确定卫星的空间位置。

控制段或地面段包含一个监测站网、一个或多个控制站和若干上行注入站。例如,GPS的控制段包含一个由16个站点组成监测站网,12个上行站和2个控制站。监测站根据导航卫星的广播信息,解算出导航卫星到监测站的测距信息,并将这些信息回馈给控制站。由于监测站点的精确位置坐标是已知的，且所用时钟彼此同步，控制站使用这些测距信息即可确定卫星的轨道误差并校正卫星的星载时钟。控制站的各种调整指令、校准指令可通过上行站发送给导航卫星。

几乎所有的用户设备（接收机）均支持对一种或多种导航系统卫星信号的接收。图 5-50 给出了接收机的典型结构，其中，天线可将导航卫星发射出的无线电信号转化成电信号；接收机以接收机时钟为参考基准，对天线输出的电信号进行解调；测距信息处理器采用捕获 – 跟踪算法解算用户设备与当前导航卫星间的距离，同时，也对导航电文进行解码；导航定位处理器使用测距信息确定位置、速度和时间（Position Velocity and Time，PVT）解。

（3）定位原理

地面用户设备主要通过对多颗导航卫星的三维空间无源测距来实现自身的导航定位。发射机以星载时钟为基准，假设时刻 t_t，无线信号从发射机发出。接收机以本地时钟为基准，发射机与接收机的时钟偏差为 δ。接收机可通过同步本地生成的伪随机码和接收到的伪随机码，来确定两者间的相位差，进而得到以本地时钟为基准的无线信号发射时间（$t_t-\delta$）。无线信号的到达时间 t_a 与发射时间（$t_t-\delta$）求差再与光速 c 相乘即可得到接收机与发射机间的伪距测量值 ρ。

$$\rho = c \cdot (t_a - t_t + \delta) + \varepsilon_\rho \tag{5-65}$$

式中，ε_ρ 为与伪距测量相关的误差，包括模型误差、测量误差和未建模效应等。ρ 之所以被称之为"伪距"，是因为这里包含了发射机和接收机间的时钟偏差 δ，ρ 符合距离的定义，但并不等于两者间的真实距离。

如图 5-51 所示，如果仅仅使用导航卫星 S_a 的测距信息 ρ_a，则用户设备的位置解是一个以导航卫星 S_a 为球心、ρ_a 为半径的球面；若使用两颗导航卫星 S_a 和 S_b 的测距信息 ρ_a 和 ρ_b，则用户设备的位置解是以 S_a 和 S_b 为球心、以 ρ_a 和 ρ_b 为半径的两个球面的相交圆。如果再增加导航卫星 S_c 的测距信息 ρ_c，则用户设备的位置解被限制在 3 个球面的两个交点上。对于大多数应用情况，这两个位置解中，仅有一个是合理的，另一个可能在太空，也可能在地球内部或者远离用户设备所在区域。

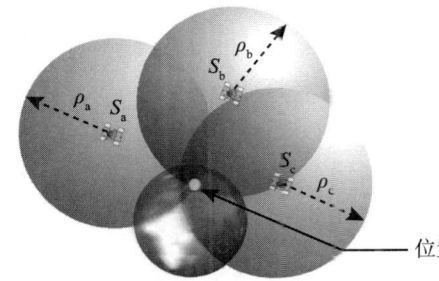

图 5-51 全球导航卫星系统定位原理

每颗导航卫星都配置有原子钟。原子钟是迄今为止人类最精准的时钟,原子钟每10年所产生的最大误差小于1μs。地面控制站还会定期校准并同步各导航卫星的原子钟。因此,可以认为全部导航卫星上的时钟是完全一致的。事实上,除了导航和定位,授时也是全球导航卫星系统的基本功能。

在全球导航卫星系统中,接收机与导航卫星的时钟偏差是未知的。但某一接收机同时解算出的所有伪距测量值,其时钟偏差是相同的。因此,可以将接收机的时钟偏差作为导航解的一部分和用户设备位置一起求解。最终需求解的是一个四维的导航解,包含一个由经度、纬度和高度组成的位置解和一个接收机钟差。

四维导航解的求解,至少需要4颗不同导航卫星的伪距测量值。导航卫星广播的导航电文中包含一系列卫星轨道的参数,称为星历(Ephemeris)。接收机接收4颗导航卫星广播的导航电文,即可确定4颗卫星的空间位置。同时,还可以计算得到接收机到4颗卫星的伪距。接收机定位算法基于4个伪距方程,即可解算出接收机的位置解和时钟偏差。伪距的定义公式[式(5-65)]中还包含误差项ε_ρ,此外无线信号在传输过程中也会受到大气层干扰和多径效应的影响,因此实际的接收机定位算法会考虑更多颗卫星的伪距测量信息,来显著提升四维导航解的求解精度。

(4)定位误差源

图5-52给出了全球导航卫星系统定位功能的主要误差源,全部误差源可划分为三类:与导航卫星相关的误差、与信号传输相关的误差和与接收机相关的误差。与导航卫星相关的误差主要包括导航卫星时钟偏差和广播星历中的轨道信息与卫星真实轨道间的偏差。

与信号传输相关的误差主要是由于电磁波在穿过电离层和对流层时,信号传输特性变化而引起的。在太阳辐射的电离作用下,电离层中包含大量的电子和正离子,随当地气象条件的不同,对流层中的水汽分布是不均匀的。电磁波在穿过电

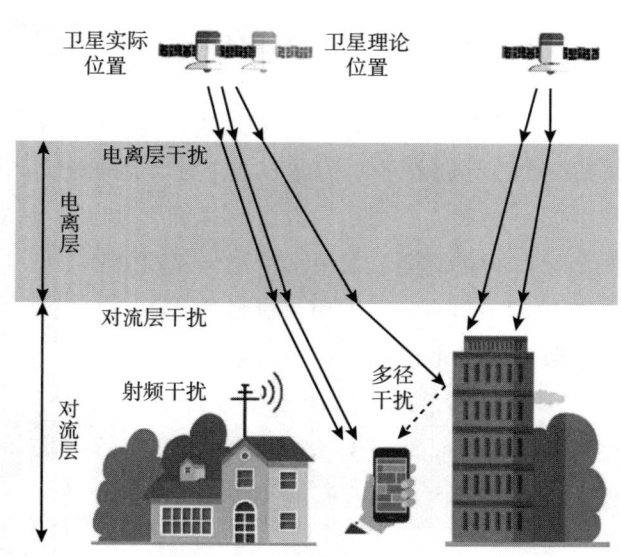

图5-52 全球导航卫星系统定位功能的主要误差源

离层或对流层时，不但传输速度会减慢，而且会发生折射现象。电磁波在对流层的折射偏移程度要小于在电离层的程度。但由于对流层的水汽分布与当地气象条件密切相关，基于理论模型的补偿方法是无法有效消除对流层折射误差的。

与接收机相关的误差主要包括接收机的动态响应延迟、接收机噪声、接收机附近的射频（RF）干扰及信号的多径干扰。当导航卫星发射的电磁波经周边的山体、建筑等障碍物反射后，再到达接收机的天线时，就会发生多径干扰现象。此时，接收机除了会接收到直接到达的无线信号外，还会收到经障碍物反射后的无线信号，后者的传输路径更长，所以比前者更晚到达接收机。当接收机位于城市环境中时，就必须充分考虑周边楼宇所引起的多径干扰误差。

一颗导航卫星的仰角就是由用户设备到卫星的视线矢量与水平面的夹角。低仰角的卫星信号存在较大的电离层和对流层传播延迟，同时也易遭受多路径干扰。因此，大多数接收机会主动摒弃低于某一仰角的卫星信号，该仰角称为屏蔽角。接收机的屏蔽角通常为 5°～15°。

导航卫星的信号可能被建筑物、地形和用户设备的载具所遮挡，这些遮挡都会影响接收机的接收性能。如果接收机仅能收到经由反射路径传来的信号，则称接收机工作在非视距（Non-Line-Of-Sight，NLOS）接收模式。高楼环绕的城市街道也被称为城市峡谷（Urban Canyons），在这种环境中，导航卫星信号的遮挡和多径干扰的发生更加频繁。建筑物高度与接收机到建筑物之间的距离之比直接决定了多少颗导航卫星的信号能够绕过建筑物而被接收机接收。

在室内或者树林等环境中，导航卫星信号衰减严重，接收机的定位性能会大幅下降。邻近频段信号的射频干扰、任意频段强信号的残留谐波和对全球卫星导航系统的主动干扰都会造成接收机接收性能的下降。与其他类型的无线信号比较，导航卫星的信号强度比较脆弱，因此它们很容易受到各种干扰。研究人员通常会采用天线系统、接收机前端滤波器、扩展距离跟踪、组合捕获与跟踪、矢量跟踪等技术来改善低信噪比环境中系统的定位性能。

在各类公开文献中，因为所选系统性能、跟踪卫星数量、屏蔽角、接收机设计和多径干扰等因素各不相同，所以全球导航卫星系统接收机的最终定位误差也不相同。表 5-12 给出了根据理论模型计算得到的 GPS 典型配置条件下接收机定位误差（标准差）的估计，其中，BPSK 1 和 BPSK 10 表示导航卫星广播的电文采用二进制相移键控（Binary Phase Shift Keying）调制方式，扩频码的码速率分别为 1 和 10。

表 5-12　全球导航卫星系统接收机定位误差估计　　　　　　　　（单位：m）

误差源	定位误差（标准差）
（残留的）卫星钟差和星历误差	0.5
（残留的）电离层误差（单频用户）	4.0
（残留的）电离层误差（双频用户）	0.1
（残留的）对流层误差	0.2
接收机跟踪噪声：	
BPSK 1 信号	0.67
BPSK 10 信号	0.21
短距离多径误差	0.10
中等距离多径误差	0.94
长距离多径误差：	
BPSK 1 信号	1.44
BPSK 10 信号	0.12

2. 接收机关键参数

图 5-53 和表 5-13 分别给出了 u-blox 公司全球导航卫星系统接收模块 NEO-M8N 的结构框图和关键参数。

表 5-13　全球导航卫星系统接收模块 NEO-M8N 的关键参数（数据来源：u-blox 公司）

参数		指标			
全球导航卫星系统		GPS	格洛纳斯	北斗	伽利略
接收模块类型		72 频道，M8 引擎，支持：GPS L1C/A、SBAS L1C/A、QZSS L1C/A、QZSS L1 SAIF、格洛纳斯 L1OF、北斗 B1I、伽利略 E1B/C			
定时脉冲精度 /ns		30（RMS）			
测速精度 /（m/s）		0.05			
航向精度 /（°）		0.3			
水平定位精度 /m		2.5	4.0	3.0	3.0
最大导航更新率 /Hz		10	10	10	10
首次定位时间 /s	冷启动	30	33	39	57
	热启动	1	1	1	1
灵敏度 /dBm	跟踪和导航	−166	−166	−160	−159
	捕获	−160	−156	−157	−153
	冷启动	−148	−145	−143	−138
	热启动	−157	−156	−155	−151

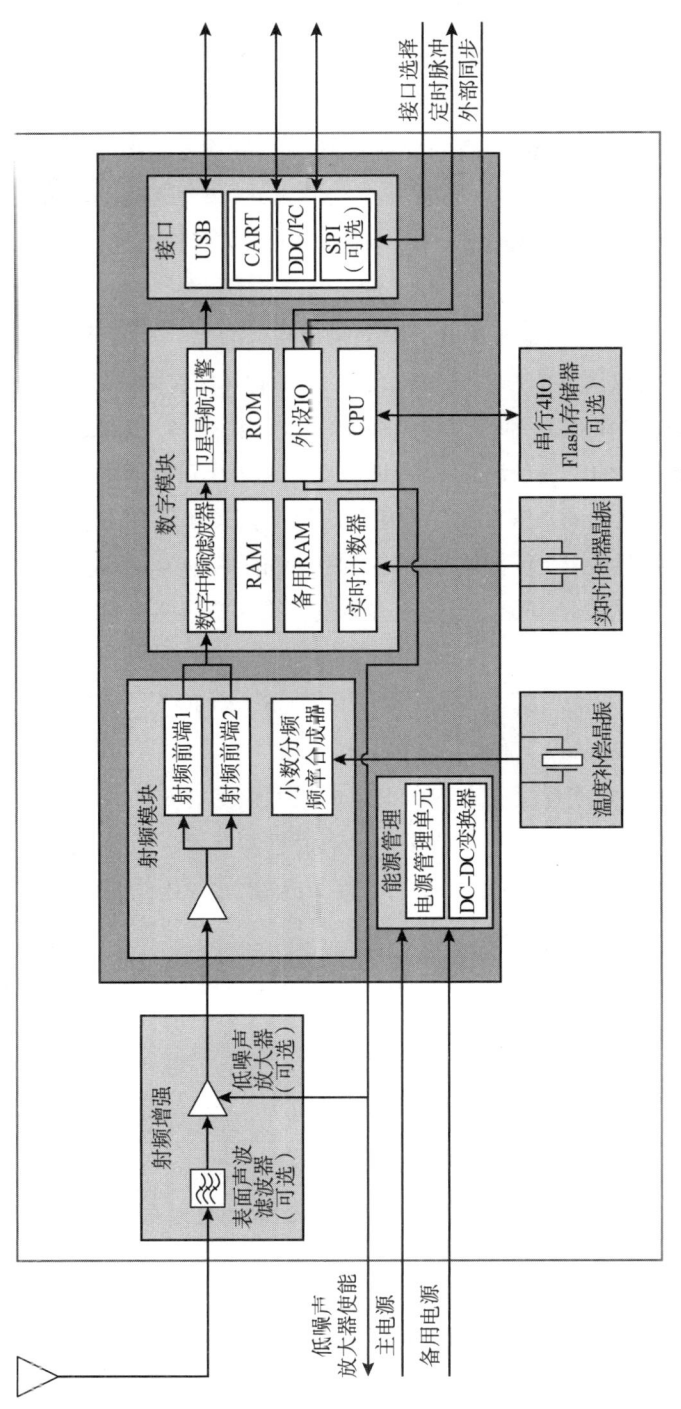

图 5-53 全球导航卫星系统接收模块 NEO-M8N 的结构框图

3. 接收机数据格式

解析出位置、速度等导航信息后，全球导航卫星系统接收机会将这些信息通过串行数据接口（例如，图 5-53 所示的 UART、SPI 或 I²C）发送给飞行控制或飞行管理计算机。各种不同厂商的导航接收机一般均支持美国国家海洋电子协会（National Marine Electronics Association，NMEA）、海事无线电技术委员会（Radio Technical Commission for Maritime service，RTCM）等标准通信协议，以方便各种不同设备间的信息交互。

NMEA 协议由美国国家海洋电子协会制定并标准化，是全球导航卫星系统 GPS 设备的统一通信协议。目前，在商用航运所采用的 NMEA 协议版本是 NMEA-0183。

NMEA-0183 协议支持基于串行总线的单个发布者（Talker）对多个订阅者（Listener）的消息传输，每条消息（Sentence）均由若干可打印的 8 位 ASCII 字符（数值在 0x20 与 0x7e 之间的 ASCII 字符）组成。每个 ASCII 字符在串行总线上的传输包含一个低电平的起始位、8 位数据位和一个高电平的终止位，无奇偶校验位。NMEA-0183 的标准波特率为 4.8k bit/s，但绝大多数设备均支持最高 115.2k bit/s 的波特率。

NMEA-0183 消息的基本构成原则如下：

1）消息起始字符为 "$"，终止字符为 "<CR> <LF>"，<CR> 和 <LF> 分别代表回车符（Carriage return）和换行符（Line feed）。

2）含起始字符和终止字符在内，消息的最大长度为 82 字符。

3）起始字符后的 5 个字符，前 2 个标识消息发布者，后 3 个标识消息类型。

4）消息的主体部分被划分为若干字段（Field），每一字段代表特定的逻辑信息，各字段间以 "," 字符分割。

5）如消息中某一字段无有效信息，则该字段不包含任何字符，即消息主体部分出现的 ",," 表示对应字段不包含有效信息。

6）如消息包含校验和，则最后一个字段后应紧接一个 "*" 字符。

7）消息的校验和紧接在 "*" 字符之后，校验和由两位十六进制数组成，它等于 "$" 字符和 "*" 字符间，除 "$" 字符和 "*" 字符外，全部 ASCII 字符的异或。

表 5-14 和表 5-15 分别给出了 NMEA-0183 协议的消息发布者定义和消息类型定义。

表 5-14 NMEA-0183 协议的消息发布者定义

消息发布者字符	BD 或 GB	GA	GP	GL
消息发布者	Beidou	Galileo	GPS	GLONASS

表 5-15　NMEA-0183 协议的消息类型定义

消息类型字符	消息类型
GGA	全球导航卫星系统的固定数据
GLL	以经度/纬度表示的地理位置
GSA	全球导航卫星系统的位置精度因子（DOP）和有效导航卫星
GSV	全球导航卫星系统接收模块可见的导航卫星
RMC	推荐的最简全球导航卫星系统数据
VTG	地面水平轨迹和速度
ZDA	时间和日期

GGA 消息包含有全球导航卫星系统解析得到的接收模块时间、经度、纬度、高度等关键信息，是 NMEA-0183 协议中最常用、最重要的消息类型。表 5-16 详细给出了 GGA 消息中各字符和字段所代表的具体意义。

表 5-16　GGA 中各字符和字段所代表的具体意义

字符或字段	描述
$	消息起始字符
GP	消息发布者标识，本消息是根据 GPS 系统的导航电文解析得到的
GGA	消息类型标识，本消息为 GGA 消息
130305.0	世界标准时间（UTC 时间），当前时刻 13h 03min 05.0s
4717.115	纬度 47° 17.115'
N	北纬，S=南，N=北
00833.912	经度 8° 33.912'
E	东经，E=东，W=西
1	GPS 状态，0=无 GPS，1=GPS，2=差分 GPS
08	解析过程中所使用的导航卫星数目
0.94	水平经度因子（HDOP）
00499	接收模块天线（相对于大地水准面的）高度，简称大地水准面高度
M	高度单位（M="米"）
047	大地水准面高度与大地椭球体高度间的差值
M	高度差单位（M="米"）
	差分 GPS 的龄期数据，本例中没有使用差分 GPS，因此为空字符
0000	差分 GPS 参考站点编号
*	消息字段与消息校验和间的分割字符
58	起始字符"$"和分割字符"*"间全部消息字段的异或校验和
<CR><LF>	消息终止字符

第 6 章 |Chapter 6|

飞行控制律仿真实践

6.1 飞行控制律仿真环境简介

6.1.1 MATLAB 及其仿真简介

1. MATLAB 简介[80]

MATLAB（Matrix Laboratory）是美国 MathWorks 公司的产品，于 1984 年推出了它的第一个 DOS 版本。Matrix Laboratory 意为"矩阵实验室"，最初的 MATLAB 只是一个数学计算工具。但现在的 MATLAB 已经远不仅仅是一个计算工具，它已经成为一个集概念设计、算法开发、建模仿真、实时实现于一体的集成环境，它拥有许多衍生的子集工具。MATLAB 主要由以下部分构成。

（1）MATLAB

所有 Math Works 公司产品的数值分析和图形基础环境。MATLAB 主要由 C 语言编写而成，采用 LAPACK 为底层支持软件包，其矩阵运算精度达到了 10^{-15}。MATLAB 的编程非常简单，它有着比其他任何计算机高级语言更高的编程效率、更良好的代码可读性和移植性，被誉为"第四代"计算机语言。此外，MATLAB 还拥有强大的 2D（二维）和 3D（三维）甚至动态图形的绘制功能，这样用户可以更直观、更迅速地进行多种算法的比较，从中找出最好的方案。

（2）MATLAB 工具箱（Toolbox）

从通信系统分析与设计、滤波器设计、信号处理、小波分析、神经网络到控制系统、模糊控制等方面来看，MATLAB 提供了大量的面向专业领域的工具箱。通过使用工具箱，以往需要复杂编程的算法开发任务往往只需一个函数就能实现，而且工具箱是开放的可扩展集，用户可以查看或修改其中的算法，甚至开发自己的算法。这样用户可以专注于算法研究，编程时只需要轻松的几行代码即可完成。

(3) MATLAB 编译器 (Compiler)

通过 MATLAB Compiler 和 C/C++ Math Library，用户可以将 MATLAB 语言编写的 M 文件自动转换成 C 文件或 C++ 文件，从而进行独立应用开发。不仅如此，用户还可以利用 MATLAB Runtime Server 将 MATLAB 应用作为自包含执行软件包发布使用；或者通过 MATLAB Web Server 将 MATLAB 应用在互联网上发布使用。

(4) Simulink

Simulink 是 MATLAB 的又一个重要的分支产品，是一个结合了框图界面和交互仿真能力的系统级设计和仿真工具。它以 MATLAB 的核心数学、图形和语言为基础，可以让用户毫不费力地完成从算法开发、仿真或者模型验证的全过程，而不需要传递数据、重写代码或改变软件环境。

(5) Simulink 模块集 (Blockset)

就像 Toolbox 一样，MathWorks 公司也为 Simulink 在许多专门领域的应用提供了大量的模块集，例如 DSP Blockset、Communication Blockset、CDMA Reference Blockset、Nonlinear Control Design Blockset、Motorola DSP Developer's KiL、TI DSP Developer's Kit，用户还可以利用已有的块或自己编写的 C 语言程序和 MATLAB 程序建立自己的模块及模块车。

(6) Real-Time Workshop (RTW)

Real-Time Workshop 能够直接将 Simulink、Stateflow、DSP Blockset 和 Communication Blockset 建立的模型（若模型包含 Stateflow 图时还需要有 Stateflow Coder）自动生成 C 或 Ada 代码，进行快速原型设计和半实物仿真，整个代码生成可以根据需要完全定制。

(7) Stateflow

Stateflow 是基于有限状态机理论的模型搭建工具，能够建立和仿真复杂的反应和事件驱动系统。将 Stateflow 与 Simulink 相结合使用，用户可以在统一的环境下设计、建立和仿真整个嵌入式系统的行为。

(8) Stateflow Coder

使用 Stateflow Coder 可以将 Stateflow 建立的有限状态机模型生成相应的 C 语言代码，用户也可以用其集成自编的 C 语言程序。

上述 MATLAB 各个组成部分之间的相互关系可以用图 6-1 来说明。MATLAB 的数学计算功能是最基本、最重要的，在这里提供了一个 M 语言的编辑环境；

Toolbox 的出现又大大扩充了 MATLAB 的功能。Compiler 则能够将 M 文件编辑为 C 语言文件或 C++ 语言文件，进行独立应用开发，这三个部分构成了 MATLAB 最基础的应用。Simulink、Blockset、RTW 共同在 MATLAB 的基础上为用户提供了一个系统级的设计仿真环境；Stateflow、Stateflow Coder 能够和 Simulink 配合使用，为用户提供对事件驱动系统的仿真能力。

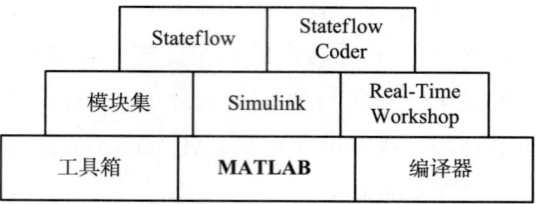

图 6-1　MATLAB 各部分组成关系图

2. MATLAB 的仿真环境

MATLAB 作为计算机仿真软件，有着自身特有的操作及仿真环境，要进行仿真工作首先应了解熟悉它，下面以 MATLAB R2022b 作为环境说明。

在桌面上双击 MATLAB 的启动图标后将启动 MATLAB，如图 6-2 所示。在图中可以看出 MATLAB 的启动界面主要包括 7 部分：标题栏、菜单栏、工具条、Command Window（命令窗口）、Workspace（工作窗口）、Command History（历史命令窗口）及 Start（项目启动菜单）。

其中，标题栏用于显示打开文件的名称；菜单栏包括"主页""绘图""APP" 3 个菜单；主页包括了一些常用操作图标，单击它们 MATLAB 可立即执行响应操作，菜单栏和工具栏操作方法与其他应用程序中的操作方法相同，因此不再赘述。

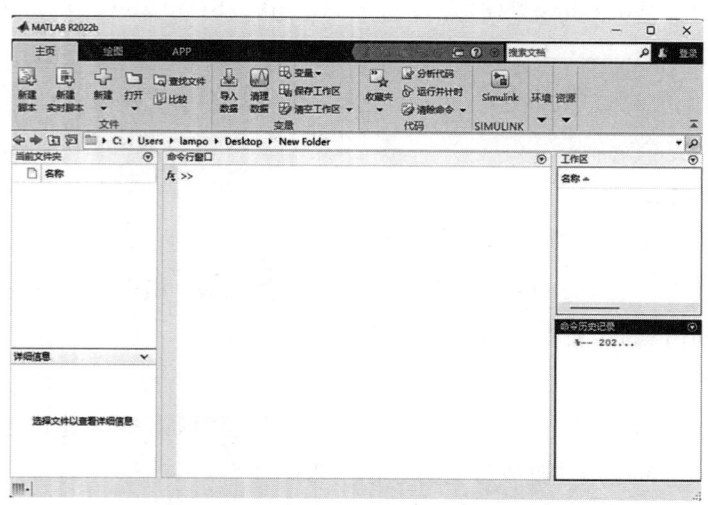

图 6-2　MATLAB 启动后的默认界面

6.1.2 仿真集成环境 Simulink

1990 年，MathWorks 软件公司为 MATLAB 提供了新的控制系统模型化图形输入与仿真工具，并命名为 SIMULAB，该工具很快就在控制工程界获得了广泛的认可，使得仿真软件进入了模型化图形组态阶段。1992 年该软件正式更名为 Simulink。

Simulink 的出现为控制系统分析与设计提供了极大便利。它有两个主要功能：Simu（仿真）和 Link（连接），即该软件可以利用鼠标在模型窗口上绘制出所需要的控制系统模型，然后利用 Simulink 提供的功能来对系统进行仿真和分析。

在实际工程中，控制系统的结构往往很复杂，如果不借助专用的系统建模软件，则很难准确地把一个控制系统的复杂模型输入计算机，对其进行进一步的分析与仿真。因此，熟悉掌握 Simulink 对于一个从事自动控制方面工作的人来说是非常必要的。

本节将介绍 Simulink 的基本模块和功能，为使用 Simulink 进行控制系统仿真奠定基础。

1. Simulink 启动

Simulink 的启动有两种方式，一种是启动 MATLAB 后，单击 MATLAB 主窗口的快捷按钮" "来打开"Simulink 起始页"窗口，如图 6-3 所示。

另一种是在 MATLAB 命令窗口中输入"Simulink"，则在桌面上出现名为"Simulink 起始页"的窗口，在这个窗口中列出了按功能分类的各种模块的名称。

可选择从最近的文件进入，或者在窗口新建扩展名为".slx"的文件，新

图 6-3 "Simulink 起始页"窗口

建文件名为"untitled.slx"，打开文件，单击"库浏览器"按钮。界面如图 6-4 所示，左侧为库浏览器，可按照需求进行模块的选择和连接，进行仿真程序的编写。

2. Simulink 仿真设置

在编辑好仿真程序后，应设置仿真操作参数，以便进行仿真。单击"仿真"选项卡下的"准备"中的下三角，选项卡界面如图 6-5 所示，单击"模型设置"按钮，弹出窗口如图 6-6 所示。直接按快捷键 <Ctrl+E> 或者在编辑窗口右键选择"模型配置参数"命令也可打开模型设置窗口，它包括仿真器参数（Solver）设置、工作

空间数据导入/导出（Data Import/Export）设置、模型引用（Model Referencing）设置和实时代码生成工具（Real-Time Workshop）设置。

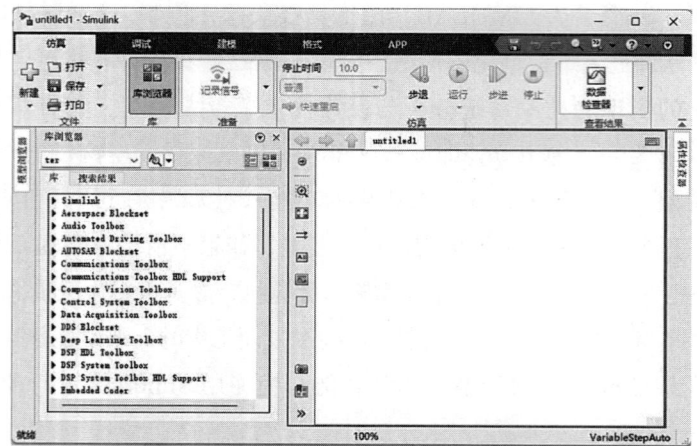

图 6-4　Simulink 仿真编辑窗口

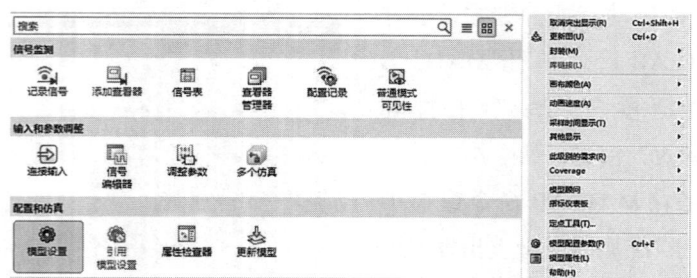

图 6-5　准备选项卡界面（左）和右键快捷菜单（右）

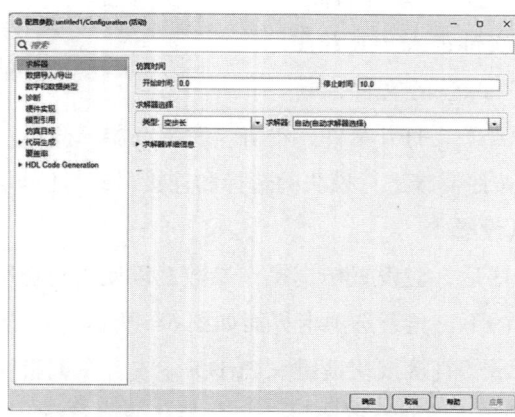

图 6-6　Simulink 设置窗口

6.2 固定翼无人机飞行控制律仿真实践

6.2.1 固定翼无人机动力学模型搭建

经过前文分析与讨论，本节根据基础理论搭建固定翼无人机的动力学模型。首先建立执行器的数学模型，建模过程中着重考虑舵机延时环节；其次根据飞机的气动数据建立飞机的气动力/力矩方程，计算无人机在风轴系下的气动力和体轴系下的气动力矩，同时计算无人机重力以及发动机推力，并将所受合外力/力矩转换到体轴系下，得到体轴系下的合外力/力矩；最后建立无人机的刚体六自由度动力学模型，计算飞机的各个运动状态[81]。

1. 执行器模型

无人机的执行器模型是无人机控制系统中重要的组成部分，其作用是将控制指令转化为实际的输入信号，以控制无人机的运动姿态和状态。在实际控制过程中，执行器模型具有一定的惯性和响应延迟，因此需要加入舵机延时环节，在提高控制系统的稳定性和响应性能的同时，能更好地模拟实际的控制过程。因此分别对升降舵、方向舵和副翼加入了一阶延时系统，这些系统的闭环传递函数可统一表示为

$$\Phi(s) = \frac{1}{Ts+1} \quad (6\text{-}1)$$

式中，$T=1/K$，为时间常数；K 为增益。仿真模块如图 6-7 所示。

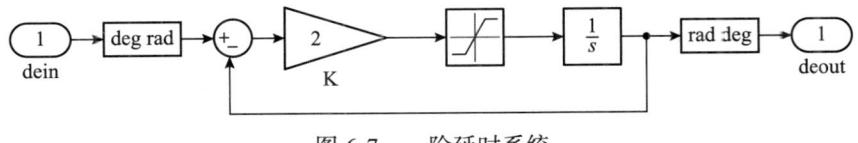

图 6-7 一阶延时系统

2. 气动力/力矩模型

飞机的总气动力（力矩）由各部件在不同飞行状态和操纵状态下产生的气动力（力矩）合成。建立飞行状态和操纵状态的映射关系，即可建立气动力（力矩）的模型。

建模所用原始气动数据库一般包括了在风轴系下的气动力系数和在体轴系下的力矩系数。其中气动数据包括了纵向气动数据、横航向气动数据、升降舵数据、副翼数据、方向舵数据以及动导数数据。纵向气动数据包括在不同迎角下的力和力矩系数；横航向气动数据包括不同迎角和侧滑角下的力和力矩系数；升降舵、副翼、

方向航的操纵面舵效数据为不同迎角下给定操纵量所产生的气动力和力矩系数的改变量；动导数数据则包括俯仰力矩系数对俯仰角速率的导数、滚转力矩系数对滚转角速率和偏航角速率的导数，以及偏航力矩系数对滚转角速率和偏航角速率的导数。

一般建模过程中，根据已有气动数据，气动力（力矩）计算建模公式如下：

$$L = \frac{1}{2}\rho V^2 S \left(C_{L\alpha}\alpha + C_{L\delta_e}\delta_e + C_{Lu}u + C_{L\theta}\theta + \cdots \right) \tag{6-2}$$

$$D = \frac{1}{2}\rho V^2 S \left(C_{D\alpha}\alpha + C_{D\delta_e}\delta_e + C_{Du}u + C_{D\theta}\theta + C_{D\delta_t}\delta_t + \cdots \right) \tag{6-3}$$

$$Y = \frac{1}{2}\rho V^2 S \left(C_{Y\beta}\beta + C_{Yp}p + C_{Y\phi}\phi + C_{Y\delta_a}\delta_a + C_{Y\delta_r}\delta_r + \cdots \right) \tag{6-4}$$

$$l = \frac{1}{2}\rho V^2 Sb \left(C_{l\beta}\beta + C_{l\phi}\phi + C_{l\delta_a}\delta_a + C_{l\delta_r}\delta_r + C_{lp}p + C_{lr}r + \cdots \right) \tag{6-5}$$

$$m = \frac{1}{2}\rho V^2 Sc \left(C_{m\alpha}\alpha + C_{m\delta_e}\delta_e + C_{mu}u + C_{mq}q + \cdots \right) \tag{6-6}$$

$$n = \frac{1}{2}\rho V^2 Sb \left(C_{n\beta}\beta + C_{n\delta_a}\delta_a + C_{n\delta_r}\delta_r + C_{np}p + C_{nr}r + \cdots \right) \tag{6-7}$$

需注意式（6-5）~式（6-7）中提到的动导数 C_{lp}、C_{lr}、C_{mq}、C_{np}，以及 C_{nr} 在建模过程中均经过无量纲化处理，即

$$C_{lp} = \frac{\partial C_l}{\partial \left(\dfrac{pb}{2U_0} \right)} \tag{6-8}$$

$$C_{lr} = \frac{\partial C_l}{\partial \left(\dfrac{rb}{2U_0} \right)} \tag{6-9}$$

$$C_{mq} = \frac{\partial C_m}{\partial \left(\dfrac{qc}{2U_0} \right)} \tag{6-10}$$

$$C_{np} = \frac{\partial C_n}{\partial \left(\dfrac{pb}{2U_0} \right)} \tag{6-11}$$

$$C_{nr} = \frac{\partial C_n}{\partial \left(\dfrac{rb}{2U_0} \right)} \tag{6-12}$$

式中，U_0 为飞行速度。以阻力系数和滚转力矩系数为例，在 Simulink 中实现气动

力模型的建立如图 6-8 和图 6-9 所示。在计算完全部气动力后，需要将气动力由风轴系转换到体轴系下，其转换矩阵为

$$\boldsymbol{R}_{\mathrm{w}}^{\mathrm{b}} = \begin{bmatrix} \cos\alpha\cos\beta & -\cos\alpha\sin\beta & -\sin\alpha \\ \sin\beta & \cos\beta & 0 \\ \sin\alpha\cos\beta & -\sin\alpha\sin\beta & \cos\alpha \end{bmatrix} \qquad (6\text{-}13)$$

气动力坐标轴转换模型在 Simulink 中的实现如图 6-10 所示。

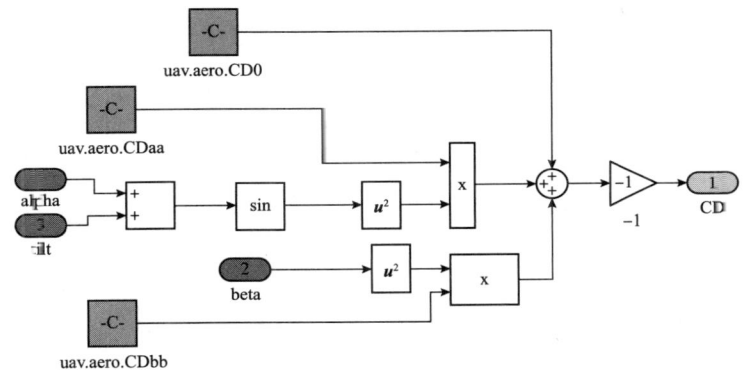

图 6-8　阻力系数的计算模型

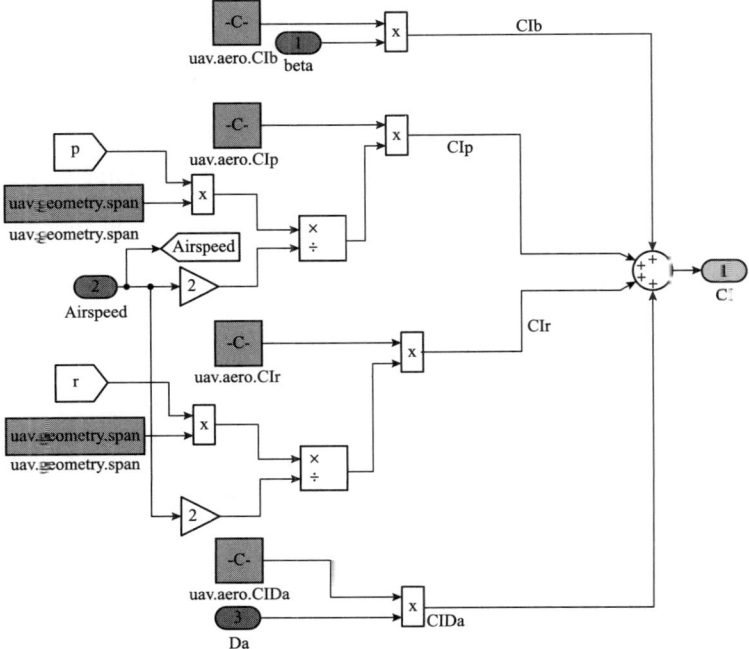

图 6-9　滚转力矩系数的计算模型

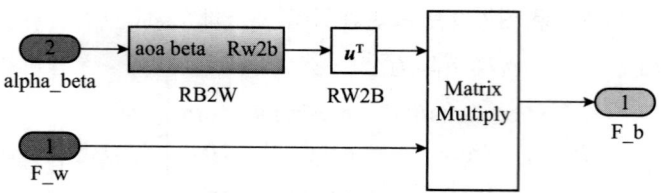

图 6-10　气动力坐标轴转换模型

3. 重力模型

重力模型的建立较为简单,核心点是将重力转换到体轴系下,转换矩阵为

$$\boldsymbol{R}_{\mathrm{e}}^{\mathrm{b}} = \begin{bmatrix} \cos\theta\cos\phi & \cos\theta\sin\phi & -\sin\theta \\ \sin\phi\sin\psi\cos\theta - \cos\phi\sin\psi & \sin\phi\sin\psi\sin\theta + \cos\phi\cos\psi & \sin\phi\cos\theta \\ \cos\phi\sin\psi\cos\theta + \sin\phi\sin\psi & \cos\phi\sin\psi\sin\theta - \sin\phi\cos\psi & \cos\phi\cos\theta \end{bmatrix} \quad (6\text{-}14)$$

重力坐标轴转换模型在 Simulink 中的实现如图 6-11 所示。

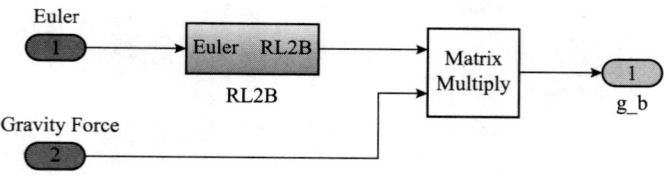

图 6-11　重力坐标轴转换模型

4. 发动机推力模型

发动机推力直接作用在机体上,因此可直接在体轴系中表述,模型如图 6-12 所示。对于常规的飞机来说,未使用推力矢量,发动机推力轴线与体轴系 x 轴之间接近平行,且推力轴线与质心之间的距离很小,故本次建模过程中认为 $\boldsymbol{M}_{\mathrm{b}}^{\mathrm{T}} = \boldsymbol{0}$,$T_y = T_z = 0$,则体轴系下发动机的推力为

$$\boldsymbol{T}_{\mathrm{b}} = \begin{bmatrix} T_x \\ 0 \\ 0 \end{bmatrix} \quad (6\text{-}15)$$

5. 合力模型

考虑到飞机的全部受力由气动力、重力和发动机推力组成,即

$$F_{\mathrm{b}} = R_{\mathrm{b}} + G_{\mathrm{b}} + T_{\mathrm{b}} \quad (6\text{-}16)$$

飞机受到的全部力矩由气动力矩组成,即

$$M = M_{\mathrm{b}} \quad (6\text{-}17)$$

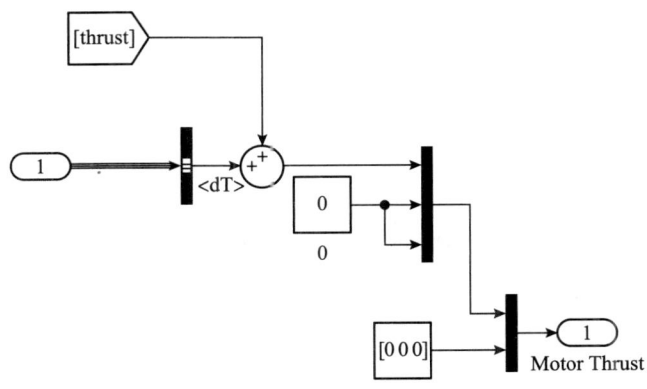

图 6-12　发动机推力模型

6. 六自由度动力学模型

Simulink 中有自带的六自由度动力学模型，如图 6-13 所示，其输入为飞机所受合外力/力矩，输出为飞机的运动参数。

根据以上分析，我们便建立了完整的无人机动力学模型，其在 Simulink 中的完整模型如图 6-14 所示。

6.2.2　非线性动力学模型配平与线性化

建立完整的动力学模型后，需要对模型进行配平，通过对模型配平分析飞机在定常平飞状态下所对应的操纵量，可以在一定程度上验证所建立的模型的准确性。使用配平函数找到动态系统的平衡点。飞机的平衡点是使飞机保持水平直线飞行的一个控制设置，也就是此时飞机所受的合力与合力矩为零。从数学上讲，平衡点是指系统的状态导数等于 0 时的点。配平函数采用逐次二次规划算法从初始点开始搜索，直到找到最接近的平衡点为止，如果找不到平衡点，它将返回在搜索的过程中，状态导数与导数零点之间最大偏差最小时的点，也就是返回与导数的零点之间的最大偏差最小时的点。本节的配平工作基于所构建的二次优化函数，函数中包括与目标状态量的误差函数、操纵量和飞机所受力与力矩的绝对值函数，其具体定义如下：

$$\min J = \left[\sum w_i \left(x_i - x_i^d \right)^2 + \sum w_j \left| u_j \right|^2 + \sum w_k \left| F_k \right|^2 + \sum w_n \left| M_n \right|^2 \right] \quad (6\text{-}18)$$

式中，$\sum \left(x_i - x_i^d \right)^2$ 代表状态量与目标值误差绝对值的平方项，该参数项越小，则代表飞机的状态量与目标越接近；$\sum \left| u_j \right|^2$ 代表飞机的操纵量的绝对值的平方项，该项参数越小，则代表飞机到达目标状态的操纵量越小；$\sum \left| F_k \right|^2$ 和 $\sum \left| M_n \right|^2$ 分别代表飞机

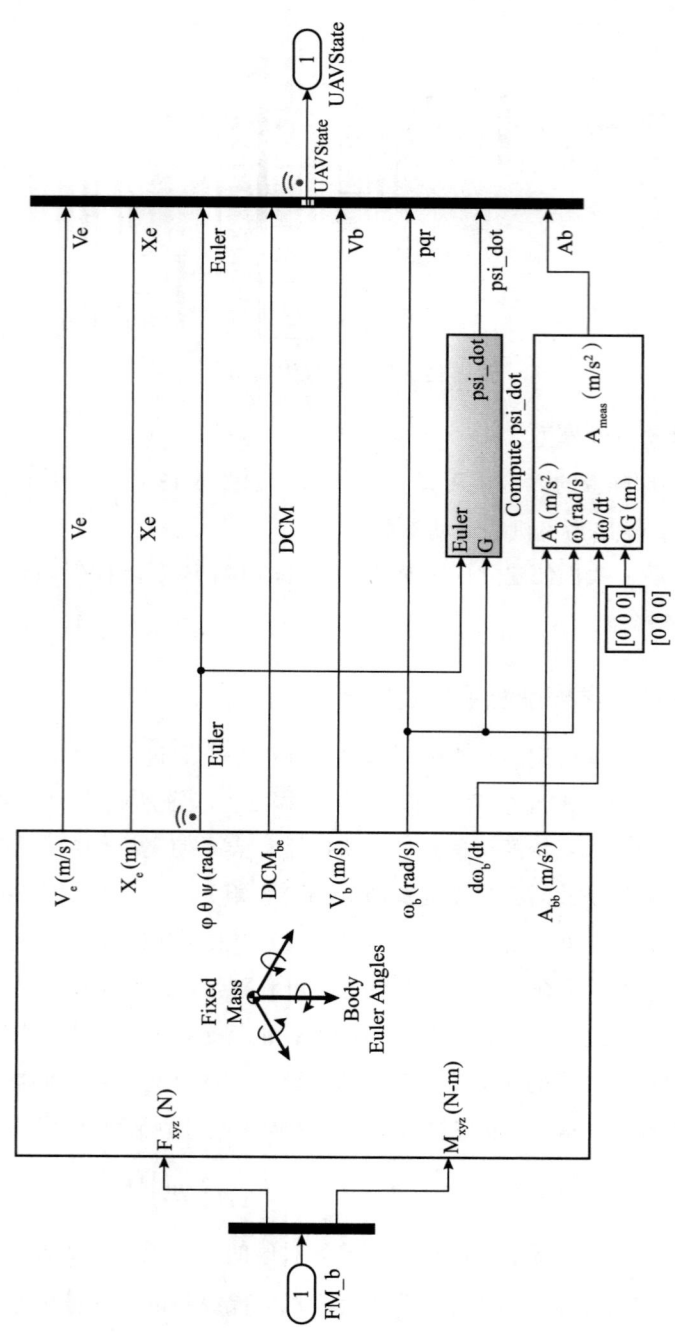

图 6-13 无人机六自由度动力学模型

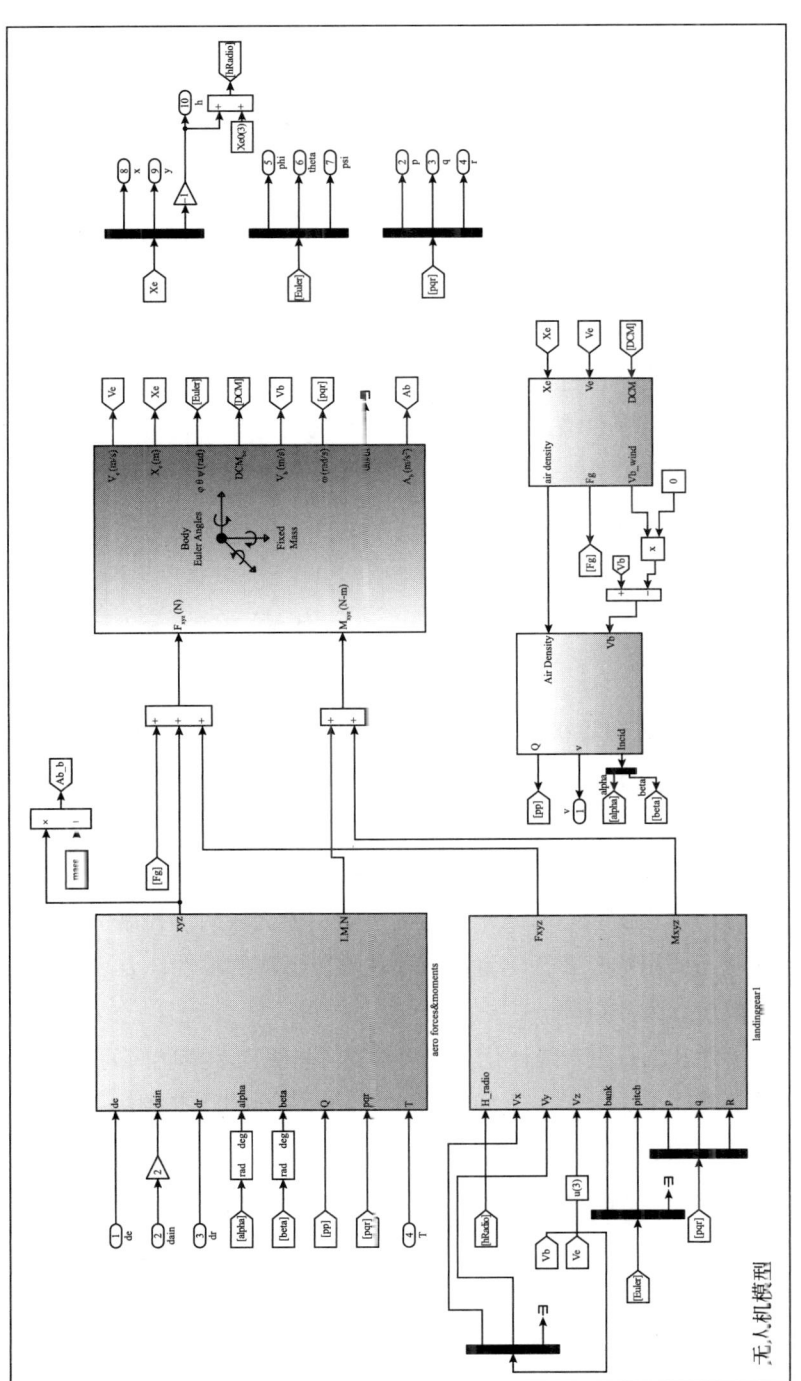

图 6-14　完整的无人机动力学模型

所受合力和合力矩的平方项，该两项参数为 0 时，代表飞机处于平衡状态；权重系数 w_i、w_j、w_k 和 w_n 用于平衡量纲不同造成的数值大小差异。

上述提到的 Simulink 模型是利用飞机的物理机理来进行建模的，拥有很多非线性环节，比如舵面偏角有范围限制、气动参数会根据迎角发生变化、空气密度会根据高度发生变化等，这些非线性特性很好地描述了真实飞行中的情况，可以进行较为逼真的飞行模拟，这是这类模型的优点。它的缺点是建模复杂、计算量较大、对飞机特性描述得不清晰，可以进行试验验证却难以进行原理层面的分析，所以本节引入了一种常用的简易模型，即状态空间模型，该模型利用小扰动假设，在飞机某个配平点，对飞行动力学特性进行线性化。

可以进行线性化的条件有：①飞机受扰动后的所有参数相对基准状态的变化量均为小量；②作用在飞机上的瞬时气动力/力矩仅与当时瞬时的运动参数有关；③气动力/力矩随运动参数线性变化。

状态空间的形式为

$$\dot{x} = Ax + Bu \tag{6-19}$$

$$y = Cx + Du \tag{6-20}$$

式中，x 是状态量，包含飞机的状态参数，如速度、迎角等，本节所涉及的状态参数为 $x = [\phi\ \theta\ \psi\ p\ q\ r\ u\ v\ w\ x\ y\ z]^T$；使用 Inport 和 Outport 模块在 Simulink 模块图中表示输入和输出，u 为飞机的舵面输入，还包括发动机的推力，即 $u = [\delta_e\ \delta_a\ \delta_r\ \delta_T]$；$y$ 为测量值，通常表示传感器对 x 进行测量后的值，$y = [\phi\ \theta\ \psi\ p\ q\ r\ u\ v\ w\ x\ y\ z]^T$；$A$ 为状态矩阵，表示当前状态对未来状态的影响；B 为输入（控制）矩阵，表示舵面输入对未来状态的影响；C 为测量矩阵，表示传感器的特性；D 表示输入对测量值的影响，一般设置为 0 矩阵。

对某个配平的状态点进行线性化，就可得到飞机纵向和横航向的状态空间模型。与纵向矩阵 A 匹配的状态 x 是一个四维列向量，它表示的状态是 $x = [\theta\ q\ u\ w]^T$；输入 u 是一个二维向量，$u = [\delta_e\ \delta_T]^T$，依次表示升降舵舵偏角（注意单位为 deg）和发动机推力；输出 $y = [\theta\ q\ u\ w]^T$。与横航向矩阵 A 匹配的状态 x 也是一个四维列向量，它表示的状态是 $x = [\phi\ v\ p\ r]^T$；输入 u 是一个三维向量，$u = [\delta_a\ \delta_r\ \delta_T]$，依次表示副翼舵偏、方向舵舵偏（舵偏的单位为 deg）和发动机推力；输出 $y = [\phi\ v\ p\ r]^T$。

Simulink 中有专用于模型配平和线性化的工具包 Model Linearizer，如图 6-15 所示。也可以通过 MATLAB 函数实现，详细内容可查询 Control System Toolbox 帮助文档页面。

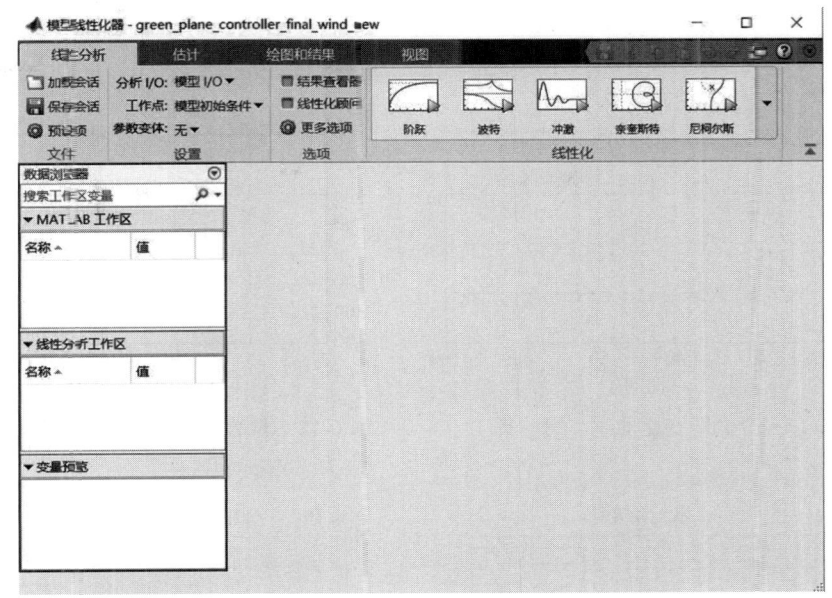

图 6-15　Simulink 中的模型配平与线性化工具包

以建立的飞机模型为基础,在速度、高度确定的情况下,让其保持高度、速度不变且姿态角速率为 0 的定常直线飞行。在本次配平验证中,给定了前飞速度为 13.35m/s,高度为 440m,得到的配平结果见表 6-1,其余各配平状态量曲线如图 6-16～图 5-22 所示。

表 6-1　配平结果

参数	数值
高度 /m	440
速度 /（m/s）	13.35
俯仰角 /rad	0
滚转角 /rad	−0.02488
偏航角 /rad	0
升降舵操纵量 /（°）	0
副翼操纵量 /（°）	0
方向舵操纵量 /（°）	0
油门杆推力 /N	2.3587

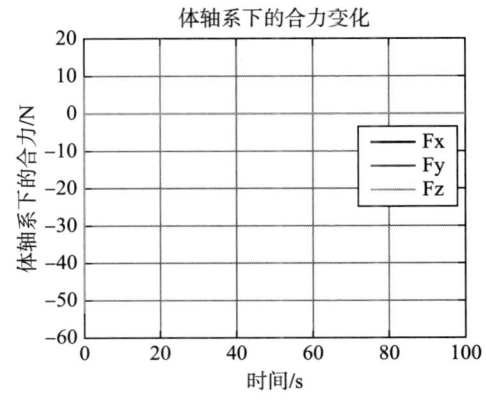

图 6-16　合力变化曲线（见彩插）

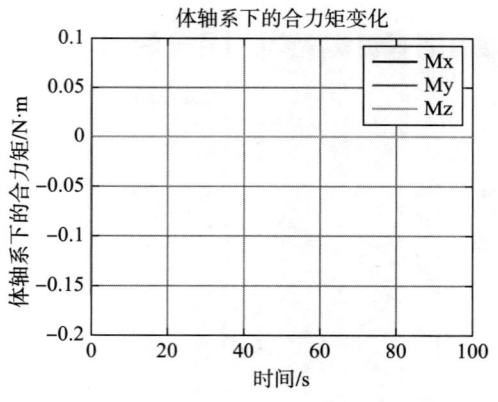

图 6-17　合力矩变化曲线（见彩插）

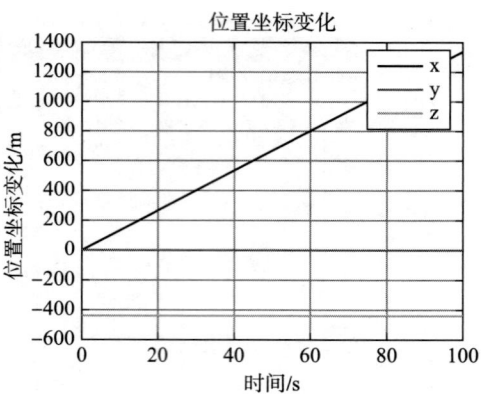

图 6-18　位置坐标变化曲线（见彩插）

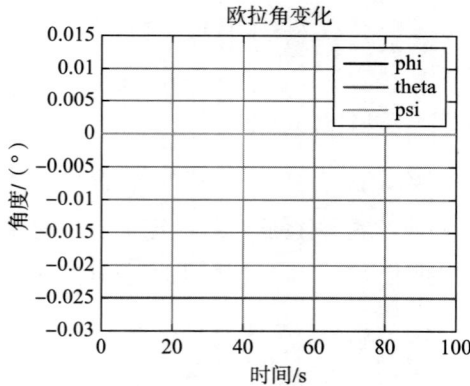

图 6-19　欧拉角变化曲线（见彩插）

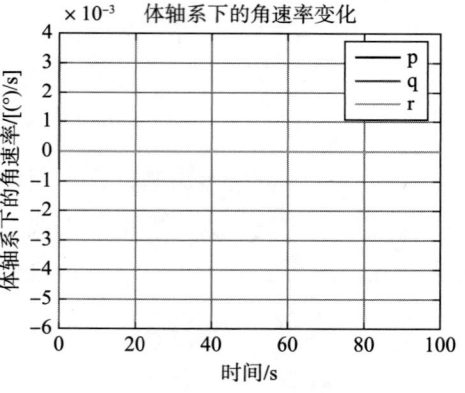

图 6-20　欧拉角速率变化曲线（见彩插）

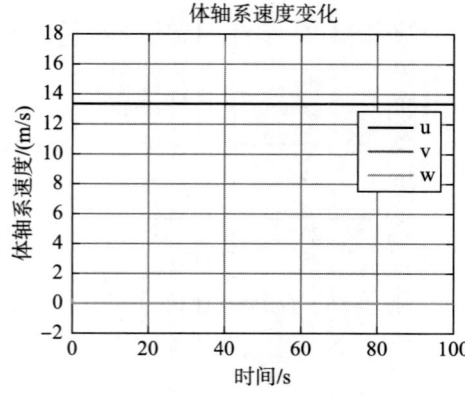

图 6-21　体轴系速度分量变化曲线（见彩插）

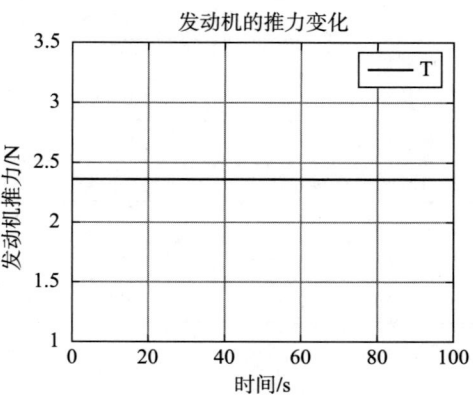

图 6-22　发动机推力变化曲线（见彩插）

由以上配平状态曲线可知，在给定配平条件下，操纵面较小的偏转可在 440m 高度下维持 13.35m/s 的前飞速度，推力稳定在 2.3587N，体轴系下所受的合力以及合力矩数量级均非常小，可视为达到了平衡状态。除此之外，飞机飞行高度和侧向位移已均维持在 0 附近，由于前飞速度固定，因此 x 轴方向上的位移呈现线性变化，欧拉角以及欧拉角速率同样维持在非常小的数量级，因此可认为达到了较好的配平效果。

6.2.3 姿态控制律仿真模型搭建与测试

1. 纵向通道控制律设计

纵向通道俯仰角控制采用串级 PID 控制器，其控制结构如下：

$$\delta_e = k_e^q \left(p - p_g\right) + k_e^{qi} \int \left(p - p_g\right) dt + \delta_{trim} \quad (6-21)$$

$$p = k_e^\theta \left(\theta - \theta_g\right) + k_e^{\theta i} \int \left(\theta - \theta_g\right) dt \quad (6-22)$$

Simulink 模型实现如图 6-23 所示。

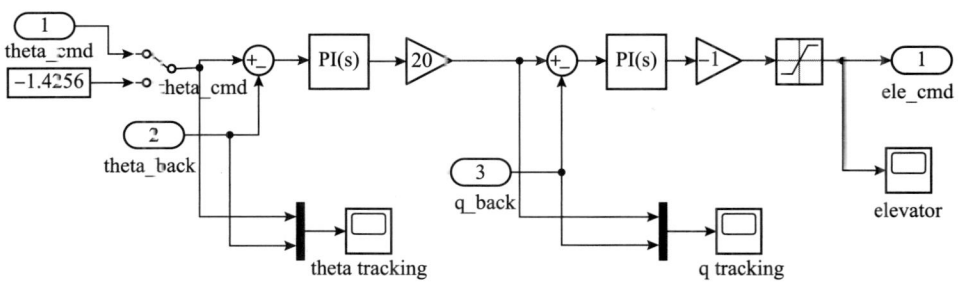

图 6-23　俯仰角控制回路 Simulink 模型实现

控制器选用参数见表 6-2。

表 6-2　俯仰角控制闭环回路参数选择

参数	数值	参数	数值
k_e^θ	0.5	k_e^q	0.05
$k_e^{\theta i}$	0	k_e^{qi}	0.05

设计完俯仰角控制回路后，对俯仰角跟踪效果进行了闭环测试，设定一阶跃信号为期望指令，给定俯仰角指令为 2.5°，跟踪曲线如图 6-24 所示。

相对应的内环的俯仰角速度跟踪曲线如图 6-25 所示。

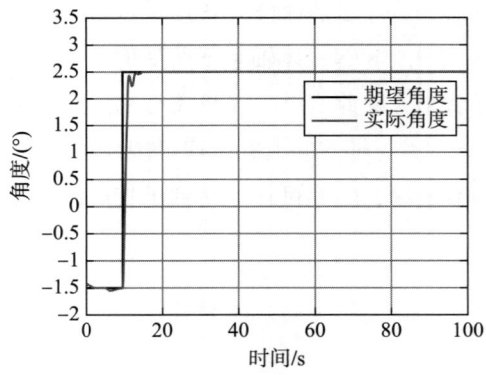
图 6-24 俯仰角跟踪曲线（见彩插）
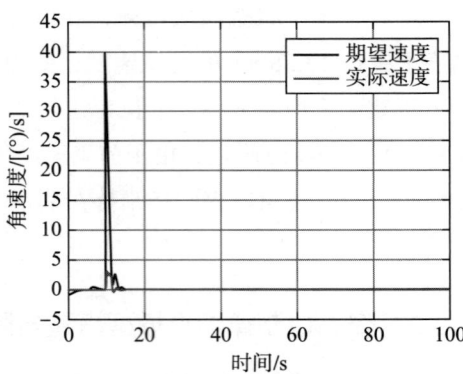
图 6-25 俯仰角速度跟踪曲线（见彩插）

2. 横向通道控制律设计

横向通道滚转角控制采用串级 PID 控制器，其控制结构如下：

$$\delta_a = k_a^p (p - p_g) + k_a^{pi} \int (p - p_g) \mathrm{d}t + \delta_{\mathrm{trim}} \quad (6\text{-}23)$$

$$p = k_a^\phi (\phi - \phi_g) + k_a^{\phi i} \int (\phi - \phi_g) \mathrm{d}t \quad (6\text{-}24)$$

Simulink 模型实现如图 6-26 所示。

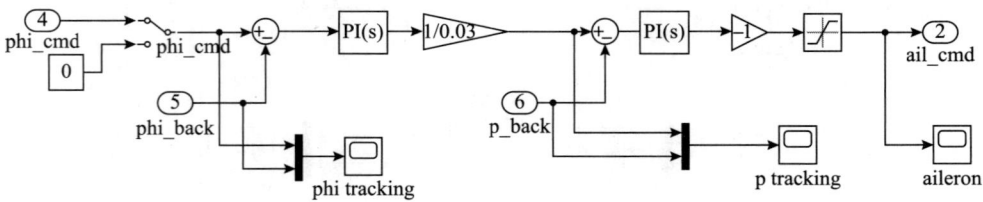

图 6-26 滚转角控制回路的 Simulink 模型实现

控制器选用参数见表 6-3。

表 6-3 滚转角控制闭环回路参数选择

参数	数值	参数	数值
k_a^ϕ	1.2	k_a^p	0.03
$k_a^{\phi i}$	0	k_a^{pi}	0.005

设计完滚转角控制回路后，对滚转角跟踪效果进行了闭环测试，设定一阶跃信号为期望指令，给定滚转角指令为 5°，跟踪曲线如图 6-27 所示。

相对应的内环的滚转角速度跟踪曲线如图 6-28 所示。

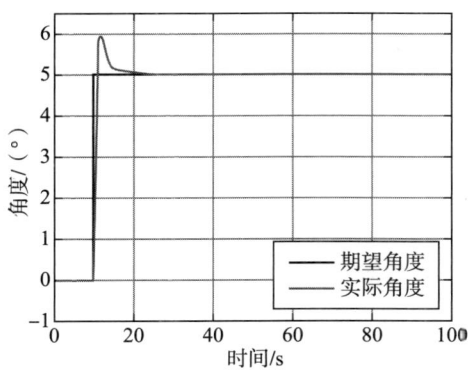
图 6-27　滚转角跟踪曲线（见彩插）
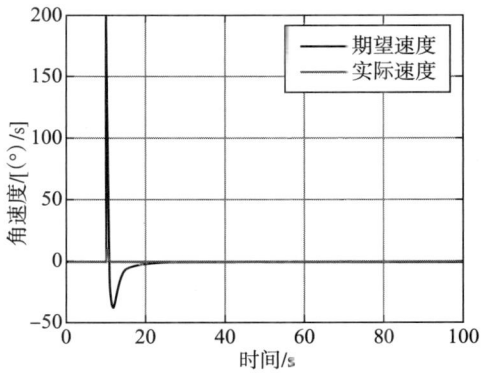
图 6-28　滚转角速度跟踪曲线（见彩插）

3. 协调转弯控制律设计

协调转弯可以快速高效地改变飞机的方向，从而执行多项任务，相比于传统的正常转弯方式，协调转弯的转弯角度更大，转弯角速度也更高，因此可以更快地完成转弯，并帮助飞机更快地到达目标位置。同时，其更短的绕飞距离可以避免过多的航程浪费，这有助于节省时间和燃料，提高效率。因此，协调转弯可以帮助飞机更快速地完成转弯动作，充分发挥飞机动态性能，提高飞行效率和作战效力。

协调转弯本质是指飞机在水平面内连续改变飞行方向，并保证飞机侧滑角 β 为 $0°$，即飞机的滚转与偏航运动耦合影响最小，并能够保持住飞行高度的一种转弯机动。在实际飞行过程中，飞机的滚转运动和偏航运动并不是完全独立的，二者紧密关联、相互交叉耦合，因此，在转弯机动过程中，会出现机体纵轴与空速向量的方向不同。无人机需要同时调整飞行速度、俯仰角度和偏航角度等参数，从而保持稳定的飞行状态和航线精度。在转弯时，需要根据飞行速度和飞行高度等因素来确定转弯角度和姿态调整方式，以确保无人机可以稳定、平滑地改变方向。

当俯仰角 $\theta = 0°$ 时，水平方向和垂直方向的力平衡方程为

$$\begin{cases} mg = L\cos\phi \\ mV\dot{\psi} = L\sin\phi \end{cases} \quad (6-25)$$

式中，L 为升力；V 为飞行速度；ϕ 为滚转角，由式（6-25）即可解得协调转弯公式为

$$\dot{\psi} = \frac{g}{V}\tan\phi \quad (6-26)$$

在 Simulink 中构建协调转弯仿真回路，如图 6-29 所示。

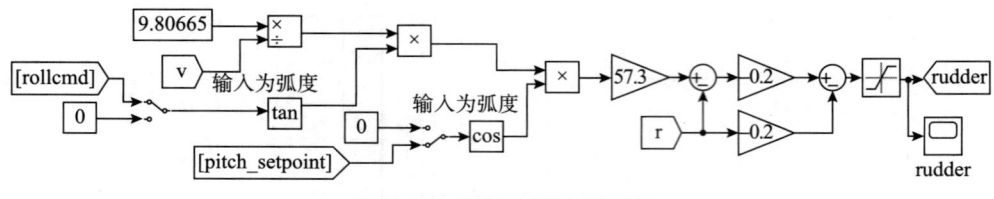

图 6-29 协调转弯仿真回路

6.2.4 位置轨迹跟踪控制律仿真模型搭建与测试

1. 总能量控制系统

总能量控制系统的核心思想是：协调飞机的油门和升降舵，对飞机的高度和速度进行控制，油门控制总能量的变化率，升降舵负责协调势能和动能之间转换。总能量控制系统的提出从根本上改变了传统控制结构中单输入单输出的控制策略，采用一体化设计的思想，实现高度和速度间的解耦控制。总能量控制系统将无人机的短周期姿态运动与长周期质点运动特性和飞机总能量的变化有机统一，采用现代控制理论中多输入多输出的控制策略，简化了系统的分析与设计[82-83]。

根据前文所述的设计思路，在 Simulink 中进行总能量控制系统的搭建。首先根据高度速度等反馈信号，进行数据预处理，得到总能量信号以及能量变化率信号等，如图 6-30 所示。

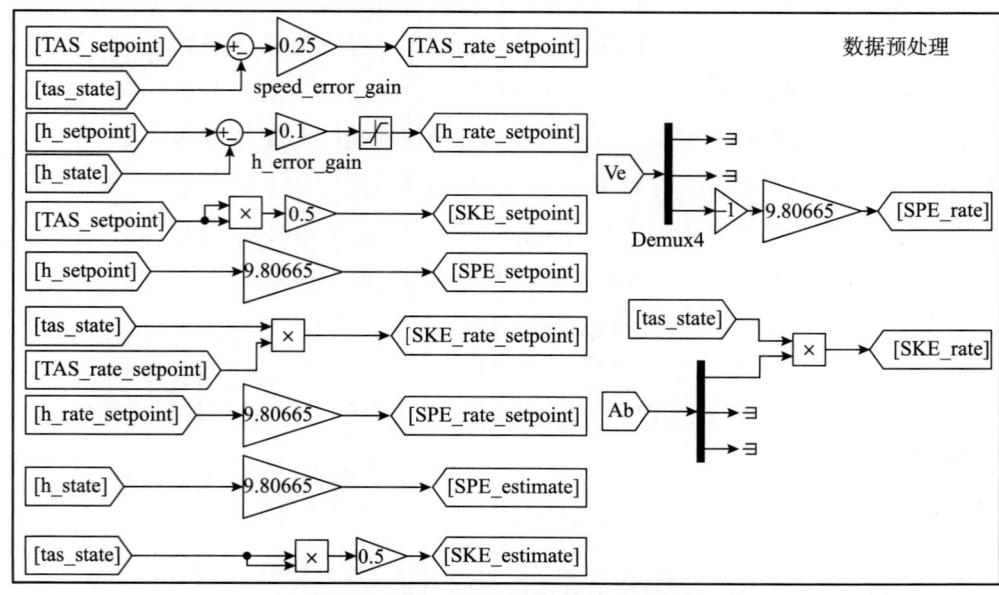

图 6-30 总能量信号数据处理

随后根据理论公式，选取合适参数，计算俯仰角设置点和油门设置点，如图 6-31 和图 6-32 所示。

2. L1 制导律

L1 制导律是一种常用的基于航迹角控制的制导律，也称为曲线法。它的主要思想是，将无人机的飞行路径看作一段曲线，通过控制无人机偏离该曲线的航向角，使无人机能够按照预定路线飞行。

具体来说，L1 制导律是通过计算无人机当前位置与目标位置之间的距离和航向角差，来控制无人机的航向角，使其始终处于目标路径线的前方。在计算航向角时，L1 制导律考虑了不同距离点的权重，以实现更加精确的控制。与传统的 PID 控制方法相比，L1 制导律在控制无人机飞行时更具有优势，它不仅能够实现高精度的飞行控制，还能够自适应地调整制导律的参数，以适应不同的飞行情况和飞行环境。以下是在 Simulink 中搭建 L1 制导律的流程。

（1）航点判断

首先计算无人机当前位置到下一个航点的距离，随后利用 Stateflow 模块判断航点是否到达，进而实时选择下个航点位置。航点判断语句如图 6-33 所示。

（2）偏航角计算

根据飞机速度向量与 $\boldsymbol{L}_1$ 向量的点积来计算偏航角大小，即

$$\eta = \arccos \frac{\boldsymbol{V}_\mathrm{g} \cdot \boldsymbol{L}_1}{|\boldsymbol{V}_\mathrm{g}| \cdot |\boldsymbol{L}_1|} \tag{6-27}$$

其仿真流程如图 6-34 所示。

（3）计算滚转角指令

横向加速度计算公式为

$$a_\mathrm{cmd} = 2 \frac{|\boldsymbol{V}_\mathrm{g}|^2}{|\boldsymbol{L}_1|} \sin \eta \tag{6-28}$$

滚转角指令计算公式为

$$\phi_\mathrm{cmd} = \arctan \left(\frac{a_\mathrm{cmd}}{g} \right) \tag{6-29}$$

其仿真流程如图 6-35 所示，整体的 L1 制导律流程如图 6-36 所示。

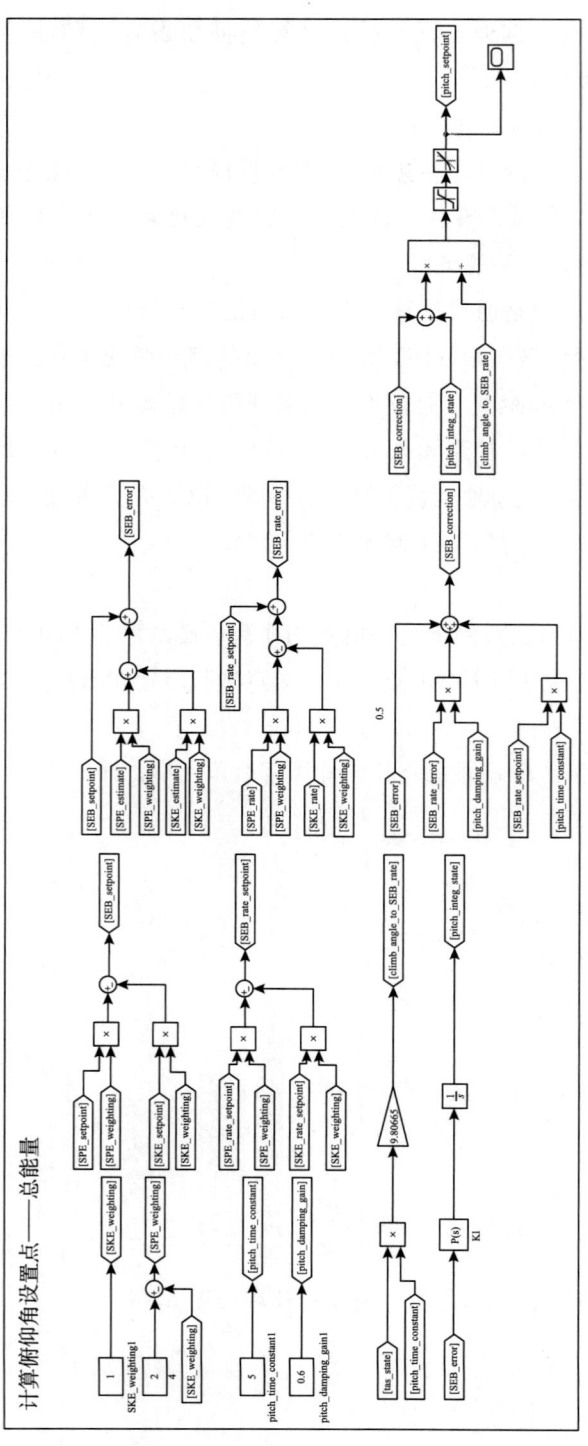

图 6-31 总能量控制仿真回路：计算俯仰角设置点

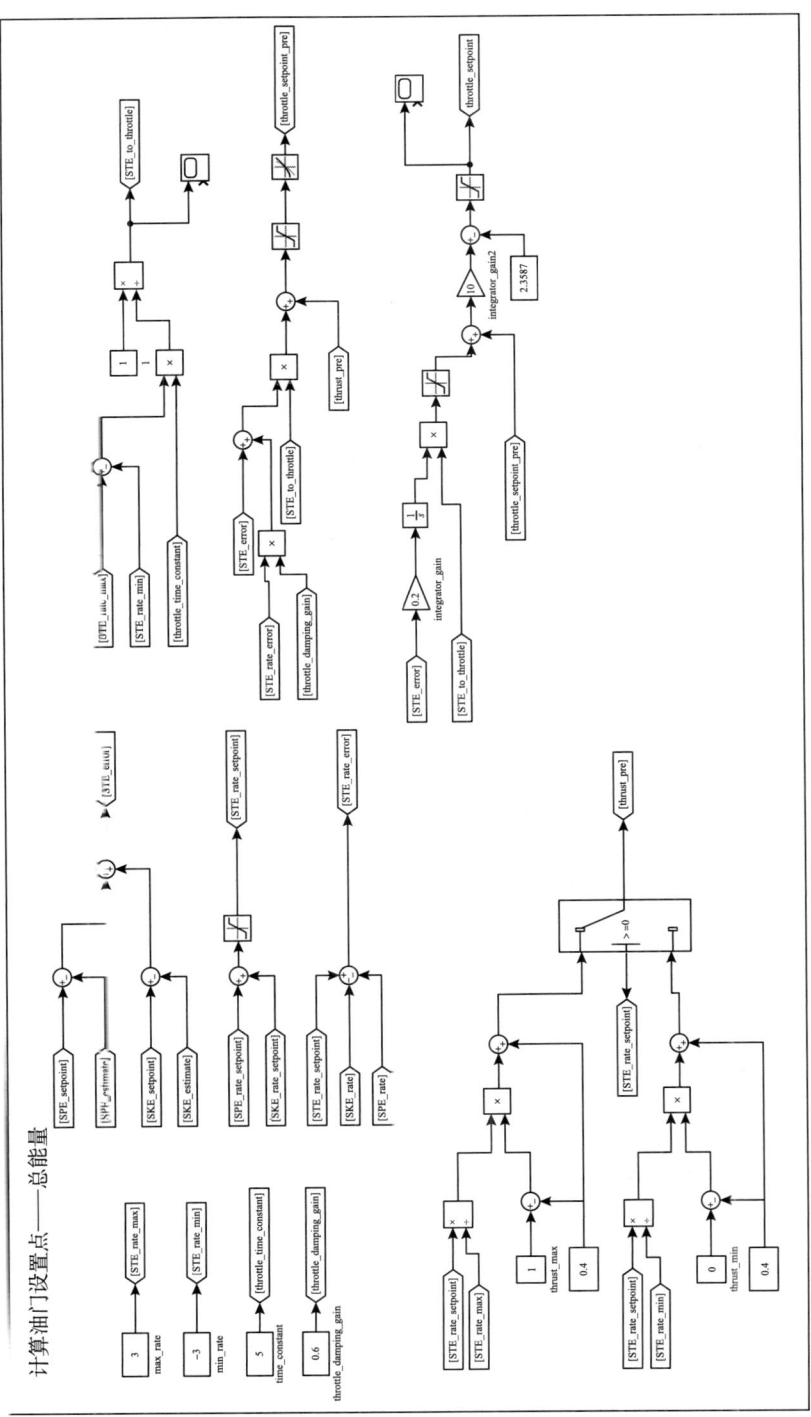

图 6-32　总能量控制仿真回路：计算油门设置点

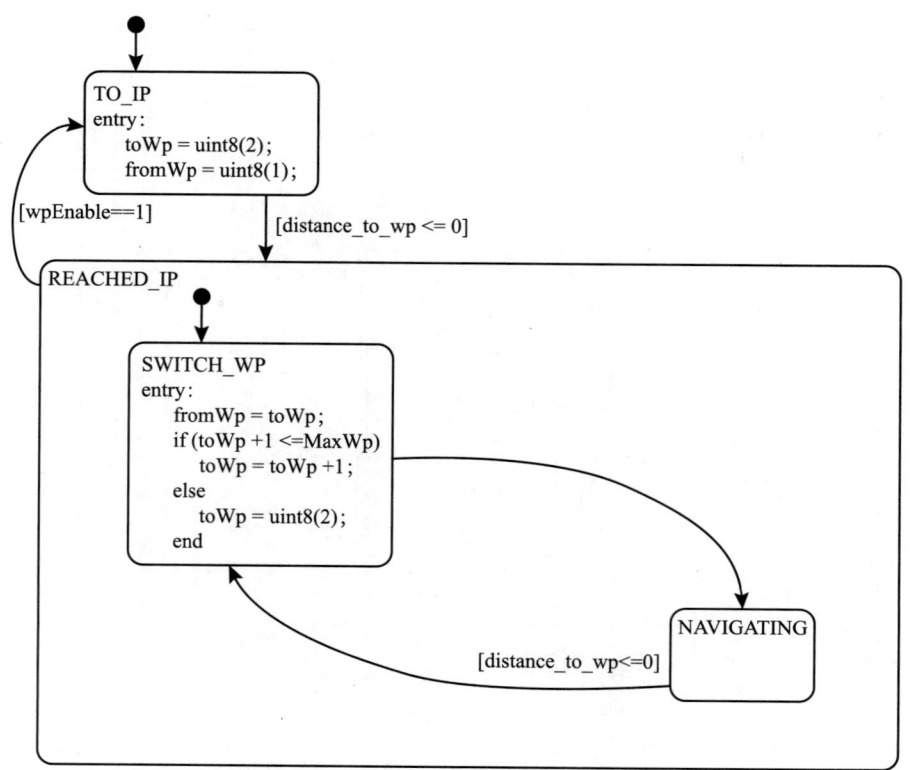

图 6-33 航点判断语句

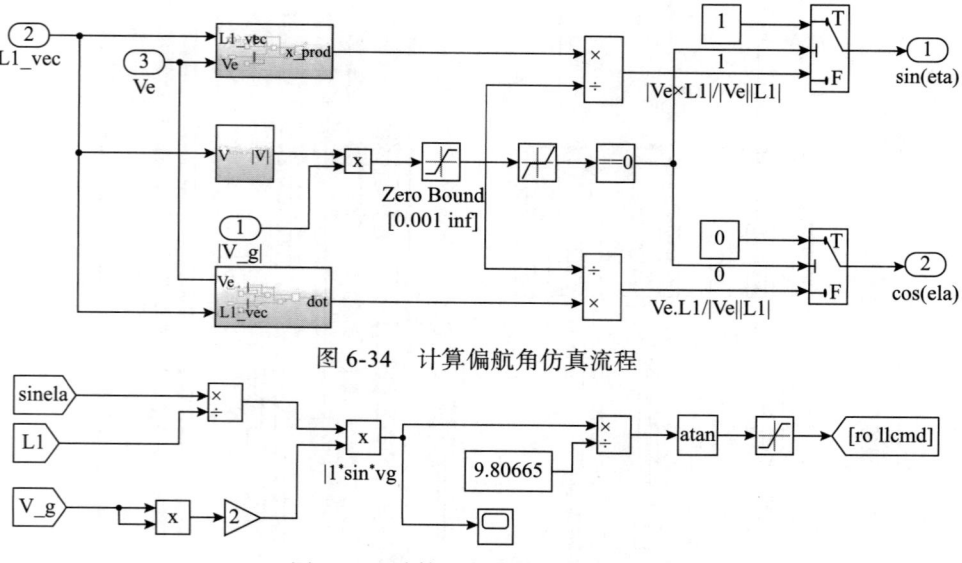

图 6-34 计算偏航角仿真流程

图 6-35 计算滚转角指令仿真流程

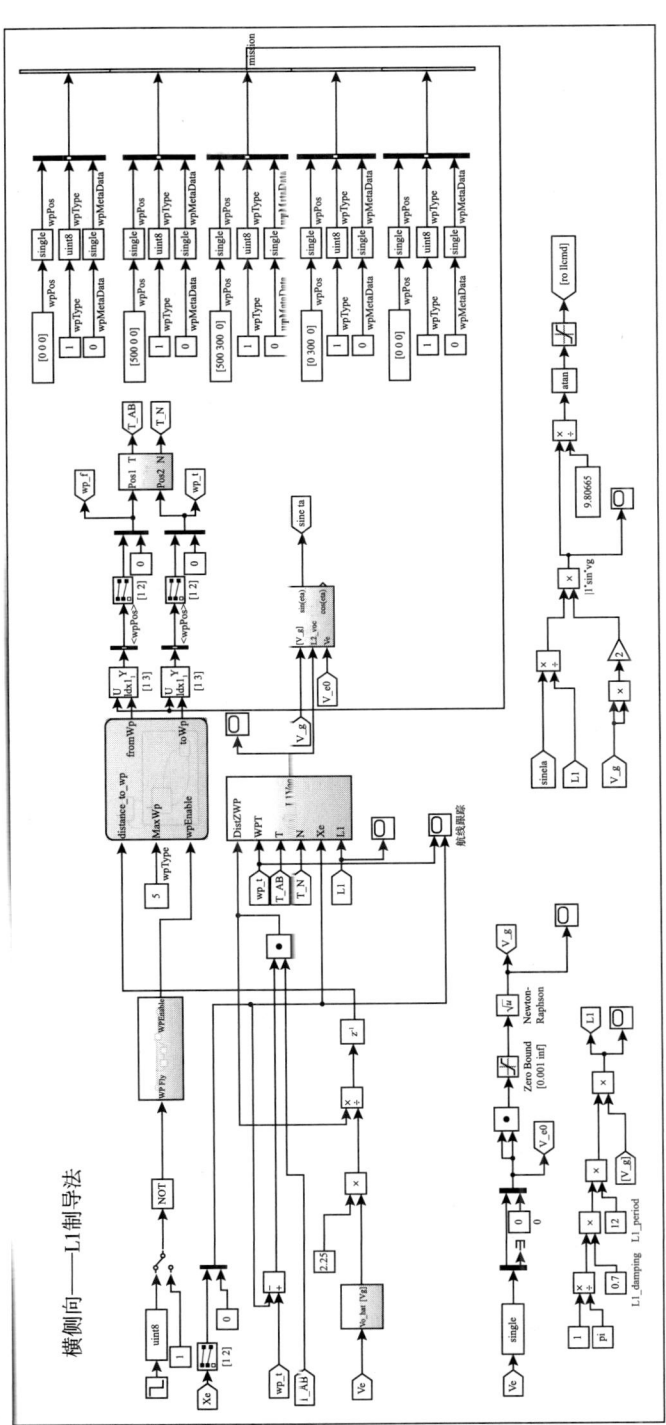

图 6.36 整体 L1 制导流程

3. 测试结果

对应于本章所设计的俯仰角控制回路以及高度控制回路，阶跃信号初值为 440m，从第 5s 开始突变为 500m，随后一直保持 500m，仿真时间为 100s，高度跟踪曲线如图 6-37 所示。

轨迹跟踪的仿真结果如图 6-38 所示。

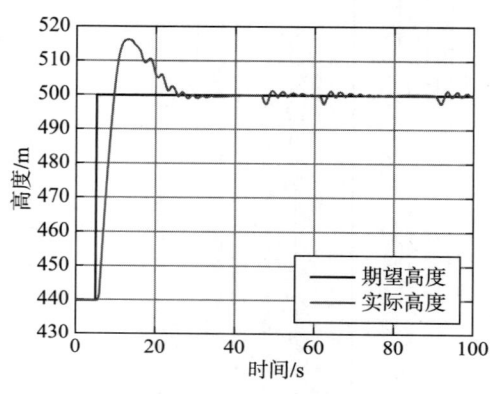

图 6-37 高度跟踪曲线（见彩插）　　图 6-38 轨迹跟踪的仿真结果（见彩插）

从图 6-37 中可以观察到，在 5～20s 间，无人机的高度跟踪曲线出现了较大幅度的超调，但无人机在超调之后仍能够稳定地跟踪所给定的高度，维持了期望的飞行状态，并在拐弯等特殊情况下出现的几处振荡中能够保持稳定。这说明无人机控制系统具备一定的自适应能力，在不断变化的环境中仍然能够保持良好的飞行表现，维持稳定的飞行。

从图 6-38 中可以观察到，参考轨迹有 4 个拐弯点，而实际跟踪轨迹表明无人机可以稳定、平滑地改变方向，使得无人机轨迹更加接近预定的航线。因此，采用协调转弯可以使无人机在转弯时保持稳定的飞行状态，使得飞行精度得到提高；此外，协调转弯还可以帮助无人机节省能源，避免不必要的能量浪费，从而延长无人机的飞行时间和续航能力。

6.3　多旋翼无人机飞行控制律仿真实践

在多旋翼无人机飞行控制律仿真实践环节中，我们以 Quanser 公司生产的"十"字形四旋翼无人机 Qball 为基础，在 MATLAB 的 Simulink 中构建模型。首先介绍四旋翼无人机的开环系统建模，开环系统包括刚体动力学和运动学建模、动力系统建模，其次基于开环系统，实现模型配平，完成开环仿真环节。随后，介绍控制分配模块的搭建，分别介绍了使用 PID 控制律、LQR 控制律和滑模控制律来建立四旋翼无人机的姿态和位置控制系统，使四旋翼无人机完成精准姿态控制和精确轨迹跟踪的任务[84]。

Qball 无人机如图 6-39 所示，图中的序号为执行器的编号。

无人机的基本参数及其数值见表 6-4。

表 6-4　无人机的基本参数及其数值

参数	释义	数值
M	无人机质量	1.4kg
K	力系数	120 N
ω	执行器带宽	15 rad/s
J_{roll}	绕滚转轴的惯量	0.03 kg·m²
J_{pitch}	绕俯仰轴的惯量	0.03 kg·m²
J_{yaw}	绕偏航轴的惯量	0.04 kg·m²
L	距离	0.2m
K_y	力矩系数	2 N·m²

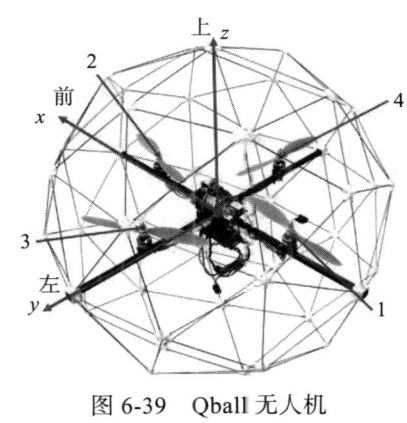

图 6-39　Qball 无人机

6.3.1　动力系统 Simulink 模型搭建

Qball 无人机每个螺旋桨产生的推力使用一阶系统建模，即

$$F_i = \frac{K\omega}{\omega + s} u_i \quad (i=1,2,3,4) \tag{6-30}$$

式中，u 为动力系统中每个执行器输出的 PWM 波。为了便于建模，此处直接将传递函数简化为

$$F_i = K u_i \quad (i=1,2,3,4) \tag{6-31}$$

PWM 波的频率是指 1s 内，信号从高电平到低电平再回到高电平的次数，信号从高电平到低电平再回到高电平也叫 PWM 波的一个周期。占空比指的是在一个周期内，高电平时间的占比。假设信号脉宽为 0.5s，频率则为 2Hz，其占空比若为 50%，则高电平时间为 0.25s，低电平时间也为 0.25s。在实际使用中，频率往往是固定的，PWM 波的调节作用来源于对占空比的控制，占空比越高，则输出的能量就越大，也就是输出信号的平均值会变大，占空比变小，则输出信号的平均值就变小。总的来说，在固定的频率下，通过不同的占空比可以得到不同的输出值。

在无人机动力系统的控制中，占空比往往与电调相关，电调可以控制输出电压，从而调节执行器的转速。高电压对应电动机的高转速，低电压对应电动机的低转速，但是当电压切换时，电动机由于内部结构中电感的存在，并不会随着电压变化直接改变，而是与周期内输出电压的平均值相关。

在实际使用中的电调主要可以识别 1～2ms 之间的脉宽，1ms 对应油门的最小值，2ms 对应油门的最大值。2ms 对应的频率为 500Hz，因此 PWM 波的最大频率也不能超过 500Hz。对于飞行器的控制系统来说，一般频率为 100～250Hz 就能取得良好的控制效果，对应在仿真中，仿真步长固定为 0.004～0.01s。在本书的仿真中，仿真步长固定为 0.01s，求解器选择为 ode4（Runge-Kutta）。

在执行器模型中，归一化 PWM 波，0 对应无人机的最小油门，0.05 对应无人机的最大油门，在无人机处于悬停状态时，处于最小油门和最大油门之间。仿真模型中的设置如图 6-40 所示。

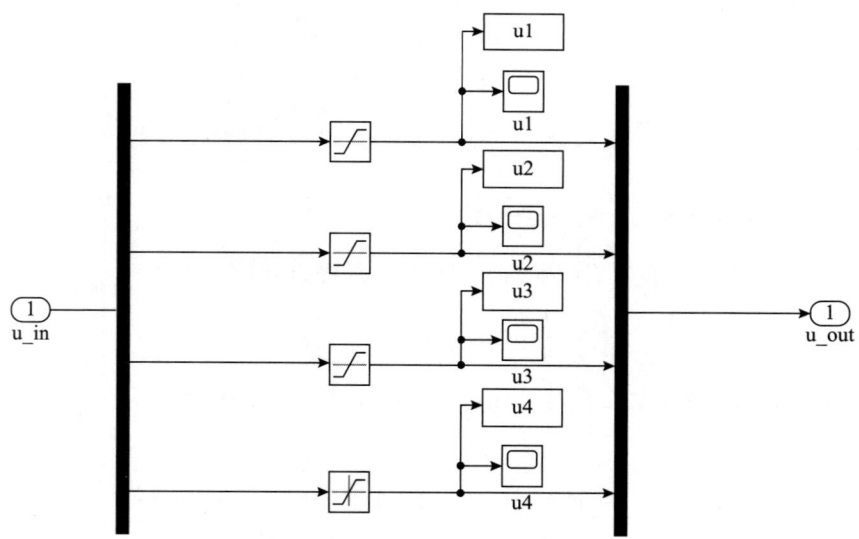

图 6-40　动力系统模型中对执行器的油门限制

6.3.2　无人机六自由度刚体模型搭建

Qball 无人机的六自由度刚体模型包含两部分，刚体动力学与刚体运动学模块和控制效率与控制分配模块，图 6-41 为无人机六自由度刚体模型的 Simulink 实现。

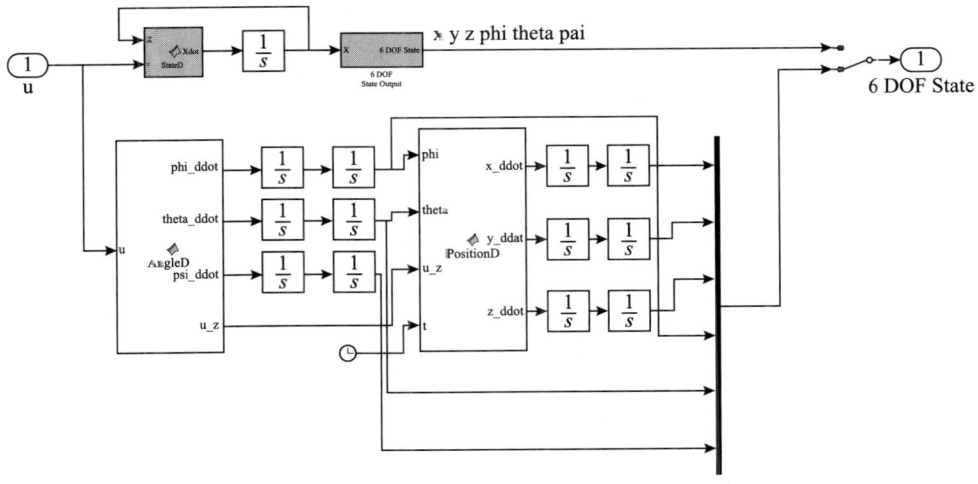

图 6-41　无人机六自由度刚体模型的 Simulink 实现

在第 3 章的 3.2.5 节介绍了刚体动力学和运动学的公式：

$$\begin{cases} \ddot{X} = (\cos\phi\sin\theta\cos\psi + \sin\phi\sin\psi)\dfrac{u_z}{m} \\ \ddot{Y} = (\cos\phi\sin\theta\sin\psi - \sin\phi\cos\psi)\dfrac{u_z}{m} \\ \ddot{Z} = (\cos\phi\cos\theta)\dfrac{u_z}{m} - g \\ \dot{p} = \dfrac{I_{yy} - I_{zz}}{I_{xx}} qr + \dfrac{u_\phi}{I_{xx}} \\ \dot{q} = \dfrac{I_{zz} - I_{xx}}{I_{yy}} pr + \dfrac{u_\theta}{I_{yy}} \\ \dot{r} = \dfrac{I_{xx} - I_{yy}}{I_{zz}} pq + \dfrac{u_\psi}{I_{zz}} \end{cases} \quad (6\text{-}32)$$

和欧拉角速度和无人机角速度之间的转换矩阵：

$$\begin{bmatrix} \dot{\phi} \\ \dot{\theta} \\ \dot{\psi} \end{bmatrix} = \begin{bmatrix} 1 & \sin\phi\tan\theta & \cos\phi\tan\theta \\ 0 & \cos\phi & -\sin\phi \\ 0 & \dfrac{\sin\phi}{\cos\theta} & \dfrac{\cos\phi}{\cos\theta} \end{bmatrix} \begin{bmatrix} p \\ q \\ r \end{bmatrix} \quad (6\text{-}33)$$

对应的仿真代码为

```
x_doubledot=U(1)*(cos(phi)*sin(theta)*cos(psi)+sin(phi)*sin(psi))/m;
y_doubledot=U(1)*(cos(phi)*sin(theta)*sin(psi)-sin(phi)cos(psi))/m;
```

```
z_doubledot=U(1)*(cos(phi)*cos(theta))/m-g;

p_dot=(U(2)-(Jz-Jy)*q*r)/Jx;
q_dot=(U(3)-(Jx-Jz)*r*p)/Jy;
r_dot=(U(4)-(Jy-Jx)*p*g)/Jz;

phi_dot=phi+tan(theta)*(q*sin(phi)+r*cos(phi));
theta_dot=q*cos(phi)-r*sin(phi);
psi_dot=(g*sin(phi)+r*cos(phi))/cos(theta);
```

3.2.7 节介绍了在工作点线性化后的动力学和运动学方程：

$$\begin{cases} \ddot{X} = g\theta \\ \ddot{Y} = -g\phi \\ \ddot{Z} = \dfrac{u_z}{m} - g \\ \ddot{\phi} = \dfrac{u_\phi}{I_{xx}} \\ \ddot{\theta} = \dfrac{u_\theta}{I_{yy}} \\ \ddot{\psi} = \dfrac{u_\psi}{I_{zz}} \end{cases} \quad (6\text{-}34)$$

对应的仿真代码为

```
X_ddot=g*theta;
Y_ddot=-g*phi;
Z_ddot=-g+u_z/m;
phi_ddot=U(2)/Jx;
theta_ddot=U(3)/Jy;
psi_ddot=U(4)/Jz;
```

3.2.6 节介绍了控制效率和控制分配模型：

$$\begin{bmatrix} u_z \\ u_\phi \\ u_\theta \\ u_\psi \end{bmatrix} = \begin{bmatrix} K & K & K & K \\ 0 & 0 & KL & -KL \\ KL & -KL & 0 & 0 \\ K_y & K_y & -K_y & -K_y \end{bmatrix} \begin{bmatrix} u_1 \\ u_2 \\ u_3 \\ u_4 \end{bmatrix} \quad (6\text{-}35)$$

对应的仿真代码为

```
A=zeros(4);
A(1,:) = [K K K K];
A(2,:) = [0 0 K*L -K*L];
A(3,:) = [K*L -K*L 0 0];
```

```
A(4,:)= [K*Kpsi,K*Kpsi,-K*Kpsi,-K*Kpsi];
U=A*u;
```

此模块输入为动力系统中 4 个执行器的输出,基于执行器输出获取作用于无人机上的力和力矩,经计算后可以得出为四旋翼无人机的姿态的导数和位置的二阶导数,随后分别进行积分和两次积分,则可得到四旋翼无人机的位置和姿态作为此模块的输出。

6.3.3 动力学模型配平与开环仿真

相较于固定翼无人机,四旋翼无人机的模型配平更为简单。当将配平状态取为悬停状态时,只需要将四旋翼无人机的重力直接引入四旋翼无人机的模型中即可,但是直接在四旋翼无人机的六自由度刚体模型上添加是不可行的。旋翼转速的限制四旋翼无人机飞行控制系统的重要限制之一,直接在刚体模型上添加会使系统对于无人机转速限制与实际不符,因此应当将重力转化为转速,也就是使四旋翼无人机执行器的转速在配平情况下处于恒定转速。

$$u_{i_{\text{trim}}} = \frac{mg}{4K} (i=1,2,3,4) \qquad (6-36)$$

即

$$u_{i_{\text{trim}}} = \frac{1.4 \times 9.81}{4 \times 120} = 0.0286125 \qquad (6-37)$$

配平状态下的 PWM 波和四旋翼飞行参数如图 6-42 和图 6-43 所示。

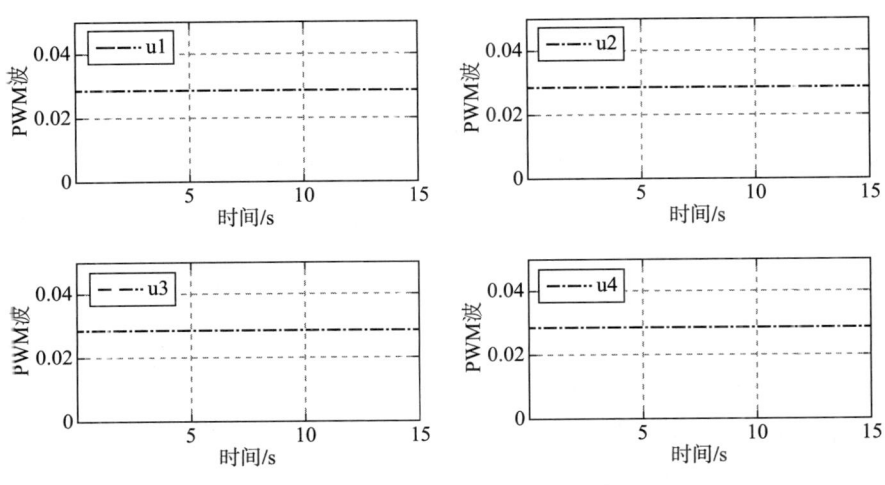

图 6-42 开环验证时的 PWM 波

在悬停的基础上，减小所有螺旋桨的转速时，依照飞行原理四旋翼无人机高度应降低，此时无人机位置和角度如图 6-44 所示。

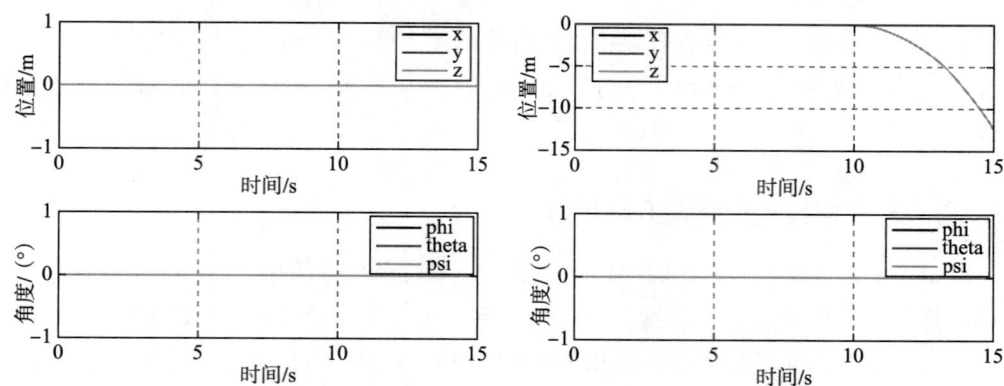

图 6-43　配平状态下的无人机飞行参数（见彩插）　　图 6-44　执行器全故障状态下的无人机飞行参数（见彩插）

在悬停的基础上，增大所有螺旋桨的转速，依照飞行原理则四旋翼无人机应做上升运动，无人机位置和角度如图 6-45 所示。

在悬停的基础上，增大 3 号螺旋桨的转速，减小 4 号螺旋桨的转速，依照飞行原理四旋翼无人机应当产生正滚转力矩，实现向右滚转，如图 6-46 所示。

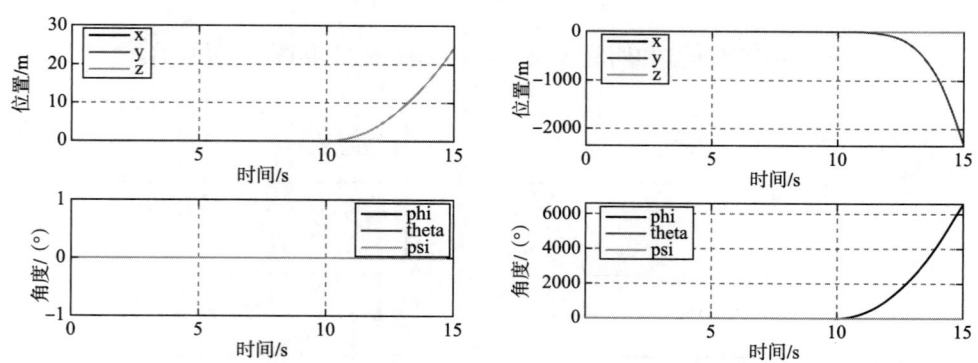

图 6-45　所有螺旋桨转速增大之后的四旋翼无人机飞行参数（见彩插）　　图 6-46　3 号螺旋桨转速增大、4 号螺旋桨转速减小时的无人机飞行参数（见彩插）

在悬停的基础上，减小 2 号螺旋桨的转速，增大 1 号螺旋桨的转速，依照飞行原理则四旋翼无人机应当产生正俯仰力矩，实现向前俯仰，如图 6-47 所示。

在悬停的基础上,增大 1 号螺旋桨和 2 号螺旋桨的转速,减小 3 号螺旋桨和 4 号螺旋桨的转速,依照飞行原理四旋翼无人机应当产生正偏航力矩,实现向左偏航,如图 6-48 所示。

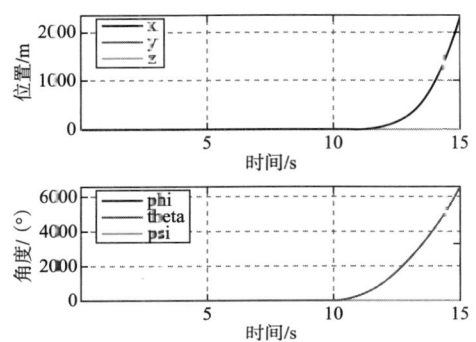

图 6-47 1 号螺旋桨转速增大、2 号螺旋桨转速减小时的无人机飞行参数(见彩插)

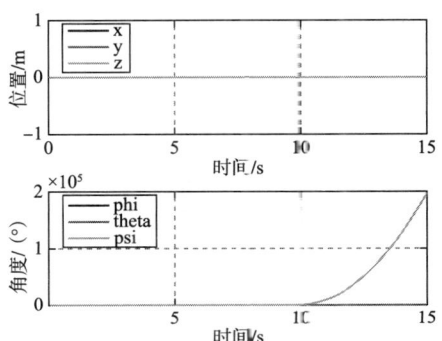

图 6-48 1 号和 2 号螺旋桨转速增大、3 号和 4 号螺旋桨转速减小时的无人机飞行参数(见彩插)

综上可见,所建立的四旋翼无人机模型仿真结果同飞行原理中表述一致,即已通过开环验证。

6.3.4 PID 控制律仿真模型搭建与测试

设计 PID 控制器时,首先要引入期望值和实际值的误差,再使此误差经过比例、积分和微分环节,与控制参数相乘后输出至下一环节,下文以俯仰角控制环节(见图 6-49)为例进行介绍。

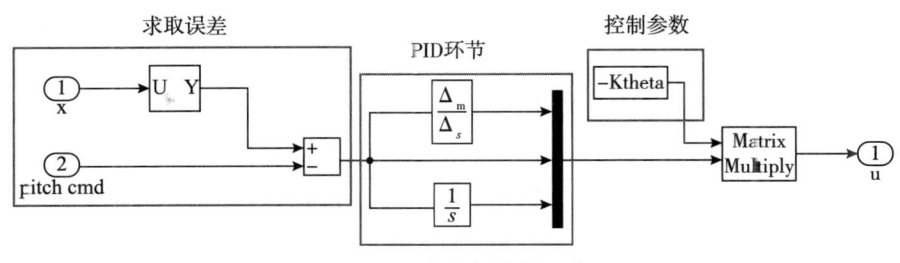

图 6-49 俯仰角控制环节

选择滚转、俯仰、偏航、x、y 和 z 控制器中的控制参数相关代码如下所示,其中姿态角控制器和高度控制器直接控制 4 个执行器,而 x 和 y 控制器输出为俯仰角和滚转角。

```
Kpsi=[0.0017 0.0006 0;0.0017 0.0006 0;-0.0017 -0.0006 0;-0.0017 -0.0006 0];
Kphi=[0 0 0;0 0 0;0.0589 0.7748 0; -0.0589 -0.7748 0];
Ktheta=[0.0564 0.5485 0.0071; -0.0564 -0.5485 -0.0071;0 0 0;0 0 0];
Kheight=[0.0099 0.0156 0.0122; 0.0099 0.0156 0.0122; 0.0099 0.0156 0.0122;
0.0099 0.0156 0.0122];
Kx=[0.5 0.7 0];
Ky=[-0.5 -0.7 0];
```

以偏航控制器对控制器参数进行解释：首先获取期望偏航角和实际偏航角之间的误差，其中期望偏航角直接获取，实际偏航角从六自由度刚体模型中获取，其中偏航角的控制参数为4行3列，这3列中从左往右分别为比例控制参数、积分控制参数和微分控制参数，4行代表着4个执行器。在控制参数中，姿态角和高度控制器的输出均为针对4个执行器的命令，但 x 和 y 控制器由于输出为滚转角和俯仰角，因此控制参数为只有一行。

无人机期望位置指令及设计控制器的跟踪性能如图6-50和图6-51所示。

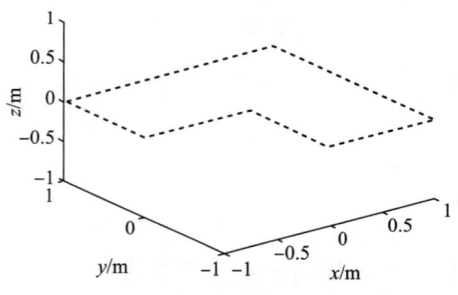

图6-50　期望的四旋翼无人机轨迹1

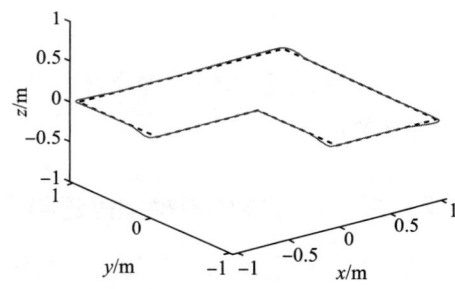

图6-51　四旋翼无人机轨迹跟踪效果1

此时，四旋翼无人机控制效果及实际飞行参数如图6-52和图6-53所示。

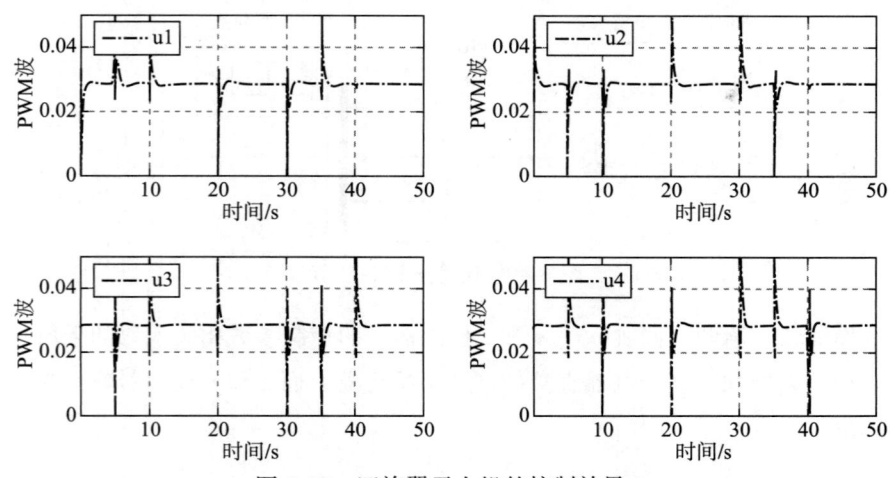

图6-52　四旋翼无人机的控制效果1

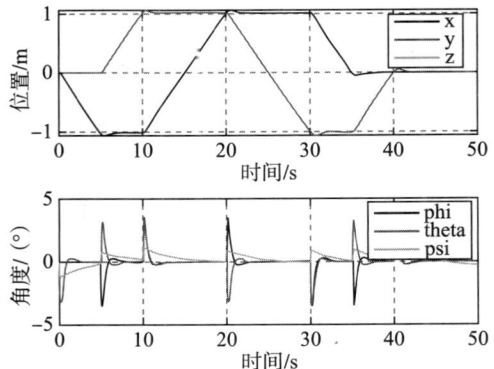

图 6-53 四旋翼无人机的飞行参数 1（见彩插）

6.3.5 LQR 控制律仿真模型搭建与测试

LQR 控制器是在 PID 控制器的基础上，更改了各通道的控制参数，其中控制参数由控制通道的状态空间方程和设计者选定的 Q 阵与 R 阵，共同解算得到[85]。

在 4.2.4 节的 LQR 控制器设计中，分析得滚转、俯仰和偏航的状态空间方程为

$$\begin{bmatrix} \ddot{\phi} \\ \dot{\phi} \\ \phi \end{bmatrix} = \begin{bmatrix} 0 & 0 & 0 \\ 1 & 0 & 0 \\ 0 & 1 & 0 \end{bmatrix} \begin{bmatrix} \dot{\phi} \\ \phi \\ s \end{bmatrix} + \begin{bmatrix} 0 & 0 & \dfrac{KL}{I_{xx}} & -\dfrac{KL}{I_{xx}} \\ 0 & 0 & 0 & 0 \\ 0 & 0 & 0 & 0 \end{bmatrix} \begin{bmatrix} u_1 \\ u_2 \\ u_3 \\ u_4 \end{bmatrix} \qquad (6\text{-}38)$$

$$\begin{bmatrix} \ddot{\theta} \\ \dot{\theta} \\ \theta \end{bmatrix} = \begin{bmatrix} 0 & 0 & 0 \\ 1 & 0 & 0 \\ 0 & 1 & 0 \end{bmatrix} \begin{bmatrix} \dot{\theta} \\ \theta \\ s \end{bmatrix} + \begin{bmatrix} \dfrac{KL}{I_{yy}} & -\dfrac{KL}{I_{yy}} & 0 & 0 \\ 0 & 0 & 0 & 0 \\ 0 & 0 & 0 & 0 \end{bmatrix} \begin{bmatrix} u_1 \\ u_2 \\ u_3 \\ u_4 \end{bmatrix} \qquad (6\text{-}39)$$

$$\begin{bmatrix} \ddot{\psi} \\ \dot{\psi} \\ \psi \end{bmatrix} = \begin{bmatrix} 0 & 0 & 0 \\ 1 & 0 & 0 \\ 0 & 1 & 0 \end{bmatrix} \begin{bmatrix} \dot{\psi} \\ \psi \\ s \end{bmatrix} + \begin{bmatrix} \dfrac{K_y}{I_{zz}} & \dfrac{K_y}{I_{zz}} & -\dfrac{K_y}{I_{zz}} & -\dfrac{K_y}{I_{zz}} \\ 0 & 0 & 0 & 0 \\ 0 & 0 & 0 & 0 \end{bmatrix} \begin{bmatrix} u_1 \\ u_2 \\ u_3 \\ u_4 \end{bmatrix} \qquad (6\text{-}40)$$

则滚转、俯仰、偏航控制器中的 A 阵和 B 阵分别为

$$\boldsymbol{A}_\phi = \begin{bmatrix} 0 & 0 & 0 \\ 1 & 0 & 0 \\ 0 & 1 & 0 \end{bmatrix}, \boldsymbol{B}_\phi = \begin{bmatrix} 0 & 0 & \dfrac{KL}{I_{xx}} & -\dfrac{KL}{I_{xx}} \\ 0 & 0 & 0 & 0 \\ 0 & 0 & 0 & 0 \end{bmatrix} \tag{6-41}$$

$$\boldsymbol{A}_\theta = \begin{bmatrix} 0 & 0 & 0 \\ 1 & 0 & 0 \\ 0 & 1 & 0 \end{bmatrix}, \boldsymbol{B}_\theta = \begin{bmatrix} \dfrac{KL}{I_{yy}} & -\dfrac{KL}{I_{yy}} & 0 & 0 \\ 0 & 0 & 0 & 0 \\ 0 & 0 & 0 & 0 \end{bmatrix} \tag{6-42}$$

$$\boldsymbol{A}_\psi = \begin{bmatrix} 0 & 0 & 0 \\ 1 & 0 & 0 \\ 0 & 1 & 0 \end{bmatrix}, \boldsymbol{B}_\psi = \begin{bmatrix} \dfrac{K_y}{I_{zz}} & \dfrac{K_y}{I_{zz}} & -\dfrac{K_y}{I_{zz}} & -\dfrac{K_y}{I_{zz}} \\ 0 & 0 & 0 & 0 \\ 0 & 0 & 0 & 0 \end{bmatrix} \tag{6-43}$$

分别选择滚转、俯仰、偏航控制器的 $\boldsymbol{Q}$ 阵和 $\boldsymbol{R}$ 阵为

$$\begin{aligned} \boldsymbol{Q}_\phi &= \begin{bmatrix} 0.5 & 120 & 0.001 \end{bmatrix}, \boldsymbol{R}_\phi = \begin{bmatrix} 100 & 100 & 100 & 100 \end{bmatrix} \\ \boldsymbol{Q}_\theta &= \begin{bmatrix} 0.5 & 60 & 0.01 \end{bmatrix}, \boldsymbol{R}_\theta = \begin{bmatrix} 100 & 100 & 100 & 100 \end{bmatrix} \\ \boldsymbol{Q}_\psi &= \begin{bmatrix} 0.1 & 0.1 & 0.0001 \end{bmatrix}, \boldsymbol{Q}_\psi = \begin{bmatrix} 100000 & 100000 & 100000 & 100000 \end{bmatrix} \end{aligned} \tag{6-44}$$

直接使用 MATLAB 中的 LQR 函数对控制参数进行求解即可，相关代码如下：

```
% theta Execution
Atheta = [0 0 0;1 0 0;0 1 0];
Btheta = [K*L/Iy -K*L/Iy 0 0;zeros(2,4)];
Qtheta = diag([0.5 60 0.01]);
Rtheta = diag([100 100 100 100]);
Ktheta = lqr(Aheight,Bheight,Qtheta,Rtheta)
% phi Execution
Aphi = [0 0 0;1 0 0;0 1 0];
Bphi = [0 0 K*L/Ix -K*L/Ix;zeros(2,4)];
Qphi = diag([0.5 120 0.001]);
Rphi = diag([100 100 100 100]);
Kphi = lqr(Aphi,Bphi,Qphi,Rphi)

% psi Execution
Apsi = [0 0 0;1 0 0;0 1 0];
Bpsi = [Kpsi /Iz Kpsi/Iz -Kpsi/Iz -Kpsi/Iz;zeros(2,4)];
Qpsi = diag([0.1 0.1 0.0001]);
Rpsi = diag([100000 100000 100000 100000]);
Kpsi = lqr(Apsi,Bpsi,Qpsi,Rpsi)
```

在 4.2.4 节的 LQR 控制器设计中，分析的位置控制的状态空间方程如下所示：

$$\begin{bmatrix} \ddot{x} \\ \dot{x} \\ x \end{bmatrix} = \begin{bmatrix} 0 & 0 & 0 \\ 1 & 0 & 0 \\ 0 & 1 & 0 \end{bmatrix} \begin{bmatrix} \dot{x} \\ x \\ s \end{bmatrix} + \begin{bmatrix} g \\ 0 \\ 0 \end{bmatrix} \theta \tag{6-45}$$

$$\begin{bmatrix} \ddot{y} \\ \dot{y} \\ y \end{bmatrix} = \begin{bmatrix} 0 & 0 & 0 \\ 1 & 0 & 0 \\ 0 & 1 & 0 \end{bmatrix} \begin{bmatrix} \dot{z} \\ z \\ s \end{bmatrix} + \begin{bmatrix} -g \\ 0 \\ 0 \end{bmatrix} \phi \tag{6-46}$$

$$\begin{bmatrix} \ddot{z} \\ \dot{z} \\ z \end{bmatrix} = \begin{bmatrix} 0 & 0 & 0 \\ 1 & 0 & 0 \\ 0 & 1 & 0 \end{bmatrix} \begin{bmatrix} \dot{z} \\ z \\ s \end{bmatrix} + \begin{bmatrix} \frac{K_f}{m} & \frac{K_f}{m} & \frac{K_f}{m} & \frac{K_f}{m} \\ 0 & 0 & 0 & 0 \\ 0 & 0 & 0 & 0 \end{bmatrix} \begin{bmatrix} u_1 \\ u_2 \\ u_3 \\ u_4 \end{bmatrix} \tag{6-47}$$

则 x、y、z 控制器中的 A 阵和 B 阵分别为

$$A_x = \begin{bmatrix} 0 & 0 & 0 \\ 1 & 0 & 0 \\ 0 & 1 & 0 \end{bmatrix}, B_x = \begin{bmatrix} g \\ 0 \\ 0 \end{bmatrix} \tag{6-48}$$

$$A_y = \begin{bmatrix} 0 & 0 & 0 \\ 1 & 0 & 0 \\ 0 & 1 & 0 \end{bmatrix}, B_y = \begin{bmatrix} -g \\ 0 \\ 0 \end{bmatrix} \tag{6-49}$$

$$A_z = \begin{bmatrix} 0 & 0 & 0 \\ 1 & 0 & 0 \\ 0 & 1 & 0 \end{bmatrix}, B_z = \begin{bmatrix} \frac{K_f}{m} & \frac{K_f}{m} & \frac{K_f}{m} & \frac{K_f}{m} \\ 0 & 0 & 0 & 0 \\ 0 & 0 & 0 & 0 \end{bmatrix} \tag{6-50}$$

分别选择 x、y、z 控制器的 Q 阵和 R 阵为

$$\begin{aligned} Q_x &= [0.066 \quad 0.45 \quad 0.0001], R_x = [1] \\ Q_y &= [0.066 \quad 0.45 \quad 0.0001], R_y = [1] \\ Q_z &= [75 \quad 15 \quad 1800], R_z = [3000000 \quad 3000000 \quad 3000000 \quad 3000000] \end{aligned} \tag{6-51}$$

直接使用 MATLAB 中的 LQR 函数对控制参数进行求解即可，相关代码如下：

```
% z Execution
Aheight = [0 0 0;1 0 0;0 1 0];
Bheight = [K/m K/m K/m K/m;zeros(2,4)];
Qheight = diag([1 200 0.0001]);
Rheight = diag([100 100 100 100]);
```

```
Q_z = diag([75 15 1800]);
R_z = diag([3000000 3000000 3000000 3000000]);
Kheight = lqr(Aheight,Bheight,Q_z,R_z)
% X->Theta Execution
Qxy = diag([0.066 0.45 0.0001]);
Ax = [0 0 0;1 0 0;0 1 0];
Bx = [g;0;0];
Qx = diag([1 1 1]);
Rx = diag([1]);
Kx = lqr(Ax,Bx,Qxy,Rx);
% Y->Phi Execution
Ay = [0 0 0;1 0 0;0 1 0];
By = [-g;0;0];
Qy = diag([1 1 1]);
Ry = diag([1]);
Ky = lqr(Ay,By,Qxy,Ry);
```

当位置指令为图 6-54 所示正方形轨迹时,设计的控制器的跟踪性能如图 6-55 所示。

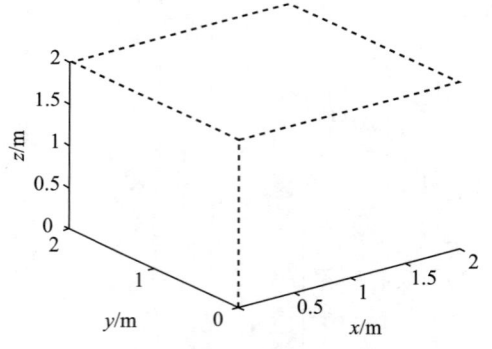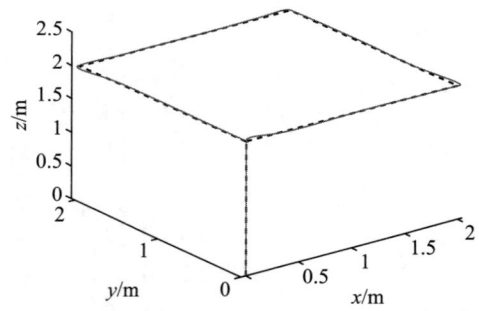

图 6-54 期望的四旋翼无人机轨迹 2   图 6-55 四旋翼无人机轨迹跟踪效果 2

此时,四旋翼无人机控制效果及实际飞行参数如图 6-56 和图 6-57 所示。

6.3.6 滑模控制律仿真模型搭建与测试

以 x 控制器为例介绍滑模控制器实现的流程,求取期望值和实际值的误差为 e,期望值和实际值误差的导数为 de,lambda 为控制器设计中的 λ,k 为控制器设计中的 k,sz 为滑模面,us 为控制输入,x 控制器输出为俯仰角。实现代码如下所示:

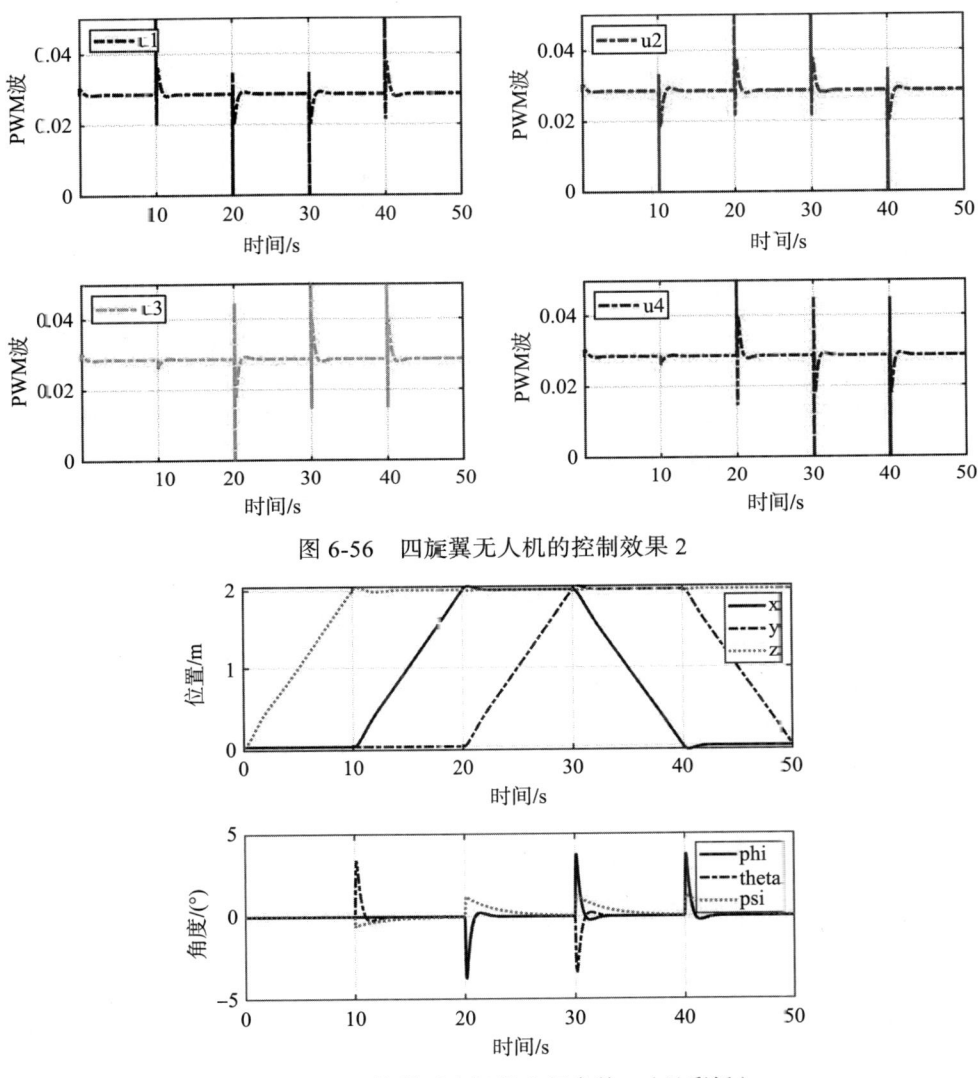

图 6-56　四旋翼无人机的控制效果 2

图 6-57　四旋翼无人机的飞行参数 2（见彩插）

```
e = x1-xd;
de = x2-dxd;
inte = u(6);
lambda = 1;
k = 1;
sz = lambda^2*inte+2*lambda*e+de;
us = ddxd-2*lambda*de-lambda^2*e
N=2;
if N==1
    uz=(ddxd-lambda*de-k*sign(sz));
```

```
    elseif N==2             %Saturated function
        delta=0.5;
        kk=1/delta;
        if abs(sz)>delta
            satsz = sign(sz);
        else
            satsz = kk*sz;
        end
        uz=m*(us-k*satsz);
end
sys(1)=uz(1);
sys(2)=sz;
```

俯仰角控制器的实现如下所示，其中使用 Binv 引入控制分配环节，俯仰角控制器的输出为 4 个执行器的控制输入。实现代码如下所示：

```
B = [K*L/Iyy -K*L/Iyy 0 0];
Binv = B.'*inv(B*B.'); % pseudo inverse

e = theta-thetad;
de = dtheta-dthetad;
inte = u(6);
lambda = 10;
stheta = lambda^2*inte+2*lambda*e+de;
k = 10;
us = ddthetad-2*lambda*de-lambda^2*e;

N = 2;
if N==1
    utheta = Iyy*(us-k*sign(stheta));
elseif N==2
    delta = 0.5;
    kk=1/delta;
    if abs(stheta)>delta
        satstheta = sign(stheta);
    else
        satstheta = kk*stheta;
    end
    utheta = Binv*(us-k*satstheta);
end
sys(1)=utheta(1);
sys(2)=utheta(2);
sys(3)=utheta(3);
sys(4)=utheta(4);
sys(5)=stheta;
sys(6)=us;
```

当位置指令为图 6-58 所示轨迹时，设计的控制器的跟踪性能如图 6-59 所示。

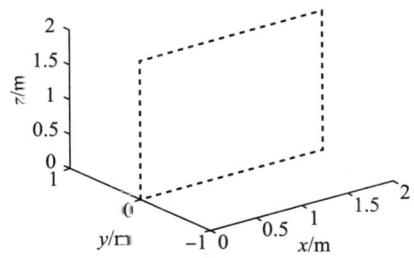
图 6-58 期望的四旋翼无人机轨迹 3

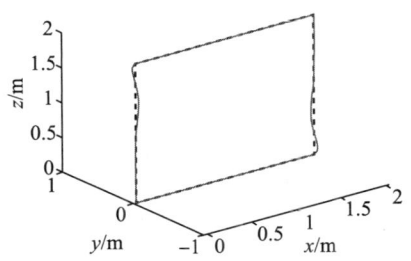
图 6-59 四旋翼无人机轨迹跟踪效果 3

此时，四旋翼无人机控制效果及实际飞行参数如图 6-60 和图 6-61 所示。

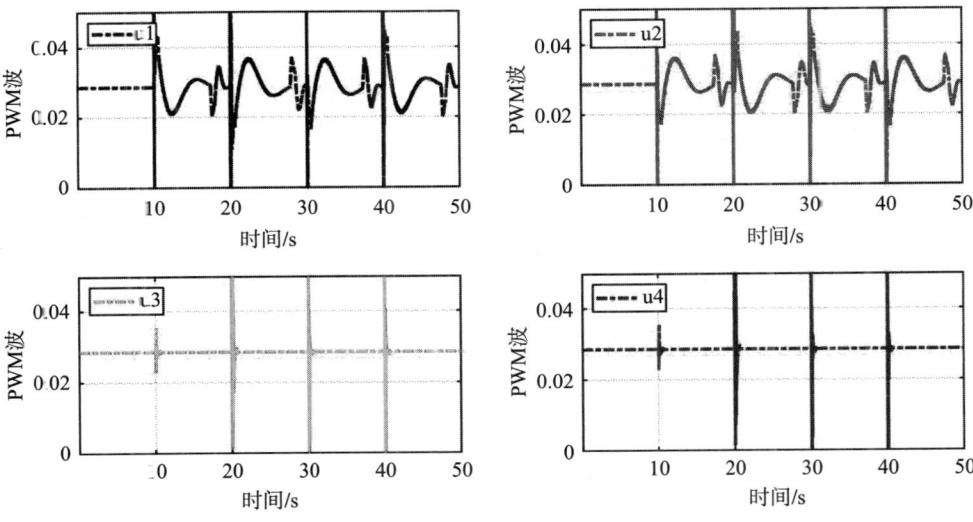
图 6-60 四旋翼无人机的控制效果 3

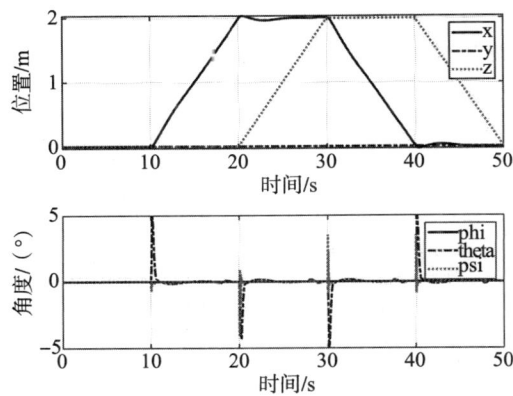
图 6-61 四旋翼无人机的飞行参数 3（见彩插）

第 7 章 |Chapter 7|

飞行控制系统硬件在环仿真实践

7.1 硬件在环仿真系统简介

7.1.1 硬件在环仿真与软件在环仿真对比

软件在环（Software In The Loop，SITL）仿真完全在计算机所搭建的模拟环境中运行，仿真中所使用的固件也是专门为这一环境生成的，除了模拟器提供虚假仿真环境数据的模拟驱动程序之外，系统是正常运行的。

相比较之下，硬件在环（Hardware In The Loop，HITL）仿真是在硬件设备上，以 HITL 模式来运行一般的 PX4 固件。和 SITL 仿真相比，HITL 仿真的数据进入系统的位置有所不同，在 HITL 模式下，命令器和传感器等核心模块在启动时会绕过一些正常的功能。

总而言之，HITL 仿真是在硬件设备上，使用标准固件运行 PX4，其优点在于可以测试代码在实际处理器中的运行情况；而 SITL 仿真，则是执行更多标准系统代码。

7.1.2 硬件在环仿真系统架构

PX4 是当今利用最广泛的开源飞控，因此本章的所有理论介绍和实物实验都是围绕它展开的。PX4 官方支持在 HITL 仿真系统中，由 jMAVSim 或 Gazebo 仿真器（在开发计算机上运行）通过 USB/UART 和飞控硬件连接，来充当地面站 QGC（QGroudControl）和 PX4 之间共享 MAVLink 数据的网关。

注意，如果飞控硬件有网络支持，并且网络连接的延迟较低（如以太网线连接），则飞控硬件和仿真器之间也可以通过 UDP 连接，但如果是 WiFi 连接，则一般不太可靠，这时并不建议使用 UDP 连接。

图 7-1 所示是一个 HITL 仿真系统的基本框架图，各个部分的功能如下所述：

1）地面站中进行了 HITL 模式配置，因此仿真中不会启动任何真实传感器。

2）jMAVSim 和 Gazebo 仿真器在此处采取的是 USB 方式和飞控硬件进行连接。

3）仿真器和地面站之间通过 UDP 连接，并将 MAVLink 消息桥接到 PX4 上。

4）仿真器还可以通过 UDP 同 API/Offboard 之间建立连接，并将 MAVLink 消息桥接到 PX4 上。

5）（可选）摇杆或手柄可以通过串口通信和地面站连接，输入仿真过程中的控制指令。

此外，也可以利用 Simulink 调用控制算法，其仿真结构图如图 7-2 所示，可以看到就是在上述 HITL 仿真结构的基础上，增添了一个 Simulink 和 Pixhawk 的串口通信。利用 Simulink 进行 HITL 仿真的详细环境配置步骤和操作流程如后文 7.2.2 节和 7.3.2 节所述。

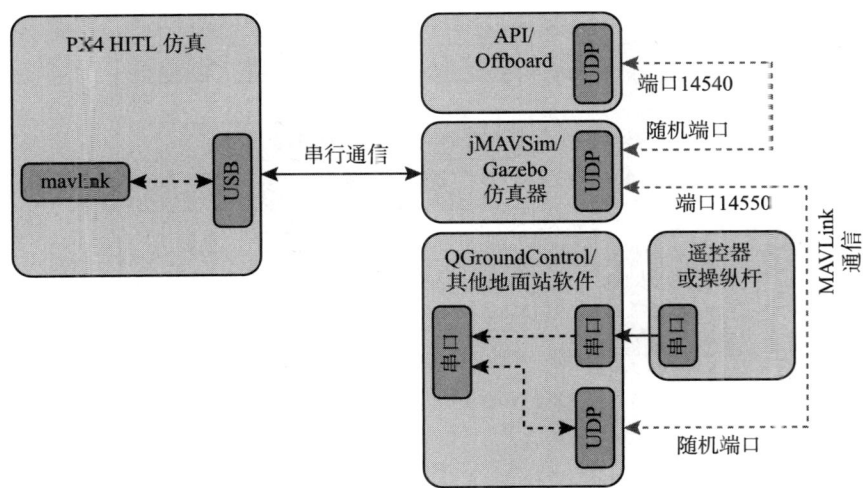

图 7-1　HITL 仿真系统的基本框架图

7.1.3　PX4-Autopilot 软件系统简介

1. 软件系统架构

PX4-Autopilot 系统的整体架构层次如图 7-3 所示，可以看到它主要由硬件系统和软件系统两个层次组成，而在软件系统中，又具体包括了飞行控制栈、中间件和实时操作系统。飞行控制栈包含一些任务模块，就是一系列无人机自动控制算法的集合，包括飞行控制、状态估计、导航系统等；中间件即为微对象请求代理

(uORB)，主要负责一些消息的传递工作；实时操作系统的基本任务与一般的操作系统一致，主要负责底层硬件的任务调度，区别就是具有实时性，可对不同的任务模块及时做出响应，下面几节将具体介绍软件系统中各个部分的组成和功能。

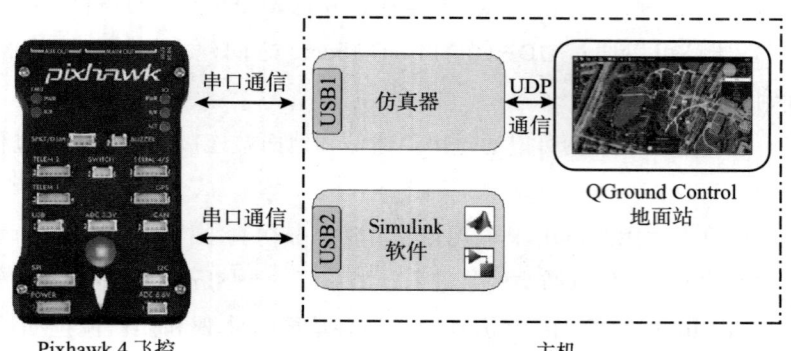

图 7-2 仿真结构图

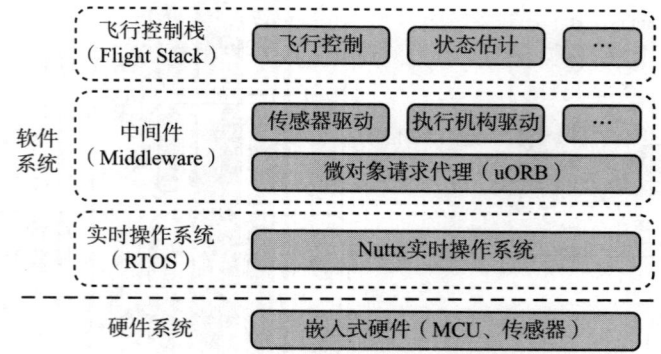

图 7-3 PX4-Autopilot 系统的整体架构层次

2. Nuttx 操作系统

（1）Nuttx 实时操作系统概述

Nuttx 是一种实时操作系统（RTOS），占用空间小，常在微控制器环境中使用，可在 8～64 位的微控制器环境中扩展。它的设计目的还在于完全符合 POSIX（可移植性操作系统接口）标准，完全实时，并完全开放。如图 7-4 所示，Nuttx 操作系统主要可以分为调度、文件、网络、驱动 4 个子系统，4 个子系统各自的功能如下所述。

1）调度子系统。Nuttx 支持大多数 RTOS 都没有实现的进程概念，并提供完整的 POSIX API。Nuttx 支持对称多处理和非对称多处理两种多核编程模式。

第 7 章　飞行控制系统硬件在环仿真实践

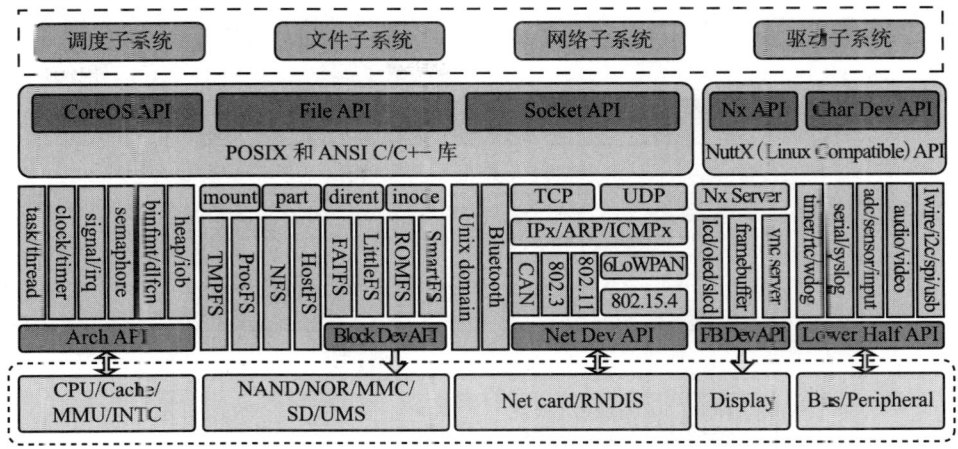

图 7-4　Nuttx 操作系统

2）文件子系统。Nuttx 设计了一套完整而小巧的虚拟文件系统，除了支持统一的目录和文件操作外，还支持挂载点、字符设备、块设备等高级概念。

3）网络子系统。Nuttx 实现了完整的网络协议栈，支持以太网、WiFi、IEEE 802.15.4、蓝牙、CAN 等数据链路层协议，支持 IPv4、IPv6 以及相关的 ARP（地址解析协议）、ICMP（互联网控制报文协议）、IGMP（互联网组管理协议）、MLD（多播接收方发现协议）等传输层协议，实现了 BSD 兼容套接字 API。

4）驱动子系统。Nuttx 支持文件系统的块设备驱动、TCP/IP 协议栈的网络设备驱动，为各种常见总线和外设定义了类似 Linux 的字符设备驱动。

（2）Nuttx 的功能特性与文件系统

作为一种实时操作系统，Nuttx 具有如下的功能特性：首先是与 POSIX 标准兼容，可以简化开源软件移植、方便代码复用，也可以降低学习曲线；其次，它具有完成度高的文件系统、网络协议栈、图形库、驱动框架和命令行界面（shell），可以减少开发成本；再者它具有模块化设计，可以基于 Kconfig 配置，按照需要对系统进行定制，适用不同的产品形态；最后就是它拥有较为活跃的开源社区，有较好的开发参考。

文件系统是存储介质存放数据及元数据的一种形式，是操作系统中实现对文件的组织、管理和存取的一组系统程序。在 Nuttx 中，采用的是虚拟文件系统（Virtual File System，VFS），即一切设备皆文件，对设备的操作就如同对文件的操作，其基本结构如图 7-5 所示。Nuttx 下的设备驱动是实现这种文件操作的接口，它屏蔽了设备访问的复杂性，通过 VFS 对设备进行抽象，为用户提供简单的标准接口。

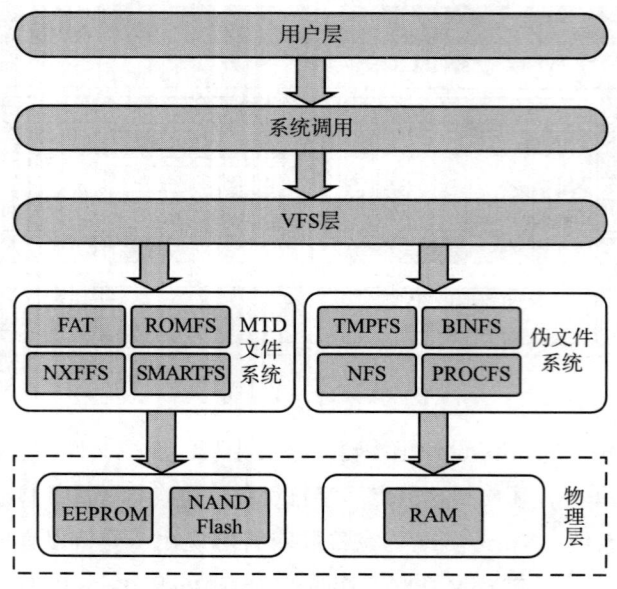

图 7-5　Nuttx 的功能特性与文件系统

（3）Nuttx 系统与 PX4-Autopilot 系统

如图 7-6 所示，在 PX4-Autopilot 系统架构中，Nuttx 是系统运行的基础软件平台，它可以提供任务调度和文件操作功能，与底层驱动层相连，降低系统的耦合度，提高系统硬件平台的可移植性，底层驱动层直接与具体硬件交互，主要完成具体硬件平台的控制功能。

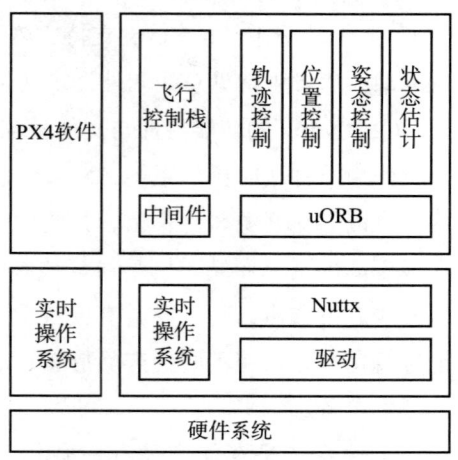

图 7-6　PX4-Autopilot 系统架构

（4）PX4 中 Nuttx 操作系统应用实例

1）进入 "/PX4-Autopilot/src/examples" 文件夹，在此文件夹下新建 hello 文件夹。

2）在文件夹下先后新建 "px4_hello_world.c" "CMakeLists.txt" "Kconfig" 文件，如图 7-7 所示。

3）将程序注册到 Nuttx 的系统中，在文件 "/PX4-Autopilot/boards/px4/fmu-v3/default.px4board" 中加 "CONFIG_EXAMPLES_PX4_HELLO_WORLD=y" 进行注册。

图 7-7 操作流程

4）重新编译程序（make px4_fmu-v3_default），编译成功后，在"/PX4-Autopilot/build/px4_fmu-v3_default/src/examples"文件夹中可以看到 px4_hello_world 文件夹，此时说明程序和操作步骤正确。

5）最后，下载编译后的固件到飞控中，在地面站控制台中打开 px4_hello_world 程序，此时输出"hello_world!"。

3. uORB 通信

uORB 是整个 PX4 软件系统的消息总线，用于连接各个模块并实现模块间的数据交互，它运行于实时操作系统之上，是一个基于消息的发布订阅机制的微对象请求代理器。如图 7-8 所示，uORB 在一条信息渠道中只会保留一条最新的消息，即不会存在消息队列一说，该系统的发布和订阅是完全并行的，有效地避免了等待阻塞。

图 7-8 uORB 数据交互示意图

PX4 内部的消息传递框架如图 7-9 所示，图中的每个功能模块都是操作系统的一个进程，而 uORB 实际上就是多个进程打开同一个设备文件，该文件内储存了多个消息主题，如欧拉角、速度、角速度等。进程间通过这些文件节点进行数据交互和共享，由此可以看出各个模块之间的运行是互不干扰的，一个模块出现问题并不会阻塞系统其他模块的运行。下面将具体介绍 PX4 中 uORB 的使用方式，详细的使用说明和消息介绍可以参考 PX4 官网介绍（https://docs.px4.io/main/en/middleware/uorb.html）。

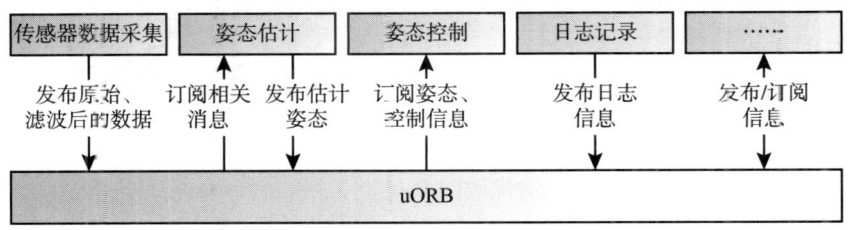

图 7-9 PX4 内部的消息传递框架

（1）源码位置

如图 7-10 所示，uORB 的源码文件存放在"/PX4-Autopilot/platforms/common/uORB"中，打开"uORB.cpp"文件可以看到消息订阅、公告、发布、复制等函数。

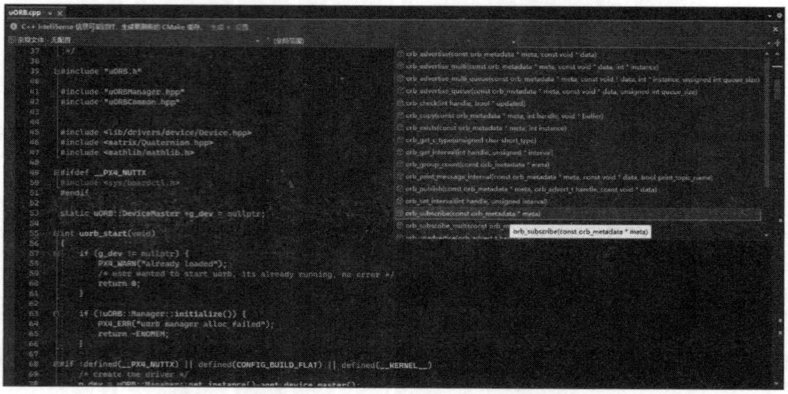

图 7-10 uORB 的源码文件

（2）订阅消息

PX4 源码中的主题定义位置在"/PX4-Autopilot/msg"文件夹下，以其中的"VehicleAcceleration.msg"为例（见图 7-11），可以看到其中包含了初始和采样的时间戳、三轴加速度信息。

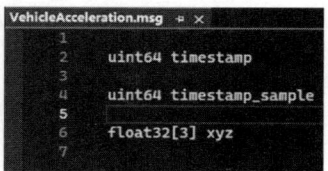

图 7-11 VehicleAcceleration.msg 代码文件

对于程序订阅消息的位置，也就是去哪里订阅已经注册的主题消息，系统会在编译后的 uORB 文件夹内自动生成其对应的头文件，如图 7-12 所示。

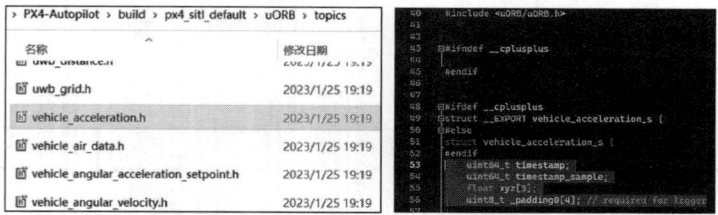

图 7-12 程序订阅消息位置说明

在上文 Nuttx 操作系统中示例代码的基础上，可以对示例代码进行进一步添加，如图 7-13 所示，首先要先添加两个头文件，接下来在主函数中，首先使用消息订阅函数订阅 vehicle_acceleration 主题消息，结果返回一个消息句柄，并且设置消息订阅周期为 200ms；然后进行进程设置，定义 poll 函数所需的 struct pollfd 结构体类型的数组，用于存放需要检测的文件描述符；之后进入循环，订阅主题。

使用 poll 函数调用阻塞时间，这里设置阻塞 1000ms，并对返回结果进行处理，当结果返回正确时，定义一个用于接收主题消息的结构体（该结构体由编译后生成），如图 7-14 所示。

```c
#include <uORB/uORB.h>
#include <uORB/topics/vehicle_acceleration.h>

__EXPORT int px4_hello_world_subscribe_main(int argc, char *argv[]);

int px4_hello_world_subscribe_main(int argc, char *argv[])
{
    PX4_INFO("Hello world!");

    /* 订阅vehicle_acceleration主题 */
    int sensor_sub_fd = orb_subscribe(ORB_ID(vehicle_acceleration));
    /* 设置订阅周期 */
    orb_set_interval(sensor_sub_fd, 200);

    /* 进程设置：该进程可包含多个主题，这里只等待一个 */
    px4_pollfd_struct_t fds[] = {
        { .fd = sensor_sub_fd,   .events = POLLIN },
        /* 可添加更多文件描述符，形式如下：
         * { .fd = 主题句柄,   .events = POLLIN（可读写） },
         */
    };

    int error_counter = 0;
```

图 7-13　vehicle_acceleration 主题消息订阅

```c
    int error_counter = 0;

    for (int i = 0; i < 5; i++) {
        /* poll函数调用阻塞时间，这里设置1000ms */
        int poll_ret = px4_poll(fds, 1, 1000);

        /* 根据返回结果做出判断 */
        if (poll_ret == 0) {
            /* 表示在1s内我们没有得到发布者的数据 */
            PX4_ERR("Got no data within a second");

        } else if (poll_ret < 0) {
            /* 进程错误 */
            if (error_counter < 10 || error_counter % 50 == 0) {
                /* use a counter to prevent flooding (and slowing us down) */
                PX4_ERR("ERROR return value from poll(): %d", poll_ret);
            }

            error_counter++;

        } else {                        编译后的头文件内生成的消息结构体

            if (fds[0].revents & POLLIN) {
                /* 定义一个用于接收主题消息的结构体变量 */
                struct vehicle_acceleration_s accel;
```

图 7-14　主题消息结构体生成

最后，使用主题复制函数将订阅的主题从消息总线上复制到本地定义的结构体内，显示输出，在 QGC 地面站中的订阅输出结果，如图 7-15 所示，输出结果为这样时即可确定主题订阅成功。

```c

            if (fds[0].revents & POLLIN) {
                /* 定义一个用于接收主题消息的结构体变量 */
                struct vehicle_acceleration_s accel;
                /* 将订阅得到的消息句柄复制到本地定义的变量内 */
                orb_copy(ORB_ID(vehicle_acceleration), sensor_sub_fd, &accel);
                /* 显示输出 */
                PX4_INFO("Accelerometer:\t%8.4f\t%8.4f\t%8.4f",
                    (double)accel.xyz[0],
                    (double)accel.xyz[1],
                    (double)accel.xyz[2]);
            }
        }
    }

    PX4_INFO("exiting");

    return 0;
}

```

```
nsh>
px4_hello_world_subscribe
INFO  [px4_hello_world_subscribe] Hello world!
INFO  [px4_hello_world_subscribe] Accelerometer:      0.0673  -0.0693  -9.8544
INFO  [px4_hello_world_subscribe] Accelerometer:      0.0691  -0.0683  -9.8613
INFO  [px4_hello_world_subscribe] Accelerometer:      0.0706  -0.0686  -9.8735
INFO  [px4_hello_world_subscribe] Accelerometer:      0.0718  -0.0644  -9.8778
INFO  [px4_hello_world_subscribe] Accelerometer:      0.0771  -0.0639  -9.8760
INFO  [px4_hello_world_subscribe] exiting
nsh>
```

图 7-15　订阅输出结果

（3）自定义消息

自定义消息分为两步，首先需要扩展名为 .msg 的消息文件，格式如图 7-16a 所示，接着需要在同级目录下的 CmakeLists 文件中注册消息文件，如图 7-16b 所示。只有在这当中注册后，系统才会自动编译生成对应的头文件。

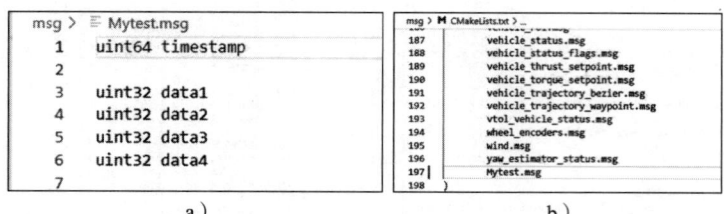

图 7-16　自定义消息

当源码编译结束后，会在编译后的 uORB 文件夹内产生自定义消息的头文件，这是由系统自动生成的，如果可以找到说明自定义消息成功，如图 7-17 所示。注意，消息主题必须包含时间戳且消息名称不能含有大写字母。

4. PX4 飞行控制栈

（1）PX4 飞行控制栈概述

PX4 飞行控制栈，其本质上就是在实时操作系统上运行的各个模块，主要可以分为 5 个模块，模块中所包含的函数和各个模块之间的关系如图 7-18 所示，各自的功能如下所述。

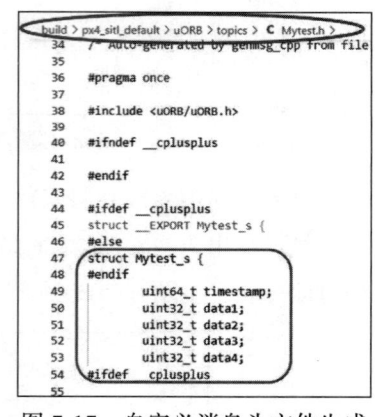

图 7-17　自定义消息头文件生成

1）决策导航模块。该模块根据飞行器自身状态及接收到的指令，确定飞行模式及后续应对措施，具体包括了状态管理、飞行模式管理、导航 3 个子模块。

2）状态估计模块。该模块主要是和飞机的传感器模块进行对接，通过一个或者多个传感器的融合，来估计飞机当前的状态信息，如位置、姿态、速度等，并传输给控制器。

3）控制器模块。该模块会接收来自前两个模块的期望值和估计值，然后生成对应被控量的控制指令，如位置控制、姿态控制、速率控制指令，从而对被控量进行闭环控制。针对不同类型的飞行器，控制器代码会有较大的差异，本章我们主要以多旋翼无人机为例来进行介绍。

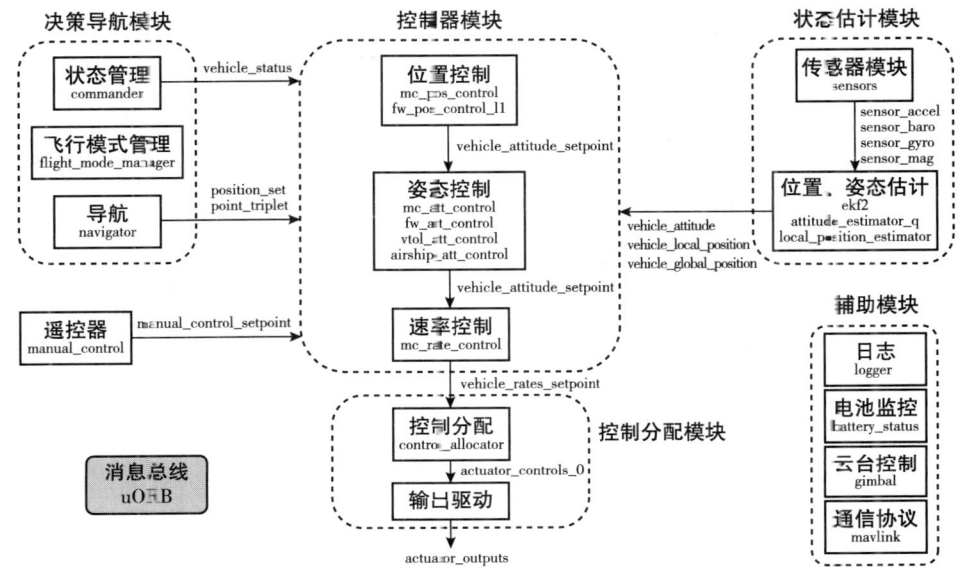

图 7-18　PX4 飞行控制栈模块关系示意图

4）控制分配模块。该模块会接收控制器所产生的控制指令信息，并且会按照无人机执行机构的控制效率来进行分配，并且通过驱动输出实际的控制信号。

5）辅助模块。主要包含了日志、电池监控、云台控制、通信协议等在内的一些辅助功能模块。

以上模块的代码，全部都可以在 PX4 源码库中的 "PX4-Autopilot/src/modules" 文件夹进行查看，后文将会详细介绍这些代码的含义和函数嵌套关系。

（2）飞行模式介绍

图 7-19 所示是飞行控制栈的全流程工作图，从图中可以清晰看到从遥控器和传感器输入到飞行器导航与控制，再到执行机构输出的工作过程。飞机的飞行模式，其实就是定义了飞机需要调用哪些模块、采取怎样的工作流程来控制飞行器的运动的。

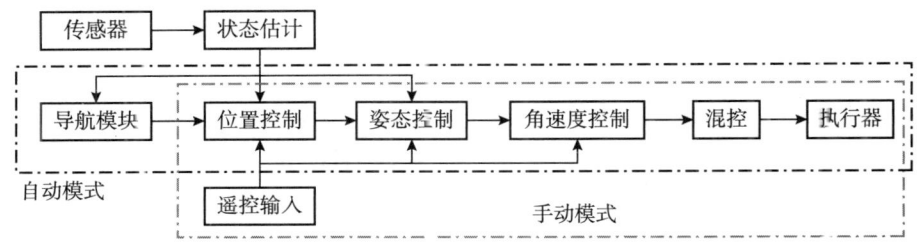

图 7-19　飞行控制栈的全流程工作图

一般来说，飞行模式可以根据自动驾驶仪在控制无人机飞行中所发挥的作用等级，分为手动、自动和辅助三大类，并且可以通过遥控器（Remote Controller，RC）或地面站完成各种飞行模式之间的切换。需要注意的是，一个飞行模式并非适合所有类别的飞行器，且有些飞行模式，需要在特定的飞行条件下（如 GPS 锁定）才可以进行切换，下面就具体介绍这三类飞行模式。

1）手动。手动控制一般指的是用户可以通过遥控器或者遥杆对飞行器进行直接控制，手动控制下飞行模式的主要区别就在于飞行器跟随杆操纵的程度各不相同，一般资深飞手可以选择指令传输较为直接的飞行模式，初学者则建议选择更加保守的飞行模式。手动控制主要有手动、自稳、特技 3 种飞行模式，各自功能描述见表 7-1 所述。

2）辅助。辅助控制同样也是由用户来对飞行器进行遥控的，但是这类飞行模式可以提供一些辅助功能，如自动保持位置、航向等，从而可以更容易使飞行器维持或恢复稳定飞行。辅助控制主要有高度控制和位置控制两种飞行模式，各自功能描述见表 7-1 所述。

3）自动。自动控制模式下，只需要用户提供极少的控制指令输入（如起飞、降落等），飞行器就可以在自动驾驶仪的控制下进行飞行。自动模式主要有保持、返航、任务模式，各自功能的描述见表 7-1 所述。

表 7-1 飞行模式功能描述

类别	飞行模式	适用类型	功能描述
手动控制	Manual（手动模式）	固定翼	RC 输入直接传递给控制分配
		多旋翼	RC 输入转化成滚转俯仰角指令和偏航角速率指令，自驾仪不控制飞机位置，油门指令直接传递给控制分配
	Stabilized（自稳模式）	固定翼	滚转、俯仰指令转化为角度期望传入自驾仪，偏航指令直接传入控制分配，自驾仪不进行位置控制
		多旋翼	同手动模式
	Acro（特技模式）	固定翼	自驾仪控制飞行器角速率，油门指令直接传输给控制分配
		多旋翼	
辅助控制	Altitude Control（高度控制）ALTCTL	固定翼	遥控器姿态控制锁定，保持当前高度，水平方向受风扰会漂移
		多旋翼	姿态控制处于自稳模式，固定油门时可保持高度，水平方向受风扰会漂移

（续）

类别	飞行模式	适用类型	功能描述
辅助控制	Position Control（位置控制）POSCTL	固定翼	摇杆居中时可以保持水平飞行，并且能够抵抗水平风扰
		多旋翼	RC油门指令可以控制爬升率，摇杆居中时可以抵抗任何方向的风扰
自动控制	AUTO_LOITER（保持模式）	固定翼	飞机在当前高度下，围绕当前位置运动
		多旋翼	当前高度下飞机悬停或围绕当前位置运动
	AUTO_RTL（返航模式）	固定翼	飞机返回起飞点，并围绕起飞点运动
		多旋翼	飞机直线返回起飞点，并自动降落
	AUTO_MISSION（任务模式）	所有类型	飞行器遵循地面站给出的飞行计划进行飞行，飞机的控制由计算机通过串口连接和MAVLink来实现

除了各种飞行模式，PX4官网还介绍了切换到各种飞行模式所需要的特定条件，切换的流程图如图7-20所示。

（3）状态估计

在图7-20中我们可以看到，在飞行器控制与决策的反馈控制系统中，状态估计是不可缺少的一环。同一个状态量，对应着来自不同传感器的多重信息源，以多旋翼飞机的位置估计为例，如图7-21所示，多旋翼的位置信息可以通过IMU中的加速度计积分得到，也可以由GPS直接得到，还可以由视觉里程计得到，但是每一种位置获取的方法都会存在误差，状态估计环节的工作就是对这些来自多种数据源的不确定性进行综合处理，从而得到一个更加准确的状态量，因此该环节通常也可以被称作数据融合。

在PX4-Autopilot中，有3个可用的状态估计模块，分别是EKF2、局部位置估计模块（Local Position Estimator，LPE）、Q估计，其中，Q估计可以被看作一个简单的基于四元数的姿态估计器；LPE则是一个可以估计位置和速度的扩展卡尔曼滤波器，但是在现在的PX4更新版本中已经不再支持；而EKF2是一个可以估计飞行器飞行过程中姿态、位置、速度和所处风场环境的扩展卡尔曼滤波器（Extended Kalman Filter，EKF），也是官方最推荐使用的状态估计模块。

EKF2的具体结构如图7-22所示，它利用IMU、磁力计、光流等7个传感模块的信息，最终输出得到了四元数、位置、速度等24个状态量的估计值，为飞行器后续的导航和控制模块的工作提供充分的反馈信息。

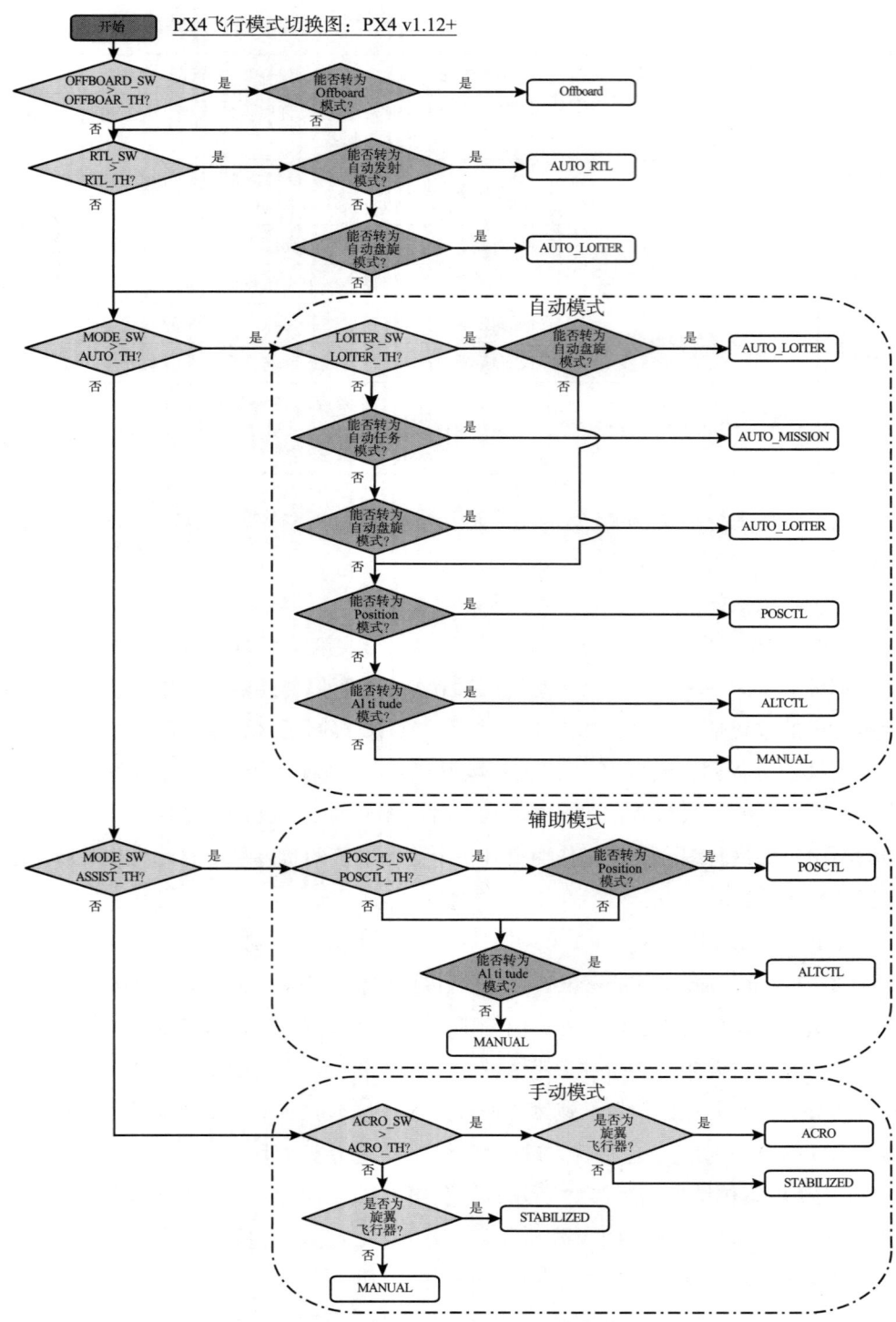

图 7-20 飞行模式切换流程图

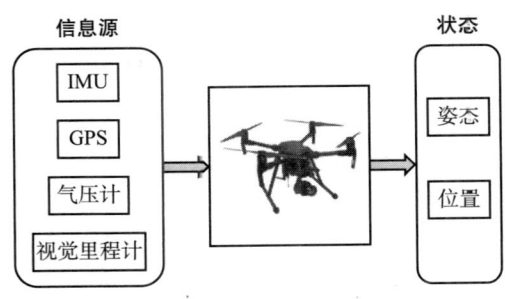

图 7-21　数据融合过程

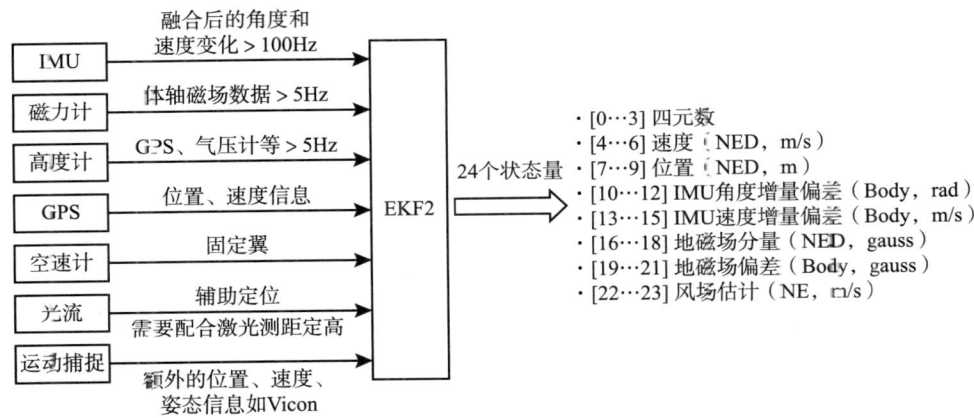

图 7-22　EKF2 的具体结构图

（4）位置、姿态控制

下面我们将以较为简单的多旋翼为例，来介绍 PX4 中核心控制模块的控制框架，并对源码进行简要分析（详细内容可以参考 PX4 官方文档 https://docs.px4.io/main/en/flight_stack/controller_diagrams.html）。如图 7-23 所示，空制器采取的是 P 控制和 PID 控制的混合控制方式，状态量的估计值来自 EKF2 模块。需要注意的是，外环的位置控制只有在输入的是期望位置而非期望速度（也即遥控器的输入）时才会起到作用，除此之外，外环中只有速度控制器发挥作用。接下来将从内环到外环，以此介绍 PX4 中多旋翼的角速度、姿态、位置和速度控制的结构和源码框架。

1）角速度控制。PX4 官网给出的角速度控制框图如图 7-24 所示，实际代码中对 3 个通道分开计算。在积分环节，需要设置抗饱和积分；微分环节引入了低通滤波器来降低噪声的影响；并且最终输出的 3 个期望转矩，需要在后续的控制分配模块中，将其限制在（-1,1）之间。

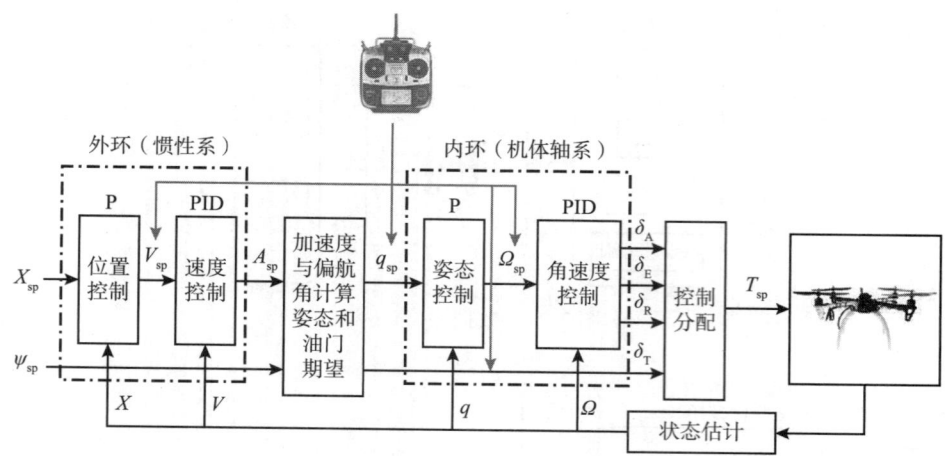

图 7-23　PX4 中核心控制模块的控制框架

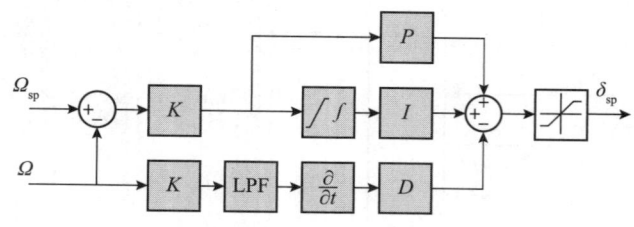

图 7-24　角速度控制框图

角速度控制的源码被保存在“/PX4-Autopilot/src/modules/mc_rate_control”路径下，在“MulticopterRateControl.hpp”文件下可以查看模块消息订阅和发布，也即模块的输入和输出，如上一小节 uORB 通信中所述，只要进入“/PX4-Autopilot/msg”文件夹下，即可查看具体的消息内容，如图 7-25 所示。

```
uORB::Subscription _battery_status_sub{ORB_ID(battery_status)};
uORB::Subscription _control_allocator_status_sub{ORB_ID(control_allocator_status)};
uORB::Subscription _landing_gear_sub{ORB_ID(landing_gear)};
uORB::Subscription _manual_control_setpoint_sub{ORB_ID(manual_control_setpoint)};
uORB::Subscription _vehicle_control_mode_sub{ORB_ID(vehicle_control_mode)};
uORB::Subscription _vehicle_land_detected_sub{ORB_ID(vehicle_land_detected)};
uORB::Subscription _vehicle_rates_setpoint_sub{ORB_ID(vehicle_rates_setpoint)};
uORB::Subscription _vehicle_status_sub{ORB_ID(vehicle_status)};

uORB::SubscriptionInterval _parameter_update_sub{ORB_ID(parameter_update), 1_s};

uORB::SubscriptionCallbackWorkItem _vehicle_angular_velocity_sub{this, ORB_ID(vehicle_angular_velocity)};

uORB::Publication<actuator_controls_s>       _actuator_controls_0_pub;
uORB::Publication<actuator_controls_status_s>   _actuator_controls_status_0_pub{ORB_ID(actuator_controls_status_0)};
uORB::PublicationMulti<rate_ctrl_status_s>  _controller_status_pub{ORB_ID(rate_ctrl_status)};
uORB::Publication<vehicle_rates_setpoint_s> _vehicle_rates_setpoint_pub{ORB_ID(vehicle_rates_setpoint)};
uORB::Publication<vehicle_thrust_setpoint_s>    _vehicle_thrust_setpoint_pub{ORB_ID(vehicle_thrust_setpoint)};
uORB::Publication<vehicle_torque_setpoint_s>    _vehicle_torque_setpoint_pub{ORB_ID(vehicle_torque_setpoint)};
```

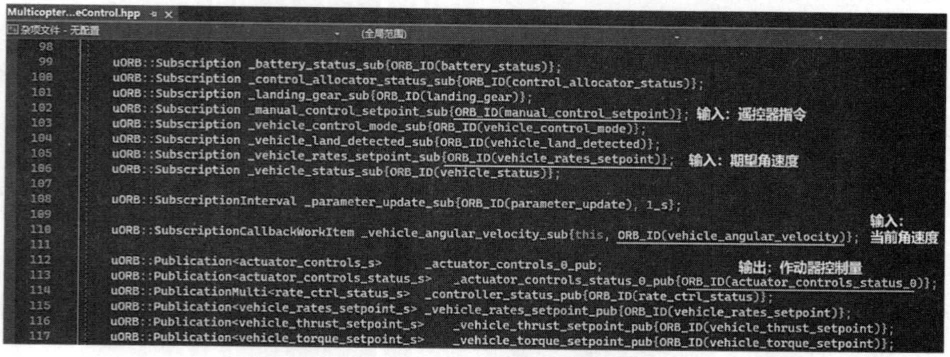

图 7-25　角速度控制源码

角速度控制的主函数结构如图 7-26 所示，首先需要使用构造函数进行初始化，函数名需要和类名相同，然后使用析构函数在系统释放对象之前进行清理工作，再利用初始化函数检查必要的消息是否已经完成了订阅，接着就可以进入主函数。

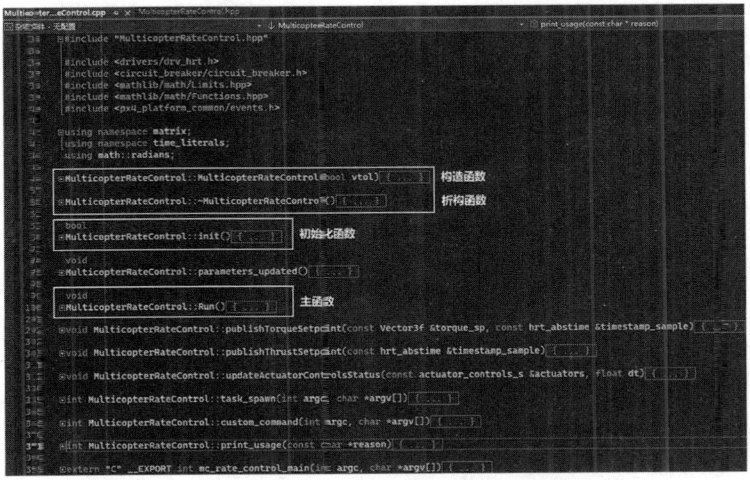

图 7-26 角速度控制的主函数结构

主函数的框架如图 7-27 所示，首先检查进程是否结束，然后利用性能监测函数对后续循环进行监测，从而得到运行频率等性能参数，同时在控制之前还需要检查参数是否已经完成更新。

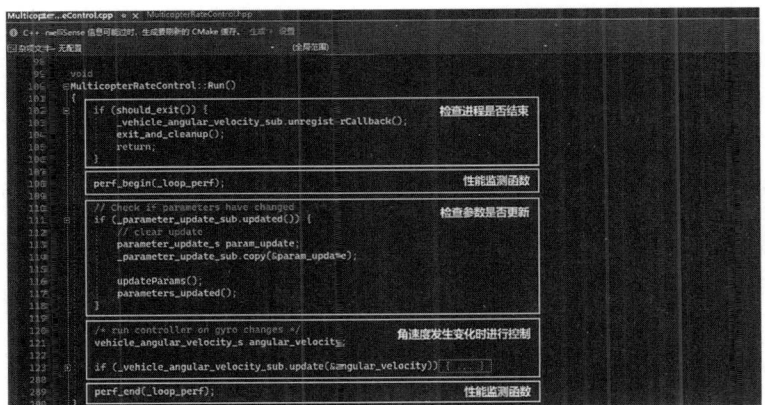

图 7-27 主函数的框架

在控制代码中，首先需要更新参数、获得角速度的期望值，然后再利用获取到的信息进行角速度控制。在图 7-28 所示的获取角速度信息的过程中，手动模式下遥控器的杆操作量就是对应的角速度期望值，而在其他模式下，角速度的期望值则是从 vehicle_rates_setpoint 中订阅得到的。

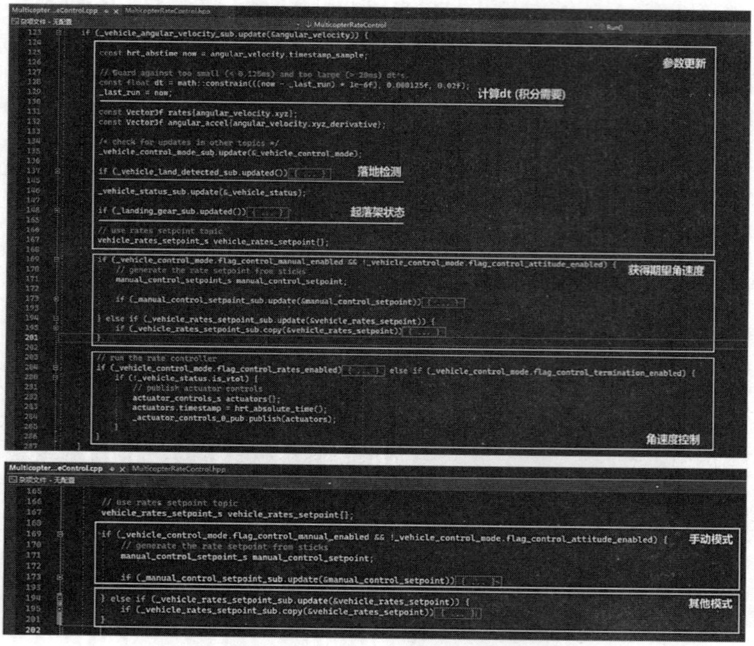

图 7-28　角速度信息的获取

角速度控制部分的基本框架如图 7-29 所示。

图 7-29　角速度控制部分框架

2）角度控制。角度控制源码被保存在"/PX4-Autopilot/src/modules/mc_att_control"路径下，其框架和角速度控制的源码框架基本相同，如图 7-30 所示，因此此处主要介绍源码中的主函数结构。在 .hpp 文件中可以看到，角度控制订阅的输入参数有姿态角期望、当前姿态角、遥控器指令，发布的输出则是角速度期望。

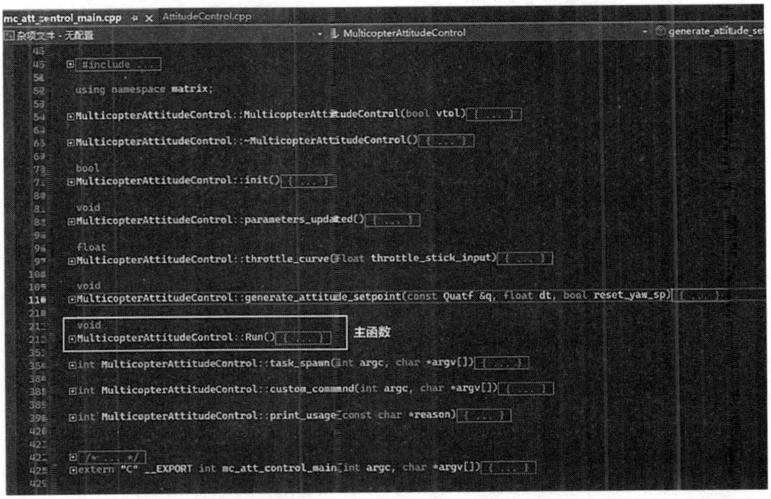

图 7-30　主函数位置说明

主函数的框架如图 7-31 所示，同前文所述的角速度控制一样，主函数中需要先检测进程是否结束，然后检查参数是否更新，最后进入到控制代码口。进入控制代码的触发消息为姿态四元数 Vehicle_Attitude，可以在 msg 文件夹中查看。

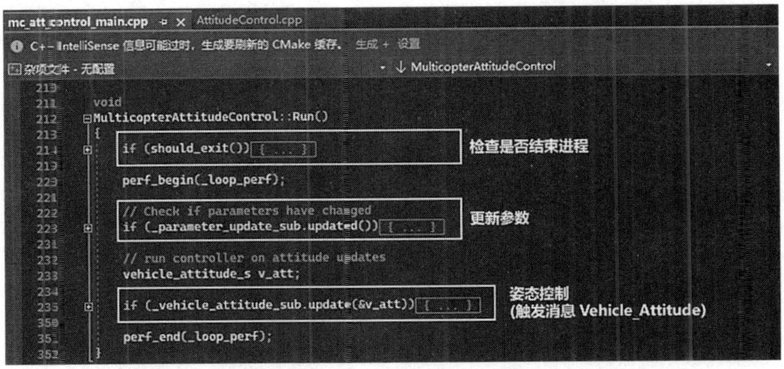

图 7-31　主函数框架

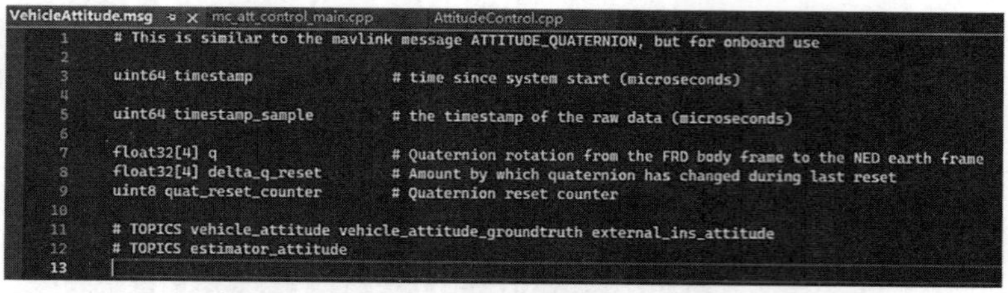

图 7-31 主函数框架（续）

控制代码的结构如图 7-32 所示，类似角速度控制，需要先获取得到姿态角和油门的设定值，然后再进入姿态控制模块当中去。同时，如果是在手动或自稳模式下，姿态设定值是从遥控器输入中直接得到的。

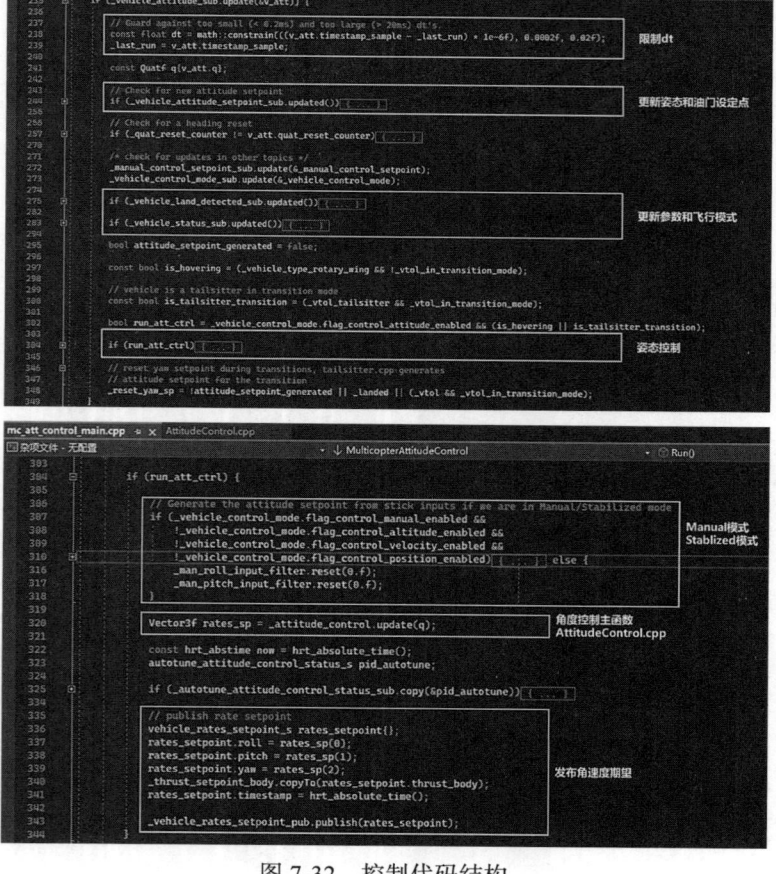

图 7-32 控制代码结构

核心部分的角度控制器函数，则是写在"/mc_att_control/AttituceControl"路径下，PX4官网给出的控制框图如图7-33所示，该控制器充分利用了姿态四元数，并且在进行调参时只需调整一个增益P，有关该控制器的详细阐释可以参考PX4官网文档，此处不再详细叙述。

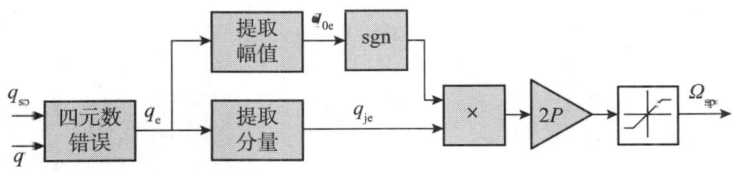

图7-33 角度控制器的控制框图

3）速度、位置控制。由于速度和位置控制的基本源码结构与角度、角速度控制基本相同，因此图7-34直接展示的是"/PX4-Autopilot/src/modules/mc_pos_control/ MulticopterPositionControl.cpp"文件中主函数的控制代码部分。注意，位置姿态控制不同于角度角速度控制的一点是，内环的速度控制和外环的位置控制的源码被封装在了一个.cpp文件下，因此下面将一并分析内环和外环的控制流程。

图7-34 主函数的控制代码

其中速度控制器和位置控制器的源码保存在“/PX4-Autopilot/src/modules/ mc_pos_control/PositionControl.cpp”路径下，“PositionControl.cpp”中的主函数如图 7-35 所示。

```
bool PositionControl::update(const float dt)
{
	bool valid = _inputValid();

	if (valid) {
		_positionControl();
		_velocityControl(dt);

		_yawspeed_sp = PX4_ISFINITE(_yawspeed_sp) ? _yawspeed_sp : 0.f;
		_yaw_sp = PX4_ISFINITE(_yaw_sp) ? _yaw_sp : _yaw; // TODO: better way to disable yaw control
	}

	// There has to be a valid output acceleration and thrust setpoint otherwise something went wrong
	return valid && _acc_sp.isAllFinite() && _thr_sp.isAllFinite();
}
```


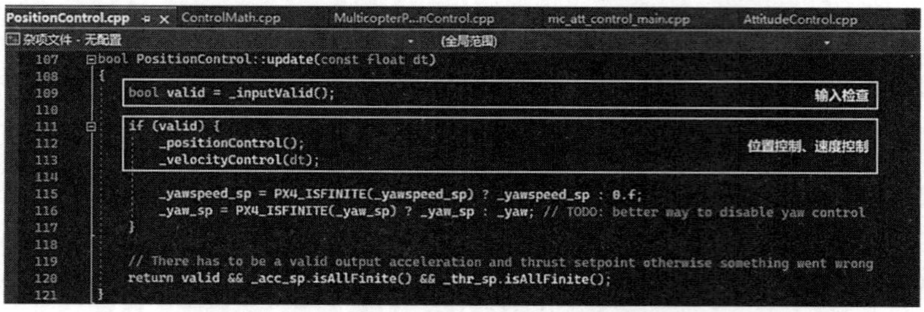

图 7-35 PositionControl 主函数

源码中的速度控制器结构框图如图 7-36 所示，该控制器使用的是 PID 控制方法并输出期望加速度，但和控制角速度的 PID 控制器不同的是，此处并未对输出的期望加速度限幅，而是在将期望加速度连同偏航角期望转化成角度期望值的模块之后进行抗饱和限制。

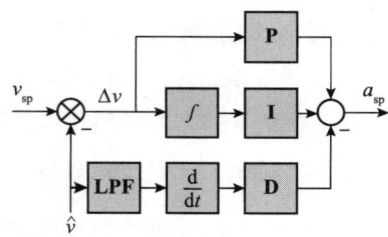

图 7-36 速度控制器的结构框图

速度控制器的源码位于“PositionControl.cpp”文件的“_velocityControl”函数中，其中部分代码如图 7-37 所示。

```
void PositionControl::_velocityControl(const float dt)
{
	// PID velocity control
	Vector3f vel_error = _vel_sp - _vel;
	Vector3f acc_sp_velocity = vel_error.emult(_gain_vel_p) + _vel_int - _vel_dot.emult(_gain_vel_d)

	// No control input from setpoints or corresponding states which are NAN
	ControlMath::addIfNotNanVector3f(_acc_sp, acc_sp_velocity);

	_accelerationControl();

	// Integrator anti-windup in vertical direction
	if ((_thr_sp(2) >= -_lim_thr_min && vel_error(2) >= 0.0f) ||
		(_thr_sp(2) <= -_lim_thr_max && vel_error(2) <= 0.0f)){ ... }
```


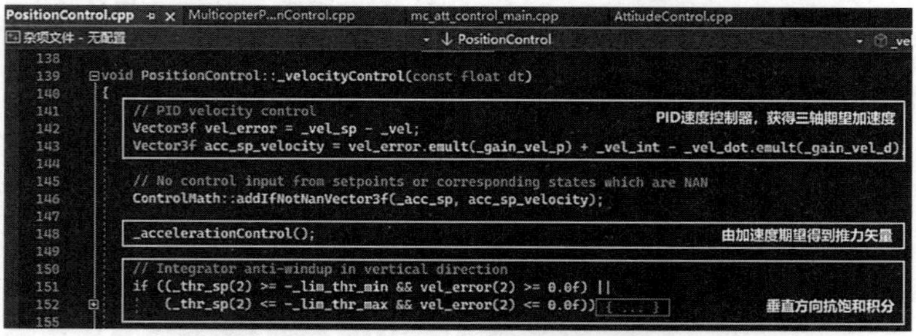

图 7-37 速度控制器部分源码

在经过图 7-37 中的“_accelerationControl”函数得到推力矢量之后，“getAttitudeSetpoint”函数会调用同样是“/PX4-Autopilot/src/modules/ mc_pos_control”文件夹下“ControlMath.cpp”文件中的“thrustToAttitude”函数，来将地面坐标系下的推力矢量和期望偏航角转化成四元数形式的期望姿态角，如图 7-38 所示。

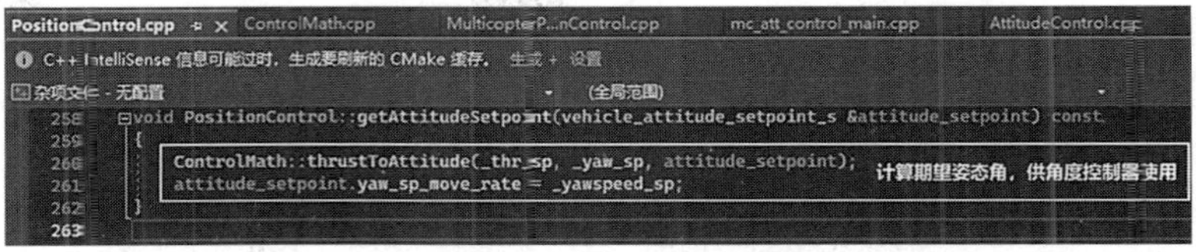

图 7-38　期望姿态角计算

源码中的位置控制器结构框图如图 7-39 所示，其使用了简单的比例控制，并在水平通道和高度通道上都对输出的期望速度进行限幅，如图 7-40 所示。

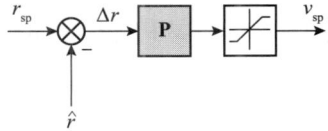

图 7-39　位置控制器的结构框图

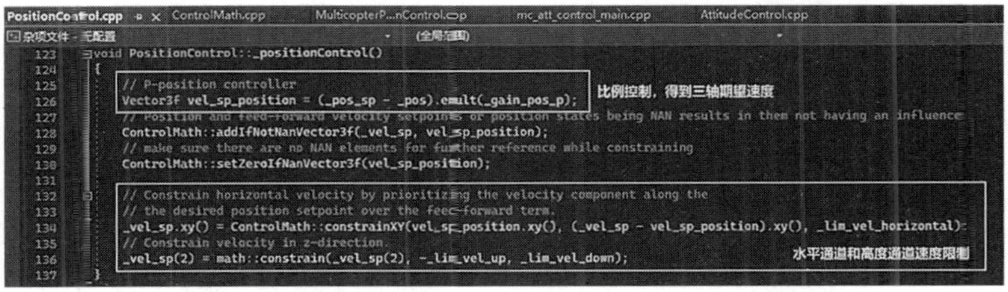

图 7-40　速度限幅

4）位置姿态控制小结。上述内容大致介绍了 PX4 中的位置姿态控制的源码架构和其中的调用关系，最后按照各个控制模块的触发消息、输出消息、控制方式、运行频率，可以总结见表 7-2。

表 7-2　位置姿态控制的源码架构和其中的调用关系

	位置控制 mc_pos_control	角度控制 mc_att_control	角速度控制 mc_rate_control
触发消息	局部位置 local_pos	姿态 vehicle_attitude	角速度 angular_velocity
输出消息	vehicle_attitude_setpoint	vehicle_rates_setpoint	actuators_0
控制方式	外环 P+ 内环 PID	P（基于四元数）	PID
运行频率 /Hz	100	200	800

（5）控制分配

控制分配就是将控制器输出的力和力矩的期望值，经分配矩阵映射为执行机构的控制指令，如图 7-41 所示。而控制矩阵的形式，则是需要适应各类飞机的几何构型的，并且控制矩阵的计算，还需要使用到不同机型的动力学模型中的控制效率矩阵。因此为了使控制器模块的代码更加通用，PX4 的控制分配的模块是单独给出的。

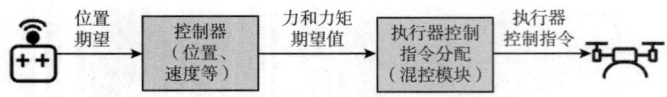

图 7-41　执行机构的控制指令

在 PX4 v1.13 及之前的固件版本中，使用的是混控（Mixing）的方法来实现从力和力矩期望到油门指令的转换，也可以被称作是静态的控制分配，其详细内容可以参考官方文档 https://docs.px4.io/v1.13/en/concept/mixing.html，此处不再赘述，只介绍 v1.13 版本中更新的动态控制分配架构。

图 7-42 所示是 PX4 中控制分配的流程图，该工作流程主要可分为 3 个模块，介绍如下。

1）角速率控制器。角速率控制器会发布期望推力和力矩信息，供后续的模块进行订阅。

2）控制分配器。通过调整默认的配置参数，可对不同机型进行控制分配。相较于旧版 PX4 固件，新版本支持自行添加机型，还能应对执行机构故障。控制分配器会发布电动机或舵机的控制信号，供输出模块订阅。控制分配器还会分别发布舵机的配平信息，从而在地面站中检测时可以对执行机构进行单独检测。

3）输出驱动。可以进行硬件设备的初始化和更新。发布主通道（MAIN）和辅助通道（AUX）的 PWM 信号，输出函数被定义在 "src/lib/mixer_module/output_functions.yaml" 路径下。

如果想要进行的控制分配的机型没有被写在默认的配置中，可自行添加新飞机的几何构型，详细的教程可以参考 https://docs.px4.io/main/en/concept/control_allocation.html 文档，此处不再过多介绍。

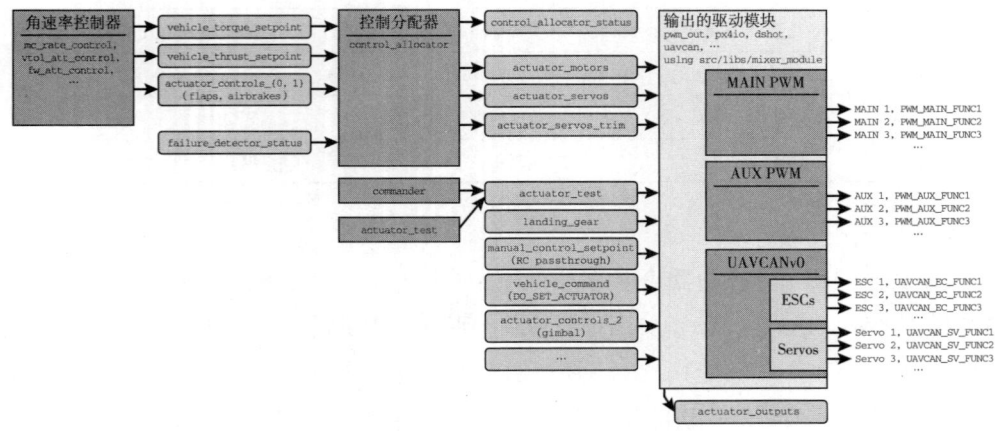

图 7-42　PX4 控制分配的流程图

7.2 硬件在环仿真环境搭建

7.2.1 Ubuntu 桌面 HITL 仿真环境搭建

1. Ubuntu 桌面安装

PX4 官网中给出了创建不同对象的可用操作系统，如图 7-43 所示。后文所有的演示内容，都是在 Ubuntu 22.04.1 系统平台上开展的，Ubuntu 桌面的详细安装过程如下文所述。

硬件对象	Linux (Ubuntu)	Mac	Windows
基于 NuttX 的硬件：Pixhawk Series, Crazyfie, Intel®Aero Ready to Fly Drone	×	×	×
高通骁龙 Flight hardware	×		
基于 Linux 系统的硬件：Raspberry Pi 2/3, Parrot Bebop	×		
仿真：jMAVSim SITL	×	×	×
仿真：Gazebo SITL	×	×	
仿真：ROS with Gazebo	×		

图 7-43　可用操作系统说明

（1）在虚拟机软件上安装 Ubuntu 桌面

1）虚拟机软件选择。目前常用的虚拟机软件有 Virtual PC、VMware Workstation、VirtualBox、OpenVZ 等，读者可根据自身的需要进行选择，下文中所演示的是在 Windows 11 系统上，于 VMware Workstation Pro 17 软件中安装 Ubuntu 20.04 桌面的过程。

2）在 Ubuntu 官网直接下载安装包，如果下载速度过慢可以换源至清华镜像。

3）打开 VMware 软件，单击首页 "创建新的虚拟机" 按钮，选择 "稍后安装操作系统"，如图 7-44 所示。

4）在 "客户机操作系统" 中选择 "Linux" "Ubuntu 64 位"，然后选择客户机位置，因为生成的客户机文件会越来越大，所以建议不要将文件放在系统盘。

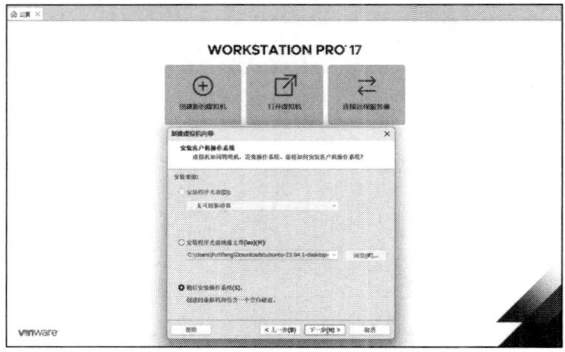

图 7-44　虚拟机创建

5）接着在"自定义硬件"中，根据自身计算机的配置，选择硬盘和内存大小，客户机内存可以选择为运行内存的一半，硬盘大小则根据存储空间的余量而定，然后在"新CD/DVD"一栏，选择"使用ISO映像文件"，选择下载好的Ubuntu桌面保存路径，随后单击"完成"按钮，即可开启虚拟机。

虚拟机内存与线程设置不宜过高，如果配置后运行卡顿，可关闭虚拟机重新设置并重启。

6）选择"中文（简体）"并单击"安装Ubuntu"按钮，键盘布局选择"Chinese"，如图7-45所示。

7）后续操作直接按照默认即可，最后输入个人信息开始安装，完成后重启客户机。

图 7-45　语言预设

8）重启系统之后，VMware最下方的提示栏中会提示安装VMTools，单击"安装"按钮，客户机中就会出现磁盘驱动，解压其中的压缩包文件，如图7-46所示。

如果没有提示信息，可以在工具栏"虚拟机"一栏找到安装VMTools的按钮。

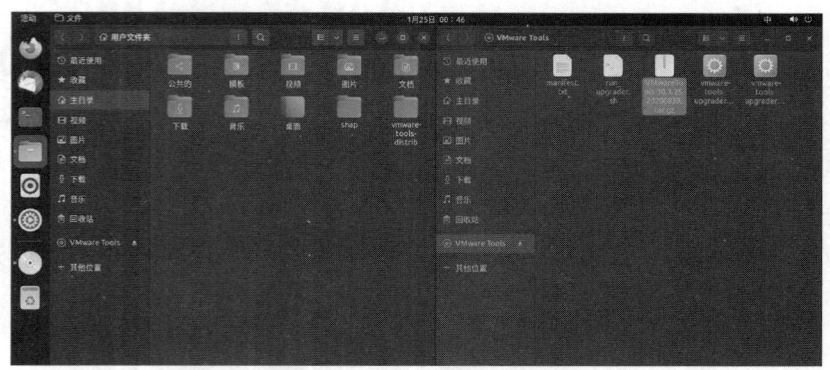

图 7-46　VMTools 安装

9）单击文件，选择"在终端中打开"，并运行以下命令，安装过程中全部遵循默认设置，完成后在"虚拟机设置"→"选项"→"共享文件夹"中选择"总是启用"，并重启。

```
sudo ./vmware-install.pl
```

10）设置客户机联网。此处采取的是NAT联网方式，也可以采取桥接联网方式（详细设置可以参考博文 https://zhuanlan.zhihu.com/p/108002036）。首先，在"虚拟机设置"对话框中找到"网络适配器"一栏，选择"自定义"→"VMnet8"，如图 7-47 所示。

接着打开"编辑"→"虚拟网络编辑器"，选择"NAT 模式"并勾选下面两个方框，设置子网 IP 并保存，如图 7-43 所示。注意子网 IP 不要和 PC 连接的上层路由器网段相同。

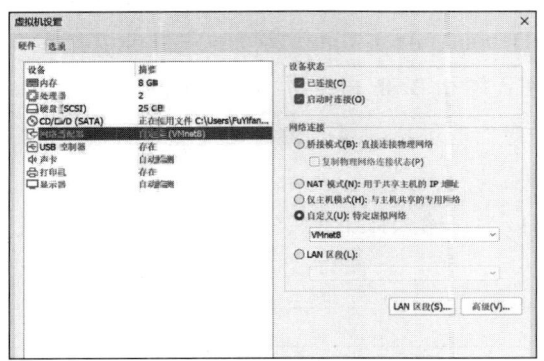

图 7-47　网络适配器设置

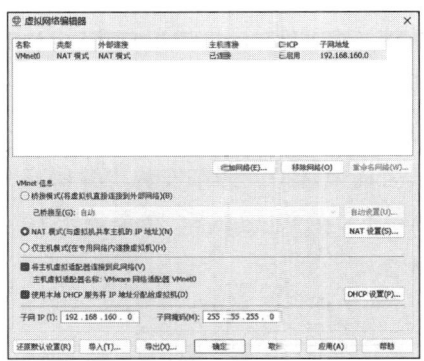

图 7-48　虚拟网络编辑器窗口

然后，在 PC 中找到"网络连接"状态面板，单击 WiFi 或有线网络连接并打开属性面板，在"共享"选项卡中选择"VMware Network Adapter VMnet8"，如图 7-49 所示，即可将客户机的网络连接挂载在 PC 的网络连接下。

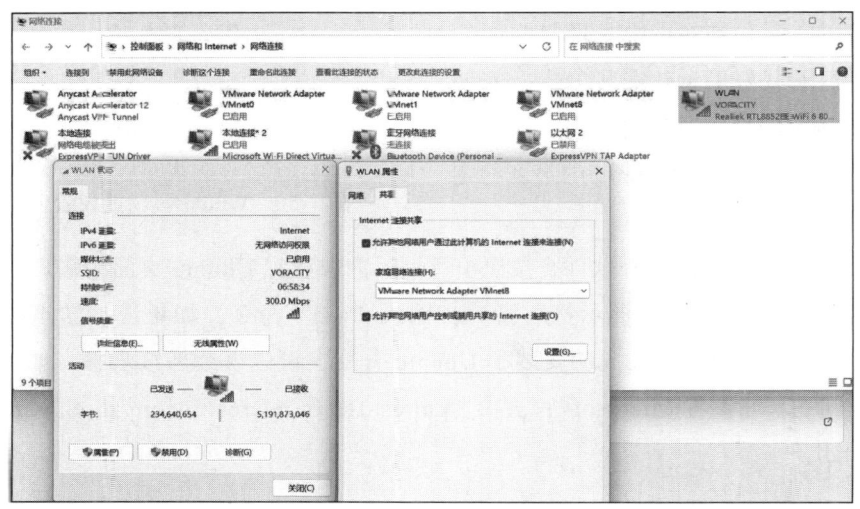

图 7-49　网络连接窗口

如果配置完以上设置，客户机还是无法连接网络，并且在右上角没有显示网络连接的图标，可以在终端中依次输入以下 3 行代码解决。

```
sudo service NetworkManager stop
sudo rm /var/lib/NetworkManager/NetworkManager.state
sudo service NetworkManager start
```

（2）在 Windows 系统中安装 Linux 子系统

除在虚拟机中安装 Ubuntu 桌面外，Windows 系统用户可通过 wsl 搭建 Linux 子系统（如 Ubuntu、OpenSUSE、Kali、Debian、Arch Linux 等），并且可以直接在 Windows 上使用 Linux 应用程序、实用程序和 Bash 命令行工具，但同时由于其图形化界面开发还并不完善，因此在实际操作的过程中可能会遇到较多的困难，推荐读者谨慎选择，详细安装步骤如下所述：

1）在 Windows"命令提示符"窗口中，输入以下命令安装 wsl，完成后重启计算机。

```
wsl --install
```

2）在 Windows 系统"控制面板"→"程序"→"程序和功能"窗口中单击"启用或关闭 Windows 功能"，勾选"适用于 Linux 的 Windows 子系统"一项，如图 7-50 所示。

3）在 Microsoft Store 中搜索"Ubuntu"，来为已经下载好的 wsl 安装分支，安装图 7-51 所示的任一款软件均可，不带任何后缀的软件会下载 Ubuntu 的最新稳定发行版本。

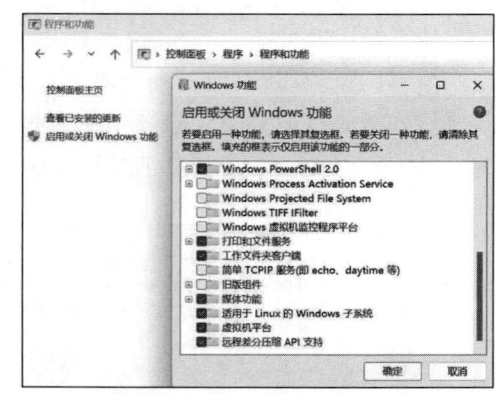

图 7-50　Windows 功能设置窗口

4）安装完成之后打开软件，按照窗口提示内容设置 Ubuntu 桌面的账户信息。

5）重新打开"命令提示符"窗口，输入"wsl"命令，如果成功转至图 7-52 所示的界面，则说明已经成功安装了 Ubuntu 分支，可以继续后续步骤，如果安装中出现问题，可参考 Microsoft 官方文档 https://learn.microsoft.com/zh-cn/windows/wsl/install。

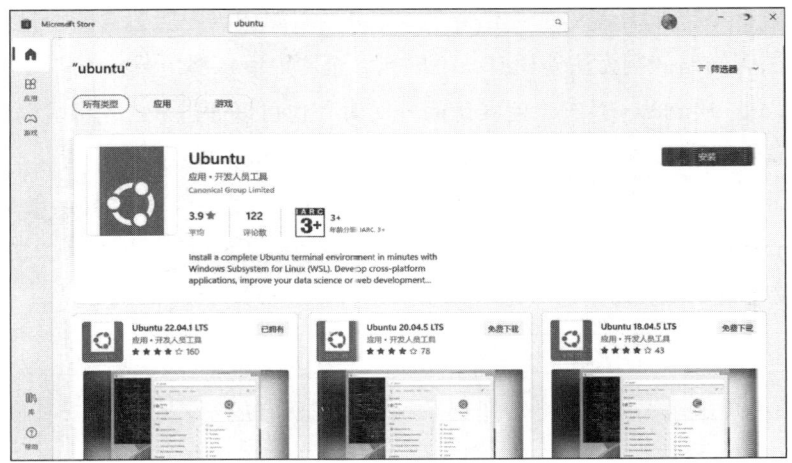

图 7-51　Ubuntu 下载界面

图 7-52　安装成功示意

2. HITL 仿真工具链安装

前文中已经提到了，PX4 官方 GitHub 页面的 PX4-Autopilot 库中包含了多个支持工具链，因此在进行 HITL 仿真之前，最好将整个代码库都复制至 Ubuntu 桌面，具体的步骤如下所述（7.2.1 节中所安装两个 Ubuntu 桌面，均可以遵循下述复制步骤）。

1）在 Ubuntu 终端中输入以下命令安装 git。

```
sudo apt-get update
sudo apt-get install git
```

如果出现"E: 无法对目录 /var/lib/apt/lists/ 加锁"的报错信息，可以输入以下代码手动进行加锁，然后重新运行上面两行代码即可。

```
sudo rm /var/lib/apt/lists/lock
```

2）将 PX4 飞行控制栈的源代码下载到本地，推荐在终端中直接输入以下代码：

```
git clone https://github.com/PX4/PX4-Autopilot.git --recursive
```

如果直接下载压缩包文件到本地，则无法下载源代码中所包含的子模块，所以当上述方法因网络问题无法使用时，可以换源至国内镜像源下载。

当可以在 Windows 系统上流畅访问外网时，也可以通过 wsl 先将代码库先下载到 Windows 系统上，打包压缩文件后再转移至 Ubuntu 系统。

如果上述方法都难以实现，笔者在此处上传了完整代码库可供参考（链接 https://pan.baidu.com/s/1mjoua31q8hthESXILThsfg?pwd=0125，提取码 0125）。

3）在终端中输入如下命令运行其余下载脚本。

```
bash ./PX4-Autopilot/Tools/setup/ubuntu.sh
```

4）在终端中输入如下命令，重启系统，完成所有的安装过程。

```
sudo reboot now
```

5）重启之后进入到 PX4-Autopilot 文件夹中，输入如下命令编译代码，如果可以正常弹出 jMAVSim 的仿真界面则说明环境已经配置成功。

```
make px4_sitl jmavsim
```

3. 在 VSCode 中配置和编译 PX4 源码

1）直接在浏览器中搜索，并下载安装 VisualStudioCode。

2）安装完成之后，选择欢迎界面的"Open folder"，如图 7-53 所示，打开 PX4 源码文件夹。

3）打开文件夹之后，在右下方弹窗中单击"Install All"按钮，如图 7-54 所示，安装 PX4 源码工作区所推荐的所有扩展插件，此时 VSCode 就会自动开始下载。

图 7-53　VSCode 界面

4）此时在下方的终端中输入任意的编译指令，如果编译成功，则说明 VSCode 环境已经配置完成。

7.2.2　Simulink 中 HITL 仿真的环境配置

1. 下载 UAV Toolbox Support Package for PX4 支持包

1）在 MathWorks 官网的"File Exchange"界面（见图 7-55）搜索"UAV Toolbox Support Package for PX4"，找到支持包并下载。

第 7 章　飞行控制系统硬件在环仿真实践　　335

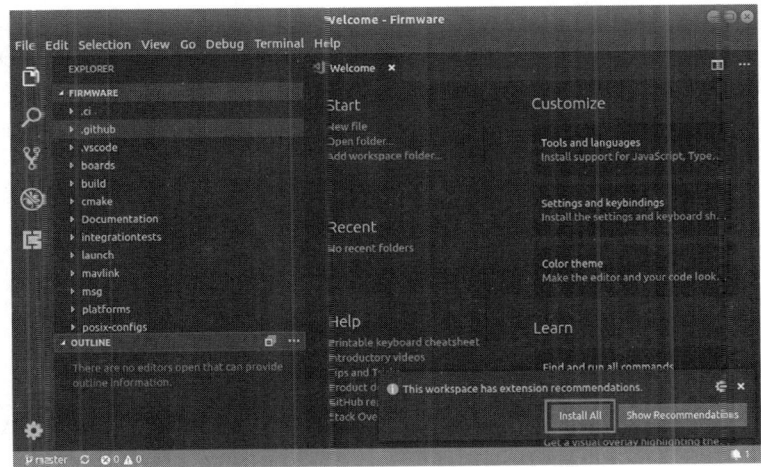

图 7-54　扩展插件安装示意

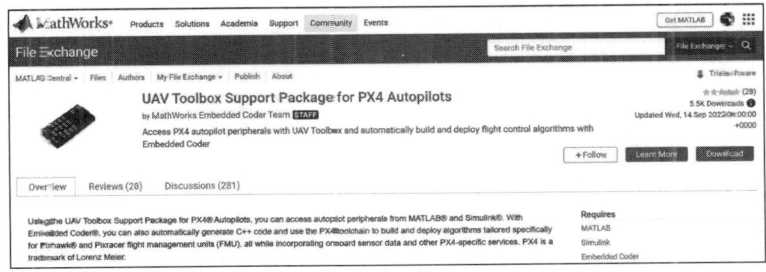

图 7-55　File Exchange 官网支持包下载页面

2）打开 MATLAB 软件，并直接单击下载的文件，即可完成附加支持包的安装，安装完成之后可以在 Add-on Manager 中进行查看和配置，如图 7-56 所示。

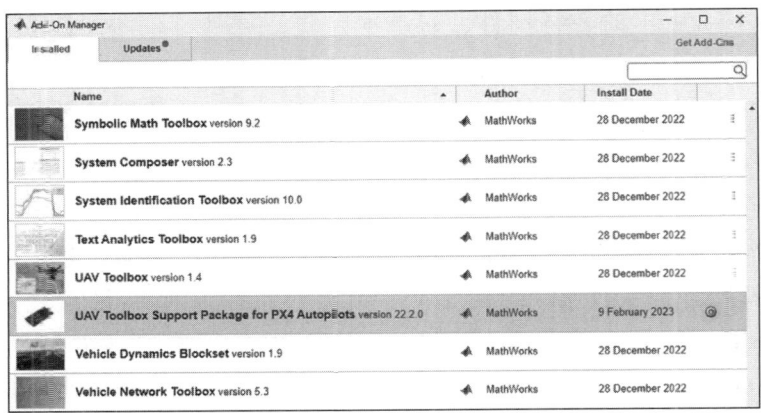

图 7-56　Add-on Manager 窗口

2. 完成 UAV Toolbox Support Package for PX4 支持包的硬件设置

1）单击"UAV Toolbox Support Package for PX4"右侧的"Set up"按钮。

2）选择安装路径，安装需要使用到的 Python 软件。

3）安装需要使用到的 Cygwin 工具链。

在 PX4 官方的 GitHub 页面中找到"PX4-windows-toolchain"代码库，在"tag"中选择"v0.8"并下载"PX4.Windows.Cygwin.Toolchain.0.8.msi"，如图 7-57 所示。注意，由于支持包只支持 v0.8 的 Cygwin 工具链，故不可以下载其他版本。

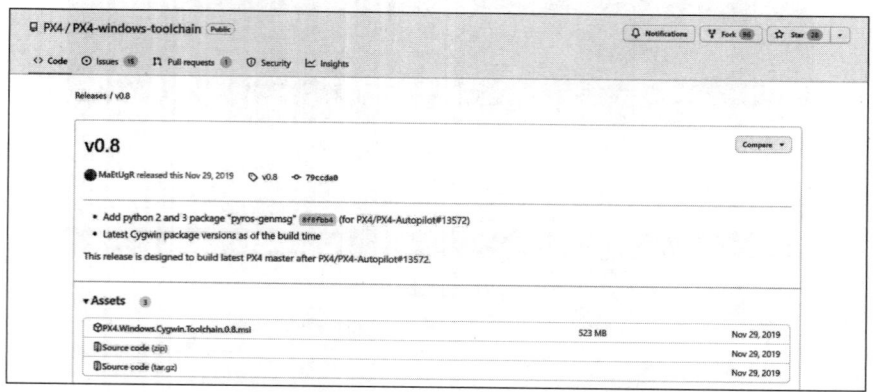

图 7-57 Cygwin 工具链下载窗口

下载完成之后，运行 msi 安装程序，选择安装位置并开始安装。安装到最后一步时勾选"Clone PX4 Repository and Start Simulation"，如图 7-58 所示，此步骤会复制 PX4 v1.12.3 版本的 PX4 固件，如果本地文件中已经有该版本的 PX4 固件可以不勾选。

如果自动安装失败，可手动在"run-console.bat"中输入 git 指令进行安装。也

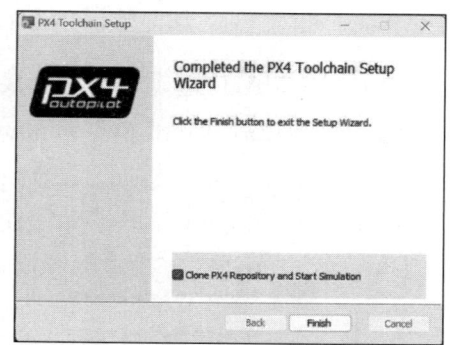

图 7-58 PX4 固件复制完成窗口

可将其他终端下载好的源码 Firmware 文件拖放至"home"子文件夹下（注意文件夹名称需为"Firmware"而非"PX4-Autopilot"，但使用不同 git 指令复制后的文件内容是相同的），然后返回到 MATLAB 的"Hardware Setup"界面验证 Cygwin 和源码是否安装成功，成功后会出现图 7-59 所示窗口。

4)选择"Design Flight Controller in Simulink"后单击"Next"按钮继续。

5)如图 7-60 所示,进入到选择 PX4 编译对象窗口,在"PX4 Autopilot Onboard"一栏选择"PX4 Pixhawk 4"后单击"Next"按钮进入下一窗口。

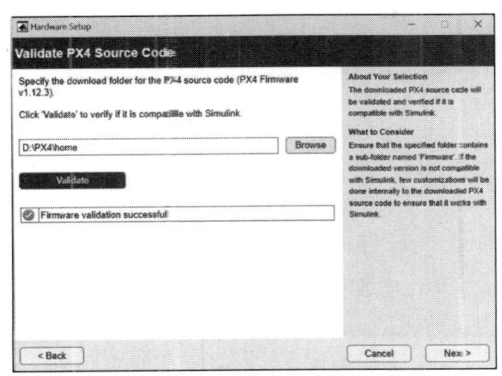 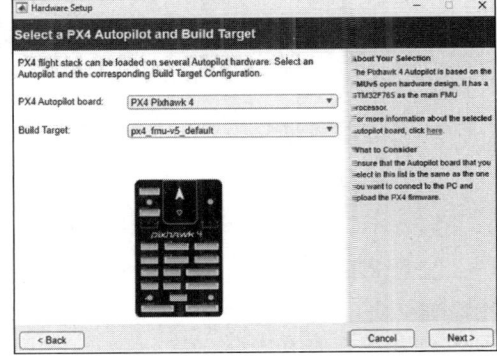

图 7-59 安装成功窗口　　　　　　　图 7-60 PX4 编译对象界面

6)选择"Use default startup script"后单击"Next"按钮继续。

7)选择安装路径,验证 QGC 地面站是否安装成功。

8)会进入到选择 AirFrame 的窗口,此处需要完成 7.3.1 节中所展示的 QGC 地面站操作,完成配置之后即可进入下一步(可以断连 QGC 但无须拔掉飞控)。

9)选择"Build Firmware",即可以开始编译代码,如图 7-61 所示,在命令行窗口可以查看到编译的进度,在计算机网络状况较好时一般需要十几分钟的时间来完成编译。

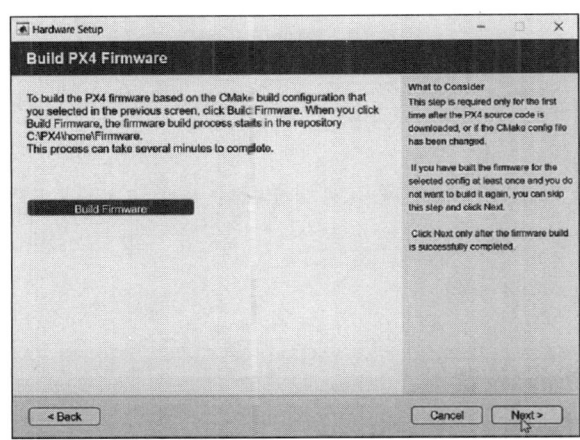

图 7-61 代码编译窗口

10）完成编译之后依次选择"Upload Firmware"和"Get Accelerator Data"即可完成所有的硬件设置步骤。

7.3 硬件在环仿真测试与参数调整

7.3.1 Ubuntu 桌面 HITL 仿真流程

1. 飞行控制律烧写

（1）烧写官方稳定版本的 PX4 固件

1）首先不要将 USB 线连接到 PX4 飞控硬件接口上（USB 只连接到计算机接口，注意 PX4 飞控除了没有 USB 连接之外也没有电源连接），打开 QGC 地面站，切换到"Vehicle Setup"→"固件"页面。

2）此时再连接 PX4 飞控（官方文档提醒尽量直接连接计算机，不要经过扩展坞）。

3）QGC 地面站检测到飞控连接之后，会自动弹出下载固件的窗口，如图 7-62 所示。

图 7-62　固件下载窗口

4）单击"确定"按钮，地面站就会开始更新固件，完成下载之后会自动重启，并弹出其余设置页面。

（2）烧写 PX4 Master、Beta 或本地编译固件

1）在 QGC 地面站检测到飞控连接之后，在图 7-62 所示窗口"固件设置"中勾选"高级设置"，如图 7-63 所示。

2）下拉菜单自行选择想要下载的固件类型即可。

2. QGC 地面站仿真设置

（1）连接飞控并开启 QGC 地面站

用 USB 将 PX4 飞控连接到计算机上，指示灯显示启动成功后，打开 QGC 地

面站进行配置（不同的 QGC 版本操作界面会有所不同，但是常用的功能基本是一致的，较早的版本连接的速度可能会比较慢）。

（2）在 QGC 地面站中使能 HITL 模式

1）打开"Vehicle Setup"→"安全"窗口。

2）在"硬件在环仿真"一项中选择"HITL enabled"，如图 7-64 所示。

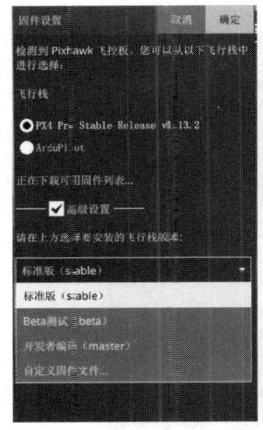
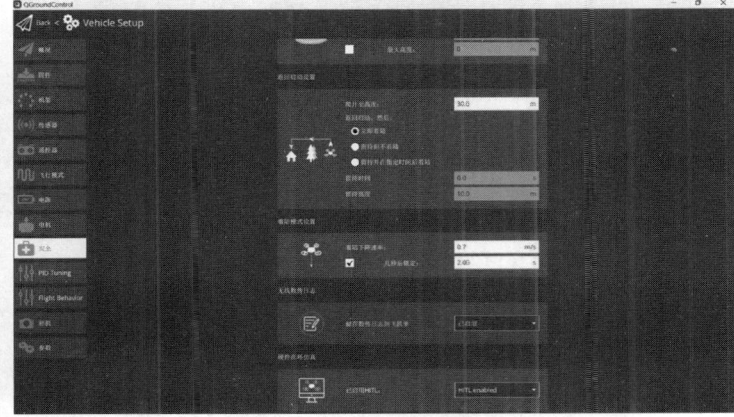

图 7-63　固件设置窗口　　　　　　　图 7-64　HITL 模式启用

（3）选择机架

1）打开"Vehicle Setup"→"机架"窗口，如图 7-65 所示。

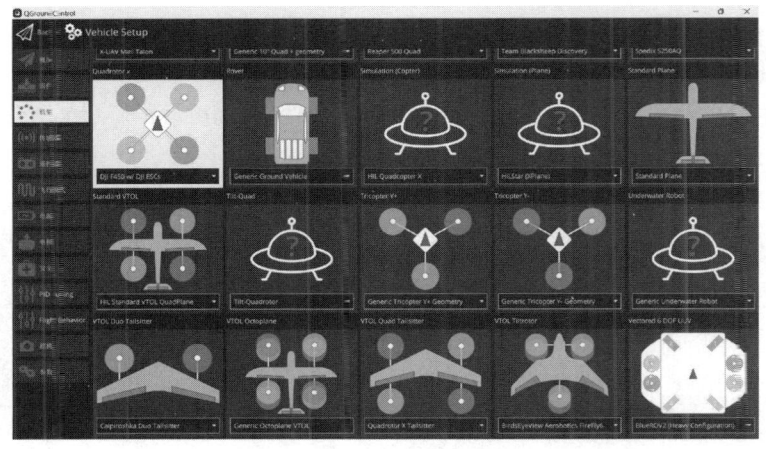

图 7-65　机架选择窗口

PX4 支持 Gazebo 和 jMAVSim 仿真器，在"Simulation（Copter）"中选择对应的仿真机架类型（如四旋翼应选择"HIL Quadcopter X"）。

2)在机架选择窗口的右上角单击"应用并重启"按钮,以更新上述设置。

(4)对遥控器进行必要校准(选项)

1)打开"Vehicle Setup"→"遥控器"窗口,如图 7-66 所示。

2)在右侧选择遥控器的操作方式"美国手/日本手"。

3)单击"校准"按钮,按照下方提示信息操作遥控器即可。

4)如果该飞控连接的遥控器已经完成过一次校准,可以跳过此步骤。

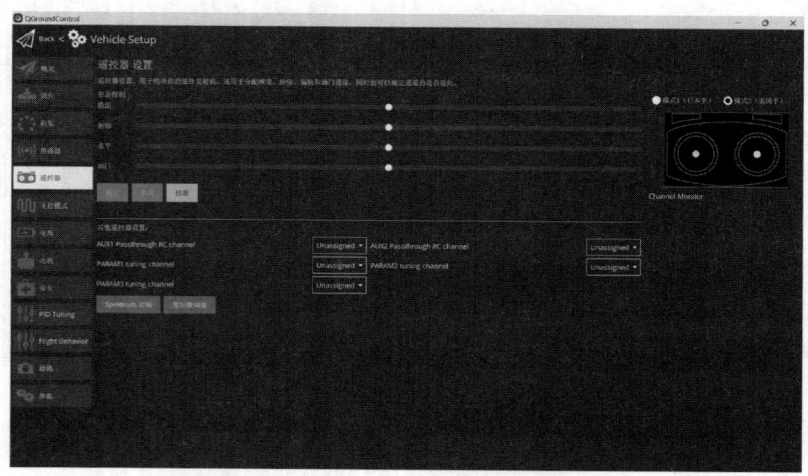

图 7-66　校准窗口

(5)设置 UDP

1)打开"Application Settings"→"常规"窗口。

2)在"自动连接到以下设备"一栏,只勾选"UDP"一项(在正常飞行模式下,这一栏一般是可以全部勾选的),如图 7-67 所示。

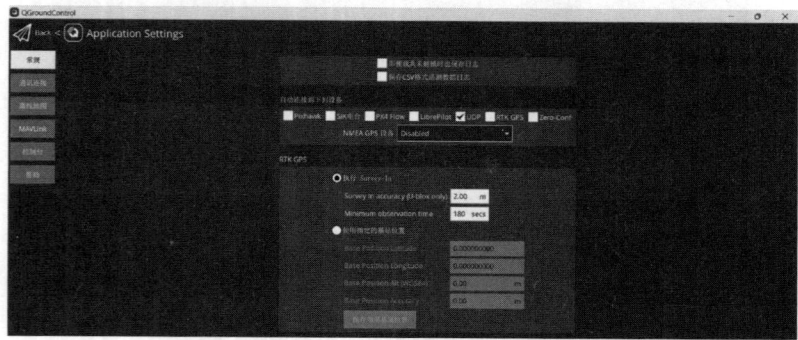

图 7-67　UDP 设置

3. 地面站飞行任务规划

在 HITL 仿真或真实飞行中，如果需要自动飞行，则需要先在 QGC 地面站中进行任务规划，然后将制定好的任务上传，再进行自动飞行，本节将具体介绍如何在地面站中进行任务规划和自动飞行。

1）在 QGC 地面站的主页面左侧单击"Plan"按钮，进入任务规划界面。

2）对于一个基本的飞行任务，需要有三个必备因素：起飞点、一个航点、返航点。

3）在左侧工具栏单击"Takeoff"按钮就可以在右侧新建起飞这一任务环节，如果在右侧正确显示了"Takeoff"的起飞点则可以正确规划任务。

在较新版本的 QGC 中有可能出现无法选择航点的情况，也即选择了"Takeoff"但是在右侧并不会显示该点的属性，这时可以在 https://github.com/mavlink/qgroundcontrol/releases?page=1 页面中选择一个老版本的 QGC 来替换现有版本（此处展示的是基于 v4.1.4 版本的操作）。

4）在左侧的工具栏选中"Waypoint"，只要在该选项标黄的情况下就可以连续在地图上单击，从而依次选中航点，选择完中间航点之后单击"Return"按钮就可以添加返航点，如图 7-68 所示。

图 7-68　添加返航点

5）返航点的默认属性是"Return To Launch"也即返回起飞点，如果想要自主选择返航点，只需要单击该选项并替换为"Land"，就可以自由拖动选择要降落的位置，如图 7-69 所示。

图 7-69　选择降落位置

6）完成飞行任务规划之后单击上方菜单栏的"Upload"按钮，就可以将任务上传，此时点回"Fly"页面就可以看到飞行任务路径，滑动下方的按钮即可开始任务，如图 7-70 所示。

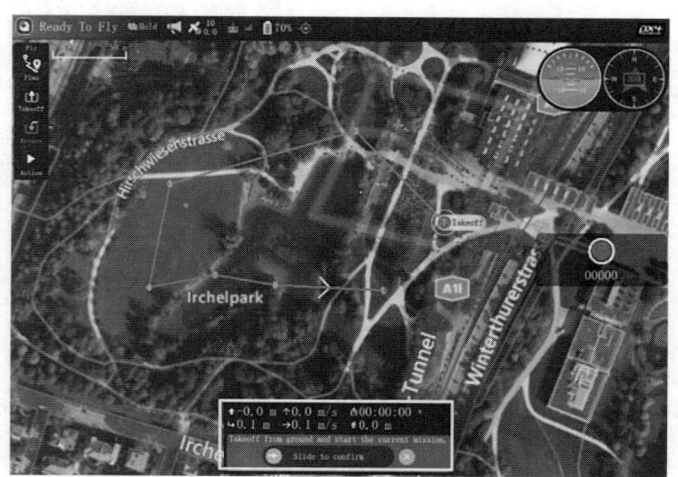

图 7-70　飞行仿真任务过程

4. 仿真器设置和仿真操作流程

（1）Gazebo 仿真流程

1）关闭地面站，连接 PX4 飞控，飞控连接成功后，按提示连接至虚拟机。

2）输入下列代码，利用 Gazebo 编译 PX4，以编译 Gazebo 的相关插件。

```
sudo apt install make
DONT_RUN=1 make px4_sitl_default gazebo
```

这一步是编译源码，但不打开图形化界面，故会出现"Not running simulation"的提示，如图 7-71 所示。

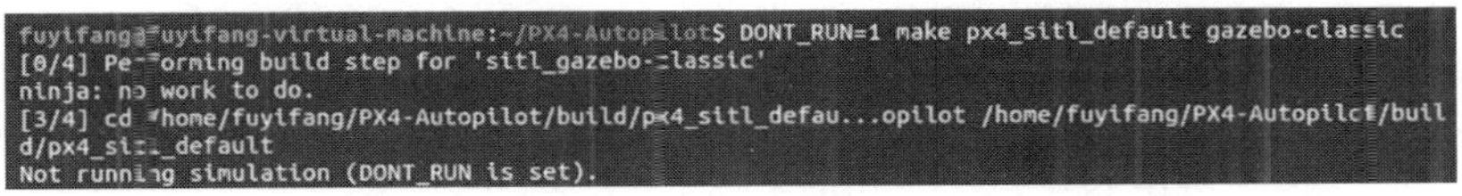

图 7-71 源码编译

3）在"PX4-Autopilot"文档中按照"/Tools/simulation/gazebo-classic/sitl_gazebo-classic/models/iris_hitl"路径打开"iris_hitl.sdf"文件，此处需要按照实际情况对设备串口进行更改，首先在文件中搜索"serialDevice"找到设置位置，如图 7-72 所示。

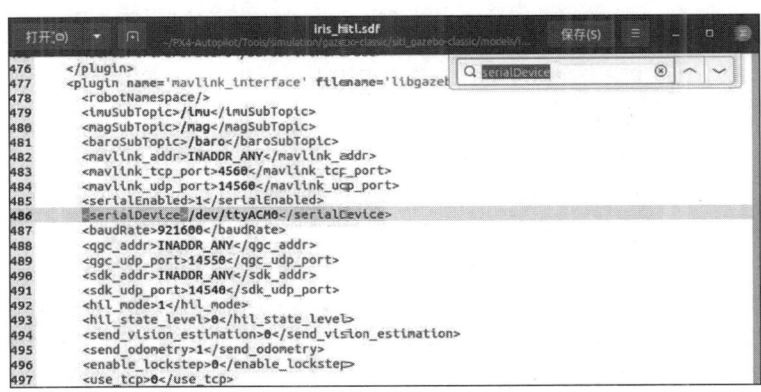

图 7-72 设备串口设置代码

然后打开一个新的终端，输入以下命令，最后一个显示的串口名称即为当前 PX4 飞控在 Ubuntu 上连接的串口，如图 7-73 所示为"/dev/ttyACM1"。因此需要将上述文件中的"serialDevice"中的对应串口名称进行更改并保存。

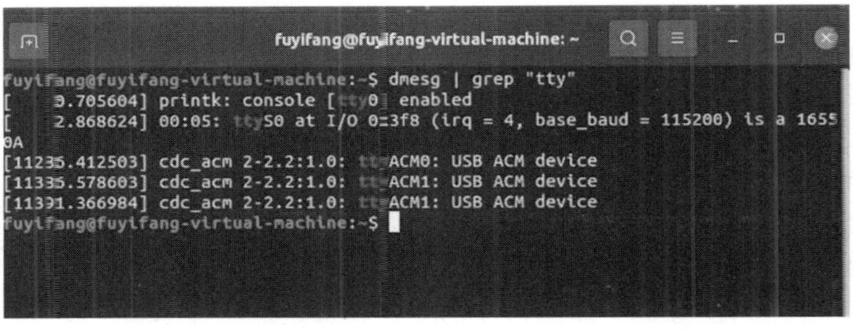

图 7-73 串口存储

4）如果运行成功第2）步命令后，输入以下命令设置环境变量。

```
source Tools/simulation/gazebo-classic/setup_gazebo.bash $(pwd)$(pwd)/build/px4_sitl_default
```
（此为一行命令，官网文档中的命令路径需要修改为 gazebo-classic）

5）最后输入以下命令来启动仿真，如果在 gazebo 的图形化界面看到飞机，打开地面站后自动连接完成，则说明仿真设置成功，如图 7-74 所示。

```
gazebo Tools/simulation/gazebo-classic/sitl_gazebo-classic/worlds/hitl_iris.world
```
（此为一行命令，且也需要将官网命令中的两处更换为 gazebo-classic）

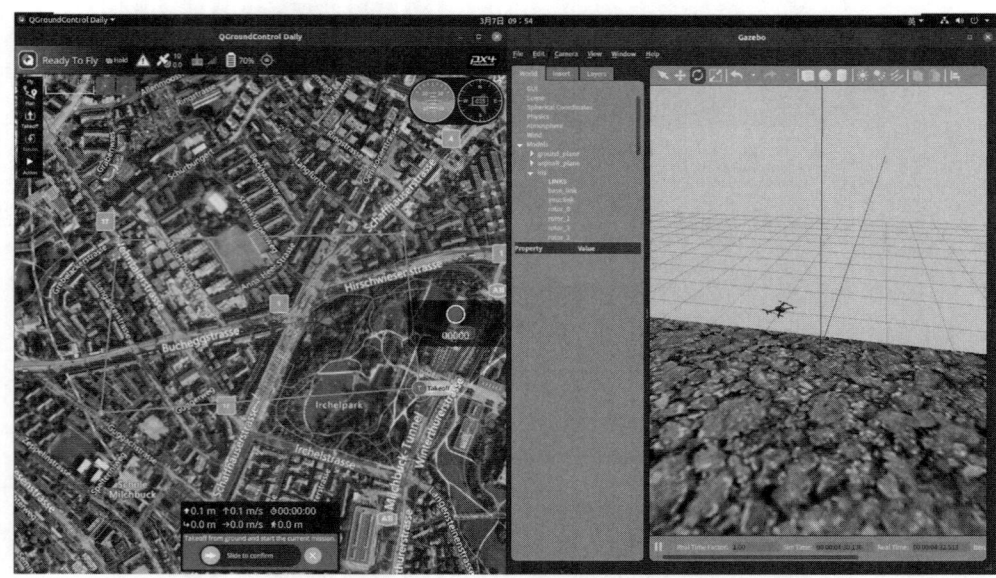

图 7-74　仿真成功界面 1

（2）jMAVSim 仿真流程

1）同 gazebo 仿真器设置，需要先关闭地面站，并插入飞控等待启动完成。

2）输入下列代码，运行仿真器。

```
gazebo Tools/simulation/gazebo-classic/sitl_gazebo-classic/worlds/hitl_iris.world
```

3）若 jMAVSim 的图形化界面出现飞机，且地面站自动连接，说明仿真设置成功，如图 7-75 所示。

图 7-75　仿真成功界面 2

7.3.2　Simulink 中 HITL 仿真的设置和操作流程

1. 一般 HITL 仿真操作流程

在 7.2.2 节环境配置完成的基础之上，可进行 HITL 仿真实验，MATLAB 提供了两种 HITL 实验的实现方法：第一种方法是由 Autopilot 运行控制器的部分，而无人机动力学模型则是由 MATLAB 在计算机上运行；第二种方法仍然是采取相同的架构，但是 Autopilot 会通过"Monitor & Tune Simulation"模块和 MATLAB 进行通信，因此需要同时运行两个 Simulink 模型，本节中我们以第一种方法为例阐述详细的步骤（第二种方法的详细操作流程可以参考官方文档 https://ww2.mathworks.cn/help/supportpkg/px4/ref/hitl-simulink-plant-example.html）。

1）在命令行中输入以下命令，打开 MATLAB Project。

```
px4demo_HardwareInLoopWithSimulinkPlantStart
```

2）在菜单栏的"PROJECT SHORTCUTS"中单击"Open Autopilot Controller"按钮可打开控制器的 Simulink 模型，单击"Open UAV Dynamics"按钮可打开动力学模型，如图 7-76 所示。

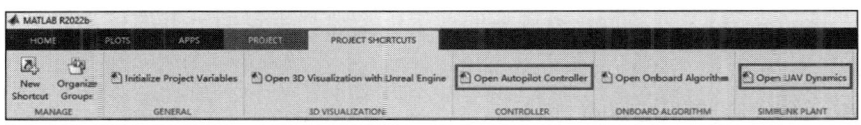

图 7-76　模型启动界面

3）在控制器模型菜单栏的"HARDWARE"中单击"Build Deploy & Start"按钮，如图 7-77 所示，就会开始为控制器模型生成代码并且自动部署到 PX4 上，当部署完成之后 QGC 地面站自动打开（注意中间的过程需要重启飞控，将 PX4 拔插一遍即可）。

图 7-77　模型部署编译界面

4）在无人机动力学的模型中，首先需要更换"MAVLink Bridge Source"和"MAVLink Bridge Sink"中的串口设置，即为飞控连接在计算机上的对应串口，如图 7-78 所示，然后运行模型即可建立模型和地面站之间的 UDP 通信。

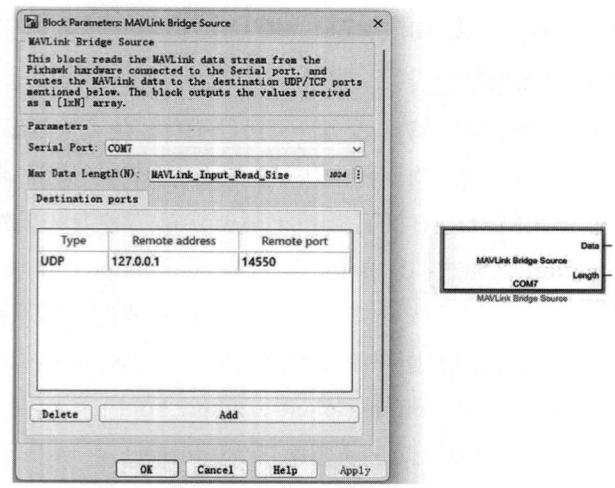

图 7-78　建立 UDP 通信设置界面

5）运行"UAV_Dynamics_Autopilot_Communication"模型，如果在地面站中出现了"Ready To Fly"的字样，说明动力学模型已经和地面站建立了 UDP 连接。

6）在完成 7.3.1 节飞行任务规划的前提下，滑动主页面下方的按钮即可开始仿真，如图 7-79 所示，此时飞机会先爬升到设定的起飞高度，如果控制律设计合理，就可以看到飞机沿着既定的航线飞行。

图 7-79　仿真飞行示意

2. 旋翼模型控制器修改

下面在 MATLAB 进行 HITL 仿真的基础之上，继续介绍如何在官网给出的示例仿真模型上，进行控制器的修改。首先，在运行完成前文"一般 HITL 仿真操作流程"中第 1) 步的命令之后，示例程序将会自动下载至本地文件夹，再次从本地打开与上一次编辑相同的文件，只需要找到文件保存的路径，然后运行扩展名为 ".prj' 的文件，即可完成项目加载，如图 7-80 所示。

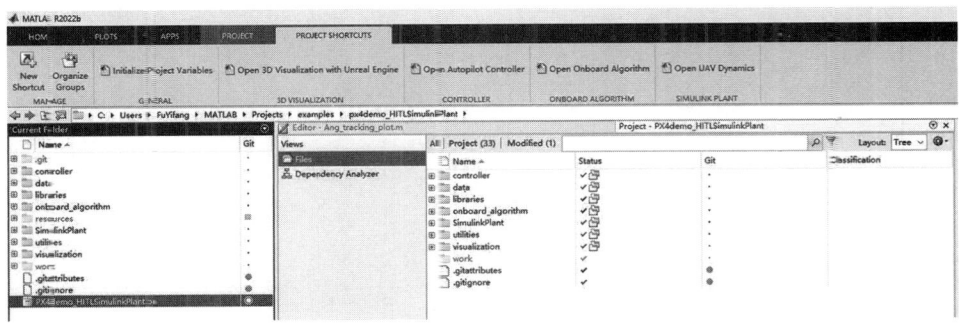

图 7-80　项目加载界面

接着按照前文流程中的第 2) 步，打开控制器的 Simulink 模型。首先对控制器模型（见图 7-81）中的各个模块进行介绍。"Estimator Output"模块将会接收由 PX4 飞控通过 uORB 通信提供的姿态、位置等飞行状态信息，"Navigation"模块则会由当前的位置信息和航点任务生成期望位置指令，上述两个模块中的信息将会共同传递至"Position & Rate Controller"模块中生成油门和力矩控制指令，最后通过"Mixer & Send to Actuator"模块传递至PX4飞控。

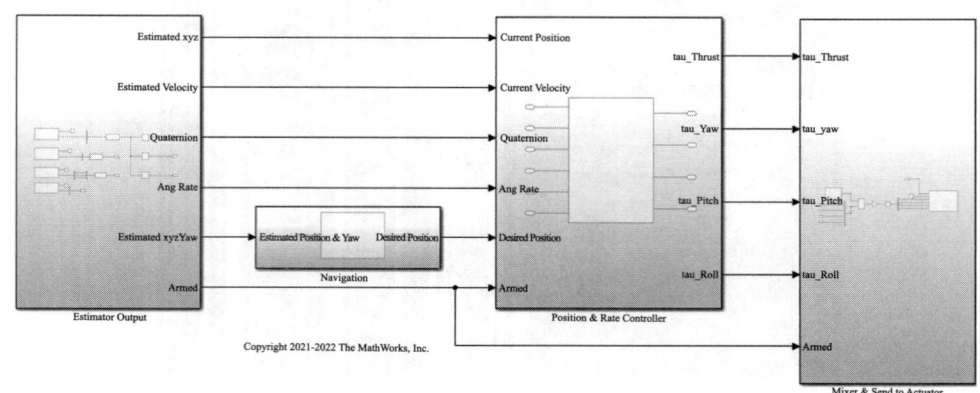

图 7-81　控制器模型

修改控制器的框架，需要在"Position & Rate Controller"模块中找到负责位置和姿态控制的部分。以修改姿态控制器为例，需要在"Position & Rate Controller"→"Controller"路径下找到"Attitude controller"模块，如图7-82所示，可以看到该模块中内环角速度控制为PID控制（但是在初始设定中积分和微分通道上的增益均为0，相当于内环控制方法默认为比例控制），外环角度控制为比例控制。

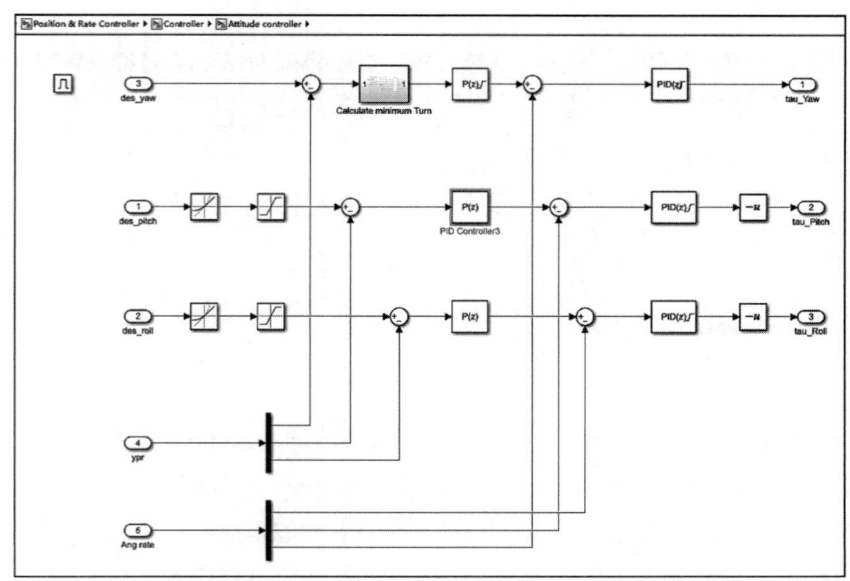

图 7-82　PID 控制器

接着，可以调整图 7-83 所示的 PID 控制器参数，来改变控制器的形式，同样也可以在该模块中加入更高级的控制律设计结构来进行在环仿真，"Position & Altitude Controller"模块中位置控制器调整的步骤与姿态控制器基本相似。在完成控制律设计的重构之后，按照前文流程中的 3）～6）步操作即可完成控制律的部署和 HITL 实验。

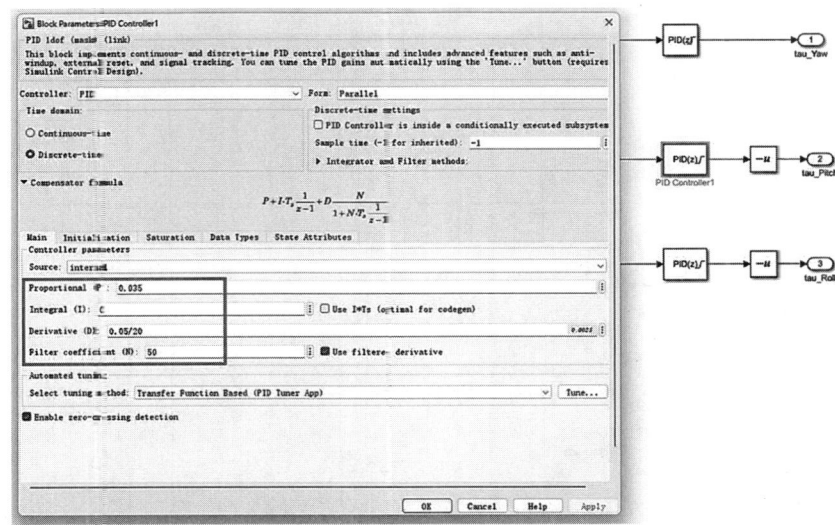

图 7-83　参数修改

3. 固定翼模型控制器修改

在 MATLAB 命令窗口中输入以下命令，打开固定翼无人机 HITL 仿真的示例模型。

```
px4demo_HardwareInLoopWithSimulinkFixedWingPlantStart
```

同样，在打开模型之后，可以在本地打开与上一次编辑相同的文件，只需要找到文件保存的路径，然后运行扩展名为".prj"的文件，即可完成项目加载，如图 7-84 所示。

固定翼控制器模型（见图 7-85）中的各个模块介绍如下："Estimator Output"模块将会接收由 PX4 飞控通过 uORB 通信提供的姿态、位置等飞行状态信息；"Path Manager"模块则会由当前的位置信息和航点任务生成期望位置指令；上述两个模块中的信息将会共同传递至"Fixed Wing Controller"模块中生成油门和力矩控制指令；最后通过"Send to Actuator"模块传递至 PX4 飞控。

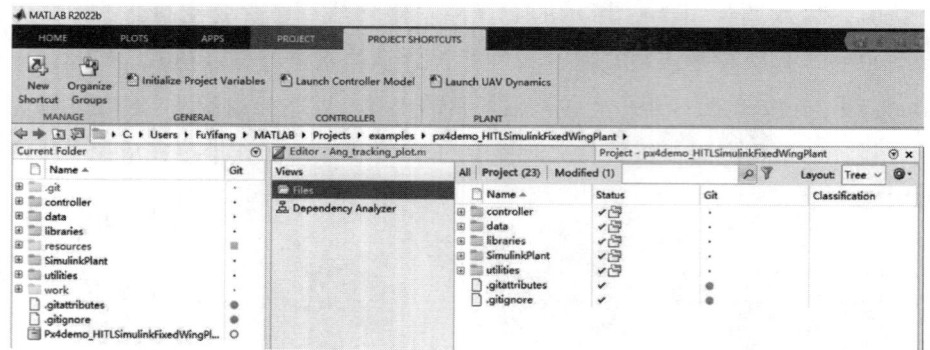

图 7-84　项目加载

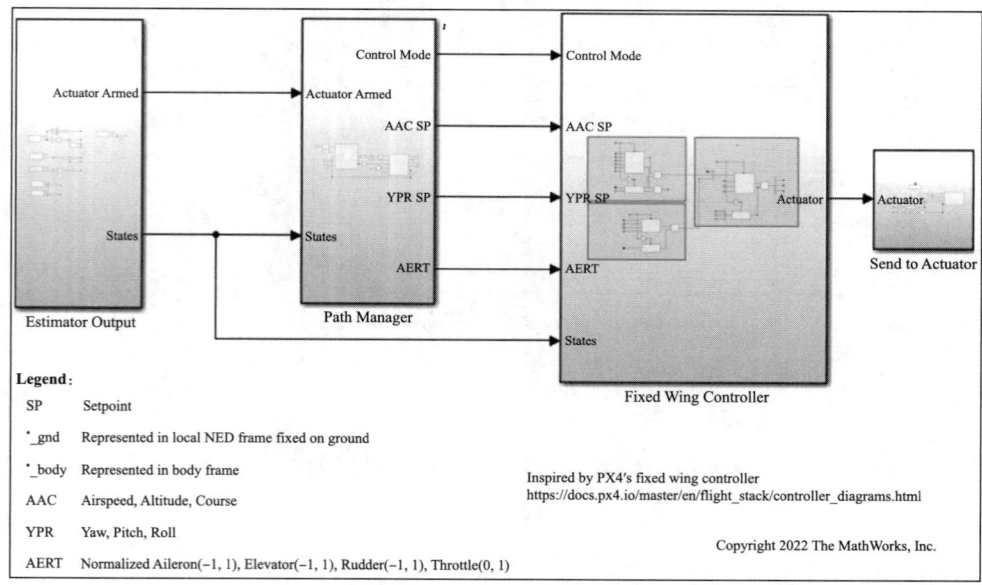

图 7-85　固定翼控制器模型

修改控制器框架时，需在"Position & Rate Controller"模块中找到位置和姿态控制部分，以修改姿态控制器中的滚转控制为例，需要在"Fixed Wing Controller"→"Attitude Controller"→"Pitch Roll controller"路径下找到"Rate Controller（roll axis）"模块，如图 7-86 所示，可以看到该模块中内环角速度控制为 PI 控制，外环角度控制为比例控制。

接着，可以调整图 7-86 中所示的 PI 控制器参数（也可以将其改为 PID 控制），来改变其控制器的形式，同样也可以在该模块中加入更高级的控制律设计结构来进行在环仿真,"Fixed Wing Controller"模块中调整位置控制器"Airspeed-Altitude Controller"和"Lateral Guidance"的步骤与姿态控制器基本相似。在完成控制律设计的重构之后,按照前文流程中的3)~6)步操作即可完成控制律的部署和HITL实验。

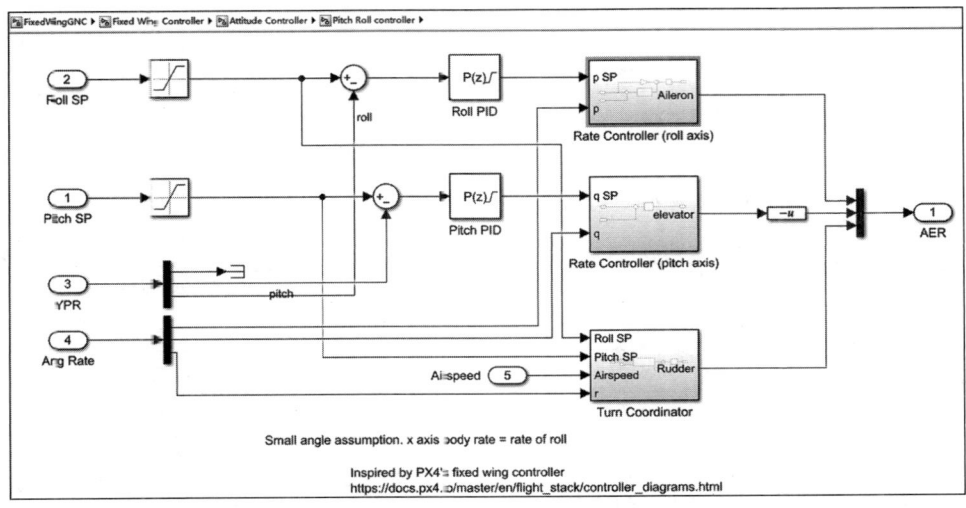

图7-86 姿态控制器

附录 术语表

英文全称	英文缩略语	中文说明
Alternating Current	AC	交流
Access Control List	ACL	访问控制列表
Atomic Force Microscope	AFM	原子力显微镜
Application	APP	应用程序
Auxiliary Power Unit	APU	辅助动力装置
Back Propagation	BP	反向传播
Controller Area Network	CAN	控制器局域网
Control Augmentation System	CAS	控制增稳系统
Continuous Current Mode	CCM	电流连续模式
Control Configured Vehicle	CCV	随控布局飞机
Complex Instruction Set Computer	CISC	复杂指令集计算机
Consumer Electronics Show	CSE	消费电子展
Defense Advanced Research Projects Agency	DARPA	国防部高级研究计划局
Direct Current	DC	直流
Discontinuous Current Mode	DCM	电流断流模式
Digital Flight Control System	DFCS	数字飞行控制系统
Distributed Model Predictive Control	DMPC	分布式模型预测控制
Degrees of Freedom	DoF	自由度
Digital Signal Processor	DSP	数字信号处理器
Extended Kalman Filter	EKF	扩展卡尔曼滤波器
Electromagnetic Interference	EMI	电磁干扰
Expanded polypropylene	EPP	发泡聚丙烯
Electronic Speed Controller	ESC	电子调速器
Fly-By-Light System	FBLS	光传操纵系统
Flight Control System	FCS	飞行控制系统
Fly-By-Wire System	FBWS	电传操纵系统

（续）

英文全称	英文缩略语	中文说明
Flight Management Unit	FMU	飞行管理单元
Field Programmable Gate Array	FPGA	现场可编程门阵列
Global Positioning System	GPS	全球定位系统
Graphics Processing Unit	GPU	图形处理单元
High Alpha Research Vehicle	HARV	高迎角研究飞行器
Hardware In The Loop	HITL	硬件在环
High Voltage Power Supply	HVPS	高压电源
International Geomagnetic Reference Field	IGRF	国际地磁参考场
Inertial Measurement Unit	IMU	惯性测量单元
Low-Dropout Regulator	LDO	低压差稳压器
Light Emitting Diode	LED	发光二极管
Linear Quadratic Regulator	LQR	线性二次型调节器
International Conference on Manipulation, Automation and Robotics at Small Scale	MARSS	微操、自动化与机器人国际会议
Multi-Axis Thrust Vectoring	MATV	多轴推力矢量
Micro-Electromechanical System	MEMS	微机电系统
Manual Flight Control System	MFCS	人工飞行控制系统
Micro-OpticalElectronic Mechanical System	MOEMS	微光机电 MEMS
Model Predictive Control	MPC	模型预测控制
Micro System Technology	MST	微系统技术
Navigation by Satellite Timing and Ranging	NAVSTAR	卫星授时与测距导航
Non-Line-Of-sight	NLOS	非视距
National Marine Electronics Association	NMEA	美国国家海洋电子协会
Ordinary Differential Equation	ODE	常微分方程
Printed circuit board	PCB	印制电路板
Proportional Derivative	PD	比例微分
Proportional Feedback	PF	比例反馈
Proportional Integral	PI	比例积分
Proportional Integral Derivative	PID	比例积分微分
Power Management Board	PMB	电源管理板
Power Management Unit	PMU	电源管理单元

（续）

英文全称	英文缩略语	中文说明
Power Spectral Density	PSD	功率谱密度
Power Supply Ripple Ratio	PSRR	电源纹波抑制比
Position, velocity, and time	PVT	位置、速度和时间
Pulse Width Modulation	PWM	脉冲宽度调制
Radar Absorbing Material	RAM	雷达吸波材料
Radial Basis Function	RBF	径向基函数
Radio Frequency	RF	射频
Reduced Instruction Set Computer	RISC	精简指令集计算机
Radio Technical Commission for Maritime service	RTCM	海事无线电技术委员会
Real-Time Kinematic	RTK	实时动态
Real-Time Operating System	RTOS	实时操作系统
Stably Augmentation System	SAS	增稳系统
Software In The Loop	SITL	软件在环
Sliding Mode Control	SMC	滑模控制
Serial Peripheral Interface	SPI	串行外设接口
Superconducting Quantum Interference Device	SQUID	超导量子干涉仪
Space Vehicle	SV	空间飞行器
South by Southwest	SXSW	西南偏西
Total Energy Control System	TECS	总能量控制系统
Unmanned Aircraft System	UAS	无人飞行系统
Unmanned Aerial Vehicle	UAV	无人机
Virtual File System	VFS	虚拟文件系统
Vertical Take Off and Landing	VTOL	垂直起降
World Magnetic Model	WMM	世界磁场模型

参考文献

[1] 贾恒旦,郭彪. 无人机技术概论[M]. 机械工业出版社,2019:1-64.

[2] EMEL'YANOV S V. Theory of variable-structure control systems: Inception and initial development[J]. Computational Mathematics and Modeling, 2007, 18(4): 321-331.

[3] UTKIN V I. Sliding modes and their applications in variable structure systems[M]. Moscow: Mir Publishers, 1978.

[4] 胡凯. 自适应滑模控制原理及其应用研究[D]. 长沙:长沙理工大学,2016.

[5] 刘金琨,孙富春. 滑模变结构控制理论及其算法研究与进展[J]. 控制理论与应用,2007,24(3):407-418.

[6] SINGH G K, HOLÉ K E. Guaranteed performance in reaching mode of sliding mode controlled systems[J]. Sadhana, 2004, 29: 129-141.

[7] FALLAHA C J, SAAD M, KANAAN H Y, et al. Sliding-mode robot control with exponential reaching law[J]. IEEE Transactions on Industrial Electronics, 2011, 58(2): 600-610.

[8] BARTOSZEWICZ A. A new reaching law for sliding mode control of continuous time systems with constraints[J]. Transactions of the Institute of Measurement and Control, 2015, 37(4): 515-521.

[9] JIANG B, GAO Z F, SHI P, et al. Adaptive fault-tolerant tracking control of near-space vehicle using Takagi–Sugeno fuzzy models[J]. IEEE Transactions on Fuzzy Systems, 2010, 18(5): 1000-1007.

[10] 段镇. 无人机飞行控制系统若干关键技术研究[D]. 北京:中国科学院大学,2014.

[11] 马敏,许中冲,常辰飞,等. 基于PID和LQR的四旋翼无人机控制系统研究[J]. 测控技术,2016,35(10):42-45,50.

[12] 梁子斌,李擎. 用于四旋翼无人机姿态的改进遗传算法优化LQR控制[J]. 北

京信息科技大学学报(自然科学版),2022,37(4):8-15.

[13] GARCIA C E, PRETT D M, MORARI M. Model predictive control: Theory and practice: A survey [J]. Automatica, 1989, 25(3): 335-348.

[14] ALLAN D A, BATES C N, RISBECK M J, et al. On the inherent robustness of optimal and suboptimal nonlinear MPC [J]. Systems & Control Letters, 2017, 106: 68-78.

[15] EREN U, PRACH A, KOÇER B B, et al. Model predictive control in aerospace systems: Current state and opportunities [J]. Journal of Guidance, Control, and Dynamics, 2017, 40(7): 1541-1566.

[16] ZHANG B Y, SUN X X, Liu S G, et al. Adaptive differential evolution-based distributed model predictive control for multi-UAV formation flight [J]. International Journal of Aeronautical and Space Sciences, 2020, 21(2): 538-548.

[17] CAI Z H, WANG L H, ZHAO J, et al. Virtual target guidance-based distributed model predictive control for formation control of multiple UAVs [J]. Chinese Journal of Aeronautics, 2020, 33(3): 1037-1056.

[18] WU Y, GOU J Z, HU X T, et al. A new consensus theory-based method for formation control and obstacle avoidance of UAVs [J]. Aerospace Science and Technology, 2020, 107: 106332.

[19] GAO Z F, JIANG B, SHI P, et al. Active fault tolerant control design for reusable launch vehicle using adaptive sliding mode technique [J]. Journal of the Franklin Institute, 2012, 349(4): 1543-1560.

[20] XIAO B, HU Q L, ZHANG Y M. Adaptive sliding mode fault tolerant attitude tracking control for flexible spacecraft under actuator saturation [J]. IEEE Transactions on Control Systems Technology, 2012, 20(6): 1605-1612.

[21] 吴敏,桂卫华,何勇. 现代鲁棒控制[M]. 2版. 长沙:中南大学出版社,2006: 1-9.

[22] 杨柳,刘金琨. 基于干扰观测器的四旋翼无人机轨迹跟踪鲁棒控制[J]. 飞行力学,2015,33(4):328-333.

[23] 江琼,陈怀民,吴佳楠. H_∞鲁棒控制与PID控制相结合的无人机飞行控制研究[J]. 宇航学报,2006,27(2):192-195.

[24] 张艳,陈宗基,魏晨. 一种基于广义逆的无人机鲁棒控制分配方法[J]. 航空

学报, 2008, 29 (5): 198-203

[25] 罗建军, 常江, 王章磊, 等. 滑翔式高超声速飞行器大包线状态反馈控制 [J]. 宇航学报, 2014, 35 (2): 192-199.

[26] 白龙, 孙楚, 周元钧. 航空机电作动器的混合整流全状态反馈控制 [J]. 航空学报, 2016, 37 (6): 1940-1952.

[27] 王明昊, 刘刚, 赵鹏涛, 等. 高超声速飞行器的 LPV 变增益状态反馈 H_∞ 控制 [J]. 宇航学报, 2013, 34 (4): 488-495.

[28] MAMDANI E H. Application of fuzzy algorithms for control of simple dynamic plant [C]//Proceedings of the institution of electrical engineers. IET Digital Library, 1974, 121 (12): 1585-1588.

[29] 陈诗慧. 基于神经网络的模糊 PID 伺服电机控制系统仿真研究 [D]. 南京: 南京航空航天大学, 2020.

[30] 陈飞. 基于模糊控制算法的无人机避障方法研究 [D]. 长春: 长春大学, 2022.

[31] WIDROW B, LEHR M A. 30 years of adaptive neural networks: perceptron, madaline, and backpropagation [J]. Proceedings of the IEEE, 1990, 78 (9): 1415-1442.

[32] MOHAMED A, SAINATH T N, DAHL G, et al. Deep belief networks using discriminative features for phone recognition [C] //2011 IEEE international conference on acoustics, speech and signal processing (ICASSP). IEEE, 2011: 5060-5063.

[33] DAHL G E, YU D, DENG L, et al. Context-dependent pre-trained deep neural networks for large-vocabulary speech recognition [J]. IEEE Transactions on Audio, Speech, and Language Processing, 2012, 20 (1): 30-42.

[34] 包睿. 基于遗传算法的航空发动机神经网络控制 [D]. 南京: 南京航空航天大学, 2007.

[35] 史超. 基于神经网络的航天器群智能控制技术研究 [D]. 南京: 南京航空航天大学, 2019.

[36] HOLLAND J H. Adaptation in natural and artificial systems [M]. Ann Arbor: University of Michigan Press, 1975.

[37] DEJONG K A. The analysis of the behavior of a class of genetic adaptive systems [M]. Ann Arbor: University of Michigan Press, 1975.

[38] GOLDBERG D E. Genetic algorithms in search, optimization and machine learning [M]. Boston: Addison-Wesley Longman Press, 1989: 1-25.

[39] 张文修, 梁怡. 遗传算法的数学基础 [M]. 西安: 西安交通大学出版社, 2000: 1-9.

[40] SUTTON R S, BARTO A G. Reinforcement learning: An introduction [J]. IEEE Transactions on Neural Networks, 1998, 9(5): 1054.

[41] SADEGHZADEH I, MEHTA A, ZHANG Y. Fault/damage tolerant control of a quadrotor helicopter UAV using model reference adaptive control and gain-scheduled PID [C] //AIAA Guidance, Navigation, and Control Conference. New York: AIAA, 2011: 6716.

[42] NAMBA R, YAMAMOTO T, KANEDA M. Robust PID controller and its application [C] //1997 IEEE International Conference on Systems, Man, and Cybernetics. Computational Cybernetics and Simulation. New York: IEEE, 1997, 4: 3636-3641.

[43] ASTRÖM K J, HÄGGLUND T. The future of PID control [J]. Control Engineering Practice, 2001, 9(11): 1163-1175.

[44] DIAZ-RODRIGUEZ I D, OLIVEIRA V A, BHATTACHARYYA S P. Modern design of classical controllers: Digital PID controllers [C] //2015 IEEE 24th International Symposium on Industrial Electronics (ISIE). New York: IEEE, 2015: 1010-1015.

[45] BENNETT S. The past of PID controllers [J]. Annual reviews in control, 2001, 25: 43-53.

[46] VILANOVA R, VISIOLI A. PID control in the third millennium [M]. London: Springer, 2012: 3-44.

[47] BORASE R P, MAGHADE D K, SONDKAR S Y, et al. A review of PID control, tuning methods and applications [J]. International Journal of Dynamics and Control, 2021, 9: 818-827

[48] SHAH P, AGASHE S. Review of fractional PID controller [J]. Mechatronics, 2016, 38: 29-41.

[49] XU J Q. An expert PID control algorithm based on anti-integration saturation [C] //2017 IEEE 2nd Advanced Information Technology, Electronic and Automation

Control Conference(IAEAC).New York:IEEE,2017:1536-1539.

[50] HOROWITZ I M, SIDI M. Synthesis of feedback systems with large plant ignorance for prescribed time-domain tolerances[J]. International Journal of Control, 1972, 16(2):287-309.

[51] 吴森堂,费玉华.飞行控制系统[M].北京:北京航空航天大学出版社,2005:48-106.

[52] 高浩.飞行动力学:飞机的操纵性和稳定性[M].西安:西北工业大学出版社,2001:39-44.

[53] COURTLAND D P, ROBERT E H. Airplane performance stability and control[M]. New York:John Wiley & Sons, Inc., 1949:54-65.

[54] DAVID K S. Moderm Flight Dynamic[M]. New York:Mac Hill Publication, 2012:92-96.

[55] 喻小康.无人机概念设计与分析工具开发[D].南京:南京航空航天大学,2023.

[56] 全权.多旋翼飞行器设计与控制[M].北京:电子工业出版社,2018:88-105.

[57] 张明廉.飞行控制系统[M].北京:航空工业出版社,1994:171-390.

[58] 郭锁凤,申功璋,吴成富,等.先进飞行控制系统[M].北京:国防工业出版社,2004:39-44.

[59] SAID D J, AGUS B. Automatic Flight Control System:classical approach and modern control perspective[M]. Bandung:Bandung Institute of Technology, 2006:55-63.

[60] 郭晓静.基于Qball-X4四旋翼无人机飞行控制器设计与实现[D].沈阳:东北大学,2013.

[61] GARCIA P, COMPTON K, SCHULTE M, et al. An overview of reconfigurable hardware in embedded systems[J]. EURASIP Journal on Embedded Systems, 2006, 2006:1-19.

[62] CAMPOSANO R, WILBERG J. Embedded system design[J]. Design Automation for Embedded Systems, 1996, 1:5-50.

[63] KONRAD S, CHENG B H C. Requirements patterns for embedded systems[C]// Proceedings IEEE Joint International Conference on Requirements Engineering.New York:IEEE,2002:127-136.

[64] CALOVIC M. Linear regulator design for a load and frequency control [J]. IEEE Transactions on Power Apparatus and Systems, 1972(6): 2271-2285.

[65] BANKS H T, KUNISCH K. The linear regulator problem for parabolic systems [J]. SIAM Journal on Control and Optimization, 1984, 22(5): 684-698.

[66] MATSUO H, HARADA K. The cascade connection of switching regulators [J]. IEEE Transactions on Industry Applications, 1976(2): 192-198.

[67] JUDY J W. Microelectromechanical systems (MEMS): Fabrication, design and applications [J]. Smart materials and Structures, 2001, 10(6): 1115.

[68] KO W H. Trends and frontiers of MEMS [J]. Sensors and Actuators A: Physical, 2007, 136(1): 62-67.

[69] BOGUE R. MEMS sensors: Past, present and future [J]. Sensor Review, 2007, 27(1): 7-13.

[70] TANAKA M. An industrial and applied review of new MEMS devices features [J]. Microelectronic engineering, 2007, 84(5-8): 1341-1344.

[71] ALBARBAR A, Badri A, Sinha J K, et al. Performance evaluation of MEMS accelerometers [J]. Measurement, 2009, 42(5): 790-795.

[72] BÉLIVEAU A, SPENCER G T, THOMAS K A, et al. Evaluation of MEMS capacitive accelerometers [J]. IEEE Design & Test of Computers, 1999, 16(4): 48-56.

[73] GUO Z S, CHENG F C, Li B Y, et al. Research development of silicon MEMS gyroscopes: A review [J]. Microsystem Technologies, 2015, 21: 2053-2066.

[74] REN X J, ZHOU X, YU S, et al. Frequency-modulated mems gyroscopes: A review [J]. IEEE Sensors Journal, 2021, 21(23): 26426-26446.

[75] KOENIG S, ROMBACH S, GUTMANN W, et al. Towards a navigation grade Si-MEMS gyroscope [C] //2019 DGON Inertial Sensors and Systems (ISS). New York: IEEE, 2019: 1-18.

[76] MAENAKA K, IOKU S, SAWAI N, et al. Design, fabrication and operation of MEMS gimbal gyroscope [J]. Sensors and Actuators A: Physical, 2005, 121(1): 6-15.

[77] ESWARAN P, MALARVIZHI S. Design analysis of MEMS capacitive differential pressure sensor for aircraft altimeter [J]. International Journal of Applied Physics

and Mathematics,2012,2（1）：14.

[78] GHAHRAMANI A, ZHU M, PRZYBYLA R J, et al. Measuring air speed with a low-power MEMS ultrasonic anemometer via adaptive phase tracking [J]. IEEE Sensors Journal, 2019, 19（18）: 8136-8145.

[79] SHEN L, STOPHER P R. Review of GPS travel survey and GPS data-processing methods [J]. Transport reviews, 2014, 34（3）: 316-334.

[80] 钟麒，王峰. MATLAB 仿真技术与应用教程 [M]. 北京：航空工业出版社，1994: 1-9.

[81] 刘前世. 现代飞机飞行动力学与控制 [M]. 上海：上海交通大学出版社，2014: 91-237.

[82] BHARDWAJ P, AKKINAPALLI V S, ZHANG J, et al. Adaptive augmentation of incremental nonlinear dynamic inversion controller for an extended f-16 model [C] // AIAA Scitech 2019 Forum. New York: AIAA, 2019: 1923.

[83] HARRIS J, ELLIOTT C M, TALLANT G S. Stability and performance robustness of an L1 adaptive dynamic inversion flight control system [C] // AIAA Scitech 2019 Forum. New York: AIAA, 2019: 0141.

[84] 朱君. 四旋翼无人飞行器控制系统设计及控制方法研究 [D]. 包头：内蒙古科技大学，2012.

[85] HUANG W, HUANG J, WANG B, et al. Cascaded Trajectory Tracking Control for A Quadcopter UAV with Consideration of Actuator Dynamics [C] // 2022 41st Chinese Control Conference（CCC）. New York: IEEE, 2022: 2848-2853.

推荐阅读

系统建模与控制导论

作者:[美] 约翰·基亚松(John Chiasson) 译者:王斑 李霓 书号:978-7-111-74304-0 定价:189.00元

  本书通过MATLAB/Simulink基础工具阐述控制系统的建模、分析和设计。本书首先提出对建模和控制的需求,之后继续介绍单轴刚体动力学(齿轮、小车沿斜坡滚动),然后对直流电动机、转速表和光学编码器进行建模。利用这些动态模型的传递函数表示,引入PID控制器作为跟踪阶跃输入和抑制恒定干扰的有效方法。本书还讲述现代控制理论中的状态空间分析与综合设计方法。本书为电气、机械和航空航天/航空工程专业的学生提供了易于理解且直观的建模与控制指南。